Proteção da Saúde e Segurança do Trabalhador

Proteção da Saúde e Segurança do Trabalhador

INFLUÊNCIA DO DIREITO INTERNACIONAL

2021

Olívia de Quintana Figueiredo Pasqualeto

ALMEDINA

PROTEÇÃO DA SAÚDE E SEGURANÇA DO TRABALHADOR
INFLUÊNCIA DO DIREITO INTERNACIONAL

AUTOR: Olívia de Quintana Figueiredo Pasqualeto

DIRETOR ALMEDINA BRASIL: Rodrigo Mentz
EDITORA JURÍDICA: Manuella Santos de Castro
EDITOR DE DESENVOLVIMENTO: Aurélio Cesar Nogueira
ASSISTENTES EDITORIAIS: Isabela Leite e Larissa Nogueira

DIAGRAMAÇÃO: Almedina
DESIGN DE CAPA: FBA

ISBN: 9786556272283
Maio, 2021

Dados Internacionais de Catalogação na Publicação (CIP)
(Câmara Brasileira do Livro, SP, Brasil)

Pasqualeto, Olívia de Quintana Figueiredo
Proteção da saúde e segurança do trabalhador : influência do direito internacional / Olívia de Quintana Figueiredo Pasqualeto. -- 1. ed. -- São Paulo : Almedina, 2021.

Bibliografia
ISBN 978-65-5627-228-3

1. Direito internacional do trabalho 2. Normas internacionais 3. Organização Internacional do Trabalho. Convenção 4. Organização Internacional do Trabalho - Leis e legislação 5. Segurança do trabalho I. Título.

21-60050 CDU-341.1:331

Índices para catálogo sistemático:
1. Direito internacional do trabalho e convenções da OIT 341.1:331
Maria Alice Ferreira - Bibliotecária - CRB-8/7964

Este livro segue as regras do novo Acordo Ortográfico da Língua Portuguesa (1990).

EDITORA: Almedina Brasil
Rua José Maria Lisboa, 860, Conj.131 e 132, Jardim Paulista | 01423-001 São Paulo | Brasil
editora@almedina.com.br
www.almedina.com.br

Os standards são a história da OIT. [...] Ao oferecer paradigmas, a OIT proporciona conteúdo tangível à noção de justiça social que constantemente defende e se esforça para promover. Os standards englobam os componentes da dignidade e segurança humanas que devem ser usufruídos por todos no mundo do trabalho. Eles oferecem o critério de justiça necessário para medir o progresso, mas também para revelar o atraso.

JUAN SOMAVÍA (2004)

Ao Cássio, melhor companheiro que eu poderia ter.
Aos meus pais, Cleo e Nilton. A todos os professores que já tive.
Sem o apoio de vocês, não seria possível trilhar este caminho.

AGRADECIMENTOS

Embora não seja elemento obrigatório de um livro, os agradecimentos talvez sejam uma das partes mais alegres de se escrever, sobretudo para quem tem muito e muitos a quem agradecer, como eu.

Primeiro, agradeço ao Cássio, meu marido e maior companheiro deste mundo. Obrigada por entender essa vida acadêmica frenética, por torcer por mim e por me apoiar. Obrigada por acreditar em mim. Sem você e o seu incentivo nada seria alegre e colorido do jeito que é. Eu te amo.

Agradeço à Cleo e ao Nilton, não somente por me incentivarem e acreditarem em mim, mas por serem exemplos de pais e professores dedicados. Certamente, o meu gosto pelos estudos e a minha vontade de ensinar foram cultivados e alimentados em casa. Agradeço também a minha família, especialmente minha avó Alzira e minhas tias Fátima e Cleusa, que, mesmo de longe, rezam diariamente por mim.

Agradeço ao meu orientador, o querido Professor Guilherme Guimarães Feliciano, pelo ensinamento e parceria nesses seis anos de convivência. Tenho muito orgulho de ter sido orientada por um professor e profissional tão comprometido com as pessoas, com o direito e com a justiça social.

Agradeço à querida Professora Maria Hemília Fonseca, minha primeira professora de Direito do Trabalho, ainda nos tempos da Faculdade de Direito de Ribeirão Preto da USP. Obrigada por despertar em mim a inclinação para a pesquisa e a docência desde o segundo ano da graduação e por toda a confiança.

Agradeço também a todos os professores da Faculdade de Direito de Ribeirão Preto da USP e da Faculdade de Direito da USP por terem participado da minha formação com muito cuidado e carinho, especialmente o Professor Antônio Rodrigues de Freitas Junior e o Professor Homero Batista Mateus da Silva. Agradeço ao Professor o Professor Daniel Damásio Borges pelas considerações feitas na banca de qualificação e por acompanhar a minha pesquisa em vários momentos. Agradeço também aos professores que participaram da banca final de avaliação da tese que originou este livro (Professor Guilherme Guimarães Feliciano, Professora Maria Hemília Fonseca, Professor Antonio Rodrigues de Freitas Junior, Professor Homero Batista Mateus Da Silva, Professor Daniel Damásio Borges e Professor Victor Hugo de Almeida). Todos foram indicados não apenas pela evidente competência e qualificação técnica, mas também porque são pessoas que eu admiro e que me inspiram.

Agradeço à querida Cris, do Departamento de Direito do Trabalho e da Seguridade Social, pela parceria e carinho.

Agradeço ao The Ryoichi Sasakawa Young Leaders Fellowship Fund (Sylff) pelo financiamento da tese que originou este livro e por ter sido contemplada na chamada SRA 2019-1 com o financiamento da minha visita à Organização Internacional do Trabalho, em Genebra. Tenho muito orgulho de fazer parte da comunidade Sylff.

Agradeço aos Professores Eduardo Amaral Haddad, Adalberto Americo Fischmann e Pedro Bohomoletz de Abreu Dallari pelas considerações feitas sobre este trabalho ao longo das reuniões periódicas de prestação de contas à Sylff Association sobre o andamento da pesquisa.

Agradeço à Organização Internacional do Trabalho (OIT), especialmente o International Labour Standards Department, por me receber e se interessar por esta pesquisa. Foi uma honra e um grande reconhecimento do meu trabalho poder debater alguns pontos dessa pesquisa na OIT, ainda mais no ano de seu centenário.

Agradeço ao Professor Humberto Villasmil Prieto pelas aulas e pelos profundos debates sobre esta pesquisa travados no curso sobre normas internacionais do trabalho por ele ministrado no International Training Centre – OIT.

Agradeço aos amigos que fiz ao longo do Mestrado e do Doutorado, especialmente aos "preferidos" Gabriela, Marco e Agnes. Obrigada pelos almoços, cafés e amizade ao longo desse tempo.

Agradeço aos queridos amigos que fiz na Escola de Direito de São Paulo da Fundação Getúlio Vargas, especialmente a Professora Michelle Raton Sanchez Badin, o Douglas e o Bruno. Aprendi muito com vocês e sinto falta do nosso trabalho em equipe. Espero que possamos ter novos projetos juntos em breve.

Agradeço à Universidade Paulista e aos meus coordenadores (e amigos) – Mário, Sandra e Mônica – que sempre me apoiaram e me ajudaram a equacionar a rotina das aulas com a rotina do Doutorado. Fiz muitos amigos na UNIP, que tornaram e tornam a universidade um lugar muito mais humano e gostoso de trabalhar. Dentre tantas amizades, agradeço especialmente o companheirismo da Salete, Vinícius e Maria Alice.

Agradeço aos amigos sionenses que me acompanham desde os primeiros anos de vida e que dão leveza à rotina diária de trabalho e estudos.

Por fim e não menos importante, agradeço aos meus queridos alunos e orientandos. Sem dúvida, a melhor parte da docência vem do carinho e entusiasmo de vocês.

PREFÁCIO

Há conhecidas distinções metodológicas entre um "prefácio" e uma "apresentação". Nada obstante, para esta admirável "*Proteção da saúde e segurança do trabalhador: Influência do direito internacional*" – obra que eu adjetivaria como *necessária* -, vejo-me compelido a descurar dos rigores formais e, antes de considerar o tema, considerar *a autora*.

Olívia de Quintana Figueiredo Pasqualeto, que se graduou pela Faculdade de Direito de Ribeirão Preto da Universidade de São Paulo, foi-me originalmente indicada pela querida amiga Maria Hemília Fonseca, docente da Faculdade de Direito da Universidade de São Paulo em Ribeirão Preto (FDRP-USP). Como disse à Profª Maria Hemília em algumas ocasiões, não recebi apenas uma orientanda; recebi um precioso presente. A um tempo, um legado e uma responsabilidade. Vencidas as etapas admissionais, inclusive perante banca de admissão do Departamento de Direito do Trabalho e da Seguridade Social da FDUSP, ingressou no programa de pós-graduação, iniciando o que seria uma das mais coroadas carreiras acadêmicas entre os jovens talentos do Direito do Trabalho. Olívia Pasqualeto hoje é doutora e mestre em Direito do Trabalho e da Seguridade Social pela Faculdade de Direito da Universidade de São Paulo (sempre sob a minha orientação, para o meu gáudio). Sua tese de doutorado, aliás, é a base deste livro que agora o leitor tem em mãos. É advogada atuante em São Paulo, integrando a atual composição da Comissão de Direito do Trabalho da seção paulista da Ordem dos Advogados do Brasil, sob a batuta do Dr. Jorge Pinheiro Castelo. É, ademais, professora de Direito do Trabalho e Previdenciário da Escola de Direito de São Paulo da Fundação Getúlio Vargas. Segue também como pesquisadora sênior do Centro de Ensino e Pesquisa em Inovação da Fundação Getúlio Vargas; e, mantendo seus vínculos com a USP, desenvolve o pós-doutorado junto à Universidade de São Paulo, como bolsista pela pelo CNPq, ainda sob a minha orientação. Arrisco, por fim, um vaticínio: será um dos grandes nomes do Direito do Trabalho na década que se inicia, especialmente no campo da pesquisa empírica. O tempo dirá.

Agora, falemos da obra e do seu objeto.

Não surpreenderá o leitor – especialmente se militar na Justiça do Trabalho – a informação de que, no Brasil, a aplicação das convenções e tratados internacionais em matéria trabalhista ainda é incipiente nos tribunais do país. Não há maiores dúvidas, na esfera doutrinária, de que tais convenções e tratados são fontes formais do Direito do Trabalho. Hesitação haverá, se muito, quanto aos pressupostos de sua cogência interna ou quanto às suas posições na hierarquia normativa; não, porém, quanto à sua normatividade "per se". E, no entanto, seguem sendo de aplicação relativamente rara, como revela o estudo que o leitor tem em mãos (devendo-se considerar, claro, os lindes da respectiva pesquisa: a jurisprudência do TST e dos vinte e quatro TRTs, entre 31/12/2004 e 31/12/2018, totalizando 5.554 decisões examinadas).

Disso, aliás, tenho sempre dado um testemunho. Como juiz e pesquisador, tive ocasião de frequentar uma versão sintética do curso de normas internacionais do trabalho, em 2017, no centro de treinamento da OIT em Turim (Itália), sob os auspícios da Associação Nacional dos Magistrados da Justiça do Trabalho (4º Congresso Internacional). À altura, já no inicio do curso, todos recebíamos um volume impresso contendo referências atualizadas da aplicação das normas internacionais do trabalho pelos tribunais de diversos países-membros da OIT, organizadas por ordem alfabética. E, compulsando-o, impressionei-me com uma desconcertante constatação, que jamais esqueci: nas referências da letra "b", tínhamos arestos de tribunais de países como Benin, Bolívia e Botswana (a não me falhar a memória), com populações economicamente ativas e estruturas judiciárias bem mais modestas que as brasileiras, sobretudo em termos quantitativos; e, no entanto, não havia um aresto sequer oriundo do Brasil.

Evidentemente, a receptividade das normas internacionais do trabalho pela Magistratura do Trabalho brasileira evoluiu significativamente desde então (e esta investigação também o demonstra, ao reconhecer que "o direito internacional [...] influenciou a proteção da saúde e segurança do trabalhador na maioria das decisões judiciais analisadas", apontando inclusive curiosos "picos" de incremento, como, *e.g.*, no âmbito do C. TST, entre 2013 e 2018, algo que Pasqualeto atribui à intensa polêmica instaurada quanto à possibilidade de cumulação dos adicionais de insalubridade e periculosidade, especialmente a partir do julgamento do Recurso de Revista n. 1072-72.2011.5.02.0384, na 7ª Turma, com posição afirmativa capitaneada pelo Min. Cláudio Mascarenhas Brandão). Nada obstante, a pesquisa não revela, p. ex., com que frequência os tribunais invocam normas internacionais do trabalho, como *"ratio decidendi"*, para decidir questões ligadas ao meio ambiente do trabalho (inclusive porque não era esse o objeto); e a minha experiência pessoal sugere que esses usos seguem erráticos, apesar de tudo.[1] Dito de outro modo, segue-se a observar, de modo geral, um significativo – e, direi eu, inapropriado – acanhamento judicial para a efetiva incorporação dessas fontes formais, especialmente nas instâncias de acesso, como *"ratio decidendi"* nuclear ou acessória para a solução dos litígios pertinentes (ou, seguindo a taxonomia proposta pela autora, como fator colmatador, estandardizador, ampliativo e/ou modelar), e já não apenas como *"obiter dictum"*.

Tal deleção retórica e normativa não é uma circunstância de somenos: a rigor, termina por privar o jurisdicionado de um relevantíssimo manancial de princípios e regras tutelares do trabalho decente, ensejando inclusive – na melhor dicção dowrkiniana[2] – respostas judiciais "incorretas", por darem prevalência a fontes formais internas que, a rigor, estariam superadas pela normatividade convencional (é, p. ex., o que se deu – e o digo com todas as vênias, sob o pálio do art. 36, III, *in fine*, da Lei Orgânica da Magistratura – com o derradeiro entendimento do Tribunal Superior do Trabalho, nos autos do IRR n. 239-55.2011.5.02.0319, acerca da predita possibilidade de cumulação entre adicionais de insalubridade e de pericu-

[1] Isto também está sinalizado na pesquisa, ainda que lateralmente, quando se registra que a Convenção 155 é mencionada em apenas 0,04% do número de processos julgados ao longo do recorte temporal.

[2] Cfr., *e.g.*, Dworkin, Ronald. **O império do Direito.** Trad. Jefferson Luiz Camargo. São Paulo: Martins Fontes, 1999, pp. 164 e ss. e 202 e ss. Nesse particular, a propósito, divergimos de Dworkin, por entendermos que, em determinadas circunstâncias, o Poder Judiciário decide inclusive com discricionariedade "em sentido forte" (e um bom exemplo disto é precisamente o exercício do poder normativo pela Justiça do Trabalho, ainda que sob as balizas mais estritas do art. 114, §2º, da CRFB, com a redação da EC n. 45/2004).

losidade, vedada pelo art. 193, §2º, da CLT, mas determinada pelo art. 11, "b", da Convenção OIT n. 155, ao tratar da exposição simultânea a diversas substâncias ou agentes).[3] Pasqualeto examina a questão, aliás, com excelente discernimento, na seção 3.2 deste volume.

E, com efeito, tal privação torna-se especialmente grave se se reconhece, por um lado, ser direito social fundamental dos trabalhadores urbanos e rurais o de redução dos riscos inerentes ao trabalho, à luz do art. 7º, XXII, da Constituição da República Federativa do Brasil; e se se constata, por outro, que há uma enorme gama de convenções internacionais que estabelecem patamares irredutíveis de proteção dos trabalhadores no meio ambiente de trabalho. Cite-se em especial, e apenas no âmbito da Organização Internacional do Trabalho, a Convenção n. 155 (1981), sobre segurança e saúde dos trabalhadores, que merece as principais atenções da autora; mas, para além delas, as Convenções 81 (fiscalização do trabalho), 115 (proteção contra as radiações ionizantes), 127 (peso máximo no transporte e manuseio de objetos), 134 (prevenção de acidentes do trabalho dos marítimos), 136 (benzeno), 139 (câncer profissional), convenção 148 (contaminação do ar, ruído e vibrações), 161 (serviços de saúde no trabalho), 162 (amianto), 167 (segurança e saúde na construção civil), 170 (segurança na utilização de produtos químicos no trabalho), 174 (prevenção de grandes acidentes industriais), 176 (segurança e saúde em minas), além de outras tantas, de modo mais ou menos abrangente.

Esse breve escorço já revela a importância da presente publicação, na perspectiva científico-descritiva, por encerrar a mais atualizada investigação sobre as tendências atuais da jurisprudência trabalhista brasileira nesse particular, inclusive a partir de dados estatísticos diretamente cole-

[3] Ainda que, como assevera Pasqualeto, a construção retórica do *decisum* afaste a cumulabilidade ao argumento de que *"o seu conteúdo não permite determinada interpretação (a exemplo da cumulação de adicionais) e não porque discorda ou despreza a convenção como fonte do direito interno"* (v. "Conclusões"); nada obstante, entendo que o esforço interpretativo em torno do art. 11, "b", da Convenção n. 155 tampouco poderia ser "correto" – ainda em acepção dworkiniana –, se se tem como vetor hermenêutico o *princípio da máxima efetividade* (como deveria ser, dada a natureza da matéria), segundo o qual à norma constitucional em geral (e à norma jusfundamental em especial, como é a do art. 7º, XXII, da CRFB) deve atribuir o sentido que maior eficácia lhe dê (v. Canotilho, J. J. Gomes. **Direito constitucional e teoria da Constituição**. 3. ed. Coimbra: Almedina, pp. 1148-1151; Feliciano, Guilherme G. **Por um processo realmente efetivo:** Tutela processual de direitos humanos fundamentais e inflexões do "due process of law". São Paulo: LTr, 2016, seção 12.2, III).

tados na pesquisa; e, sobretudo, na perspectiva pedagógico-deontológica, por expor e dissecar a subutilização nacional das normas internacionais do trabalho (o que revela um inexorável vezo deontológico, já que a aplicação das convenções internacionais do trabalho, uma vez internalizadas, naturalmente não é uma "faculdade" dos juízes e tribunais), mas também por propor e dilucidar um "método" para o incremento da implementação das normas internacionais do trabalho no contexto jurídico-forense, apresentando-o, ao final da obra, como "guia prático para a aplicação das normas internacionais do trabalho", com o escopo de "[...] difundir o conhecimento sobre os *labor standards* entre os magistrados da Justiça do Trabalho". Uma excelente ferramenta, deve-se dizer, para laboratórios e oficinas nas escolas judiciais dos tribunais regionais do trabalho.

Para mais, ainda quanto ao papel dessa normatividade subutilizada e quanto aos seus horizontes de possibilidade, Pasqualeto termina por reconhecer, à guisa de conclusão, que,

> [...] considerando todos os tribunais em conjunto, foi constatado que em 29% das decisões, a C155 assumiu a função de *ratio decidendi* e, em 18% das decisões, figurou como *obiter dictum*, totalizando 47% dos casos em que a C155 foi aplicada, influenciando a fundamentação das decisões (ainda que nem sempre como fundamento principal). As demais decisões envolveram 36% de citação de trecho de terceiro e 17% de debates sem aplicação da convenção. [...]

E arremata:

> [...] A história já mostrou que a conquista de direitos trabalhistas não evolui linearmente, havendo ciclos de garantia de direitos e ciclos de flexibilização. Sobretudo em momentos de crise econômica, há uma tendência em diminuir direitos (por meio de contratos de trabalho mais flexíveis, propostas de aumento de jornada, redução salarial, etc.) em prol de uma suposta superação dos problemas. Assim, especialmente nesses momentos de tensão, a aplicação das normas internacionais e, na situação analisada, da Convenção nº 155, formaria o alicerce jurídico para frear eventuais retrocessos e, ao menos, manter (quanto melhor, superar) os padrões preconizados internacionalmente. [...]

De minha parte, restaria subscrever tais passagens, *"comm'il faut"*, sem, todavia, obnubilar um necessário olhar crítico (quiçá mais pessimista que o da própria autora). Explico-me.

Ali, reconheço a demonstração estatística do subaproveitamento de tão crucial convenção internacional (o que indicia, ademais, a subutilização de outras convenções similares): a fonte foi empregada como tal – i.e., como fonte formal da qual se extrai, pelos métodos de interpretação/aplicação, a norma jurídica que decide o litígio – em menos de um terço das respectivas aparições.

Aqui, convirjo para agregar que, infelizmente, essa função de "frenagem retrocessiva" – que, com todo acerto, está cometida às normas internacionais do trabalho – tem sido pouco praticada na jurisprudência nacional, inclusive à vista da última grande revisão *"in pejus"* da legislação laboral (Lei 13.467/2017, dita "reforma trabalhista") ou da recentíssima legislação trabalhista "emergencial" editada para a pandemia da Covid-19, ressalvando-se sempre, claro, as insistentes e honrosas exceções, para questões labor-ambientais e outras, entre as quais cabotinamente me incluo (v., *e.g.*, TRT 15, Proc. 0007686-06.2020.5.15.0000-MSCiv, 2ª SDI, rel. Juiz Conv. Guilherme Guimaraes Feliciano, DEJT 26/11/2020)[4] ou não (v., *e.g.*, TRT

[4] *In verbis*: "**MANDADO DE SEGURANÇA PARA CASSAÇÃO DE TUTELA ANTECIPADA EM AÇÃO CIVIL PÚBLICA. MEIO AMBIENTE DE TRABALHO. PANDEMIA DA COVID-19. ATIVIDADE ESSENCIAL (SERVIÇOS POSTAIS E AFINS). EMPREGADO TERCEIRIZADO CONTAMINADO. CONTATANTES DE CASO CONFIRMADO. AUSÊNCIA DE TESTAGEM DOS TRABALHADORES COMO CONDIÇÃO DE RETORNO DA ATIVIDADE LABORAL. DEVER DE INDENIDADE LABOR-AMBIENTAL. PRINCÍPIO DA PRECAUÇÃO: CONCRETIZAÇÃO A PARTIR DAS NORMAS ADMINISTRATIVAS DE REGÊNCIA DA MATÉRIA. 1.** Trata-se de caso confirmado de Covid-19 de empregado terceirizado ativo, em que se retomou a atividade laboral sem a testagem dos demais trabalhadores. A situação traduz hipótese de risco grave e iminente, diante da circulação ambiental do vírus SarsCov-2, inclusive para os fins do art. 13 da Convenção n. 155/OIT (Decreto n. 1.254/1994). Em situações dessa índole, qualquer caso ulterior de contaminação no mesmo meio ambiente de trabalho engendrará presunção de nexo de causalidade com o trabalho, à vista do que dispõe o art. 20, §1º, "d", **"in fine"**, da Lei 8.213/1991 (**"per analogiam"**), ante a inegável exposição ao vírus, determinado pela própria natureza do trabalho (atividade presencial em espaço fechado). **2.** Em matéria de meio ambiente do trabalho (CRFB, art. 225, caput, c.c. art. 200, VIII), a gestão jurídica de riscos deve se guiar pelo princípio da precaução, pelo qual, "[o]**nde existam ameaças de riscos sérios ou irreversíveis, não será utilizada a falta de certeza científica total como razão para o adiamento de medidas eficazes, em termos de custo, para evitar a degradação ambiental"** (Princípio n. 15 da Declaração do Rio de Janeiro sobre o Meio Ambiente e o Desenvolvimento Sustentável), adscrito ao próprio texto do art. 225, §1º, I, da CRFB, pelo qual incumbe ao Poder Público – e, portanto, também ao Poder Judiciário – "preservar e restaurar os processos ecológicos essenciais", com mínima sanidade, inclusive no meio ambiente do trabalho. Na mesma esteira, no plano internacional

15, Proc. 0010477-92.2018.5.15.0104-RORSum, 3ª T., 6ª Câm., rel. Juiz Conv. Marcos da Silva Porto, DEJT 7/8/2019)[5]. O que nos devolve talvez, e outra vez, a Ronald Dworkin:

(CRFB, art. 4º, II), a Declaração Ministerial de Bergen já dispunha que **"a falta de certeza científica não deve ser usada para adiar medidas para impedir a degradação ambiental". 3.** Nesses termos, em matéria labor-ambiental, a incerteza científica, ao contrário de permitir a atividade potencialmente danosa, deve obstá-la, ao menos tendencialmente, se não houver absoluta certeza quanto à segurança dos trabalhadores para o retorno das atividades laborais. É que o princípio da precaução, nas questões de meio ambiente do trabalho, deita-se rigorosamente sobre o elemento humano, sendo diretriz de proteção primacial da integridade psicossomática e da saúde dos trabalhadores, mesmo em condições de dúvida científica (**"in dubio pro homine"**). **4.** Para tais efeito, a aplicação do princípio da precaução deve considerar quatro pilares: **(a)** o elemento de incerteza, que passa a ter centralidade na avaliação de risco; **(b)** o ônus da prova, que passa a ser do proponente da atividade (no caso, a ECT, "ex vi" do art. 818, §1º, da CLT); **(c)** as alternativas menos lesivas para a parte cujo interesse será restringido; e **(d)** a natureza democrática, transparente e participativa das decisões, competindo aos gestores dos riscos das atividades econômicas (i.e., aos empresários e afins) o planejamento, a antecipação e a implementação das medidas que se mostrem necessárias, diante dos casos concretos, para evitar ou minimizar as situações de potencial contágio dos trabalhadores pelo novo coronavírus. **5.** No caso em tela, por outro lado, o princípio há de modular-se, **"in concreto"**, pelas normas-regras administrativas que regem a matéria (e que realizam, no particular, a respectiva mediação concretizadora): os Boletins Epidemiológicos do Ministério da Saúde n. 7 e 8, que regulam afastamento dos trabalhadores com sintomas suspeitos de Covid-19, assim como a Portaria Conjunta n. 20 da Secretaria Especial de Previdência e Trabalho do Ministério da Economia e do Ministério de Estado da Saúde e o próprio protocolo do Governo do Estado de São Paulo não tornam a testagem obrigatória, mas apenas recomendável; e estabelecem, ademais, que ao trabalhador com sintomas suspeitos deve ser concedido afastamento por 14 dias ou até a realização do teste, sendo viável o seu retorno ao trabalho, se assintomático. Além disso, a Impetrante logrou demonstrar o cumprimento das recomendações acerca de afastamento, higienização e demais orientações, sendo ainda cediço assistir-lhe as prerrogativas de Fazenda Pública, cuja observância é medida de rigor. Por fim, é certo que, ante o notório alastramento da pandemia em território nacional, após uma semana da realização dos testes em todos os empregados da empresa, a realidade evidenciada pelos resultados dos exames provavelmente já não mais representaria a situação factual vivenciada, à vista da possibilidade de contaminação a partir de contatos com pessoas fora do âmbito da empresa. **7.** Segurança que se concede parcialmente para suspender o ato coator, restringindo-se o afastamento àqueles que apresentem sintomas próprios da Covid-19, pelo prazo de 14 dias ou até que tenham realizado o teste para a detecção do Sars-Cov-2 ou de seu anticorpo específico, no sistema público ou particular".

[5] *In verbis:* "**HONORÁRIOS ADVOCATÍCIOS DE SUCUMBÊNCIA. ARTIGO 791-A DA CLT. RECLAMANTE BENEFICIÁRIA DA JUSTIÇA GRATUITA. APLICAÇÃO DO CONTROLE DE CONVENCIONALIDADE PARA AFASTAR A CONDENAÇÃO.** Conquanto se trate de reclamação trabalhista ajuizada já na vigência da Lei n. 13.467, de

> [...] quando acreditamos nos direitos humanos – ou em quaisquer outros direitos, aliás –, temos de tomar partido quanto ao verdadeiro fundamento desses direitos. É possível que meu entendimento da dignidade humana seja defeituoso. Você precisa julgar por si mesmo e, se necessário, corrigir a minha teoria. Mas, a menos que seja tentado a adotar um ceticismo global diante dos direitos humanos e políticos, terá de encontrar um fundamento para esses direitos em alguma formulação desse tipo, e terá de abraçar essa formulação não por encontrá-la embutida em alguma cultura ou vê-la partilhada por todos ou quase todos os países, mas porque acredita que ela é verdadeira. Suas aplicações da premissa básica deem ser sensíveis a uma variedade de circunstâncias que vigoram nas diferentes regiões e países. Mas **todos os seus juízos devem ter seu fundamento último em algo que não é relativo: seu juízo acerca das condições da dignidade humana e das ameaças que o poder coercitivo inflige a essa dignidade.**[6] (g.n.)

13.07.2017, e que introduziu no corpo da CLT o seu artigo 791-A, compreendo que os honorários de sucumbência recíproca – dado que a reclamante não se saiu vencedora nos pedidos de condenação no adicional de insalubridade e intervalos para recuperação térmica, são inexigíveis nesse caso, à vista da concessão do benefício da justiça gratuita na sentença de origem, matéria não devolvida ao conhecimento desta Corte revisora. Ocorre que, o acesso à justiça não somente é assegurado pelo artigo 5º, incisos XXXV e LXXIV, da Constituição da República, no Título II – dos "Direitos e Garantias Fundamentais" – o que levou a D. Procuradoria Geral da República a ajuizar ação direta de inconstitucionalidade contra diversos dispositivos da citada Lei n. 13.467/2017 (dentre eles o par. 4º do art. 791-A da CLT)-, como também pelo Artigo XVIII da Declaração Americana dos Direitos e Deveres do Homem, de 1948, e pelo Artigo 8º, item 1, da Convenção Americana de Direitos Humanos (Pacto de São José da Costa Rica), de 1969 (aprovada no Brasil pelo Decreto legislativo n. 27, de 1992, promulgado pelo Decreto n. 678, de 06.11.1992). Referidas convenções ostentam status de supralegalidade, consoante decisão exarada pelo E. STF no exame do RE n. 466.343 e do HC n. 87.585/TO, no ano de 2008, razão porque, em sede de controle de convencionalidade, são suficientes para afastar a aplicação do par. 4º do artigo 791-A da CLT, mesmo que o E. STF, em sede de controle concentrado, ainda não tenha se pronunciado sobre a inconstitucionalidade deste dispositivo (ADI n. 5.766, ajuizada em 25.08.2017). As convenções citadas visam garantir a plenitude dos ditos Direitos Humanos ou Fundamentais, dos quais o Estado brasileiro é o natural fiador, razão porque desafiam a não aplicação de quaisquer normas de direito interno e que impliquem afronta direta às obrigações internacionais de caráter humanista assumidas pelos países signatários. Recurso a que se dá provimento, neste ponto". Não me incluo porque, em casos semelhantes, divergi da tese, por razões que não importam para este prefácio. Reconheço, porém, o uso benfazejo e engenhoso que o d. relator tem dado à norma internacional citada para conter os efeitos deletérios do novel art. 791-A, §4º, da CLT.

6 Dworkin, Ronald. **A raposa e o porco-espinho:** Justiça e valor. Trad. Marcelo Brandão Cipolla. São Paulo: Martins Fontes, 2014, p.517. Nessa passagem, ao citar um "poder coercitivo",

E é o que talvez siga a faltar. E o que a mim basta dizer. Mas passe à leitura, porque – posso assegurar – será melhor que você diga por seu próprio escrutínio; ainda aqui, é preciso *julgar por si mesmo*. E não esmoreça. Uma vereda agradável e instrutiva o aguarda.

São Paulo, 20 de março de 2021.

GUILHERME GUIMARÃES FELICIANO
Professor Associado II do Departamento de Direito do Trabalho e da Seguridade Social da Faculdade de Direito da Universidade de São Paulo
Titular da Cadeira n. 53 da Academia Brasileira de Direito do Trabalho
Doutor e Livre-Docente pela Faculdade de Direito da Universidade de São Paulo e Doutor pela Faculdade de Direito da Universidade de Lisboa
Presidente da Associação Nacional dos Magistrados da Justiça do Trabalho (2017/2019)
Juiz Titular da 1ª Vara do Trabalho de Taubaté/SP

Dworkin tem em conta as possíveis ações opressivas do Estado (e, logo, o âmbito da eficácia vertical dos direitos humanos fundamentais); mas, por óbvio, o mesmo raciocínio se pode estabelecer quando estamos diante do "poder coercitivo privado" do empregador, p. ex. (e, logo, no campo da eficácia horizontal dos direitos humanos).

SUMÁRIO

INTRODUÇÃO 25

CONSIDERAÇÕES METODOLÓGICAS 29

1. A BUSCA POR MELHORES CONDIÇÕES DE TRABALHO E A PROMOÇÃO DA SAÚDE E SEGURANÇA DO TRABALHADOR 43

2. A CONVENÇÃO N. 155 DA OIT SOBRE SAÚDE E SEGURANÇA DOS TRABALHADORES E O MEIO AMBIENTE DO TRABALHO: UMA ANÁLISE SOBRE SUAS DISPOSIÇÕES E POSSIBILIDADE DE APLICAÇÃO NO DIREITO BRASILEIRO 89

3. UM RETRATO DA APLICAÇÃO A CONVENÇÃO N. 155 DA OIT PELA JUSTIÇA DO TRABALHO NO BRASIL 143

4. A APLICAÇÃO DA CONVENÇÃO N. 155 DA OIT PELA JUSTIÇA DO TRABALHO NO BRASIL: DIAGNÓSTICOS E EQUACIONAMENTOS 321

GUIA PRÁTICO PARA APLICAÇÃO DAS NORMAS INTERNACIONAIS DO TRABALHO 361

1. A Organização Internacional do Trabalho (OIT) e as normas internacionais do trabalho 361
2. Normas internacionais do trabalho e o direito interno 363
3. A influência das normas internacionais do trabalho no caso sub judice 365
4. Indicação de leitura 375

CONCLUSÕES 377

REFERÊNCIAS 383

INTRODUÇÃO

A Organização Internacional do Trabalho (OIT), desde sua origem, em 1919, tem como um de seus objetivos centrais o estabelecimento de padrões internacionais (*labour standards*), elaborados de maneira tripartite pelos Estados, representantes dos trabalhadores e representantes dos empregadores, com a finalidade de garantir direitos trabalhistas mínimos.

A criação das normas internacionais do trabalho, tais como convenções e recomendações da OIT, figurou como uma resposta jurídica a desafios mundiais já constatados desde a Primeira Revolução Industrial e crescentes no período posterior à Primeira Guerra Mundial, pontuados no preâmbulo da Constituição da Organização Internacional do Trabalho: "*condições de trabalho que implicam miséria e privações [...] e que o descontentamento que daí decorre põe em perigo a paz e a harmonia universais*", necessidade de melhorar tais condições a partir da regulamentação da jornada de trabalho, garantia de períodos de descanso, regras para a contratação da mão-de-obra, estratégias contra o desemprego, garantia de um salário que assegure condições de existência convenientes, proteção da saúde e segurança dos trabalhadores, proteção das crianças e adolescentes, promoção da igualdade, afirmação do princípio de liberdade sindical, promoção do ensino profissional e técnico. A indiferença a tais questões, segundo a Constituição da OIT, não permite que se alcance a paz universal e a justiça social, bem como "*cria obstáculos aos esforços das outras nações desejosas de melhorar a sorte dos trabalhadores nos seus próprios territórios*".

Tais mazelas, contudo, não foram superadas por completo. Embora os *labour standards* tenham influenciado a melhoria das condições laborais, muitos problemas ainda persistem e novos desafios surgiram. A intensificação da economia globalizada, a atenuação das barreiras geográficas, a acentuação das mudanças climáticas e dos desastres ambientais, o aumento dos fluxos migratórios, a instabilidade econômica e política de diversos países, o avanço tecnológico e desenvolvimento da inteligência artificial, dentre outras características marcantes do momento histórico em que a OIT completou cem anos, impactam diretamente o mundo do trabalho.

Muitas dessas mudanças certamente têm o condão de promover a melhoria das condições laborais, a exemplo do uso da tecnologia para a realização de atividades perigosas, o desenvolvimento de equipamentos de proteção mais confortáveis e seguros, a criação de postos de trabalho sustentáveis (os trabalhos verdes ou, no inglês, *green jobs*), cooperação – técnica, econômica, científica, etc. – entre os países, ampliação das trocas comerciais globais, etc.

Contudo, parte dessas transformações trouxe novas preocupações: aumento do desemprego em razão da automação e consequente substituição da mão-de-obra humana pela máquina, diminuição de salários e flexibilização de direitos trabalhistas em razão de crises econômicas e financeiras, precarização da mão-de-obra e dificuldade de responsabilização nas cadeias globais de produção, dentre outros desafios que sinalizam e reavivam a importância da existência de padrões internacionais.

O estabelecimento de "regras do jogo" para o atual mundo globalizado (OIT, 2019) foi e continua sendo fundamental para que o crescimento econômico seja acompanhado de desenvolvimento sustentável e justiça social. Nesse sentido, em sua "Declaração do Centenário para o Futuro do Trabalho" (2019), a OIT reconheceu que "*a experiência do último século confirmou que uma ação contínua e concertada dos governos e dos representantes dos empregadores e trabalhadores é essencial para a prossecução da justiça social e a promoção de uma paz universal duradoura*" e que "*graças a essa ação, foram realizados progressos históricos na criação de condições de trabalho verdadeiramente humanas*", mas que a pobreza, as desigualdades, as injustiças e os conflitos persistem em muitas partes do globo. Por isso, foram renovados os compromissos assumidos em 1919, reafirmou-se o conteúdo das demais declarações e reforçou-se que "*a definição de normas internacionais do trabalho e a fiscalização do seu cumprimento reveste-se de importância fundamental*".

Considerando tal contexto, esta obra se dedica ao estudo desse componente central das estratégias da OIT para a promoção da justiça social, qual seja: as normas internacionais do trabalho, mais especificamente, a Convenção nº 155 da OIT sobre saúde, segurança e meio ambiente do trabalho. Uma das questões identificadas como razão de existir do direito do trabalho e aspecto basilar do trabalho decente, a saúde e segurança do trabalhador foi e continua sendo uma preocupação central da OIT, já que, segundo a Organização (2019f), mais de 2,78 milhões de pessoas morrem por ano em decorrência de acidentes ou doenças relacionadas ao trabalho; existem cerca de 374 milhões de pessoas que sofrem com lesões não fatais relacionadas ao trabalho a cada ano, o que gera um alto custo humano e um ônus econômico estimado em 3,94% do Produto Interno Bruto (PIB) global anual. No Brasil, as estatísticas confirmam a necessidade de preocupação com a saúde e segurança do trabalhador: de acordo com o Observatório de Saúde e Segurança no Trabalho (2019), a cada 4 horas, uma pessoa morre em decorrência de acidentes ou doenças relacionadas ao trabalho, gerando custos sociais, humanos, previdenciários, etc.

Nesse cenário, ponderando sobre as contribuições da OIT e partindo da ideia de averiguar se e como os *labour standards* podem influenciar a promoção de melhores condições laborais, estudou-se a influência da Convenção nº 155 da OIT na proteção da saúde e segurança do trabalhador a partir de decisões judiciais proferidas pela Justiça do Trabalho brasileira. Assim, considerando as atividades jurisdicionais da Justiça do Trabalho, buscou-se responder à seguinte pergunta de pesquisa: se e, em caso afirmativo, como a proteção da saúde e segurança do trabalhador no Brasil é influenciada pelo direito internacional, mais especialmente, pela Convenção nº 155 da OIT?

Para tanto, realizou-se um mapeamento jurisprudencial no Tribunal Superior do Trabalho e nos Tribunais Regionais do Trabalho a fim de localizar decisões que se valem da referida convenção e verificar se houve e, em caso afirmativo, qual foi a contribuição da norma internacional para aquele caso concreto, conforme detalhado no item "considerações metodológicas" a seguir, sobre a metodologia adotada neste estudo.

A fim de apresentar os resultados obtidos e de responder à pergunta acima proposta, estruturou-se este estudo em quatro capítulos centrais, além desta introdução, considerações metodológicas, considerações finais e referências.

No primeiro capítulo, discute-se a posição central que a saúde e a segurança do trabalhador ocupam nas questões laborais internacionais, no nascimento e consolidação do direito do trabalho, na criação da Organização Internacional do Trabalho, justificando, assim, o tema desenvolvido.

No segundo capítulo, dedicou-se ao estudo do dispositivo internacional analisado na pesquisa jurisprudencial, examinando as diretrizes da Convenção nº 155 da OIT (bem como o seu respectivo protocolo e recomendação), a sua ratificação pelo Brasil e utilização como fonte do direito brasileiro, evidenciando-se a razão de estudar tal convenção.

No terceiro capítulo, sistematizou-se a pesquisa empírica realizada a partir da jurisprudência do Tribunal Superior do Trabalho e dos vinte e quatro Tribunais Regionais do Trabalho, apresentando um retrato descritivo da aplicação da Convenção nº 155 da OIT pela Justiça do Trabalho no Brasil.

No quarto capítulo, dedicou-se à identificação da influência exercida pela Convenção nº 155 da OIT na proteção da saúde e segurança dos trabalhadores e proposição de possíveis equacionamentos que permitam ampliar a aplicação de tal norma internacional pela Justiça no Trabalho no Brasil.

Nas considerações finais são apresentadas as conclusões a respeito da aplicação da Convenção nº 155 da OIT pela Justiça do Trabalho no Brasil, avaliando a influência do direito internacional, especialmente a Convenção nº 155 da OIT, sobre a promoção da saúde e segurança do trabalhador, e apresentando uma resposta para a pergunta de pesquisa norteadora da pesquisa e para cada objetivo específico proposto.

Por fim, ocupa-se de listar as referências bibliográficas que serviram de fonte de pesquisa para este estudo.

A seguir, nas considerações metodológicas, justifica-se o recorte metodológico aqui adotado e as técnicas de pesquisa utilizadas ao longo deste estudo.

CONSIDERAÇÕES METODOLÓGICAS

Definir qual é a metodologia que será utilizada em uma pesquisa é tarefa fundamental para que ela cumpra seu objetivo e possa ser bem compreendida. E este é o propósito destas considerações metodológicas.

Inicialmente, vale esclarecer os motivos que levaram à escolha do tema em estudo. O desejo de entender como o direito interno dialoga com o direito internacional tem origem em reflexões sobre alguns dos resultados encontrados em estudos prévios a esta pesquisa de doutorado, sobretudo durante a conclusão da dissertação de mestrado[1] da autora, a qual evidenciou que programas, metas e conceitos cunhados pela Organização Internacional do Trabalho (OIT) sobre os trabalhos verdes[2] raramente são observados por Estados-membros da Organização, bem como por instituições que manejam o tema.

Partindo dessa constatação, nasceu a ideia, ainda embrionária, de compreender em que medida o direito internacional é aplicado no plano interno. Para tanto, foram aventados diferentes meios e fontes que possibilitassem a resposta de tal questão. A título exemplificativo, no âmbito público, pensou-se em estudar atividade legislativa, a implementação de

[1] A referida dissertação de mestrado intitula-se "A proteção do trabalhador nos trabalhos verdes", defendida na Faculdade de Direito da Universidade de São Paulo, em 7 de novembro de 2016.

[2] Do inglês, *green jobs*, trabalhos verdes é uma expressão criada pela Organização Internacional do Trabalho para designar formas de trabalho decente dedicadas à proteção e reparação contínua e eficiente do meio ambiente (natural, artificial, cultural e do trabalho), nas mais variadas atividades econômicas, independentemente da posição hierárquica em que o trabalhador se encontra e da vinculação jurídica que possui.

políticas públicas, os atos internacionais firmados pelo Brasil, o relatório da Comissão de Peritos da OIT, a atividade do Poder Judiciário, etc.; na esfera privada, cogitou-se voltar os olhos para acordos coletivos de trabalho, convenções coletivas de trabalho, regulamentos internos de empresas, acordos entre empresas, etc.

As possibilidades acima elencadas poderiam servir para a análise pretendida, pois todas desempenham funções nos seus respectivos âmbitos de influência. Contudo, a fim de viabilizar esta investigação – quanto ao tempo, à capacidade individual de pesquisa, aos recursos financeiros disponíveis, etc. –, definiu-se como objeto central de análise as decisões proferidas pelo Poder Judiciário disponíveis para livre consulta em suas respectivas páginas eletrônicas, deixando as demais fontes possíveis para pesquisas futuras.

Dentre as possibilidades aventadas, conforme abordar-se-á no capítulo 2, considera-se que a atividade do Poder Judiciário é a que mais produz efeitos diretos em relação ao trabalhador, sobretudo porque as demais formas de utilização do direito internacional pelo direito interno encontram-se muito mais no plano do "dever ser" do que no plano do "ser", isto é, possuem natureza majoritariamente prescritiva. Ademais, se uma demanda chegou ao Poder Judiciário, pode-se presumir que houve algum tipo de violação de direitos.

Assim, ainda que se tenha consciência de que o Poder Judiciário é parte do sistema jurídico e que não é a solução final para os problemas (dentre eles, aqueles ligados à saúde e segurança do trabalhador), reputa-se que a prestação jurisdicional consiste em uma das formas mais tangíveis[3] para a verificação da aplicação da normativa internacional no plano interno e, por isso, decidiu-se estudá-la. Ademais, diferentemente de outas fontes (a exemplo dos relatórios periódicos que devem ser enviados pelos Estados-membros à OIT sobre a aplicação das convenções ratificadas e informações

[3] Entende-se que as demais fontes são mais complexas de serem avaliadas, seja porque não há menção expressa da inspiração no direito internacional ou porque há necessidade de se dominar outras áreas do conhecimento, tal como a estatística, o que se torna mais difícil em uma pesquisa individual. Toma-se a análise de políticas públicas como exemplo dessa maior complexidade, já que há dificuldade de mensurar seu real impacto em razão da sua abrangência territorial, pouca documentação de seus resultados, necessidade de conhecimento multidisciplinar (econômicos, estatísticos, geográficos, etc.) para avaliar seus resultados, etc.

sobre as convenções não ratificadas[4]), a jurisprudência é disponibilizada de forma pública, o que facilita o acesso ao material que se pretende analisar.

Não se ignora que as bases de dados dos tribunais brasileiros (inclusive os trabalhistas) devem ser utilizadas com atenção em razão de suas ineficiências (LOPES, 2006, p. 326). Contudo, mesmo considerando suas imperfeições, tais bases ainda são a melhor, e talvez a única, forma pública e centralizada de acessar as decisões judiciais.

Assim, pretende-se analisar a atividade jurisdicional para refletir sobre o impacto do direito internacional no âmbito interno, mais especialmente sobre a proteção da saúde e segurança do trabalhador. Ressalta-se, no entanto, como já advertido anteriormente, que a atividade do Poder Judiciário é uma das várias fontes possíveis de análise. Dessa forma, acredita-se, que esta pesquisa pode ser continuada posteriormente a partir do estudo de outros temas e/ou outros objetos de análise, tais como, políticas públicas, acordos internacionais, contratos, etc.

Por fim, evidencia-se o tema aqui adotado: a saúde e segurança do trabalhador, questão de importância central para o direito do trabalho, para a Organização Internacional do Trabalho e para as normas internacionais do trabalho. Esta opção[5] pelo estudo da saúde e segurança do trabalhador, com especial atenção à Convenção nº 155 da OIT será melhor detalhada e justificada adiante, no item *(ii)* destas considerações metodológicas.

Feitos esses esclarecimentos iniciais, pretende-se neste item: *(i)* evidenciar o objetivo desta pesquisa, bem como sua pergunta (ou problema de pesquisa) e suas hipóteses; *(ii)* elucidar o recorte de pesquisa; *(iii)* indicar e justificar quais os caminhos escolhidos para que o objetivo seja alcançado, a pergunta seja respondida e as hipóteses sejam confirmadas ou negadas; *(iv)* apresentar como foi pensada a estrutura do texto desta investigação.

[4] Ao longo da realização do projeto de pesquisa que originou esta obra, buscou-se acesso ao conteúdo desses relatórios na página eletrônica da OIT na internet. Como esses documentos não foram encontrados, contatou-se a OIT para verificar como seria possível encontrar os relatórios. No entanto, de acordo com a resposta da Organização (escritório do Brasil e escritório sede, em Genebra) via *e-mail*, os relatórios enviados pelos países em atenção ao disposto no artigo 22 da Constituição da OIT são confidenciais.

[5] Em que pese o recorte adotado (por se entender que as questões de saúde e segurança do trabalhador foram e são determinantes para o nascimento e desenvolvimento da tutela jurídica laboral), vale frisar que outros temas também poderiam servir para a análise do diálogo entre Direito Internacional e direito interno.

(i) O objetivo, a pergunta e as hipóteses da pesquisa

Considerando os apontamentos traçados acima, esta pesquisa tem como objetivo compreender qual é a influência do direito internacional na proteção da saúde e segurança do trabalhador. Assim, traça-se a pergunta-problema que orienta esta investigação: considerando as atividades jurisdicionais da Justiça do Trabalho, se e, em caso afirmativo, como a proteção da saúde e segurança do trabalhador no Brasil é influenciada pelo direito internacional, mais especialmente, pela Convenção nº 155 da OIT?

Para que tal pergunta norteadora seja respondida, entende-se necessário percorrer questões que lhe são complementares (objetivos específicos), quais sejam:

(a) identificar se o dispositivo internacional analisado, qual seja, a Convenção nº 155 da OIT, serve de fundamentação principal para a decisão judicial (*ratio decidendi*) ou se é citado de forma acessória (*obiter dictum*);
(b) identificar se, para além da Convenção nº 155 da OIT, a decisão judicial analisada faz referência outro dispositivo internacional;
(c) identificar qual é a discussão jurídica que está sendo abordada no trecho da decisão judicial em que o dispositivo internacional foi referenciado;
(d) identificar com que *status*[6] normativo o dispositivo internacional analisado é considerado nas decisões analisadas e, portanto, com que *status* é efetivamente incorporado ao ordenamento jurídico brasileiro;
(e) identificar se, ao valer-se do dispositivo internacional, a decisão traz alguma inovação em relação às normas presentes no ordenamento jurídico brasileiro, buscando compreender se tal inovação representa um avanço para a proteção da saúde e segurança do trabalhador.

Quanto à hipótese da pesquisa, traçada a partir de leitura prévia da bibliografia relacionada ao tema, sugere-se inicialmente que a Convenção nº 155 da OIT pouco influencia a proteção da saúde e segurança do tra-

[6] Neste livro, a expressão <*status*> é utilizada para designar o posicionamento hierárquico, em relação à Constituição Federal, de uma norma no ordenamento jurídico brasileiro. A título exemplificativo, são possíveis *status*: constitucional, supralegal, legal.

balhador, pois é utilizada de forma insuficiente[7] pela Justiça do Trabalho no Brasil e, caso fosse utilizada de forma suficiente, as decisões judiciais tenderiam a ser mais protetivas e preventivas. Salienta-se, contudo, que a pesquisa está aberta a descobertas inesperadas que, inclusive, neguem essa hipótese formulada.

(ii) O recorte da pesquisa

Neste ponto, merece esclarecimento o recorte adotado nesta pesquisa no tocante (a) ao dispositivo internacional selecionado para análise, e (b) às decisões judiciais selecionadas, quais sejam, aquelas proferidas pelos tribunais trabalhistas brasileiros.

(a) Quanto ao dispositivo internacional selecionado para análise e à temática central deste estudo, salienta-se que a saúde e segurança do trabalhador é entendida, neste trabalho, como questão social basilar (embora não seja a única) para o nascimento de normas internacionais do trabalho, da Organização Internacional do Trabalho e do nascimento do próprio direito do trabalho. Esta ideia será melhor desenvolvida no capítulo 1 deste livro, elaborado com a finalidade de justificar a opção pelo tema. Ademais, em uma pesquisa nos documentos estatísticos fornecidos pelo TST em sua página eletrônica, verifica-se que as questões relacionadas à saúde e segurança do trabalhador – direta (como acidentes do trabalho, por exemplo) ou indiretamente (como jornadas extraordinárias, por exemplo) – são as campeãs em motivar demandas judiciais (TRIBUNAL SUPERIOR DO TRABALHO, 2016). Assim, considerando a saúde e segurança do trabalhador como eixo deste estudo, escolheu-se para análise da influência do direito internacional o dispositivo internacional que incorpora de forma mais abrangente as diretrizes da OIT sobre o tema: a Convenção nº 155 da OIT.

Existem outras convenções da OIT que também se preocupam direta ou indiretamente com a saúde e segurança do trabalhador (tais como as convenções sobre jornada de trabalho; segurança em atividades específicas, como construção civil, minas, agricultura, por exemplo; amianto; câncer ocupacional, etc.), no entanto, entende-se que a Convenção nº 155

[7] Insuficiente, neste contexto, diz respeito tanto à pouca utilização da normativa internacional pela Justiça do Trabalho no Brasil (aspecto quantitativo), quanto à falta de aprofundamento em relação às diretrizes da Convenção nº 155 da OIT (aspecto qualitativo).

sobre a segurança, a saúde dos trabalhadores e o ambiente de trabalho, além de se aplicar a todas as atividades e setores econômicos, é aquela que aborda o tema de forma mais holística, o que será evidenciado ao longo do capítulo 2. Ademais, trata-se da primeira convenção da OIT que relaciona expressamente a saúde e segurança do trabalhador ao meio ambiente do trabalho (BRASIL *et al*, 2017, p.220).

Salienta-se, ainda, que, não se ignora os dispositivos internacionais relacionados à saúde e segurança do trabalhador para além do âmbito da OIT, a exemplo de diretrizes da Organização Mundial da Saúde; do Pacto Internacional sobre Direitos Econômicos, Sociais e Culturais; dos Objetivos do Desenvolvimento Sustentável, etc. No entanto, definiu-se como objeto de estudo a Convenção nº 155 da OIT em razão da sua especificidade no tocante ao tema de estudo, bem como pelo fato da OIT ser a agência internacional especializada em questões laborais.

Por fim, vale esclarecer a utilização que se faz da expressão "saúde e segurança do trabalhador" e não "meio ambiente de trabalho", expressão que também aparece na descrição e no texto da Convenção nº 155 da OIT. Uma tentativa de trabalhar com ambas as expressões como critérios de busca na pesquisa jurisprudencial acarretou um volume muito maior de decisões a serem analisadas, além de apresentar resultados em duplicidade, o que inviabilizaria esta investigação. Sendo assim, foi necessário definir um critério temático de busca.

Optou-se pela expressão "saúde e segurança do trabalhador" por ser a mais utilizada pela Organização Internacional do Trabalho em seus textos, declarações, programas, etc., sendo adotada, inclusive, como expressão-chave para representar esse assunto na página eletrônica da OIT. Esta escolha foi fortalecida em razão de certa falta de consenso a respeito do termo "meio ambiente do trabalho", já que a própria Convenção nº 155 da OIT utiliza, alternativamente, em seu artigo 3, alínea "c", a expressão "local de trabalho". Nesse sentido, em que pese a extensa literatura a respeito do meio ambiente do trabalho (Sá da Rocha, 1997; Feliciano, 2002; Padilha, 2002; Melo, 2008; Hilgert, 2013a; Maranhão, 2016), com a qual se corrobora, e a previsão constitucional sobre a questão contida no artigo 200, VIII da Constituição Federal, preferiu-se utilizar a expressão "saúde e segurança do trabalhador".

(b) Quanto às decisões judiciais analisadas, merece esclarecimento a opção pela análise dos julgados proferidos no âmbito dos tribunais trabalhistas brasileiros, quais sejam, o Tribunal Superior do Trabalho (TST) e os vinte e quatro Tribunais Regionais do Trabalho (TRTs). Ainda que haja decisões judiciais que impactem direta ou indiretamente a saúde e segurança do trabalhador em outras esferas do Poder Judiciário, a exemplo do julgamento pelo Supremo Tribunal Federal sobre a proibição da utilização do amianto por meio de leis estaduais e municipais, a Justiça do Trabalho é a esfera do Poder Judiciário especializada em relação ao tema.

Assim, pelo critério da especialidade, definiu-se como objeto de análise as decisões judiciais provenientes dos tribunais trabalhistas.

(iii) A metodologia utilizada

A metodologia está relacionada à pesquisa como um todo e diz respeito à justificação racional das escolhas dos métodos e técnicas adotadas para a produção do conhecimento científico. O desenho desta pesquisa privilegia uma metodologia de caráter qualitativo, pois pretende-se ir além da simples enumeração dos julgados que utilizam a Convenção nº 155 da OIT ou contabilização de qual tribunal mais faz uso dessa normativa internacional. O objetivo da pesquisa supera descrições numéricas e centra-se na análise do conteúdo de cada decisão em cotejo com as questões propostas na pesquisa.

Uma vez definido o seu perfil metodológico, passa-se à consideração sobre o método de abordagem (raciocínio utilizado durante a pesquisa) que foi utilizado: método indutivo (Marconi; Lakatos, 2003, p. 86) a longo da pesquisa exploratória[8] e método hipotético-dedutivo no desenvolver da pesquisa. A indução é um processo mental em que, partindo de dados ou de um conjunto de dados particulares suficientemente constatados na realidade, o pesquisador pode inferir uma possível verdade que não está contida nos dados *per se*. Assim, a escolha da abordagem indutiva refere-se ao início da pesquisa, pois é necessário conhecer o campo para traçar hipóteses. Traçadas as hipóteses (baseadas nos resultados da pesquisa exploratória), passa-se à coleta sistematizada de dados para comprová-las ou negá-las (frisa-se que, caso as hipóteses sejam negadas, a pesquisa está

[8] A pesquisa exploratória é a primeira incursão no campo de estudo. É composta de investigações bibliográficas e empíricas, tendo como finalidades: desenvolver hipóteses, aumentar a familiaridade do pesquisador com um ambiente, fato ou fenômeno, para a realização de uma pesquisa futura mais precisa ou modificar e clarificar conceitos.

aberta a resultados não esperados) – método hipotético-dedutivo (GIL, 2008, p. 10-12).

Na sequência, especifica-se quais técnicas foram utilizadas para alcançar o objetivo central do estudo: a pesquisa bibliográfica e a pesquisa empírica.

A pesquisa bibliográfica (teórica) é essencial para entrar em contato com o objeto de estudo e com suas peculiaridades. As principais bases de dados que serviram de fonte para a pesquisa bibliográfica são: a biblioteca da Organização Internacional do Trabalho (Labordoc), a base Social Science Research Network (SSRN), a base JStor, a base Lexis Nexis, a base HeinOnline, a base Wiley Online Library, a base Scopus, a base Ebsco e o acervo disponibilizado no site da OIT. Quanto ao referencial bibliográfico que alicerça a obra, destacam-se os trabalhos de Valticos (1955, 1970, 1977), Potobsky (2004), Leary (1982) e Beaudonnet (2010).

No tocante à pesquisa empírica, antes de esquadrinhar como ela foi desenvolvida, é necessário esclarecer que

> a palavra "empírico" denota evidência sobre o mundo baseada em observação ou experiência. Essa evidência pode ser numérica (quantitativa) ou não-numérica (qualitativa); nenhuma é mais "empírica" que a outra. O que faz uma pesquisa ser empírica é que seja baseada em observações do mundo – em outras palavras, dados, o que é apenas um termo para designar fatos sobre o mundo. Esses fatos podem ser históricos ou contemporâneos, ou baseados em legislação ou **jurisprudência**, ou ser o resultado de entrevistas ou pesquisas, ou os resultados de pesquisas auxiliares arquivísticas ou de coletas de dados primários (EPSTEIN; KING, 2013, p. 11). (grifo nosso)

Nessa perspectiva, o estudo proposto pretendeu utilizar estratégias empíricas de pesquisa para auxiliar na resposta da pergunta que norteia a investigação. Para tanto, valeu-se de pesquisa jurisprudencial, que se concentrou na análise dos julgados disponibilizados nas bases de dados do Tribunal Superior do Trabalho (TST) e dos vinte e quatro Tribunais Regionais do Trabalho (TRTs).

Conforme já salientado anteriormente, sabe-se que as bases de dados dos tribunais brasileiros são fontes que devem ser utilizadas com cautela, sobretudo porque nem sempre disponibilizam a totalidade dos julgados proferidos, possuem mecanismos de buscas confusos e imprecisos, apresentam erros de cadastramento, dentre outras ineficiências (LOPES, 2006, p. 326). No entanto, essas questões têm sido superadas por meio da construção de guias de pesquisa ou matrizes de análise de bases eletrônicas, elaborados a partir da compreensão do funcionamento da base de dados escolhida e da aplicação de testes nesta base; e por meio do reconhecimento das deficiências da base de dados e consequente esclarecimento sobre os obstáculos enfrentados ao longo da pesquisa. E, mesmo considerando as suas imperfeições, as bases de dados dos tribunais são a melhor, e talvez a única, forma pública e centralizada de acessar os julgados.

Ademais, conforme assegura Yeung (2017, p. 256), o Poder Judiciário brasileiro tem caminhado "*cada vez mais na direção de disponibilização de processos e de julgados de maneira eletrônica. Praticamente todos os tribunais, das 3 Justiças principais (Estadual, Federal e Trabalhista) têm publicado de maneira mais ou menos adequada a jurisprudência recente*".

Ainda neste tocante, salienta-se, por fim, que eventuais deficiências encontradas serão reportadas ao longo deste livro.

Considerando as ineficiências das bases escolhidas, fez-se uma pesquisa exploratória para testá-las. Foram escolhidos os seguintes termos de busca: "convenção" e (representado pelo operador "and" no mecanismo de buscas das bases de dados, que seleciona decisões que contém toas as expressões utilizadas na busca) "155". Apesar de serem critérios amplos, a busca por tais termos é fundamental para a resposta do problema de pesquisa proposto.

Sobre os critérios de busca, a primeira constatação é que os tribunais possuem sistemas de pesquisa jurisprudencial completamente distintos, com mecanismos também distintos. É necessário ressaltar que a base de dados do TST possui um mecanismo de busca com mais recursos, superando a soma de termos (operador "and") e possibilitando a busca por termos que aparecem próximos entre si ao longo texto. Trata-se do operador "adj". Dessa forma, ao utilizar o operador "adj", realizando a busca a partir da sequência "convenção adj 155" foi possível encontrar resultados limpos, isto é, que realmente dissessem respeito à citação da Convenção nº 155 da OIT no julgado.

Assim, há vantagem em utilizar o operador "adj", nem sempre disponível na base de dados de outros tribunais, pois tal operador elimina resultados desconexos durante a busca, a exemplo de várias decisões que de fato possuem em seu texto as expressões "convenção" e "155", mas que não estão fazendo referência ao dispositivo internacional analisado e sim a uma convenção coletiva e às folhas nº 155 dos autos, por exemplo. Diferentemente, ao utilizar o operador "adj", só foram disponibilizados julgados que utilizam ambas as expressões de maneira próxima ao longo do texto, como o caso da Convenção nº 155 da OIT.

Por fim, explica-se o motivo pelo qual não se utilizou a expressão exata "Convenção nº 155 da OIT" como critério de busca. Evitou-se pesquisar por tal expressão exata porque, conforme constatou-se ao longo da pesquisa exploratória, há muita discrepância ao referir-se ao dispositivo: ora utiliza-se a expressão "Convenção 155 da OIT" (sem o "nº "), ora "Convenção n. 155 da OIT" (com "n." ao invés de "nº "), ora fala-se em OIT, ora em Organização Internacional do Trabalho. Sendo assim, preferiu-se buscar pelos termos mais genéricos – "convenção" (que, pelo que foi visto na pesquisa exploratória, não foi escrita de nenhuma outra maneira e nem abreviada) e "155" (que, pelo que foi visto na pesquisa exploratória, não foi escrita de outra maneira e nem por extenso) – a fim de não deixar de coletar decisões importantes para este estudo[9].

Essas e outras peculiaridades de cada base jurisprudencial consultada serão detalhadas quando se apresentar, no Capítulo 3, o retrato descritivo de cada tribunal analisado.

Limitou-se a pesquisa às decisões proferidas após a entrada em vigor da Emenda Constitucional nº 45/2004 (EC 45/2004)[10], pois esta EC determinou significativas mudanças no Poder Judiciário, especialmente na Justiça do Trabalho em razão da ampliação de sua competência. Assim, a EC 45/2004, considerada um divisor de águas para a jurisdição trabalhista, foi escolhida como marco temporal a partir do qual a pesquisa jurisprudencial foi desenvolvida porque estudar a Justiça do Trabalho antes da sua entrada em vigor significaria estudar uma realidade reduzida que não lhe pertence mais[11]. Por questões ligadas ao cronograma da pesquisa e do programa de

[9] Certamente, decisões que foram grafadas de forma incorreta ou por meio de símbolos não evidenciados ao longo da pesquisa exploratória passarão desapercebidas por esta busca. No entanto, são situações isoladas e inevitáveis em uma pesquisa jurisprudencial.

[10] A EC 45/2004 entrou em vigor na data de 31 de dezembro de 2004.

[11] Cite-se como exemplo a ampliação da competência da Justiça do Trabalho para julgar ações de indenização por dano moral ou patrimonial, decorrentes da relação de trabalho – tema que até então era da competência da Justiça Estadual e que é essencial para compreender o panorama da saúde e segurança do trabalhador. Se a pesquisa for abordar ações anteriores à EC 45/2004, seria necessário recorrer também à jurisprudência da Justiça Estadual. No entanto, este tema não é mais relevante para a justiça comum e passou a ser abordado exclusivamente

Pós-Graduação da Faculdade de Direito da Universidade de São Paulo, o marco temporal final escolhido foi a data de 31 de dezembro de 2018.

Nesta aproximação com as bases de dados selecionadas, considerando o filtro temporal (julgados entre 31/12/2004 e 31/12/2018) e os termos de busca definidos, foram encontrados os seguintes resultados (considerando os acórdãos de processos físicos e eletrônicos). Observa-se que nem todos os resultados encontrados foram aproveitados, já que alguns foram descartados por sequer citarem a Convenção nº 155 da OIT ou por estarem fora do lapso temporal definido, evidenciando uma falha do sistema de busca e catalogação das bases jurisprudenciais consultadas.

Tribunal	Nº de resultados encontrados	Nº de acórdãos descartados	Nº de acórdãos analisados
TST	1255	48	1207
TRT 01	133	26	107
TRT 02	834	202	632
TRT 03	1205	285	920
TRT 04	470	13	457
TRT 05	14	10	4
TRT 06	48	5	43
TRT 07	61	9	52
TRT 08	108	33	75
TRT 09	202	184	18
TRT 10	4	0	4
TRT 11	53	1	52
TRT 12	73	4	69
TRT 13	228	0	228
TRT 14	152	9	143
TRT 15	1250	610	640
TRT 16	18	0	18
TRT 17	151	16	135
TRT 18	120	8	112
TRT 19	31	0	31
TRT 20	0	0	0

pela Justiça do Trabalho. Portanto, observá-lo no âmbito da Justiça Estadual teria apenas utilidade histórica, o que não é objeto da pesquisa.

TRT 21	35	0	35
TRT 22	37	0	37
TRT 23	287	0	287
TRT 24	284	36	248
	TOTAL		5.554

Tabela 1 – Resultados da pesquisa jurisprudencial (elaboração própria)

Em razão da grande quantidade de material coletada (5.554 decisões), em um primeiro momento, as decisões judiciais foram organizadas conforme a tabela a seguir.

(1) Tribunal	(2) Órgão julgador	(3 Ano	(4) Número do processo	(5) Relator/a	(6) Discussão jurídica	(7) Outro dispositivo internacional	(8) Função	(9) Trecho do julgado	(10) Status
...		...	...	...	...	...	...	...	

Tabela 2 – Guia para tabelamento das decisões (elaboração própria)

A tabela utilizada considerou as seguintes informações: (1) o tribunal em que a decisão judicial analisada foi proferida; (2) o órgão julgador; (3) o ano em que a decisão foi proferida; (4) o número do processo referente à decisão judicial analisada; (5) nome do relator[12] da decisão judicial analisada; (6) a discussão jurídica envolvida quando da utilização da Convenção nº 155 da OIT; (7) se houve outro dispositivo internacional utilizado em conjunto com a Convenção nº 155 da OIT; (8) a função da Convenção nº 155 da OIT na motivação judicial, isto é, se ela funciona como *ratio decidendi, obiter dictum* ou alguma outra função; (9) a transcrição do trecho da decisão judicial em que a Convenção nº 155 da OIT é utilizada; (10) o *status* conferido à Convenção nº 155 da OIT na decisão analisada.

Como evidenciado acima, alguns resultados foram descartados pois, embora tenham aparecido na busca, quando lidos, em nada se relacionavam com Convenção nº 155 da OIT. Posteriormente, foram elaborados gráficos

[12] Neste trabalho, as expressões "relator", "julgador", "magistrado" não se referem somente ao gênero masculino. Tais expressões, no contexto desse livro, englobam tanto o gênero masculino, quanto o gênero feminino. Esta foi uma opção metodológica com vistas a padronizar a expressão ao longo do texto e obedecer às regras de concordância nominal da língua portuguesa; nada interferindo no conteúdo do trabalho, já que a variável gênero não foi objeto de estudo nesta pesquisa.

para retratar os resultados encontrados e traçar diagnósticos sobre a utilização da Convenção nº 155 da OIT pelos tribunais trabalhistas no Brasil.

Diante da metodologia exposta, percorreu-se o caminho projetado a fim de que a pesquisa responda a sua pergunta norteadora e alcance o seu objetivo.

(iv) A estruturação do texto

Assim como a metodologia da pesquisa, a estruturação do texto também é tarefa fundamental para que uma investigação possa cumprir seu objetivo e possa ser bem compreendida. Isto porque, nem sempre os estudos e as informações coletadas ao longo de uma pesquisa são realizados ordenadamente: muito do que se encontra nos capítulos finais foi evidenciado logo no início da investigação. Ressalte-se, porém, que as constantes idas e vindas entre objetivos, perguntas e hipóteses, entre leitura, coleta de dados e análise, foram essenciais para o desenvolvimento deste estudo. Portanto, o texto deste livro corresponde a uma descrição lógica e organizada da pesquisa realizada, mas que não reflete, necessariamente, a ordem em que as etapas da pesquisa aconteceram.

Dessa forma, buscando tornar a leitura deste trabalho a mais linear possível e a fim de responder ao problema de pesquisa de forma clara, esta obra foi estruturada em oito partes. São elas: introdução; considerações metodológicas; capítulo 1; capítulo 2; capítulo 3; capítulo 4; considerações finais; e referências bibliográficas.

A introdução e estas considerações metodológicas buscam esclarecer ao leitor qual é o tema da obra, seu objetivo e a sua metodologia. Pretendeu-se nesses dois itens explicar em que contexto a pesquisa foi planejada, como foi estruturada e quais as estratégias utilizadas para responder à pergunta que a norteou. Juntos, esses dois itens correspondem à parte introdutória e pré-capitular deste estudo.

O primeiro capítulo foi pensado para evidenciar a posição central que a saúde e a segurança do trabalhador ocupam nas questões laborais internacionais, no nascimento e consolidação do direito do trabalho, na criação da Organização Internacional do Trabalho, justificando, assim, a opção por estudá-las.

O segundo capítulo dedicou-se ao estudo do dispositivo internacional analisado na pesquisa jurisprudencial. Neste capítulo pretendeu-se compreender as diretrizes da Convenção nº 155 da OIT, bem como a sua ratificação pelo Brasil, sua utilização como fonte do direito brasileiro e seu potencial para promover melhores condições de trabalho e evitar retrocesso sociais. Explica-se, assim, o recorte de pesquisa adotado.

O terceiro capítulo compreende a pesquisa empírica realizada a partir da jurisprudência do Tribunal Superior do Trabalho e dos vinte e quatro Tribunais Regionais do Trabalho, apresentando um retrato gráfico descritivo da aplicação da Convenção nº 155 da OIT pela Justiça do Trabalho no Brasil.

O quarto capítulo dedica-se a análise e proposição de equacionamentos para o quadro descrito no capítulo anterior, considerando a pesquisa empírica realizada neste estudo, identificando-se diferentes categorias de influência desempenhadas pela convenção estudada.

Nas considerações finais, são apresentadas as conclusões e percepções a respeito da aplicação da Convenção nº 155 da OIT pela Justiça do Trabalho no Brasil, avaliando a influência do direito internacional, especialmente a Convenção nº 155 da OIT, sobre a promoção da saúde e segurança do trabalhador.

Por fim, ocupa-se de listar as referências bibliográficas que serviram de fonte de pesquisa para este estudo.

1
A Busca por Melhores Condições de Trabalho e a Promoção da Saúde e Segurança do Trabalhador

Este capítulo não pretende apresentar uma linha do tempo ou ser um retrospecto histórico sobre a classe trabalhadora, o direito do trabalho ou a Organização Internacional do Trabalho, até mesmo porque, temas complexos como esses poderiam ser objeto de outras teses.

Diferentemente, objetiva-se (*i*) reunir alguns indícios históricos que sugerem a relevância das questões relacionadas à saúde e segurança do trabalhador para o desenvolvimento do direito do trabalho, para a criação da OIT, para o estabelecimento de normas internacionais do trabalho, justificando, assim, a escolha da temática aqui desenvolvida, e (*ii*) compreender o papel da OIT na promoção, especialmente em âmbito internacional, da saúde e segurança do trabalhador, demonstrando razões, inclusive históricas, pelas quais se entende necessário e potencialmente profícuo o diálogo entre direito interno e direito internacional.

Assim, dividiu-se o capítulo em três grandes partes: a primeira, que aborda a saúde e segurança do trabalhador como aspecto relevante para o nascimento e consolidação do direito do trabalho; a segunda, que analisa como o trabalho, a saúde e a segurança passaram a ser pauta da agenda internacional, tendo como marco a criação da Organização Internacional do Trabalho; a terceira, que evidencia a normativa internacional relacionada à saúde e segurança do trabalhador, especialmente aquela advinda da OIT, pontuando a (des)importância dada às questões relacionadas à saúde e segurança do trabalhador na definição dos *core labour rights* e das diretrizes do trabalho decente.

Por fim, ainda em tom introdutório e antes de desenvolver as partes acima mencionadas, faz-se necessário tecer alguns esclarecimentos, ainda que de forma pontual, sobre a saúde e segurança do trabalhador – a expressão mais utilizada ao longo de todo este estudo. Não se trata de apontar exaustivamente todas as abordagens existentes sobre o tema, mas de evidenciar qual o significado aqui adotado para tal expressão.

Primeiro, é importante perceber que a noção de saúde e segurança do trabalhador não é hermética e nem estática, tendo se modificado ao longo do tempo. Assim, aquilo que era considerado saudável, seguro ou avançado em determinado momento, pode não ser mais em momento posterior, especialmente em razão dos avanços científicos e tecnológicos, que possibilitaram maior conhecimento e diferentes estratégias de prevenção em relação aos riscos para a saúde e segurança dos trabalhadores.

Esse caráter dinâmico (Supiot, 2016, p. 95) da saúde e segurança do trabalhador fica evidente ao se comparar, por exemplo, as primeiras leis sobre limitação de jornada de trabalho na indústria, como o *1802 Health and Morals of Apprentices Act*[13] inglês, que, para além de outras disposições, limitou a jornada de trabalho das crianças nas fábricas a 12 horas (UK PARLIAMENT), com normas posteriores, como a Convenção nº 1 da OIT, que limitou a jornada de trabalho nas fábricas a 8 horas (ressalvando situações extraordinárias), ou com a Convenção nº 5 da OIT, que estabeleceu 14 anos como idade mínima para trabalho na indústria. Observa-se que, quando foi editado, o *Health and Morals of Apprentices Act* foi considerado um avanço por limitar as jornadas de trabalho das crianças nas fábricas. Contudo, atualmente, uma jornada de 12 horas seria considerada extenuante, inclusive para adultos, devendo ser excepcional. Daí a função não apenas tutelar, mas também promocional do direito do trabalho.

Segundo, os conceitos de saúde e de segurança – não apenas em relação ao trabalho – além de serem polissêmicos, também se modificaram ao longo do tempo.

No tocante à saúde, a título exemplificativo, é possível pensar a equivocidade do termo, bem como a dificuldade em defini-lo, a partir do conceito cunhado pela a Organização Mundial da Saúde (OMS). Em sua Constitui-

[13] No português, Lei para a Saúde e Moral dos Aprendizes de 1802. Tal legislação ficou popularmente conhecida como Peel's Act (Lei de Peel) em referência ao parlamentar que propôs a norma (Robert Peel).

ção, a OMS definiu saúde como "*um estado de completo bem-estar físico, mental e social, e não consiste apenas na ausência de doença ou de enfermidade*" (ORGANIZAÇÃO MUNDIAL DA SAÚDE, 1946). Embora tenha avançado em não resumir saúde à ausência de doenças ou enfermidades, o conceito proposto pela OMS sofre inúmeras críticas (Dejours, 1986; Canguilhem, 1990; CAPONI, 1997; Segre; Ferraz, 1997) por ser utópico ao considerar possível um estado completo de bem-estar.

Em relação à segurança, questão semelhante se põe, já que o significado de segurança também foi se modificando ao longo do tempo. Toma-se, como exemplo, os estudos sobre segurança, moldados "*após a Segunda Guerra Mundial, concentrando-se em reflexões sobre mecanismos de uso da força, com forte vínculo à ideia de segurança nacional*" (Rocha, 2017, p.44) e, posteriormente, ampliados para considerar a segurança humana, conceito cunhado em 1994 pelo Programa das Nações Unidas para o Desenvolvimento, que engloba dois aspectos principais: "*em primeiro lugar, significa segurança contra ameaças crônicas como fome, doença e repressão. E, segundo, significa proteção contra perturbações súbitas e prejudiciais nos padrões da vida cotidiana – seja nos lares, nos empregos ou nas comunidades*" (PROGARAM DAS NAÇÕES UNIDAS PARA O DESENVOLVIMENTO, 1994, p. 22).

Nesse sentido, observa-se que a saúde e a segurança podem assumir diferentes significados de acordo com o momento histórico em que tais termos são utilizados, com os estudos analisados, com o contexto considerado.

Terceiro, feitas as considerações acima, frisando sua polissemia e constante movimento, a noção de saúde e segurança do trabalhador aqui adotada apoia-se, como ponto de partida, na definição de saúde contida na alínea "e" do artigo 3º da Convenção 155 da OIT, segundo a qual, "*o termo "saúde", com relação ao trabalho, abrange não só a ausência de afecção ou de doenças, mas também os elementos físicos e mentais que afetam a saúde e estão diretamente relacionados com a segurança e a higiene no trabalho*" (ORGANIZAÇÃO INTERNACIONAL DO TRABALHO, 1981), estando a segurança relacionada aos meios, ações e estratégias que buscam evitar riscos e promover a saúde do trabalhador.

1.1. A saúde e segurança do trabalhador como questão social e as raízes do direito do trabalho: uma narrativa possível

O estudo do direito do trabalho ou, de forma mais genérica, da regulação das relações de trabalho permite constatar diferentes narrativas a respeito das suas raízes, especialmente em razão de aspectos temporais e geográficos. Assim, seria possível remontar a história do direito do trabalho apoiando-se no marco da Revolução Industrial, que se desenvolveu fortemente na Inglaterra a partir de meados do século XVIII e, posteriormente, espraiou-se para outros países; nos desdobramentos da Revolução Francesa em 1789; nas primeiras constituições que abordaram aspectos sociais em seu bojo, como a Constituição do México de 1917 ou a Constituição de Weimer de 1919, movimento conhecido como constitucionalismo social; nas especificidades do direito do trabalho local, como por exemplo, brasileiro, norte-americano, canadense, japonês, etc.; em remotos institutos relacionados ao trabalho, antes mesmo do advento do sistema capitalista de produção, como disposições presentes no Código de Hamurabi sobre os escravos; dentre inúmeros outros referenciais.

Contudo, interessa especialmente para esta estudo o período da primeira e segunda Revolução Industrial (meados do século XVIII a meados do século XX), pois, além de ser amplamente considerado o marco histórico do nascimento do direito do trabalho (ALCOCK, 1971, p. 3; DAVIDOV; LANGILLE, 2011, p. 14; DEAKIN; LELE; SIEMS, 2007, p. 157; LEARY, 1982, p. 7; MAUPAIN, 2009, p. 832; OJEDA AVILÉS, 2009, p. 52; SUPIOT, 2016, p. 97; SÜSSEKIND, 1987, p.84; VALTICOS, 1970, p.5), trata-se de período em que o desamparo à saúde e segurança do trabalhador evidenciou-se como questão social (ou, ao menos, parte dela).

Em que pese utilizada por diferentes autores, referindo-se a diferentes momentos históricos (TÖNNIES, 1933; UTZ, 1961; ROSANVALLON, 2000; CASTEL, 2003; MARX, 2007), vale-se da definição de Castel (2003, p. 21) para indicar o que se entende por questão social. Trata-se de

> uma aporia fundamental por meio da qual uma sociedade experimenta o enigma de sua própria coesão e tenta evitar os perigos de sua desintegração. É uma queixa que interroga, põe em questão a capacidade de uma sociedade (conhecida em termos políticos como nação) de existir como uma coletividade ligada por relações de interdependência. Essa questão, como tal, é explicitamente explicada pela primeira vez na década de 1830. Foi levantado então através de uma consciência das condições de vida das populações que eram os agentes e as vítimas da revolução industrial. [...] Podemos entender com isso que a sociedade liberal corre o risco de ser despedaçada pelas novas tensões sociais que são o efeito de uma industrialização selvagem. [...] A questão social torna-se assim, nesse contexto, a questão do lugar a ser ocupado pelas

franjas mais dessocializadas dos trabalhadores de uma sociedade industrial. A resposta a esta questão será toda a gama de disposições criadas para facilitar a sua integração[14] (CASTEL, 2003, p. 21).

Nesse sentido, a questão social é tida como um produto da Revolução Industrial, tendo como *"corolário deste quadro as mais vís condições de trabalho que a história registra"* (SÜSSEKIND, 1987, p.82). Além da relação de trabalho estar no cerne da questão social (BORGES, 2017, p. 19), verificou-se em tal período uma mudança de vida generalizada e intensa não apenas em relação aos aspectos tecnológicos e industriais, mas também laborais, sociais, culturais, econômicos, etc.

Como pano de fundo da Revolução Industrial, estava a doutrina econômica do liberalismo (*laissez-faire*), segundo a qual todos os indivíduos na sociedade tinham os mesmos direitos naturais e, portanto, eram (formalmente) iguais perante a lei; mesmo que todos não possuíssem a mesma capacidade, cada um poderia pelo menos atender aos seus próprios interesses, de modo que o melhor que poderia ser feito para ajudá-lo seria deixá-lo livre. Aplicado à vida econômica, esse modo de pensar indicava a liberdade de trabalho, livre concorrência, livre comércio e a não intervenção do Estado.

Mas essa doutrina da liberdade econômica, aliada às novas invenções que fizeram a era industrial possível, criou uma reviravolta nas relações sociais, sobretudo nas relações laborais: a liberdade que existia beneficiava apenas a parte mais poderosa (o empregador), pois, a fim de atender às demandas da concorrência, ele podia impor salários e condições aos seus trabalhadores bem abaixo do mínimo necessário para sua subsistência (ALCOCK, 1971, p. 3). Segundo Alcock, a posição do trabalhador era paradoxal porque, embora ele tivesse liberdade para contratar, isto é, par-

[14] Tradução livre do seguinte trecho original: "*The "Social Question" is a fundamental aporia through which a society experiences the enigma of its own cohesion and tries to forestall the dangers of its disintegration. It is a complaint that interrogates, calls into question the capacity of a society (known in political terms as a nation) to exist as a collectivity linked by relations of interdependency. This question, as such, is spoken of explicitly for the first time in the 1830s. It was raised then through an awareness of the living conditions of populations who were both the agents and the victims of the industrial revolution. [...] We may understand by this that liberal society risks being shattered by the new social tensions that are the effect of a savage industrialization. The social question becomes thus in this context the question of the place to be occupied by the most desocialized fringes of workers in an industrial society. The response to this question will be the whole range of provisions set up to facilitate their integration*" (CASTEL, 2003, p.21).

ticipar ou não da relação de trabalho (embora não tivesse muitas outras alternativas), "*ela só se fazia sentir no momento da contratação. A lei tratava apenas da conclusão do contrato e não da sua aplicação e das consequências. Uma vez concluído o contrato, o trabalhador estava inteiramente à disposição do empregador*" (1971, p.4).

Assim, ao longo desse processo de industrialização e da consolidação do liberalismo, a sociedade vivenciou inúmeras transformações: êxodo rural e aumento da população urbana; advento de novas tecnologias em diversas áreas; fortalecimento industrial; aumento do comércio entre os países; crescimento do mercado consumidor; mecanização da produção, com a progressiva substituição do trabalho humano pelas máquinas; barateamento da força de trabalho; multiplicação do trabalho infantil dentro das fábricas; empobrecimento da classe operária; degradação das condições de trabalho (Deane, 1979; Frader, 2006; Hobsbawn, 2012).

Neste período, fica evidente os dois lados de uma moeda chamada Revolução Industrial, conforme aponta Hobsbawn: trata-se de momento em que a humanidade atinge o seu mais completo desenvolvimento e também a sua maior "*brutalidade*" (2012, p. 36).

Interessa, aqui, compreender tal brutalidade em relação às condições de trabalho e à saúde e à segurança do trabalhador. Vários são os relatos (a exemplo de Villermé, 1840; Buret, 1840; Fix, 1848; Blanqui, 1885; Leão XIII, 1891; Engels, 1960[15]; Marx, 2013[16]) sobre as condições de trabalho e, direta ou indiretamente, sobre as condições de saúde e segurança do trabalhador neste período, sobretudo em relação aos primórdios da Revolução Industrial.

Destaca-se a obra "*Tableau de l'état physique et moral des ouvriers employés dans les manufactures de coton, de laine et de soie*"[17], de autoria do médico Louis-René Villermé (Villermé, 1840), pois, além de ser frequentemente referenciada (Valticos, 1970, p. 7; Castel, 2003, p. 237; Supiot, 2016, p.87; BASU et al., 2003, p. 37), é baseada nos relatórios que o autor elaborou ao visitar pessoalmente algumas fábricas de algodão, lã e seda nos arredores de Paris. Trata-se de descrição sistematizada sobre as condições de saúde e segurança no período analisado.

[15] A primeira publicação da obra data de 1845.

[16] A primeira publicação da obra data de 1867.

[17] No português, "*Quadro das condições física e moral dos trabalhadores empregados em manufaturas de algodão, lã e seda*".

Fazendo uma consideração inicial de que há nuances entre as fábricas visitadas e que, em algumas delas, as condições laborais eram melhores que as outras, Villermé (1840, p. 3) descreve suas visitas a partir de uma percepção média, apontando inicialmente a presença de muitas crianças nas fábricas visitadas, as quais realizavam trabalho semelhante ao dos adultos. Justamente por serem crianças e geralmente menores e mais fracas, recebiam menos – e por isso chamadas de meias-forças. Padeciam de inadequação da comida, insalubridade no trabalho, longa duração da jornada de trabalho, questões que lhe alteravam a saúde, pele, peso e forças (VILLERMÉ, 1840, p. 30).

Percebia-se também que o ambiente de trabalho era marcado pela escuridão e umidade: "*apesar dos inconvenientes que delas decorrem para a saúde*"[18] (VILLERMÉ, 1840, p. 7), essas características eram definidas a fim de preservar a elasticidade e maleabilidade dos fios dos tecidos. Sentia-se, também, um calor excessivo dentro das fábricas, o que se somava à longa jornada de trabalho da grande maioria dos trabalhadores: cerca de 15 horas de trabalho, dos quais trinta minutos são destinados ao almoço e uma hora para o jantar.

Segundo o autor, "*como resultado dessa jornada demasiadamente longa [...] à noite eles chegam em casa sobrecarregados pela necessidade de dormir, e que no dia seguinte eles saem antes de estarem completamente descansados, para estarem na oficina no momento da abertura*"[19] (VILLERMÉ, 1840, p. 27), quando não dormiam no próprio ambiente de trabalho.

A longa jornada de trabalho e a ausência de períodos para descanso tendiam a fadigar física e mentalmente os trabalhadores, tornando-os mais suscetíveis a se acidentar e adoecer. A este contexto, acrescenta-se a insalubridade, não só dos locais de trabalho, mas também no meio urbano e nas residências (OLEA, 1984, p. 183); as inúmeras doenças que acometiam os trabalhadores e os acidentes que sofriam (VILLERMÉ, 1840, p. 112); a falta de conhecimento, educação e qualificação comum entre os trabalhadores (BURET, 1840, p. 35).

[18] Tradução livre do seguinte trecho original: "*malgré les inconvéniens qui en résultent pour la santé*" (VILLERMÉ, 1840, p. 7).

[19] Trecho original: "*Ainsi, à la fatigue d'une journée déjà démesurément longue [...] Il en resulte que le soir ils arrivent chez eux accablés par le besoin de dormir, et que le lendemain ils en sortent avant d'être complétement reposés, pour se trouver dans l'atelier à l'heure de l'ouverture*" (VILLERMÉ, 1840, p. 27).

Os "*trabalhadores foram colocados, assim, em uma situação em que não podiam permanecer saudáveis ou viver muito tempo*"[20] (ENGELS, 1960, p. 90), seja em razão da miséria em que se encontram, dos baixos salários que recebem, das condições labor-ambientais em que trabalham, dentre outros desdobramentos da Revolução Industrial.

A reação a essas condições foi liderada por diferentes atores da sociedade, como educadores, economistas, legisladores, filósofos, médicos, parte dos trabalhadores e, até mesmo, alguns industriais considerados filantropos, como Robert Owen. "*Eles argumentaram que ideais como a saúde da nação, a vida familiar e a dignidade humana tinham um valor tão alto, se não maior, que os lucros*"[21] (ALCOCK, 1971, p.5).

Considerando tal contexto, presume-se que "*na relação de trabalho, o trabalhador, ao contrário do empregador, não arrisca o patrimônio, arrisca a pele. E foi, desde logo, para salvar esta última que o direito do trabalho se constituiu*" (SUPIOT, 2016, p. 92-93). A questão social descrita evidenciou, assim, a necessidade da regulamentação das relações de trabalho, especialmente aquelas em que o elemento da subordinação estava presente.

E, corroborando com a afirmação de Supiot, transcrita acima, entende-se que a razão primeira de existir do direito do trabalho se deve às condições labor-ambientais – e todos os seus possíveis desdobramentos, tais como, acidentes e doenças do trabalho, jornada de trabalho extenuante, insalubridade, periculosidade, etc. – em que os trabalhadores se encontravam.

Observe-se que não se está afirmando que a preocupação com as condições de trabalho, saúde e segurança do trabalhador foi o único motivo pelo qual o direito do trabalho se desenvolveu e nem que tal preocupação se deu por motivos exclusivamente humanitários e beneficentes, mas que tal temática teve influência central para a criação e consolidação da tutela jurídico-laboral.

Isso se confirma por inúmeros acontecimentos em que se citam, como reivindicação dos trabalhadores ou preocupação por parte dos próprios empregadores, do Estado e da Igreja Católica, questões relacionadas à saúde e segurança do trabalhador, sem olvidar que estas não se resumem

[20] Tradução livre do seguinte trecho original: "[...] *qu'elle a placé les travailleurs dans une situation telle qu'ils ne peuvent rester en bonne santé ni vivre longtemps*".

[21] Tradução livre do seguinte trecho original: "*They argued that ideals such as the health of the nation, family life and human dignity had as high if not a higher value than profits*". (ALCOCK, 1971, p. 5)

a acidentes ou doenças relacionadas ao trabalho, envolvendo também jornada de trabalho e períodos de descanso, trabalho infantil, trabalho da mulher, dentre outros fatores que afetam o meio ambiente do trabalho.

São exemplos dessas passagens: (*i*) a edição do *1802 Health and Morals of Apprentices Act* inglês, que, para além de outras disposições, limitou a jornada de trabalho das crianças nas fábricas a 12 horas (UK PARLIAMENT); (*ii*) em 1818, o Congresso de diplomatas reunidos em *Aix-la-Chapelle*, em que Robert Owen propôs para os países adotarem medidas de proteção aos trabalhadores em face da ignorância e da exploração que eles são vítimas (DIMITRIJEVIC, 1972, p.11); (*iii*) os apelos dirigidos pelo industrial Daniel Legrand, entre 1840 e 1848, aos estadistas e funcionários públicos suíços, alemães, franceses e britânicos, argumentando que a prosperidade de um Estado era intimamente vinculado ao bem-estar físico e à moralidade de sua classe trabalhadora e instou que a reparação dos abusos se tornasse objeto de negociação entre os governos de todos os países industrializados (ALCOCK, 1971, p. 6); (*iv*) o Congresso Internacional Operário, realizado em 1884, em Roubaix, em que se "*pediu a interdição do trabalho ao menor de 14 anos, a proibição (com exceções) do trabalho nocivo à saúde, a fixação do salário mínimo e a jornada de oito horas de trabalho*" (SÜSSEKIND, 1987, p. 87); (*v*) as reivindicações, no primeiro congresso da Associação Internacional dos Trabalhadores (conhecida como Primeira Internacional), em 1866, para a adoção de medidas protetivas do trabalho, como limitação legal da jornada de trabalho com vistas a melhoria das condições de trabalho (VALTICOS, 1970, p. 13); (*vi*) a Conferência de Berlim, em 1890, da qual resultou um protocolo

> fixando em 14 anos a idade mínima de admissão nos trabalhos das minas e de várias recomendações concernentes à proibição do trabalho dos menores de 12 anos nos estabelecimentos industriais, à proibição do trabalho noturno das mulheres e, finalmente, à concessão de um período de descanso por motivo de parto (SÜSSEKIND, 1987, p. 89);

(*vii*) a publicação, em 1891, da Encíclica *Rerum Novarum*, na qual se consagra a doutrina social da Igreja e se reconhece que

> os patrões esmagam os trabalhadores sob o peso de exigências iníquas, ou desonram neles a pessoa humana por condições indignas e degradantes; que atentam contra a sua saúde por um trabalho excessivo e despropor-

cionado com a sua idade e sexo [...] A atividade do homem, restrita como a sua natureza, tem limites que se não podem ultrapassar. O exercício e o uso aperfeiçoam-na, mas é preciso que de quando em quando se suspenda para dar lugar ao repouso. Não deve, portanto, o trabalho prolongar-se por mais tempo do que as forças permitem. Assim, o número de horas de trabalho diário não deve exceder a força dos trabalhadores, e a quantidade de repouso deve ser proporcionada à qualidade do trabalho, às circunstâncias do tempo e do lugar, à compleição e saúde dos operários. O trabalho, por exemplo, de extrair pedra, ferro, chumbo e outros materiais escondidos debaixo da terra, sendo mais pesado e nocivo à saúde, deve ser compensado com uma duração mais curta. (Leão XIII, 1891, p. 16-19);

(*viii*) a Conferência de Berna de 1905, em que foram elaborados projetos sobre a proibição do uso do fósforo branco pelos empregadores nas indústrias de alumínio e sobre a interdição do trabalho noturno feminino (Dimitrijevic, 1972, p.13); (*ix*) a conferência sindical internacional de Leeds, em 1916, em que se convocou uma comissão para monitorar a aplicação das leis sobre horas de trabalho, saúde e segurança dos trabalhadores (Dimitrijevic, 1972, p.14), dentre outras passagens em que se discutiu a regulação do trabalho.

"*Esta ideia de segurança foi e continua a ser o coração do Direito do Trabalho*" (Supiot, 2016, p. 93). No entanto, importante não a reduzir à proteção contra lesões físicas que o trabalho pode ocasionar. A noção de saúde e segurança do trabalhador, certamente, envolve a preocupação com os acidentes e doenças do trabalho, com normas técnicas de higiene, etc., mas não se limita a elas: "*estende-se a todos os aspectos da existência do trabalhador*" (Supiot, 2016, p. 96), dentre eles, o tempo de trabalho e tempo de descanso, a qualidade de vida dentro e fora do trabalho, os aspectos psicossociais ligados ao trabalho, a qualificação profissional, etc.

Assim, parafraseando Supiot (2016, p. 92-93), foi justamente para "salvar a pele" do trabalhador que o direito do trabalho se constituiu, sendo essa a sua essência e aí reside a importância de estudá-la.

1.2. O trabalho, a saúde e a segurança do trabalhador na pauta da agenda internacional e a criação da Organização Internacional do Trabalho

O nascimento e a afirmação do direito do trabalho não aconteceram em um único dia e, justamente por isso, possuem diferentes marcos históricos aos quais se pode fazer referência. Tratou-se de um processo que teve início a partir de leis esparsas sobre questões laborais específicas e passou a englobar, cada vez mais, outros temas e novos destinatários, demonstrando assim seu constante movimento de ampliação.

Como já abordado, a regulação do trabalho partiu de iniciativas locais e, logo, especialmente em razão da crescente inter-relação entre os países – um dos desdobramentos da Revolução Industrial –, passou a se relevar também para além das fronteiras nacionais. Dessa forma se deu a regulação das relações de trabalho em âmbito internacional: partindo de propostas regionais, sobre temas específicos, até se consolidar em uma organização internacional que buscou disciplinar progressivamente as mais diversas questões laborais.

Entende-se, assim, que a Organização Internacional do Trabalho, não foi a primeira manifestação da regulação internacional das relações de trabalho, mas, sem dúvida, caracteriza-se como um marco para a consolidação internacional do direito do trabalho e da proteção do trabalhador, embora estes não tenham sido os únicos objetivos de sua constituição (e, daí, a relevância em estudar um de seus instrumentos). Como se verá adiante, a OIT, para além de fins sociais, também foi concebida para contemplar demandas políticas e econômicas.

Criada em 1919 – após a multiplicação de eventos como os relatos acima em (*i*) a (*ix*), a exemplo da segunda e terceira Conferência de Berna; o fortalecimento da ação sindical, inclusive em âmbito internacional; os trabalhos da Associação Internacional para Proteção Legal dos Trabalhadores; muitas discussões sobre as estratégias de criação de um organismo internacional para a regulação do trabalho (ALCOCK, 1971, p. 21); o final da Primeira Guerra Mundial e a constatação da crescente pobreza –, durante a Conferência de Paz, a Organização Internacional do Trabalho foi finalmente arquitetada pela Comissão de Legislação Internacional do Trabalho, comissão designada para realizar um esboço da regulamentação internacional do trabalho, bem como para sugerir o formato de uma organização internacional para tal fim.

As questões relacionadas ao trabalho, entravam, assim, na pauta da agenda internacional. E, neste momento, os primeiros capítulos da história da Organização Internacional do Trabalho tinham início. *"Fundada no princípio da justiça social, a OIT insere esse valor na ordem internacional como essencial para a manutenção da paz (Preâmbulo da Constituição da OIT) e funda o que mais tarde será conhecido como Direito Internacional do Trabalho*" (Gomes; Freitas, 2014, p.9).

Considerando as dificuldades de criação de uma legislação internacional – especialmente no tocante às diferentes demandas apresentadas pelas associações de trabalhadores e de empregadores, aos diferentes níveis de industrialização e riqueza dos países do mundo, do impasse sobre a soberania dos países ao adotarem uma norma internacional para disciplinar as relações de trabalho existentes dentro de seu território – e buscando, em alguma medida atendê-las, a OIT foi prevista, na Parte XIII do Tratado de Versalhes, para operar nos seguintes moldes.

Primeiramente, conforme o preâmbulo da Parte XIII do Tratado de Versalhes, a Organização Internacional do Trabalho deveria estar atenta ao objetivo maior de estabelecer a paz universal, baseada na justiça social e levar em consideração

> que existem condições de trabalho que implicam para um grande número de pessoas a injustiça, a miséria e a privação, que engendram tal ocultação que a paz e a harmonia universais são postas em perigo, atentando que é urgente melhorar essas condições: por exemplo, no que se refere à regulação das horas de trabalho, à fixação de uma duração máxima do dia e da semana de trabalho, ao recrutamento de mão-de-obra, à luta contra o desemprego, à garantia de um salário que assegure condições de existência adequadas, proteção dos trabalhadores contra doenças gerais ou profissionais e acidentes resultantes do trabalho, proteção de crianças, adolescentes e mulheres, pensões de velhice e invalidez, defesa dos interesses dos trabalhadores empregados no exterior, a afirmação do princípio da liberdade sindical, a organização da educação profissional e medidas técnicas e outras análogas; considerando que a não adoção de um regime de trabalho verdadeiramente humano é um obstáculo aos esforços de outras nações que desejam melhorar o destino dos trabalhadores em seus próprios países [...] (CONFERÊNCIA DE PAZ, 1919)

Esse preâmbulo, sutilmente modificado, também serve de texto para o preâmbulo da Constituição da OIT que persiste até os dias atuais (estabelecida originalmente em 1919, a Constituição da OIT foi remodelada posteriormente, tendo como alterações mais importantes aquelas introduzidas pela Declaração de Filadélfia, em 1944) e, segundo Valticos (1970, p. 51), contém a essência da tripla justificação para a existência de uma legislação internacional sobre o trabalho: política (buscando assegurar bases para a paz universal), humanitária (com vistas a promover melhores condições de trabalho e afastar a miséria) e econômica (prevendo mecanismos para evitar a concorrência internacional – e desleal – em função do rebaixamento das condições de trabalho, atualmente denominado *dumping social*).

A OIT seria permanente e compreenderia os seguintes órgãos: Conferência Geral de representantes dos membros, Conselho de Administração e Escritório Internacional do Trabalho – estrutura mantida até os dias atuais, salvo pela estratificação em delegações e comissões para tratar de temas específicos.

A Organização adotaria uma composição tripartite, isto é, para além dos Estados-membros que fazem parte da Organização, também participam de suas atividades representantes de trabalhadores e de empregadores (dos respectivos Estados-membros), pois são os principais atores do mundo do trabalho. "*Enquanto todas as outras organizações internacionais (como as Nações Unidas*[22]*) consistem exclusivamente de representantes de estados nacionais, a OIT reúne governos, empregadores e sindicatos em todos os níveis*" (Van Daele, 2008, p. 487).

Note-se que o caráter tripartite é uma marca distintiva da OIT desde sua criação até os dias atuais, o que permite que os três atores tenham participação ativa na Organização. Dessa maneira, o tripartismo relativiza o direito exclusivo dos Estados como tomadores de decisão em organizações intergovernamentais e permite que trabalhadores e empregadores compartilhem interesses globalmente, transcendendo as fronteiras nacionais (Rodgers et al., 2009, p. 28).

No tocante aos instrumentos para sua atuação, embora se reconheça no artigo 427 do Tratado de Versalhes "*que as diferenças de clima, costumes e usos, oportunidade econômica e tradição industrial dificultam a uniformidade absoluta nas condições de trabalho*" (CONFERÊNCIA DE PAZ, 1919), a OIT vale-se de dois instrumentos principais para que o trabalho não seja tratado como mercadoria, quais sejam, as convenções e recomendações elaboradas no âmbito da Organização, que disciplinarão e sugerirão diretrizes para o tratamento de questões do mundo do trabalho para todos os seus membros.

[22] Vale mencionar que, ao tempo da criação da OIT, a Organização das Nações Unidas (ONU) não existia. À época, havia uma organização internacional antecessora denominada Liga das Nações (ou Sociedade das Nações), institucionalizada ao término da Primeira Guerra, cujo objetivo principal era instituir um sistema de segurança coletiva, promover a cooperação e assegurar a paz futura.

Trata-se de estratégia que se mantém, ao menos em parte (como se verá adiante, sobretudo em contraposição à opção regulatória adotada na Declaração da OIT sobre os Princípios e Direitos Fundamentais no Trabalho de 1998, as convenções e recomendações não são os únicos mecanismos que a OIT possui), até os dias atuais: as convenções são tratados internacionais pelos quais os países que as ratificarem se obrigam a cumprir suas disposições, enquanto as recomendações consubstanciam orientações para os Estados-membros, sugerindo soluções para a positivação interna.

Observa-se, portanto, que as convenções e as recomendações diferenciam-se entre si em razão do seu caráter normativo (Valticos, 1970, p. 89) e dos efeitos jurídicos que geram (Süssekind, 1987, p. 174): as convenções são instrumentos elaborados para criar obrigações internacionais aos Estados que as ratificaram (*hard law*), isto é, os Estados ratificantes assumem a responsabilidade de aplica-las; enquanto as recomendações não objetivam a criação de uma obrigação internacional, mas pretendem fornecer diretrizes para os Estados e ações governamentais (*soft law*).

Quanto à nomenclatura, entende-se que se tratado e convenção podem ser utilizados como sinônimos, conforme sinalizou Reuter (2001, p. 47). Segundo o autor, o significado de grande parte da terminologia utilizada no direito dos tratados é extremamente variável, mudando de um país para o outro, de uma constituição para outra e até mesmo de um tratado para o outro (2001, p. 47).

Quanto à aplicação das convenções e, consequentemente, o cumprimento das obrigações assumidas pelos membros perante a OIT e a comunidade internacional, e à observação das recomendações, seu controle pode se dar por meio de distintos sistemas. Atualmente, permanecem o sistema de controle regular (ou automático), o sistema de controle provocado e o sistema de controle especial.

O sistema de controle regular, em regra[23], é movido a partir das exigências de os Estados-membros apresentarem relatórios periódicos sobre a aplicação das convenções ratificadas, informações sobre as convenções não ratificadas, além de deverem precisar até que ponto aplicaram ou pre-

[23] Diz-se "em regra" pois, em 1969 foram implementadas as Missões de Contatos Diretos, com o objetivo de enviar uma missão técnica ao país fiscalizado, possibilitando a verificação *in loco* do efetivo cumprimento das Convenções da OIT e demais obrigações.

tendem aplicar dispositivos das recomendações. Tais relatórios[24] são analisados pela Comissão de Peritos para a Aplicação das Convenções e das Recomendações (CEACR). Esta Comissão produz um parecer, o qual é submetido à apreciação da Comissão de Aplicação de Convenções e Recomendações (CAS), órgão permanente e tripartite, que realiza seus trabalhos durante as Conferências Internacionais do Trabalho, exercendo função política e jurídica na análise dos trabalhos da Comissão de Peritos (Crivelli, 2010, p. 78).

Quanto aos trabalhos da Comissão de Peritos, vale tecer alguns esclarecimentos sobre a sua natureza. Ainda que a doutrina se divida sobre a sua importância – parte não lhe credita sequer função técnica (Plá Rodriguez, 1965, p.76) e outra parte lhe confere caráter quase jurisdicional (Süssekind, 1987; Valticos, 1970) –, "*não se pode deixar de reconhecer a influência que o papel desta comissão vem exercendo ao longo de décadas [...]. O papel interpretativo tem sido fundamental para a construção de direitos com caráter de aplicação universal, em realidades culturais, políticas e jurídicas diversas*" (Crivelli, 2010, p. 83).

No tocante às atividades da Comissão de Peritos, deve-se frisar a possibilidade de seus trabalhos gerarem grande repercussão no cenário mundial e no interior dos países, caso estes venham a ser incluídos na lista de situações debatidas por esta Comissão. A inclusão na lista e, eventualmente, o recebimento de recomendações críticas têm o efeito de "*uma verdadeira condenação moral*" (Crivelli, 2010, p. 85) para muitos Estados.

O sistema de controle provocado está baseado em dois procedimentos: as reclamações e as queixas. As reclamações destinam-se especialmente às organizações de empregadores e de trabalhadores, podendo ser propostas em face de qualquer Estado-membro em razão do descumprimento de uma convenção internacional ratificada. Caso uma reclamação seja recebida, o Conselho de Administração da OIT examina a sua admissibilidade e, aceitando-a, constitui uma comissão tripartite que irá analisar a reclamação. Esta comissão tripartite poderá fazer recomendações

[24] Ao longo da realização desta pesquisa, buscou-se acesso ao conteúdo desses relatórios na página eletrônica da OIT na internet. Como esses documentos não foram encontrados, contatou-se a OIT para verificar como seria possível encontrar os relatórios. No entanto, de acordo com a resposta da Organização (escritório do Brasil e escritório sede, em Genebra) via *e-mail*, os relatórios enviados pelos países em atenção ao disposto no artigo 22 da Constituição da OIT são confidenciais.

ao país investigado, as quais passarão a ser inspecionadas nos moldes do sistema regular de controle de normas. As queixas dizem respeito à apresentação por um Estado-membro de um procedimento contencioso contra outro Estado-membro, motivado pelo descumprimento de uma convenção que ambos tenham ratificado; podem também ser apresentadas pelo Conselho de Administração ou por um delegado da conferência. A queixa será examinada pelo Conselho de Administração e por uma Comissão de Inquérito, os quais poderão propor recomendações ao Estado queixado; este poderá acatar as recomendações ou submeter o caso à Corte Internacional de Justiça.

O sistema de controle especial se dá por meio de dois órgãos: a Comissão de Investigação e Conciliação em matéria de liberdade sindical e pelo Comitê de Liberdade Sindical, que se dedica ao exame da aplicação das Convenções nº 87 e 98 da OIT. Trata-se de mecanismos de controle criados para a apreciação de temas novos, em relação aos quais os sistemas tradicionais de controle de normas não se mostraram suficientes.

O sistema de controle da OIT e a falta de instrumentos para imposição de sanção aos países que não cumprirem suas obrigações sofre críticas, são apontados por muitos como fator determinante para a baixa efetividade de suas normas.

No tocante a sua atividade normativa, logo no primeiro ano de existência da Organização Internacional do Trabalho, ainda em 1919, foram aprovadas seis convenções – a Convenção nº 1 sobre horas de trabalho na indústria, a Convenção nº 2 sobre o desemprego, a Convenção nº 3 sobre a proteção da maternidade, a Convenção nº 4 sobre o trabalho noturno das mulheres, a Convenção nº 5 sobre a idade mínima para trabalho na indústria e a Convenção nº 6 sobre o trabalho noturno dos menores[25] na indústria – e seis recomendações – a Recomendação nº 1 sobre o desemprego, a Recomendação nº 2 sobre reciprocidade, Recomendação nº 3 sobre medidas de prevenção contra o antraz (carbúnculo), a Recomendação nº 4 sobre a proteção de mulheres e crianças contra o envenenamento por chumbo, a Recomendação nº 5 sobre a inspeção do trabalho e serviços de saúde e a

[25] Sabe-se que a expressão “menores”, ao menos do Brasil, está em desuso por ser considerada pejorativa ou alusiva Código de Menores, preferindo-se utilizar as expressões criança ou adolescente. Contudo, preferiu-se utilizar tal expressão neste trecho pois corresponde à tradução oficial do título da citada convenção para o português.

Recomendação nº 6 sobre o fósforo branco –, demonstrando uma intensa atividade com vistas à regulação das relações de trabalho.

As primeiras convenções e recomendações da OIT abordaram os temas mais sensíveis relacionados ao trabalho, buscando responder a uma demanda que ainda emergia dos desdobramentos da Revolução Industrial e dos efeitos do final da Primeira Guerra Mundial. Assim, as primeiras convenções e recomendações trataram, em suma, de limitar a jornada de trabalho, limitar a idade mínima para o trabalho e estabelecer medidas para prevenção de doenças. Tais temáticas evidenciam, dessa forma, a relevância das questões de saúde e segurança do trabalhador para a própria constituição da Organização Internacional do Trabalho, bem como o papel ativo que a OIT teve em promover tais questões no âmbito internacional.

Para além das suas convenções e recomendações inaugurais, a Organização Internacional do Trabalho aprovou uma série de outras convenções, recomendações e também declarações, as quais, constituem um sistema de diretrizes, princípios e padrões internacionais mínimos (*labour standards*[26]) aplicáveis ao mundo do trabalho.

1.3. OIT, normas internacionais, labour standards e a proteção da saúde e segurança do trabalhador

Desde 1919, as atividades da OIT se multiplicaram, acarretando a aprovação de outros inúmeros dispositivos, muitos dos quais possuem relação direta com a saúde e segurança do trabalhador. Frisa-se, ainda, que para além da normativa produzida no âmbito da OIT, há dispositivos internacionais emanados de outros organismos internacionais que também se relacionam ao tema.

Assim, considerando a produção normativa interna e externa à OIT, aborda-se, a seguir, a normativa internacional que se dedica à proteção da saúde e segurança do trabalhador.

[26] Preferiu-se manter ao longo do texto a expressão na língua inglesa pois não há, na língua portuguesa, uma tradução suficientemente adequada que represente o seu sentido original. Ademais, tal expressão na língua inglesa é popularmente utilizada pelos estudiosos do tema no Brasil. Assim, a fim de não alterar o seu sentido e de não criar uma confusão conceitual, preferiu-se manter o vocábulo em inglês.

1.3.1. A proteção da saúde e segurança do trabalhador no direito internacional

A proteção jurídica dada à saúde e à segurança do trabalhador pelo direito internacional pode ser didaticamente organizada em dois grupos: um, que abrange a normativa produzida no âmbito da Organização Internacional do Trabalho; e, outro, que abarca a normativa produzida por outros organismos internacionais.

A normativa produzida no âmbito da OIT protagoniza a proteção jurídica conferida ao trabalhador – e também à saúde e à segurança do trabalhador – pelo direito internacional. No total, são 190 convenções, 206 recomendações e 6 protocolos[27] sobre diversos temas ligados ao trabalho, tais como, negociação coletiva, trabalho forçado, trabalho infantil, proteção do emprego, jornada de trabalho, saúde e segurança no trabalho, etc. Assim, apenas uma parcela da normativa da OIT disciplina aspectos relacionados à saúde e segurança do trabalho: há normas que nada dispõem sobre saúde e segurança; há aquelas que, em parte de seu conteúdo disciplinam algum aspecto mais específico sobre a temática; e há aquelas que têm como tema central a saúde e segurança do trabalhador.

Ressalve-se que nem todas as convenções e recomendações encontram-se em pleno vigor, já que há convenções revogadas, arquivadas, desatualizadas, a serem revisadas, com texto ainda provisório e sobre as quais requisita-se informações, conforme classificação dada pela própria OIT em seu guia para o usuário do sistema de informações sobre os *labour standards*, conhecido como NORMLEX.

Esse conjunto normativo foi sistematizado, abaixo em três tabelas, criadas a partir do tipo de instrumento, considerando (i) o número do instrumento e o ano do instrumento, (ii) o título do instrumento e (ii) a indicação sobre a saúde e segurança do trabalhador ser um tema central, parcial ou

[27] Segundo a OIT, em seu guia para o usuário do sistema de informações sobre os *labour standards* (NORMLEX), o protocolo é um dispositivo processual para adicionar flexibilidade extra a uma Convenção ou para estender as obrigações de uma Convenção. Os protocolos também são tratados internacionais, mas que, no contexto da OIT, não existem independentemente, pois estão sempre ligados a uma Convenção. Assim, estão sujeitos a ratificação. Permitem a adaptação a condições variáveis e permitem lidar com dificuldades práticas que surgiram desde a adoção da Convenção, tornando as Convenções mais relevantes e atualizadas. Os protocolos são particularmente apropriados quando o objetivo é manter intacta uma convenção que já tenha sido ratificada e que possa receber mais ratificações, alterando ou acrescentando a certas disposições sobre pontos específicos.

não abordado no documento. Para esta sistematização, foram elencadas apenas as convenções, recomendações e protocolos que se encontram atualizados, isto é, aqueles instrumentos que estão prontos para ratificação pelos Estados membros e/ou foram examinados pelo Conselho de Administração da OIT e ainda foram considerados relevantes, segundo o guia do usuário do NORMLEX.

Na tabela abaixo, são apresentadas todas as convenções da Organização Internacional do Trabalho consideradas atualizadas, totalizando 77 instrumentos.

Número/Ano	Título	Saúde e segurança do trabalhador
C14/1921	Convenção sobre o descanso semanal na indústria	tema central
C29/1930	Convenção sobre o trabalho forçado	tema abordado parcialmente
C77/1946	Convenção relativa ao exame médico de aptidão para o emprego na indústria das crianças e dos adolescentes	tema central
C78/1946	Convenção relativa ao exame médico de aptidão para o emprego das crianças e dos adolescentes em trabalhos não-industriais	tema central
C81/1948	Convenção sobre a inspeção do trabalho na indústria e no comércio	tema central
C87/1948	Convenção sobre a liberdade sindical e a proteção do direito sindical	tema não abordado
C94/1949	Convenção sobre as cláusulas de trabalho em contratos celebrados por autoridades públicas	tema abordado parcialmente
C95/1949	Convenção relativa à proteção do salário	tema não abordado
C97/1929	Convenção sobre os Trabalhadores Migrantes	tema abordado parcialmente
C98/1949	Convenção sobre o direito de sindicalização e de negociação coletiva	tema não abordado
C100/1951	Convenção sobre a igualdade de remuneração de homens e mulheres por trabalho de igual valor	tema não abordado
C102/1952	Convenção sobre os padrões mínimos de seguridade social	tema abordado parcialmente
C105/1957	Convenção sobre a abolição do trabalho forçado	tema não abordado

C106/1957	Convenção sobre o descanso semanal no comércio e escritórios	tema central
C110/1958	Convenção sobre as plantações	tema abordado parcialmente
C111/1958	Convenção sobre a discriminação em matéria de emprego e profissão	tema não abordado
C115/1960	Convenção relativa à proteção dos trabalhadores contra as radiações ionizantes	tema central
C118/1962	Convenção sobre a igualdade de tratamento na seguridade social	tema abordado parcialmente
C120/1964	Convenção relativa à higiene no comércio e escritórios	tema central
C121/1980	Convenção relativa a benefícios no caso de acidente do trabalho e enfermidades profissionais	tema central
C122/1964	Convenção sobre política de emprego	tema não abordado
C124/1965	Convenção sobre o exame médico dos adolescentes em trabalhos subterrâneos	tema central
C128/1967	Convenção sobre Convenção sobre os benefícios de invalidez, velhice e sobreviventes	tema abordado parcialmente
C129/1969	Convenção relativa à inspeção do trabalho na agricultura	tema central
C130/1969	Convenção sobre assistência médica e benefícios em caso de doenças	tema abordado parcialmente
C131/1970	Convenção sobre a fixação dos salários mínimos	tema não abordado
C135/1971	Convenção sobre a proteção dos representantes dos trabalhadores	tema não abordado
C138/1973	Convenção sobre a idade mínima	tema abordado parcialmente
C139/1974	Convenção sobre a prevenção e controle de riscos profissionais causados por substâncias ou agentes cancerígenos	tema central
C140/1974	Convenção sobre a licença remunerada para estudos	tema não abordado
C141/1975	Convenção sobre as organizações de trabalhadores rurais	tema não abordado
C142/1975	Convenção relativa ao papel da orientação profissional e da formação profissional na valorização dos recursos humanos	tema abordado parcialmente
C143/1975	Convenção sobre os trabalhadores migrantes (disposições complementares)	tema abordado parcialmente

C144/1976	Convenção relativa às consultas tripartites destinadas a promover a execução das normas internacionais do trabalho.	tema não abordado
C145/1976	Convenção Relativa à continuidade do emprego dos marítimos	tema abordado parcialmente
C146/1976	Convenção sobre as férias anuais remuneradas dos trabalhadores marítimos	tema abordado parcialmente
C147/1976	Convenção sobre a marinha mercante (normas mínimas)	tema abordado parcialmente
C148/1977	Convenção relativa à proteção dos trabalhadores contra os riscos profissionais devidos à poluição do ar, ao ruído e às vibrações nos locais de trabalho.	tema central
C149/1977	Convenção sobre o emprego e condições de trabalho e de vida do pessoal de enfermagem	tema abordado parcialmente
C150/1978	Convenção relativa à administração do trabalho	tema abordado parcialmente
C151/1978	Convenção relativa à proteção do direito de organização e aos processos de fixação das condições de trabalho na função pública	tema abordado parcialmente
C152/1979	Convenção sobre segurança e higiene dos trabalhos portuários	tema central
C154/1981	Convenção relativa ao fomento à negociação coletiva	tema não abordado
C155/1981	Convenção sobre a segurança, a saúde dos trabalhadores e o ambiente de trabalho	tema central
C156/1981	Convenção sobre os trabalhadores com responsabilidades familiares	tema não abordado
C157/1982	Convenção sobre a preservação dos direitos em matéria de seguridade social	tema abordado parcialmente
C159/1983	Convenção sobre a reabilitação profissional e emprego de pessoas deficientes	tema não abordado
C160/1985	Convenção sobre as estatísticas do trabalho	tema abordado parcialmente
C161/1985	Convenção sobre os serviços de saúde do trabalho	tema central
C162/1986	Convenção sobre a segurança na utilização do amianto	tema central

C163/1987	Convenção sobre o bem-estar dos trabalhadores marítimos no mar e no porto	tema abordado parcialmente
C164/1987	Convenção sobre a proteção à saúde e assistência médica aos trabalhadores marítimos	tema central
C165/1987	Convenção obre a seguridade social dos trabalhadores marítimos	tema abordado parcialmente
C166/1987	Convenção sobre a repatriação de trabalhadores marítimos	tema abordado parcialmente
C167/1988	Convenção sobre a saúde e segurança na construção civil	tema central
C168/1988	Convenção sobre a promoção do emprego e proteção contra o desemprego	tema abordado parcialmente
C169/1989	Convenção sobe povos indígenas e tribais	tema abordado parcialmente
C170/1990	Convenção obre segurança no trabalho com produtos químicos	tema central
C171/1990	Convenção sobre o trabalho noturno	tema central
C172/1991	Convenção relativa as condições de trabalho (hotéis e restaurantes)	tema abordado parcialmente
C173/1992	Convenção relativa aos créditos trabalhistas na insolvência do empregador	tema não abordado
C174/1993	Convenção sobre a prevenção de acidentes industriais maiores	tema central
C175/1994	Convenção sobre o trabalho a tempo parcial	tema abordado parcialmente
C176/1995	Convenção relativa à segurança e saúde nas minas	tema central
C177/1996	Convenção sobre o trabalho a domicílio	tema abordado parcialmente
C178/1996	Convenção relativa à inspeção das condições de vida e de trabalho dos trabalhadores marítimos	tema central
C179/1996	Convenção sobre a contratação e a colocação dos marítimos	tema não abordado
C180/1996	Convenção sobre as horas de trabalho a bordo e a lotação dos navios	tema central
C181/1997	Convenção relativa às agências de emprego privadas	tema abordado parcialmente
C182/1999	Convenção sobre a proibição das piores formas de trabalho infantil e ação imediata para a sua eliminação	tema abordado parcialmente

C183/2000	Convenção sobre a proteção à maternidade	tema abordado parcialmente
C184/2001	Convenção sobre a saúde e segurança na agricultura	tema central
C185/2003	Convenção sobre os documentos de identidade da gente do mar	tema não abordado
MLC/2006	Convenção sobre o trabalho marítimo (MTC)	tema abordado parcialmente
C187/2006	Convenção sobre o marco promocional para a segurança e saúde no trabalho	tema central
C188/2007	Convenção relativa ao trabalho na pesca	tema abordado parcialmente
C189/2011	Convenção sobre o trabalho decente para as trabalhadoras e trabalhadores domésticos	tema abordado parcialmente

Tabela 3 – Convenções da Organização Internacional do Trabalho atualizadas (elaboração própria)

Observa-se que a maioria dessas convenções (59 convenções, o que corresponde a 76,6% do total) disciplina, ainda que parcialmente, o tema saúde e segurança do trabalhador: 26 convenções têm a saúde e segurança como tema central e 33 convenções abordam a saúde e segurança em itens específicos ao longo de seu conteúdo. Assim, das convenções atualizadas da OIT, apenas 18 não se relacionam com o tema.

Na tabela abaixo, são apresentados os protocolos (às convenções) da Organização Internacional do Trabalho considerados atualizadas, totalizando 6 instrumentos.

Número/Ano	Título	Saúde e segurança do trabalhador
P29/1930	Protocolo à Convenção sobre o trabalho forçado	tema abordado parcialmente
P81/1947	Protocolo à Convenção sobre a inspeção do trabalho na indústria e no comércio	tema central
P89/1948	Protocolo à Convenção sobre o trabalho noturno das mulheres	tema central
P110/1958	Protocolo à Convenção sobre as plantações	tema abordado parcialmente
P147/1976	Protocolo à Convenção sobre a marinha mercante (normas mínimas)	tema não abordado

P155/2002	Protocolo à Convenção sobre a segurança, a saúde dos trabalhadores e o ambiente de trabalho	tema central

Tabela 4 – Protocolos às Convenções da Organização Internacional do Trabalho (elaboração própria)

Observa-se que a maioria dos protocolos (5 protocolos, o que corresponde a 62,5% do total) disciplina, ainda que parcialmente, o tema saúde e segurança do trabalhador: 3 protocolos têm a saúde e segurança como tema central e 2 protocolos abordam a saúde e segurança em itens específicos ao longo de seu conteúdo. Assim, apenas 1 protocolo não aborda o tema.

Na tabela abaixo, são apresentadas as recomendações da Organização Internacional do Trabalho consideradas atualizadas, totalizando 84 instrumentos.

Número/Ano	Título	Saúde e segurança do trabalhador
R35/1930	Recomendação sobre o trabalho forçado (indireto)	tema não abordado
R67/1944	Recomendação sobre a seguridade	tema abordado parcialmente
R79/1946	Recomendação relativa ao exame médico de aptidão para o emprego dos menores	tema central
R81/1947	Recomendação sobre a inspeção do trabalho	tema central
R82/1947	Recomendação sobre a inspeção do trabalho (minas e transporte)	tema central
R84/1949	Recomendação sobre as cláusulas de trabalho em contratos celebrados por autoridades públicas	tema abordado parcialmente
R95/1949	Recomendação relativa à proteção do salário	tema não abordado
R86/1949	Recomendação sobre os Trabalhadores Migrantes	tema abordado parcialmente
R90/1951	Recomendação sobre a igualdade de remuneração	tema abordado parcialmente
R91/1951	Recomendação sobre os contratos coletivos	tema não abordado
R97/1953	Recomendação sobre a proteção da saúde dos trabalhadores	tema central

R99/1955	Recomendação sobre a adaptação e readaptação profissional das pessoas com deficiência	tema abordado parcialmente
R102/1955	Recomendação sobre os serviços sociais	tema abordado parcialmente
R103/1957	Recomendação sobre o descanso semanal (comércio e escritórios)	tema central
R104/1957	Recomendação relativa aos povos indígenas e tribais	tema abordado parcialmente
R110/1958	Recomendação sobre as plantações	tema abordado parcialmente
R111/1958	Recomendação sobre discriminação em matéria de emprego e profissão	tema abordado parcialmente
R113/1960	Recomendação sobre consultas	tema abordado parcialmente
R114/1960	Recomendação relativa à proteção em face da radiação	tema central
R115/1961	Recomendação sobre a residência dos trabalhadores	tema abordado parcialmente
R116/1962	Recomendação sobre a redução do tempo de trabalho	tema abordado parcialmente
R120/1964	Recomendação sobre a higiene no comércio e em escritórios	tema central
R121/1964	Recomendação sobre benefícios em caso de doenças e caidentes	tema central
R122/1964	Recomendação sobre a política de emprego	tema não abordado
R125/1965	Recomendação sobre o trabalho dos menores (trabalho subterrâneo)	tema abordado parcialmente
R131/1967	Recomendação relativa aos benefícios de invalidez, sobreviventes e idosos	tema abordado parcialmente
R132/1968	Recomendação relativa aos arrendatários e parceiros	tema abordado parcialmente
R133/1969	Recomendação sobre a inspeção do trabalho na agricultura	tema central
R134/1969	Recomendação sobre a assistência médica e benefícios relativos à doenças	tema central
R135/1970	Recomendação relativa à fixação de idade mínima para o trabalho	tema abordado parcialmente
R143/1971	Recomendação sobre os representantes dos trabalhadores	tema não abordado
R146/1973	Recomendação sobre a idade mínima	tema abordado parcialmente

R147/1974	Recomendação sobre o câncer ocupacional	tema central
R149/1975	Recomendação sobre as organizações de trabalhadores rurais	tema abordado parcialmente
R151/1975	Recomendação relativa aos trabalhadores migrantes	tema abordado parcialmente
R152/1976	Recomendação sobre as consultas tripartites	tema não abordado
R153/1976	Recomendação sobre a proteção dos jovens trabalhadores marítimos	tema abordado parcialmente
R154/1976	Recomendação sobre a continuidade no emprego dos trabalhadores marítimos	tema não abordado
R155/1976	Recomendação relativa à marinha mercante (melhoria das normas)	tema abordado parcialmente
R156/1977	Recomendação sobre o meio ambiente de trabalho (poluição do ar, ruído e vibração)	tema central
R157/1978	Recomendação sobre o pessoal de enfermagem	tema abordado parcialmente
R158/1978	Recomendação sobre a administração do trabalho	tema abordado parcialmente
R159/1978	Recomendação sobre as relações de trabalho no serviço público	tema não abordado
R160/1979	Recomendação sobre a saúde e segurança no trabalho	tema central
R163/1981	Recomendação relativa à negociação coletiva	tema não abordado
R165/1981	Recomendação relativa aos trabalhadores com responsabilidades familiares	tema não abordado
R167/1983	Recomendação sobre a manutenção dos direitos de seguridade social	tema abordado parcialmente
R168/1983	Recomendação sobre a reabilitação profissional e para o emprego de pessoas com deficiência	tema abordado parcialmente
R169/1984	Recomendação sobre a política de emprego (disposições suplementares)	tema abordado parcialmente
R170/1985	Recomendação relativa às estatísticas do trabalho	tema abordado parcialmente
R171/1985	Recomendação sobre os serviços de saúde e segurança no trabalho	tema central

R172/1986	Recomendação relativa ao amianto	tema central
R173/1987	Recomendação relativa ao bem-estar dos trabalhadores marítimos	tema abordado parcialmente
R174/1987	Recomendação sobre a repatriação dos trabalhadores marítimos	tema não abordado
R175/1988	Recomendação sobre a saúde e segurança na construção	tema central
R176/1988	Recomendação relativa à promoção do emprego e proteção contra o desemprego	tema abordado parcialmente
R177/1990	Recomendação relativa aos produtos químicos	tema central
R178/1990	Recomendação sobre o trabalho noturno	tema central
R179/1991	Recomendação sobre as condições de trabalho em hotéis e restaurantes	tema central
R180/1992	Recomendação sobre a proteção dos créditos trabalhistas em caso de insolvência do empregador	tema não abordado
R181/1993	Recomendação relativa à prevenção de grandes acidentes na indústria	tema central
R182/1994	Recomendação relativa do trabalho em tempo parcial	tema não abordado
R183/1995	Recomendação sobre a saúde e segurança nas minas	tema central
R184/1996	Recomendação sobre o trabalho doméstico	tema abordado parcialmente
R185/1996	Recomendação sobre a inspeção do trabalho marítimo	tema central
R186/1996	Recomendação sobre a contratação e alocação dos trabalhadores marítimos	tema abordado parcialmente
R187/1996	Recomendação obre o salário, tempo de trabalho dos trabalhadores marítimos e tripulação dos navios	tema abordado parcialmente
R188/1997	Recomendação sobre as agências privadas de emprego	tema não abordado
R189/1998	Recomendação sobre a criação de empregos nas pequenas e médias empresas	tema abordado parcialmente
R190/1999	Recomendação sobre as piores formas de trabalho infantil	tema abordado parcialmente

R191/2000	Recomendação sobre a proteção da maternidade	tema abordado parcialmente
R192/2001	Recomendação sobre a saúde e segurança na agricultura	tema central
R193/2002	Recomendação sobre a promoção de cooperativas	tema abordado parcialmente
R194/2002	Recomendação relativa à lista de doenças ocupacionais	tema central
R195/2004	Recomendação relativa ao desenvolvimento dos recursos humanos	tema abordado parcialmente
R197/2006	Recomendação sobre a administração do trabalho	tema central
R198/2006	Recomendação sobre a relação de emprego	tema não abordado
R199/2007	Recomendação sobre o trabalho na pesca	tema abordado parcialmente
R200/2010	Recomendação sobre HIV e AIDS	tema central
R201/2011	Recomendação relativa aos trabalhadores domésticos	tema abordado parcialmente
R202/2012	Recomendação relativa aos pisos de proteção social	tema abordado parcialmente
R203/2014	Recomendação sobre o trabalho forçado (medidas suplementares)	tema abordado parcialmente
R204/2015	Recomendação sobre a transição da economia informal para a economia formal	tema abordado parcialmente
R205/2017	Recomendação relativa ao emprego e trabalho decente para a paz e resiliência	tema abordado parcialmente

Tabela 5 – Recomendações da Organização Internacional do Trabalho (elaboração própria)

No mesmo sentido das convenções e protocolos, observa-se que a maioria das recomendações (69 recomendações, o que corresponde a 82,14% do total) disciplina, ainda que parcialmente, o tema saúde e segurança do trabalhador: 26 recomendações têm a saúde e segurança como tema central e 43 recomendações abordam a saúde e segurança em itens específicos ao longo de seu conteúdo. Assim, apenas 15 recomendações atualizadas da OIT não abordam o tema.

Ainda, merecem destaque aqueles documentos de cunho preponderantemente declaratório, como a própria Constituição da OIT, marcadamente alterada pela Declaração de Filadélfia de 1944[28], a Declaração Tripartite de Princípios sobre Empresas Multinacionais e Política Social (originalmente aprovada em 1977, teve sua última emenda no ano de 2017), a Declaração da OIT sobre os Princípios e Direitos Fundamentais no Trabalho de 1998, a Declaração da OIT sobre Justiça Social para uma Globalização Justa de 2008, a Declaração do Centenário de 2019. Ainda, como resultado das atividades (não normativas ou não prescritivas) da OIT, é possível citar seus relatórios periódicos, regulamento para a Conferência Internacional do Trabalho, dentre outras publicações.

Por fim, cita-se a existência de resoluções da Organização Internacional do Trabalho, que abrangem pautas destinadas a orientar os Estados-Membros e a própria OIT em matérias específicas, a exemplo Resolução sobre as estatísticas acerca do trabalho infantil (2008). Via de regra, as resoluções não criam, propriamente, direitos, mas orientam a ação dos países e da OIT acerca de seu monitoramento, estatísticas, etc.

Tais instrumentos estabelecem padrões internacionais mínimos aplicáveis às relações de trabalho. Trata-se dos *(international) labour standards*[29], definidos pela própria Organização Internacional do Trabalho como

[28] A Declaração de Filadélfia, de 1944, foi assim chamada por ter sido aprovada na Conferência Internacional do Trabalho ocorrida na Filadélfia, Estados Unidos. Gomes (2014, p. 23) qualifica este documento como o marco da segunda fase história da OIT – a primeira, se deu com sua criação em 1919 e se estendeu até 1944; a segunda têm início em 1944, com a Declaração da Filadélfia e termina com em 1998, com a Declaração da OIT sobre os Princípios e Direitos Fundamentais no Trabalho; a terceira inaugura-se com a Declaração de 1988 e alcança os dias atuais –, cujo objetivo foi ampliar as atividades da Organização. Assim, a Declaração de Filadélfia, embuída do que Supiot (2014, p. 19) chama de "espírito de Filadélfia" – em alusão ao próprio nome da cidade, que significa "amor fraternal" em grego e a alguns acontecimentos que se davam naquela circunstância (a exemplo do discurso sobre as quatro liberdades feito por Franklin Roosevelt) –, acabou por alterar partes da Constituição da OIT e expandir seu espectro para abarcar novos temas relacionados ao funcionamento do mercado de trabalho, estratégias de cooperação técnica, aproximação da OIT com outras organizações internacionais (GOMES, 2014, p. 25).

[29] Salienta-se que os *labous standards* não se confundem com o que Delgado e Delgado (2017) identificam como "patamar civilizatório mínimo", já que tais *standards* são fruto do diálogo social tripartite que ocorre dentro da Organização Internacional do Trabalho, indicando a existência de um consenso – entre os Estados, representantes dos trabalhadores e representantes dos empregadores – de que são direitos mínimos a serem garantidos aos trabalhadores (no mundo).

> instrumentos jurídicos elaborados pelos membros da OIT (governos, empregadores e trabalhadores), estabelecendo os princípios e direitos básicos no trabalho. Elas são Convenções, que são tratados internacionais legalmente vinculantes que podem ser ratificados pelos Estados membros, ou Recomendações, que servem como diretrizes não vinculantes. Em muitos casos, uma Convenção estabelece os princípios básicos a serem implementados pelos países ratificantes, enquanto uma Recomendação relacionada complementa a Convenção, fornecendo diretrizes mais detalhadas sobre como ela pode ser aplicada. Ademais, as recomendações também podem ser autônomas, isto é, não vinculadas a nenhuma Convenção (ORGANIZAÇÃO INTERNACIONAL DO TRABALHO, 2014, p. 15).

Tais *labour standards* versam sobre os mais diferentes temas afetos ao mundo do trabalho. Em sua base de dados (NORMLEX), a OIT classifica as convenções e recomendações de acordo o tema central abordado em cada instrumento, criando categorias (liberdade de associação, negociação coletiva e relações industriais, trabalho forçado, eliminação do trabalho infantil e proteção de crianças e jovens, igualdade de oportunidades e tratamento, consulta tripartite, administração e fiscalização trabalhista, política de emprego e promoção, orientação profissional e treinamento, estabilidade, salários, jornada de trabalho, segurança e saúde ocupacional, seguridade social, proteção da maternidade, políticas sociais, trabalhadores migrantes, trabalhadores marítimos, pescadores, trabalhadores portuários, povos indígenas e tribais, categorias específicas de trabalhadores e outros ainda não classificados) que demonstram a diversidade de temas abordados pela Organização e que fazem parte desse conjunto de paradigmas.

No tocante às convenções, há, ainda, outra classificação feita pela OIT em sua base de dados. Trata-se de uma categorização por função, que

Quanto à expressão cunhada pelos autores (Delgado; Delgado, 2017), há referência à ordem jurídica (heterônoma) interna, já que tal patamar compreende "*os direitos individuais e sociais trabalhistas assegurado pela Constituição da República*" (2017, p. 293). Preferiu-se neste trabalho adotar a expressão *labour standards* por estar em consonância com a nomenclatura e conceito adotados pela OIT e, portanto, em consonância com o papel da Convenção nº 155. Reforçou essa opção o fato da expressão "civilizatório" poder induzir à ideia de imposição de valores hegemônicos contrários à ideia de pluralismo jurídico (Vanderlinden, 1989; Vachon, 1990; Santos, 1997; Eberhard, 2013; Mattei; Nadder, 2013; Villas Bôas Filho, 2015). Assim, a fim de manter o seu significado mais genuíno, optou-se por utilizar a expressão *labour standards* (em inglês).

divide as convenções em: convenções fundamentais (relacionadas aos princípios e direitos fundamentais no trabalho proclamados na Declaração da OIT sobre os Princípios e Direitos Fundamentais no Trabalho de 1998), convenções de governança (relacionadas às estratégias de governança e políticas adotadas pela OIT) e convenções técnicas (dizem respeito a temas mais específicos e englobam todas as outras convenções que não estiverem contempladas entre as fundamentais e as de governança). Ao verificar estes grupos, chama atenção o fato das convenções relacionadas à saúde e segurança do trabalhador serem consideradas apenas técnicas e não serem abarcadas pela categoria "convenções fundamentais".

Tais convenções fundamentais foram assim definidas na Declaração da OIT sobre os Princípios e Direitos Fundamentais no Trabalho de 1998, que declarou como direitos fundamentais no trabalho: a liberdade sindical e o reconhecimento efetivo do direito de negociação coletiva; a eliminação de todas as formas de trabalho forçado ou obrigatório; a abolição efetiva do trabalho infantil; e a eliminação da discriminação em matéria de emprego e ocupação. Esse rol de *standards* elencados na Declaração de 1988 ficou conhecido como *core labour rights,* isto é, em tradução livre, o coração dos direitos laborais.

A Declaração de 1998 sofreu (e ainda sofre) muitas críticas pela estratégia regulatória que adotou e por propor um rol insuficiente de direitos fundamentais no trabalho, deixando de fora temas historicamente muito caros à Organização Internacional do Trabalho, como as questões de saúde e segurança do trabalhador. Dada essa ausência da saúde e segurança do trabalhador entre os *core labour rights,* questiona-se por qual(is) motivo(s) este tema central para o surgimento do direito do trabalho e da própria OIT foi excluído desse núcleo de direitos fundamentais declarados em 1988, discussão que será melhor desenvolvida no item seguinte deste capítulo.

Ainda em relação à classificação das convenções e recomendações e, em última análise, dos *labour standards,* para além das categorias utilizadas pela OIT, merece destaque a classificação apresentada por Engerman (2003, p. 10), que os divide os em três grandes grupos: um, sobre condições do mercado de trabalho (envolvendo temas ligados à remuneração dos trabalhadores, regime de trabalho, seguridade social); dois, sobre negociações, em sentido amplo, permitidas entre empregados e empregadores (envolvendo questões relacionadas ao direito de associação, negociação coletiva, contratos, arbitragens); três, sobre condições de trabalho (segurança, saneamento, eliminação de riscos de trabalho, períodos de descanso, limitação de horas de trabalho, dentre outros aspectos destinados a proporcionar um ambiente de trabalho saudável e promover a saúde e segurança do trabalhador).

Interessará mais diretamente para este estudo o terceiro grupo apresentado por Engerman (2010, p. 10) pois evidencia uma noção ampla de saúde e segurança do trabalhador, envolvendo diferentes aspectos que podem influenciar o equilíbrio do meio ambiente do trabalho. Ademais, é neste grupo que está alocada a Convenção nº 155 da OIT sobre saúde, segurança e meio ambiente do trabalho, dispositivo internacional que serve de objeto para as investigações desta obra e que será mais profundamente estudado no capítulo 2.

Paralelamente às convenções, aos protocolos, às recomendações, às declarações produzidas pela OIT, importante ressaltar que há outros dispositivos internacionais elaborados no âmbito de outros organismos internacionais que, direta ou indiretamente, também se relacionam com o trabalho e com a promoção da saúde e segurança do trabalhador. A título exemplificativo, cita-se a Declaração Universal dos Direitos Humanos (1948), que indica condições adequadas de trabalho e períodos de descanso como direitos humanos; o Pacto Internacional sobre Direitos Civis e Políticos (1966), que disciplina o trabalho livre como direito de todos, o Pacto Internacional sobre Direitos Econômicos, Sociais e Culturais (PIDESC), que além de outras disposições sobre o mundo do trabalho, disciplina que condições de trabalho seguras e higiênicas configuram um direito de todos; a Declaração Sociolaboral do MERCOSUL, que trata, em seu artigo 25, da saúde e segurança do trabalhador; dentre outros tantos dispositivos.

Por fim, no tocante às normas internacionais do trabalho, às normas internacionais de maneira geral, especialmente aquelas sobre direitos humanos, entende-se necessário fazer uma observação. Não se pretende desenvolver exaustivamente o tema, mas pontuar a discussão sobre a tendência universalizante das normas internacionais (do trabalho) – e do próprio Direito – em contraposição à ideia de pluralismo jurídico.

Não se despreza as críticas tecidas (Vanderlinden, 1989; Vachon, 1990; Santos, 1997; Eberhard, 2013; Mattei; Nadder, 2013; Villas Bôas Filho, 2015) a respeito do Direito – inclusive do direito do trabalho, do direito internacional do trabalho e dos direitos humanos –, que elucidam a possibilidade de que valores hegemônicos, impostos por países ricos, exterminem valores próprios de cada civilização e culminem em globalizar princípios de um local que não sejam pertinentes para outra localidade (Santos, 1997, p.16).

No entanto, entende-se que, ao regularem, em última análise, a relação capital-trabalho, as normas internacionais do trabalho acabam por balizar relações muito semelhantes, inseridas em uma prática (capitalista) quase uníssona de exploração do trabalho humano ao redor do mundo e, por isso estariam mais afastadas da discussão sobre pluralismo jurídico (diferentemente, as normas de direitos humanos não relacionadas a trabalho, muitas vezes, disciplinam aspectos culturais muito distintos, abrangendo temas variados e entende-se que por isso estariam mais suscetíveis às críticas sobre a tendência universalizante e hegemônica do Direito).

1.3.2. A Declaração da OIT sobre os Princípios e Direitos Fundamentais no Trabalho de 1998 e a definição dos *core labour rights*

A Declaração da OIT sobre os Princípios e Direitos Fundamentais no Trabalho de 1998 não foi a primeira declaração elaborada pela OIT. A Declaração de Filadélfia, em 1944, comprova isso. No entanto, a Declaração de 1998 derivou de circunstâncias profundamente diferentes, tanto externa, quanto internamente à Organização.

No tocante às questões externas, evidenciava-se uma intensificação do processo de globalização, a multiplicação de organizações internacionais dedicadas a outros temas não necessariamente ligados à regulação internacional do trabalho, críticas sobre a ausência de forças da OIT para exigir o cumprimento das obrigações assumidas por seus membros.

Internamente, percebia-se um grande número de convenções, certa falta de flexibilidade em relação às disposições contidas nas convenções, diminuição do número de ratificações, desconsideração dos efeitos econômicos da aplicação de tais convenções para os países membros (Rubio, 1998).

Segundo Gomes (2014, p.25), esse processo de avaliação da atividade normativa teve como um de seus resultados mais importantes o relatório do Diretor da OIT, Michel Hansenne, para a 81ª sessão da Conferência Internacional do Trabalho, em 1994, no qual se identificou o fim da guerra fria e a globalização econômica como os eventos que estavam testando os métodos de trabalho da Organização. "*Como resultado, o relatório iniciou um debate que ajudou a redirecionar as operações da OIT em torno da proteção de direi-*

tos trabalhistas básicos" (Gomes, 2014, p. 26). Tal debate fica evidente nos relatórios do Diretor Geral da OIT para as próximas Conferências Internacionais da Organização, em 1995, 1996 e 1997 (culminando com a aprovação da Declaração de 1988).

Destaca-se o relatório de 1997, em que se pôs a seguinte questão:

> embora a maior utilização do artigo 19 torne possível iluminar a situação dos países que não ratificaram as Convenções fundamentais e, assim, ajudar a convencê-los de que seria preferível fazê-lo, não poderia impor obrigações básicas a eles. Há uma outra abordagem possível – além de complementar – que pode ter sucesso na obtenção da aplicação universal desses direitos; isto levantaria a questão de se, mesmo na ausência de ratificação das Convenções relevantes, todos os Estados-membros, em virtude de sua aceitação da Constituição, e os objetivos e princípios da OIT, não estão vinculados a um mínimo de obrigações em matéria de direitos fundamentais[30] (ORGANIZAÇÃO INTERNACIONAL DO TRABALHO, 1997, p. 4).

"*Desse questionamento, a ideia de uma declaração que "expressasse e clareasse" esse novo foco nos direitos fundamentais foi proposta como parte da agenda da Conferência Internacional do Trabalho de 1998*" (Gomes, 2014, p. 26). Tratava-se da ideia central por trás da Declaração da OIT sobre os Princípios e Direitos Fundamentais no Trabalho, que viria a ser aprovada em 1998, na 86ª sessão da Conferência Internacional do Trabalho.

O texto da Declaração de 1998 foi organizado em três grandes partes, sendo elas: o preâmbulo, a declaração propriamente dita e o anexo.

No preâmbulo, retoma-se o princípio da justiça social e contextualiza-se o momento em que a Declaração fora aprovada, indicando, especialmente a necessidade de medidas que ultrapassem os objetivos do crescimento econômico, tais como a erradicação da pobreza, criação de empregos, melhoria

[30] Tradução livre do seguinte trecho original: "*Although making greater use of article 19 should make it possible to cast light on the situation in countries which have not ratified the fundamental Conventions, and thereby help to convince them that it might be preferable to do so, it could not impose basic obligations on them. There is another possible approach -- moreover complementary -- which might succeed in obtaining universal application of these rights; this would be to raise the question of whether, even in the absence of ratification of the relevant Conventions, all member States, by virtue of their acceptance of the Constitution, and the objectives and principles of the ILO, are not bound to a minimum of obligations with respect to fundamental rights*" (ORGANIZAÇÃO INTERNACIONAL DO TRABALHO, 1997, p. 4).

das condições de trabalho e, em última análise, promover um desenvolvimento mais sustentável.

Após o preâmbulo inicia-se o texto da declaração propriamente dita, em que se lembra aos Estados que "*no momento de incorporar-se livremente à OIT, todos os Membros aceitaram os princípios e direitos enunciados em sua Constituição e na Declaração de Filadélfia, e se comprometeram a esforçar-se por alcançar os objetivos gerais da Organização*" (ORGANIZAÇÃO INTERNACIONAL DO TRABALHO, 1998, p. 2) e declara que todos os Estados-membros (inclusive a partir da cooperação técnica com a OIT), "*ainda que não tenham ratificado as convenções aludidas, têm um compromisso derivado do fato de pertencer à Organização de respeitar, promover e tornar realidade, de boa fé e de conformidade com a Constituição, os princípios relativos aos direitos fundamentais*" (ORGANIZAÇÃO INTERNACIONAL DO TRABALHO, 1998, p. 2-3) que são objeto de tais convenções[31], quais sejam: (a) a liberdade sindical e o reconhecimento efetivo do direito de negociação coletiva; (b) a eliminação de todas as formas de trabalho forçado ou obrigatório; (c) a abolição efetiva do trabalho infantil; e (d) a eliminação da discriminação em matéria de emprego e ocupação – direitos fundamentais conhecidos como *core labour rights.*

O anexo da Declaração apresenta o procedimento de sua aplicação a partir de um mecanismo de seguimento, indicando, inclusive, mecanismos de monitoramento a partir de relatórios: os relatórios enviados por países que não tenham ratificado alguma das convenções e o relatório global, elaborado pelo Diretor Geral da Organização com a finalidade de

> facilitar uma imagem global e dinâmica de cada uma das categorias de princípios e direitos fundamentais observada no período quadrienal anterior, servir de base à avaliação da eficácia da assistência prestada pela Organização e estabelecer as prioridades para o período seguinte mediante programas de ação em matéria de cooperação técnica destinados a mobilizar os recursos internos e externos necessários a respeito (ORGANIZAÇÃO INTERNACIONAL DO TRABALHO, 1998, p. 4).

[31] Trata-se das oito convenções classificadas pela OIT como fundamentais. São elas: Convenção n º 29, sobre o trabalho forçado ou obrigatório, 1930; Convenção nº 87, sobre a liberdade sindical e a proteção do direito sindical (1948); Convenção nº 98, sobre o direito de organização e negociação coletiva (1949); Convenção nº 100, sobre a igualdade de remuneração, (1951); Convenção nº 105, sobre a abolição do trabalho forçado (1957); Convenção nº 111, sobre a discriminação em matéria de emprego e profissão (1958); Convenção nº 138, sobre a idade mínima para o trabalho (1973); Convenção nº 182, sobre as piores formas de trabalho das crianças (1999).

Embora aprovada sem nenhum voto contrário, a Declaração de 1998 não foi poupada de críticas e nem de avaliações sobre seu texto.

No tocante às repercussões originadas pela aprovação da Declaração de 1998, primeiro, merece destaque a discussão, por meio de artigos acadêmicos, envolvendo Philip Alston, James Heenan, Brian Langille e Francis Maupain sobre a opção regulatória adotada na Declaração.

O debate teve início com dois textos escritos por Phillip Alston, sendo um deles escrito em coautoria com James Heenan (Alston, 2004; Alston; Heenan, 2004), que tinham como argumento central de que a Declaração, na prática, estava substituindo uma agenda mais ampla dos direitos trabalhistas por um enfoque restrito em um corpus muito mais limitado de quatro normas trabalhistas básicas (os *core labour rights*) e avançando em direção a uma abordagem fundamentalmente promocional, ao invés de fundamentar obrigações legais mais severas e de buscar respostas institucionais direcionadas a violações de direitos trabalhistas. A Declaração estaria, assim, estimulando uma tendência de retrocesso em relação aos históricos esforços empreendidos defender os direitos trabalhistas globalmente (Alston; Heenan, 2004, p. 224), acarretando, inevitavelmente, que os *standards* fora do *core* sejam qualificados como de "segunda categoria (Alston, 2004, p. 488).

As considerações apresentadas por Alston e Heenan (Alston, 2004; Alston; Heenan, 2004) foram criticadas em dois outros artigos: um escrito por Francis Maupain (Maupain, 2005) e outro por Brian Langille (Langille, 2005).

Segundo Francis Maupain, a Declaração teve um impacto positivo na capacidade da OIT proteger os direitos fundamentais dos trabalhadores (embora reconheça que este impacto pode ser ainda maior), ressaltando que o destaque dos *core labour rights* não diminui a promoção de outros direitos para além do *core*. Para Maupain, a Declaração é, na realidade, "*parte de uma nova abordagem que tenta superar as limitações da abordagem do sistema "self-service" (ou cafeteria) de proteção dos direitos trabalhistas*"[32] (Maupain, 2005, p. 463). O autor utiliza a expressão "self-service" (autosserviço) – ou cafeteria – como metáfora para descrever como se dão a aprovação

[32] Tradução livre do trecho original: "*It is rather part and parcel of a new approach which tries to overcome the limitations of the 'self service' (or 'cafeteria') approach to the protection of labour rights*" (Maupain, 2005, p. 463).

e ratificação das convenções da OIT por seus membros: os países aprovavam e/ou ratificavam apenas as convenções que lhes interessam. Na visão de Maupain (2005), assim como em um restaurante "*self-service*", em que o consumidor escolhe colocar em seu prato apenas aquilo que lhe agrada, os Estados-membros acabavam por selecionar convenções que pretendiam implementar internamente. Esta abordagem favoreceria um modelo fragmentado de direitos e, por isso, Maupain (2005) acredita que a nova estratégia regulatória da Organização, via *soft law*, poderia contribuir para considerar os direitos trabalhistas a partir de uma perspectiva universal, indivisível, interdependente e inter-relacionada (Maupain, 2005, p. 463).

Brian Langille, em contraposição a Alston, afirma possuir uma visão mais otimista a respeito da Declaração. Para Langille (2005, p. 409), é possível ter uma melhor compreensão sobre os *core labour rights*, que permite enxergá-los como conceitualmente coerentes (e não politicamente arbitrários), moralmente salientes (e não meramente parte de uma conspiração neoliberal vazia) e pragmaticamente vitais para a consecução do verdadeiro objetivo da OIT, incluindo a aplicabilidade dos direitos fora do *core* (e não um enfraquecimento de todo o regime de *standards*). Segundo o autor, a declaração não deve ser vista como um instrumento pensado para minar a OIT, mas sim uma inauguração de um modelo que tem como objetivos fortalecer a Organização perante a comunidade internacional e reforçar a fundamentalidade dos direitos nela elencados.

Em tom conclusivo, em outro texto, Alston (2005) respondeu a Maupain e Langile considerando que a questão principal envolvida em suas críticas diz respeito à constatação de que o sistema tradicional da OIT para promoção do respeito aos direitos do trabalho está em crise. O autor reconhece que a Declaração de 1998 foi concebida como uma saída para essa crise, mas reafirma que ela tem uma série de deficiências que seus defensores não abordam abertamente. Para Alston, há pouco a ganhar simplesmente exaltando as virtudes do documento. "*Em vez disso, o foco deve estar no grande número de iniciativas que poderiam aumentar consideravelmente a relevância e eficácia do regime internacional de direitos trabalhistas*" (Alston, 2005 p. 14).

De acordo com Freitas (2014, p. 13), o debate é destacado menos pelas ácidas críticas trocadas e mais por ter (re)lançado luzes sobre a tensão entre direito *hard* e *soft*. E, "*por mais contrastantes que possam ser as percepções quanto ao significado da Declaração de 1998 [...] sua adoção [...] representou um divisor de águas na estratégia de regulação do trabalho adotada pela Organização desde*

1919" (Freitas, 2014, p. 13), dado ter adotado uma estratégia regulatória incomum para seus padrões (Freitas, 2016, p. 16). Salienta o autor que a Declaração constituiu um "giro estratégico" nos padrões regulatórios da OIT, contudo, as complexidades que dela surgiram residem menos na Declaração e mais nos mecanismos tradicionais de recepção das normas internacionais dos Estados. Nesse sentido, o autor complementa o debate existente sobre a Declaração de 1998, alterando, em certa medida, o foco da discussão ao lançar luzes sobre a necessidade de se estimular a "*formulação de mecanismos mais adequados à harmonização do seu repertório de princípios e, assim, mais funcionais para a assimilação de normas internacionais, pelo sistema jurídico, em especial pelo sistema adjudicatório interno dos Estados nacionais*" (Freitas, 2014, p. 17).

Segundo, a Declaração de 1998 também ganhou destaque por utilizar a gramática dos direitos fundamentais para tratar dos *core labour rights* (Fudge, 2007). Ao considerar tais direitos trabalhistas como fundamentais, enquanto reforçava sua legitimidade, a OIT objetivou proteger esses direitos de questionamentos econômicos e políticos vindos de um contexto de globalização econômica (Fudge, 2007; Gomes, 2014, p.29), já que os direitos humanos são mais dificilmente confrontados quando comparados com direitos trabalhistas, pois estes, muitas vezes, são tidos como custos que tendencialmente oneram os empregadores e, portanto, o mercado. Conforme argumenta Compa (2008), ao abordar os direitos laborais como direitos humanos, afasta-se de uma análise de classe, o que poderia auxiliar uma reformulação da regulação do trabalho a fim de proporcionar maior proteção aos direitos dos trabalhadores.

Por fim, entende-se necessário apresentar um questionamento não em relação à opção por declarar um rol enxuto de direitos fundamentais – um meio de estabelecer prioridades, mas sobre a não inclusão de alguns outros direitos que se considera fundamentais (e que também poderiam ter sido assim considerados pela OIT na Declaração de 1998) neste rol, especialmente aqueles que dizem respeito às questões de saúde e segurança do trabalhador – tema, como já evidenciado acima, historicamente central para a história da regulação das relações de trabalho. Nesse sentido, conforme pretende-se desenvolver no item seguinte, indaga-se por qual razão alguns direitos foram elencados como fundamentais e, portanto, dentro do *core* e outros não o foram.

1.3.3. A saúde e a segurança do trabalhador: uma questão fora do *core*

A resposta para a indagação feita acima não parece ser simples e nem única. Embora a Declaração de 1998 tenha sido alvo de muitas críticas e objeto de diferentes debates, o(s) motivo(s) pelo(s) qual(is) certos direitos – liberdade sindical e reconhecimento efetivo do direito de negociação coletiva; eliminação de todas as formas de trabalho forçado ou obrigatório; abolição efetiva do trabalho infantil; e eliminação da discriminação em matéria de emprego e ocupação – foram definidos como fundamentais e outros tantos direitos não receberam tal rótulo não foi(ram) objeto(s) de igual polêmica. Sendo assim, a tentativa de resposta aqui apresentada parte muito mais da construção de uma narrativa fundada nos estudos da autora para desenvolver esta pesquisa do que de uma manifestação oficial ou de um posicionamento veiculado pela doutrina.

Entende-se que, para responder tal inquietação, é preciso remontar algumas passagens que antecederam a Declaração de 1998, sendo esta a coroação de uma estratégia para dar mais visibilidade aos direitos trabalhistas e à própria atividade da OIT.

Primeiramente, o relatório *"Defending values, promoting change: social justice in a global economy – an ILO agenda"*[33], de autoria do Diretor Geral da OIT para a Conferência Internacional do Trabalho em 1994 inaugurou, de forma mais institucionalizada, um movimento para revitalização da Organização Internacional do Trabalho. Esse movimento foi, inicialmente, estruturado a partir de dois eixos: evidenciar a importância particular dos direitos fundamentais dos trabalhadores no contexto da liberalização do comércio e da globalização da economia, ressaltando que algumas normas trabalhistas são particularmente importantes do ponto de vista humanitário; e revisar e atualizar o conjunto de normas da Organização (ORGANIZAÇÃO INTERNACIONAL DO TRABALHO, 1997).

Após a Conferência de 1994, foi criado um grupo de trabalho para compreender e definir as dimensões sociais da liberalização do comércio internacional. Apesar de suas inevitáveis diferenças de opinião e de muitos impasses, conseguiram identificar as questões mais importantes da liberalização do comércio relacionadas com a regulação do trabalho e demonstrar a necessidade de certos direitos serem reconhecidos univer-

[33] Em português: *"Defendendo valores, promovendo a mudança: justiça social em uma economia global – uma agenda da OIT"*.

salmente como fundamentais, os quais constituiriam "regras sociais do jogo da globalização" (ORGANIZAÇÃO INTERNACIONAL DO TRABALHO, 1997) – embora essa necessidade tenha recebido muitas críticas por potencialmente dificultar a competição, em meio ao comércio internacional, por parte dos países em desenvolvimento, os quais teriam mais dificuldade, inclusive econômica, de assegurar tais direitos.

Essa discussão sobre as "regras sociais do jogo da globalização" e sobre quais poderiam ser as estratégias para atingi-las não ficou apenas concentrada no âmbito da OIT, possuindo reflexos em outros espaços, com destaque para a Declaração de Copenhague da ONU sobre o desenvolvimento social em 1995, a Declaração de Cingapura da Organização Mundial do Comércio (OMC) em 1996, o estudo desenvolvido pela Organização para a Cooperação e Desenvolvimento Econômico (OCDE) em 1996 intitulado "*Trade, Employment and Labour Standards – a study of core workers' rights and international trade*"[34].

Na Declaração de Copenhague, assumiu-se o compromisso (compromisso nº 3 da referida Declaração) de "*promover a meta do pleno emprego como uma prioridade básica de nossas políticas econômicas e sociais e a permitir que todos os homens e mulheres alcancem meios de subsistência seguros e sustentáveis por meio de emprego produtivo e trabalho livremente escolhidos*"[35] (ORGANIZAÇÃO DAS NAÇÕES UNIDAS, 1996) e promover "*o respeito pelas convenções relevantes da Organização Internacional do Trabalho, incluindo aquelas sobre a proibição do trabalho forçado e infantil, a liberdade de associação, o direito organizar e negociar coletivamente, e o princípio da não-discriminação*"[36] (ORGANIZAÇÃO DAS NAÇÕES UNIDAS, 1996), citando assim, expressamente, os direitos que viriam a ser declarados fundamentais pela OIT em 1998.

Na Declaração de Cingapura, renovou-se o compromisso com a observância dos *core labour standards* – expressão utilizada expressamente no texto

[34] Em português: "Comércio, emprego e *labor standards* (padrões mínimos trabalhistas): um estudo dos direitos fundamentais dos trabalhadores e do comércio internacional".

[35] Tradução livre do seguinte trecho original: "*We commit ourselves to promoting the goal of full employment as a basic priority of our economic and social policies, and to enabling all men and women to attain secure and sustainable livelihoods through freely chosen productive employment and work*" (ORGANIZAÇÃO DAS NAÇÕES UNIDAS, 1996).

[36] Tradução livre do seguinte trecho original: "*[...] promote respect for relevant International Labour Organization conventions, including those on the prohibition of forced and child labour, the freedom of association, the right to organize and bargain collectively, and the principle of non-discrimination*" (ORGANIZAÇÃO DAS NAÇÕES UNIDAS, 1996).

da Declaração – reconhecidos internacionalmente e reafirmou o papel da OIT como órgão competente para definir e lidar com esses padrões e o apoio da OMC para que tais padrões sejam promovidos (ORGANIZAÇÃO MUNDIAL DO COMEÉRCIO, 1996).

O estudo desenvolvido pela OCDE analisa a dimensão dos direitos humanos presentes em certos *labour standards*. Argumenta-se que alguns padrões de trabalho refletem os direitos humanos básicos e que todos os países do mundo devem, portanto, aderir a esses padrões. Também se afirma que os padrões de trabalho que incorporam os direitos humanos básicos podem estimular o desenvolvimento econômico e, portanto, são do interesse de todos no mundo; e que a observância desses padrões de trabalho poderia neutralizar as pressões protecionistas, garantindo assim o apoio ao livre comércio (ORGANIZAÇÃO PARA A COOPERAÇÃO E DESENVOLVIMENTO ECONÔMICO, 1996). Segundo este estudo,

> o debate sobre comércio e normas trabalhistas tornou-se mais complexo devido à falta de acordo sobre uma lista de normas trabalhistas relevantes para esta questão e sua definição. O estudo identifica um pequeno conjunto de normas de trabalho, denominado "essencial" para os propósitos do estudo, que são amplamente reconhecidas como sendo de particular importância: eliminação da exploração do trabalho infantil, proibição de trabalho forçado, liberdade de associação, direito organizar e negociar coletivamente e não-discriminação no emprego. A escolha destes padrões de trabalho baseia-se principalmente no fato de que eles incorporam direitos humanos importantes e que derivam da Declaração Universal dos Direitos Humanos. [...] Além disso, três atos das Nações Unidas (o Pacto de Direitos Econômicos, Sociais e Culturais, o Pacto de Direitos Civis e Políticos e a Convenção sobre Direitos da Criança), que contêm disposições relativamente detalhadas sobre as principais normas trabalhistas, foram ratificadas por mais de 120 países, sugerindo que esses padrões recebem uma adesão quase universal. É também importante notar que todos os países que são membros da OIT subscrevem os princípios de liberdade de associação e negociação coletiva por parte de seus membros[37] (ORGANIZAÇÃO PARA A COOPERAÇÃO E DESENVOLVIMENTO ECONÔMICO, 1996, p. 10).

[37] Tradução livre do seguinte trecho original: "The debate on trade and labour standards has been made more complex because of a lack of agreement on a list of the labour standards that are relevant Part to this issue and their definition. I of the study identifies a small set of labour

Além da afinidade com direitos humanos previstos em documentos internacionalmente aceitos, Fields (1994, p. 11-13) aponta que a opção por definir a liberdade sindical e reconhecimento efetivo do direito de negociação coletiva, a eliminação de todas as formas de trabalho forçado ou obrigatório; a abolição efetiva do trabalho infantil e a eliminação da discriminação em matéria de emprego e ocupação se fortalece porque, outros *standards* mais custosos, como normas de saúde e segurança no trabalho e salário mínimo, dificilmente seriam aceitas por países mais pobres, o que dificultaria a universalização desses preceitos. Considerando a diferença de desenvolvimento entre os países, os quatro pontos adotados seriam mais facilmente aceitos.

Nesse sentido, é possível afirmar que a Declaração da OIT sobre os Princípios e Direitos Fundamentais no Trabalho de 1998 não foi o primeiro documento a sugerir que a liberdade sindical e reconhecimento efetivo do direito de negociação coletiva, a eliminação de todas as formas de trabalho forçado ou obrigatório; a abolição efetiva do trabalho infantil e a eliminação da discriminação em matéria de emprego e ocupação fossem classificadas como direitos fundamentais. Diferentemente, a discussão e a consolidação dessa ideia data de anos antes. Ademais, a Declaração de 1998 parece ter utilizado intencionalmente a *"retórica dos direitos humanos"* (Mantovalou, 2012, p. 157) para ser mais facilmente aceita no ambiente de globalização econômica.

Por fim, entende-se que a definição dos *core labour rights* não se deu ao acaso. Diferentemente, a inclusão de determinados direitos – ligados à noções de liberdade de igualdade presentes em documentos internacio-

standards, termed "core" for the purposes of the study, which are widely recognised to be of particular importance: elimination of child labour exploitation, prohibition of forced labour, freedom of association, the right to organise and bargain collectively, and non-discrimination in employment. The choice of these labour standards is based primarily on the fact that they embody important human rights and that they derive from the Universal Declaration of Human Rights. [...] In addition, three United Nations acts (the Covenant on Economic, Social and Cultural Rights, the Covenant on Civil and Political Rights and the Convention on the Rights of the Child), which contain relatively detailed provisions on core labour standards, have been ratified by over 120 countries, suggesting that these standards receive near-universal adherence. It is also important to note that all countries which are members of the ILO subscribe to the principles of freedom of association and collective bargaining by vhe of their membership" (ORGANIZAÇÃO PARA A COOPERAÇÃO E DESENVOLVIMENTO ECONÔMICO, 1996, p. 10).

nais de direitos humanos, a exemplo da Declaração Universal dos Direitos Humanos de 1948 – no rol dos direitos fundamentais no trabalho foi intencional, dado serem mais facilmente universalizáveis e aceitos, tanto porque outros direitos (como a saúde e segurança do trabalho) podem ser mais custosos, quanto porque já foram indicados como direitos humanos em outros documentos.

Dessa forma, a Declaração acaba por identificar aspectos trabalhistas em direitos humanos já consagrados (a exemplo da liberdade de associação, prevista no artigo 20 da Declaração Universal de Direitos Humanos) ao invés de ressaltar a fundamentalidade de outros *labour standards* historicamente centrais, como a saúde e segurança do trabalhador. Essa fundamentalidade de outros *labour standards* para além dos *core labour rights* fica evidente no seguinte trecho, extraído do Relatório do Diretor Geral para a Conferência Internacional do Trabalho de 1997, onde se elabora o esboço na Declaração que seria aprovada no ano seguinte:

> [...] Há muitos outros direitos que, sem serem denominados "fundamentais" (significando que sua implementação é considerada prioritária), são, no entanto, de fundamental – pode-se até dizer vital – importância para os trabalhadores; por exemplo, não se deve ir além de certos padrões de segurança e saúde ocupacional, sem os quais pode haver uma grande perda de vidas humanas[38] (ORGANIZAÇÃO INTERNACIONAL DO TRABALHO, 1997).

A ausência da saúde e segurança do trabalhador nos *core labour rights*, embora tenha, em certa medida, lhe ofuscado, não retira (ou não deveria retirar) sua centralidade na busca por melhores condições de trabalho, já que os motivos para a construção do *core* parecem ter sido mais estratégicos do que instituidores de uma hierarquia de direitos.

Na 108ª Conferência Internacional do Trabalho (CIT), em 2019, ano do centenário da OIT, no entanto, essa questão foi debatida. O relatório

[38] Tradução livre do seguinte trecho original: "*[...] A State cannot merely sit back and agree on the rules of the game; it is supposed to participate actively by seeing to it that liberalization is accompanied by social measures, for instance through the implementation of other ILO standards. There are many other rights which, without being termed "fundamental" (meaning that their implementation is considered a priority), are nevertheless of fundamental -- one might even say vital -- importance for workers; for an example, one has to look no further than certain occupational safety and health standards, without which there could be a heavy loss of human lives*" ORGANIZAÇÃO INTERNACIONAL DO TRABALHO, 1997).

do Diretor Geral da OIT (2019b, p.12) pontuou a importância do estabelecimento de uma garantia laboral universal, com o reconhecimento da saúde e segurança como um direito e princípio fundamental do trabalho. Ademais, em diversas passagens dos registros provisórios da 108ª sessão da CIT (especialmente nos Provisional Records nº 5A e nº 6B), observa-se a discussão sobre a necessidade de inserir a saúde e segurança do trabalho no rol dos princípios e direitos fundamentais no trabalho, inclusive considerando uma revisão da Declaração da OIT sobre os princípios e direitos fundamentais no trabalho de 1998 e qualificando as Convenções nº 155 e 187 da OIT como convenções fundamentais.

Especialmente em razão da oposição por parte dos representantes dos empregadores em caracterizar a temática como um direito e princípio fundamental no trabalho, tal alteração na Declaração de 1998 e ampliação das convenções fundamentais (ainda) não foram efetivamente realizadas, porém a Declaração do Centenário da OIT para o futuro do trabalho, adotada na Conferência Internacional do Trabalho em 2019, declara que condições de trabalho saudáveis e seguras são fundamentais para se atingir o trabalho decente.

Dessa forma, acredita-se que, em que pese certa resistência dos empregadores, há uma tendência em institucionalizar o entendimento segundo o qual a saúde e segurança no trabalho é um direito e princípio fundamental, assim como os demais previstos na Declaração de 1998 da OIT.

1.3.4. Um espaço para a saúde e segurança do trabalhador na busca pelo trabalho decente

Dez anos após a adoção da Declaração sobre os Princípios e Direitos Fundamentais no Trabalho (1998), a OIT adota, em 2008, uma nova declaração, intitulada "Declaração da OIT sobre a justiça social para uma globalização equitativa".

Além de reconhecer, no título do documento, o seu maior desafio atual – fortalecer a promoção da justiça social em um mundo globalizado –, a Declaração passa oficialmente a sistematizar seus objetivos dentro de quatro eixos estratégicos, que juntos formam a "agenda do trabalho decente" (Maupain, 2009, p. 833). Os eixos apontados consistem na (*i*) promoção das oportunidades de emprego; (*ii*) adoção de medidas de proteção social; (*iii*) promoção do diálogo social e do tripartismo; (*iv*) promoção e aplicação dos princípios e direitos fundamentais no trabalho.

No tocante ao trabalho decente, necessário tecer duas considerações: uma, quanto à terminologia, e, outra, quanto ao seu conceito.

Quanto à terminologia, Fonseca (2006) indica que embora haja certa discussão em torno da dicotomia entre trabalho decente e trabalho digno, a duplicidade terminológica deve-se mais a uma divergência nas traduções existentes, do que a uma variação de significado (Fonseca, 2009, p. 6).

Quanto ao seu conceito, importa destacar a dificuldade em traçar uma definição. Para possibilitar sua melhor compreensão, a OIT (2012a) elencou uma série de elementos que são úteis para identificar o trabalho decente: São eles: (*a*) oportunidades de emprego, (*b*) rendimentos adequados e trabalho produtivo, (*c*) jornada de trabalho decente, (*d*) conciliação entre o trabalho, vida pessoal e familiar, (*e*) proibição do trabalho infantil e trabalho forçado, (*f*) estabilidade e segurança no trabalho, (*g*) igualdade de oportunidades e de tratamento no emprego, (*h*) ambiente de trabalho sadio e seguro, (*i*) seguridade social, (*j*) diálogo social e representação de trabalhadores e empregadores.

Ademais, o trabalho decente é um objetivo móvel (Rodgers, 2002), que está em constante evolução de acordo com o desenvolvimento da sociedade, de novas tecnologias, etc. Dessa forma, a Declaração de 2008 passa a abordar os temas centrais para se atingir o trabalho decente de forma mais aberta, incluindo nos seus objetivos estratégicos princípios e direitos que vão além dos *core labour rights*.

Para os fins desta pesquisa, vale destacar o objetivo estratégico (*ii*), que diz respeito à adoção de medidas de proteção social. Conforme o texto da própria Declaração (2008), a consecução da proteção social envolve a seguridade social e a proteção dos trabalhadores, sobretudo a partir da (a) extensão da seguridade social a todos os indivíduos, incluindo medidas para proporcionar ingressos básicos àqueles que precisem dessa proteção e a adaptação de seu alcance e cobertura para responder às novas necessidades e incertezas geradas pela rapidez dos avanços tecnológicos, sociais, demográficos e econômicos; (b) promoção de condições de trabalho que preservem a saúde e segurança dos trabalhadores; (c) criação de possibilidades para todos de uma participação equitativa em matearia de salários e benefícios, de jornada e outras condições de trabalho, e um salário mínimo vital para todos aqueles que têm um emprego e precisam desse tipo de proteção.

Observa-se que a Declaração de 2008 recupera expressamente em seu texto – no seu objetivo estratégico (*ii*) sobre a adoção de medidas de proteção social (em consonância com o indicador de trabalho decente (*h*) sobre ambiente de trabalho sadio e seguro) – a centralidade das questões relacionas à saúde e segurança do trabalhador para melhoria das condições de trabalho e, em última análise, para se alcançar o trabalho decente.

Em busca pela promoção do trabalho decente, a OIT, recolocou, assim, a saúde e segurança do trabalhador no centro de suas atividades.

2
A Convenção nº 155 da OIT sobre Saúde e Segurança dos Trabalhadores e o Meio Ambiente do Trabalho: uma Análise sobre suas Disposições e Possibilidade de Aplicação no Direito Brasileiro

Como examinado no capítulo anterior, a saúde e segurança no trabalho é uma preocupação central da Organização Internacional do Trabalho desde a sua fundação até os dias atuais. Os esforços da OIT para a sua promoção e proteção resultaram na adoção de um sistema de normas internacionais que disciplinam a saúde e a segurança no trabalho em diversos aspectos, tais como, a utilização de tecnologias, o contato com elementos químicos, o tempo de exposição a riscos, os períodos de descanso, etc.

Embora esse sistema normativo atinente à saúde e segurança no trabalho envolva a maior parte das convenções e recomendações da OIT (como já demonstrado no capítulo 1), até a década de 1970, é possível identificar que tais instrumentos caracterizavam-se por adotar uma abordagem mais fragmentada, com o objetivo de oferecer proteção em face de substâncias específicas ou em determinadas áreas da atividade econômica (ITCILO, p. 1), a exemplo da Convenção nº 14, sobre o descanso semanal na indústria; da Convenção nº 115, sobre a proteção dos trabalhadores contra as radiações ionizantes; da Convenção nº 129 sobre a inspeção do trabalho na agricultura, etc.

Essa característica não é um demérito das normas internacionais do trabalho criadas anteriormente aos anos 1970, já que elas são importantes até os dias atuais para a proteção e promoção da saúde e segurança dos trabalhadores no tocante a atividades ou riscos específicos. No entanto, até tal período não são observadas iniciativas robustas (inclusive no âmbito da OIT) para a criação de uma regulação geral da saúde, segurança e meio ambiente do trabalho, relegando certa desproteção a trabalhadores, riscos e atividades não previstas especificamente nas normas existentes.

Essa realidade começa a mudar a partir do início da década de 1970 com o desenvolvimento de estudos, discussões e a publicação de relatórios sobre a necessidade de uma mudança de paradigma na regulação da temática, propugnando uma visão mais holística acerca da saúde, segurança e meio ambiente humano. Merecem destaque, neste particular, dois episódios (ITCILO, 2018, p.1): (*i*) a apresentação do Relatório Robens e (*ii*) a Conferência das Nações Unidas sobre o Meio Ambiente Humano.

(*i*) O Relatório Robens, como ficou conhecido o documento apresentado em 1972 ao parlamento britânico pelo comitê de saúde e segurança no trabalho, liderado por seu presidente Lord Robens, ganhou notoriedade, sobretudo na Inglaterra, por inaugurar uma nova visão acerca da regulação laboral (SIRSS, 2015). No documento, identificou-se que havia uma grande indiferença – ou, nas palavras do relatório, uma apatia (Robens, 1972) – na observação da legislação vigente e consequentemente promoção da saúde e segurança no trabalho. Buscando driblar esse problema, baseando-se em políticas e metas, propôs-se no relatório a existência de uma lei única para a regulação da saúde e segurança no trabalho, redistribuindo as responsabilidades acerca dos riscos ocupacionais e flexibilizando a forma pela qual algumas obrigações devessem ser observadas. Embora tenha sido alvo de muitas críticas (Woolf, 1973; Sirss, 2015), por ser omisso em relação a alguns dados e por depositar muita confiança que um único instrumento normativo facilitaria o cumprimento das normas e despertaria o interesse das pessoas em observá-las, o Relatório Robens influenciou diretamente a criação, em 1974, da lei britânica sobre saúde e segurança no trabalho (o Health and Safety at Work Act – HSW Act). Essa nova lei trouxe uma regulação geral da saúde e segurança no trabalho, substituindo diversas leis específicas existentes à época na Inglaterra.

(*ii*) No âmbito internacional, a Conferência das Nações Unidas sobre o Meio Ambiente Humano, ocorrida no ano de 1972 em Estocolmo, reforçou a importância do princípio da prevenção e da adoção de ações preventivas no tocante ao meio ambiente humano, nele incluído o meio ambiente do trabalho. O princípio da prevenção[39] é a base da tutela jurídica do meio ambiente, "*concernindo à prioridade que deve ser dada às medidas que evitem o nascimento de atentados ao ambiente, de molde a reduzir ou eliminar as causas de ações suscetíveis de alterar a sua qualidade*" (Milaré, 1998, p. 142).

Tanto o Relatório Robens, quanto a Declaração da Conferência das Nações Unidas sobre o Meio Ambiente Humano – além do próprio contexto da época, em que se aumentavam os debates acerca do meio ambiente, e da necessidade melhorar o sistema normativo de proteção e promoção da saúde e segurança no trabalho – desencadearam esforços, por parte da OIT, em priorizar uma visão sistêmica e preventiva na elaboração de seus instrumentos (ITCILO, 2018).

As primeiras iniciativas nesse sentido foram alvo de debates nas Conferências Internacionais do Trabalho da década de 1970 e tinham caráter programático, a exemplo do Programa de Melhoria das Condições de Trabalho e Meio Ambiente (PIACT). Adotado em 1976, o PIACT nasceu com o objetivo de reduzir substancialmente o número de acidentes ou doenças ocupacionais particularmente graves e eliminar trabalho árduo e desgastante. Para tanto, a OIT previu como ações: incentivar os Estados-Membros a fixarem uma série de objetivos específicos destinados a melhorar as condições de trabalho e o ambiente; promover a adoção pelos Estados membros dos objetivos já estabelecidos nas normas internacionais do trabalho; estabelecer novos objetivos, se necessário, para ação nacional; proporcionar aos governos, organizações de empregadores e trabalhadores e instituições de pesquisa e treinamento a ajuda necessária para preparar e

[39] Vale, neste tocante, mencionar a existência de um outro princípio ambiental semelhante ao princípio da prevenção: o princípio da precaução. Utilizados muitas vezes no linguajar cotidiano como sinônimos, juridicamente prevenção e precaução não se confundem. O princípio da precaução "*aconselha um posicionamento – ação ou omissão – quando haja sinais de risco significativo para as pessoas, animais e vegetais, mesmo que esses sinais não estejam perfeitamente demonstrados*" (Machado, 2007, p. 35). Este princípio ganhou vulto no direito em 1992, na Declaração do Rio sobre Meio Ambiente e Desenvolvimento, embasando o princípio 15 de tal documento, segundo o qual "*Com o fim de proteger o meio ambiente, o princípio da precaução deverá ser amplamente observado pelos Estados, de acordo com suas capacidades. Quando houver ameaça de danos graves ou irreversíveis, a ausência de certeza científica absoluta não será utilizada como razão para o adiamento de medidas economicamente viáveis para prevenir a degradação ambiental.*" (ORGANIZAÇÃO DAS NAÇÕES UNIDAS, 1992). Nesse sentido, enquanto o princípio da prevenção caracteriza-se por evitar danos já conhecidos cientificamente, o princípio da prevenção indica que, ainda que tais danos não sejam comprovados pela ciência, deve-se evitar a sua ocorrência.

implementar programas para melhorar as condições de trabalho e o meio ambiente de acordo com suas possibilidades; avaliar periodicamente os progressos realizados na implementação do PIACT e dos programas nacionais.

Ao PIACT, seguiram-se esforços no âmbito do estabelecimento de *labour standards* de caráter preventivo, com destaque para a Convenção nº 148 e a Recomendação nº 156 da OIT sobre a poluição, ruído e vibração no meio ambiente do trabalho, as quais, no entanto, restringiam-se à disciplina de tais elementos.

Foi em 1981, com a adoção da Convenção nº 155 (C155) sobre saúde, segurança e meio ambiente do trabalho – e sua recomendação (suplementar) nº 164 – que a OIT efetivamente disciplinou a matéria labor-ambiental de forma mais geral, holística e preventiva no tocante a todas as atividades e quaisquer tipos de riscos (ITCILO, 2018, p. 2). Entende-se que a "*Convenção nº 155 é um instrumento abrangente, dinâmico e flexível que afirma que a saúde e segurança do trabalho deve basear-se no princípio da prevenção*" (ITCILO, 2018, p. 2).

A Convenção nº 155 da OIT é um marco dentre as normas internacionais sobre saúde e segurança no trabalho, já que é considerada um símbolo dessa nova onda de *labour standards* e a principal norma internacional ligada à saúde e segurança no trabalho (Hilgert, 2012; ITCILO, 2018; Padilha; Di Pietro, 2017). De acordo com Brandão (2011, p. 91), a partir da Convenção nº 155, "*houve uma substancial mudança no tratamento da proteção à saúde nos tratados até então firmado*" e, com tal instrumento, a OIT rompeu

> definitivamente com o paradigma individualista do direito e passou a compreendê-lo como elemento integrante do conceito de meio ambiente, mais especificamente do meio ambiente do trabalho, como um reflexo de sua atuação a partir da década de 1980, cada vez mais preocupada com esse tema, sobretudo em virtude dos grandes acidentes ocorridos nessa época, que ocasionaram danos ambientais de proporções inimagináveis (Brandão, 2011, p. 91).

Por isso, decidiu-se analisar a Convenção nº 155 da OIT, tendo-a como referência (e objeto central de estudo) para examinar a influência do direito internacional na proteção da saúde e segurança do trabalhador. Essa escolha é reforçada pelos debates ocorridos na 108ª Conferência Internacional do Trabalho (2019) sobre a necessidade de se incluir a saúde e segurança no rol de direitos e princípios fundamentais no trabalho e a consequente qualificação da Convenção nº 155 (junto com a Convenção nº 187) como convenção fundamental.

Este capítulo será dedicado ao estudo das diretrizes da Convenção nº 155, bem como de seu Protocolo e da Recomendação nº 164 da OIT e da sua relação com o direito brasileiro, analisando as questões relativas à incorporação, hierarquia e aplicação da norma internacional no direito interno.

2.1. A Convenção nº 155 da OIT e as diretrizes sobre saúde, segurança do trabalhador e meio ambiente do trabalho

Influenciada pelos princípios orientadores da Declaração da Conferência das Nações Unidas sobre o Meio Ambiente Humano (1972) e gerada a partir dos trabalhos do PIACT, a Convenção nº 155 da Organização Internacional do Trabalho foi aprovada em 22 de junho de 1981, na 67ª Conferência Internacional do Trabalho, tendo entrado em vigor no plano internacional em 11 de agosto de 1983 (ITCILO, 2018).

A Convenção nº 155, nomeada em inglês como "*Occupational safety and health convention*" e traduzida oficialmente para o português como "Convenção sobre a segurança e saúde dos trabalhadores e meio ambiente do trabalho", é organizada em cinco grandes seções: a primeira apresenta suas áreas de aplicação e definições adotadas (parte 1); a segunda diz respeito aos princípios norteadores de uma política pública nacional sobre saúde, segurança e meio ambiente do trabalho (parte 2); a terceira disciplina as ações dos Estados-membros em âmbito nacional (parte 3); a quarta corresponde às ações que devem ser tomadas no âmbito das empresas (parte 4); a quinta tece disposições gerais (parte 5). Neste estudo, valer-se-á dessa divisão feita no próprio texto da convenção para estudá-la de forma mais sistematizada e para apresentar suas diretrizes de forma mais didática.

A parte 1 da convenção abarca os artigos 1 a 3 e inicia com a disposição prevista no artigo 1º, item 1, segundo a qual a Convenção nº 155 da OIT "*aplica-se a todas as áreas da atividades econômica*", isto é, trata-se de uma norma geral, direcionada a todas as atividades em que haja trabalhadores empregados (conforme definição encontrada no artigo 3, a, da C155), a exemplo da indústria, serviços, agricultura, educação, administração pública, etc. (ITCILO, 2018, p. 4).

Embora se pretenda geral, a própria convenção autoriza, em seu artigo 1º, itens 2 e 3, que os membros que a ratificaram podem excluir total ou parcialmente da sua aplicação determinadas áreas da atividade econômica nas quais a aplicação da convenção possa representar um problema substancial. Neste caso, o Estado-membro deverá explicar à OIT os motivos dessa exclusão e apresentar medidas alternativas para proteção dos trabalhadores nas atividades excluídas.

Outra possibilidade similar está prevista no artigo 2º da convenção, que autoriza os Estados-membros a excluírem total ou parcialmente do seu âmbito de aplicação determinadas categorias de trabalhadores que apresentariam problemas peculiares para sua aplicação. No mesmo sentido do artigo 1º, o artigo 2º também estabelece a necessidade dos Estados-membros justificarem tal medida e relatarem o que vem sendo feito para a proteção desses trabalhadores.

Ainda que tais possibilidades de exclusão da aplicação em determinadas áreas da atividade econômica ou em relação a determinadas categorias de trabalhadores tenham sido previstas com a finalidade de adequar a convenção às particularidades nacionais, tais permissões – cláusulas flexibilizadoras (Hilgert, 2012, p. 724) – são vistas com ressalvas, já que não se estabelece critérios objetivos para determinar o que é um "problema substancial" ou um "problema peculiar", deixando um caminho aberto para a não observância da convenção (Hilgert, 2012, p. 723-725). Ao analisar tal adequação às peculiaridades nacionais, Sussekind (1987, p. 277) reconhece a função de cláusulas abertas, porém adverte sobre a importância do respeito aos princípios fundamentais sobre os quais a OIT repousa. Segundo o autor,

> se se trata de pedir que a OIT escute os Membros que a constituem para determinar as necessidades e velar para que as atividades da Organização se adaptem às realidades nacionais, cumpre convir que essa é a condição do seu próprio dinamismo. Se se trata de insistir para que seus programas tenham essencialmente por objeto apoiar, respaldar programas nacionais adaptados às necessidades dos países, ao invés de transplantar conceitos ou experiências que não correspondem a essas necessidades, isso é, com efeito, um dever de sua eficácia. Se se quer sublinhar que na formação das normas internacionais do trabalho cabe considerar a diversidade das situações para não fixar objetivos a um nível que esteja, de certa forma, demasiado elevado e fora do alcance, eu o aceito perfeitamente, porque essa é a condição de sua influência concreta sobre a evolução do mundo na via do progresso social. [...] Entretanto, se se quer sustentar que a OIT deveria tomar como primeiro critério de sua ação a adesão às políticas nacionais até o ponto de esquecer os princípios

> fundamentais sobre os quais se baseiam, então – devo dizê-lo – semelhante concepção seria inaceitável, porque faria da OIT uma organização flutuante, indigna de seus ideais. Num tempo em que os ventos sopram com força, a OIT não pode ser um cata-vento que gire a seu capricho, conforme venham do Norte, do Este, do Oeste ou do Sul. Ainda quando não pode ser insensível a isso, deve permanecer firme sobre os princípios fundamentais que foram subscritos por todos os Estados-membros, sem exceção, ao associar-se à nossa Organização. (Sussekind, 1987, p. 277)

Encerrando a parte 1 da C155, o artigo 3º apresenta as definições de algumas expressões utilizadas ao longo da convenção, quais sejam: (a) áreas de atividade econômica, (b) trabalhadores, (c) local de trabalho, (d) regulamentos e (e) saúde.

(a) De acordo com a C155, a expressão "áreas de atividade econômica" abrange "*todas as áreas em que existam trabalhadores empregados, inclusive a administração pública*", considerando (b) trabalhadores "*todas as pessoas empregadas, incluindo os funcionários públicos*".

Vale, neste tocante, mencionar que no Brasil a expressão "empregado" designa uma forma particular de relação de trabalho – subordinada, onerosa, pessoal, não-eventual, que se dá entre uma pessoa física e seu empregador (seja este pessoa física ou jurídica) –, disciplinada pela Consolidação das Leis do Trabalho (CLT) e definida expressamente na lei como "*toda pessoa física que prestar serviços de natureza não eventual a empregador, sob a dependência deste e mediante salário*" (artigo 3º da CLT). Já os funcionários públicos – ou servidores públicos em sentido lato – podem ou não ter sua relação de trabalho regida pela CLT. Se o tiver, será considerado um empregado público (Di Pietro, 2014); se não o tiver, será regido por lei própria e será considerado um servidor estatutário (Di Pietro, 2014).

Assim, ao usar a expressão trabalhadores empregados, entende-se que a C155 não utiliza exatamente o mesmo conceito legal brasileiro e parece fazer referência àqueles trabalhadores que possuem um vínculo formal de trabalho e que estejam subordinados ao comando de um empregador (seja ele público ou privado), sendo silente a respeito dos trabalhadores autônomos e daqueles que atuam na economia informal (ITCILO, 2018).

> Uma questão problemática é que os trabalhadores da economia informal são aqueles que enfrentam com maior frequência as condições mais inseguras e insalubres. Embora possa ser argumentado que as leis de SST devem,

em princípio, ser universais e, portanto, abranger todos, na prática, isso não observa (ITCILO, 2018, p. 5)[40].

Dessa forma, ainda que se entenda que as normas internacionais do trabalho devam se destinar a todos os trabalhadores (independentemente da existência e tipo de vínculo jurídico de trabalho), na prática, a estrutura normativa da C155 (suas determinações, formas de monitoramento, previsão de ação no âmbito das empresas, etc.), especialmente no tocante às "ações no nível da empresa", e sua efetiva aplicação são viáveis para aqueles trabalhadores que estão formalizados, dada a dificuldade de fiscalizar trabalhadores da economia informal, autônomos, etc.

(c) Segundo a C155, a expressão "local de trabalho" compreende "*todos os lugares onde os trabalhadores devem permanecer ou onde têm que comparecer, e que esteja sob o controle, direto ou indireto, do empregador*". Este conceito adotado pela convenção não restringe o local de trabalho ao perímetro do local onde o empregador desenvolve sua atividade, evidenciando que o local de trabalho é aquele onde o trabalhador deve estar presente, não importando se está sob o controle direto ou indireto do empregador.

Embora pareça não considerar como sinônimo de "local de trabalho" (já que, ao longo de seu texto, utiliza as duas expressões lado a lado como se distintas fossem), a C155 não define o que deve ser entendido por meio ambiente do trabalho. Entende-se que, neste ponto, a convenção foi omissa e deixou de pontuar que, além do espaço físico em que está situado, o trabalhador é influenciado por outros fatores e condições presentes no seu entorno (meio ambiente do trabalho), a exemplo de riscos químicos, físicos, biológicos, psicológicos, etc. (Rocha, 1997, p. 99).

(d) O termo "regulamentos", nos dizeres da C155, "*abrange todas as disposições às quais a autoridade ou as autoridades competentes tiverem dado força de lei*". Nesse sentido, entende-se que os regulamentos não se restringem às leis propriamente ditas, elaboradas no âmbito do Poder Legislativo, mas quaisquer instrumentos normativos que sejam cogentes.

(e) Em sua última definição, a C155 disciplina que o termo "saúde", com relação ao trabalho, envolve "*não só a ausência de afecções ou de doenças, mas*

[40] Tradução livre do seguinte trecho original: "*A problematic issue is that workers in the informal economy often face the most unsafe and unhealthy conditions. While it could be argued that OSH laws should in principle be universal and therefore cover everyone, in practice this is not the case*" (ITCILO, 2018, p. 5).

também os elementos físicos e mentais que afetam a saúde e estão diretamente relacionados com a segurança e a higiene no trabalho". Esta definição coaduna-se com aquela adotada pela Organização mundial da saúde e é uma "*evidência do progresso no sentido de uma abordagem mais holística da Saúde e Segurança no Trabalho (SST) e do reconhecimento da relação intrínseca entre a SST e o direito humano à saúde*" (ITCILO, 2018, p.5)[41]. Neste ponto, importante registrar que a Convenção nº 155 adotou uma concepção mais ampla e moderna de saúde, já que se preocupou tanto com a saúde física, quanto com a saúde mental do trabalhador.

Por fim, é necessário pontuar que, mais uma vez, a C155 foi omissa, já que deixou de definir o que se entende por segurança no trabalho (expressão bastante utilizada ao longo da convenção).

A parte 2 da C155 abarca os artigos 4 a 7 da convenção e trata dos princípios de uma política nacional sobre saúde, segurança e meio ambiente do trabalho. Algumas das disposições encontradas nesta parte serão complementadas pela Recomendação nº 164 (1981) e pelo Protocolo 155 (2002), como se analisará nos itens seguintes. Esta parte tem início com o artigo 4, um dos dispositivos mais importantes da convenção no tocante às obrigações dos Estados-membros, pois estabelece em seu item 1 que

> Todo Membro deverá, em consulta às organizações mais representativas de empregadores e de trabalhadores, e levando em conta as condições e a prática nacionais, **formular, por em prática e reexaminar periodicamente uma política nacional coerente em matéria de segurança e saúde dos trabalhadores e o meio ambiente de trabalho**. (ORGANIZAÇÃO INTERNACIONAL DO TRABALHO, 1981) (grifo nosso)

Nesse sentido, determina que o Estado-membro crie uma política interna sobre a saúde, segurança dos trabalhadores e o meio ambiente de trabalho. Em seu item 2, o artigo 4 da C155 determina que essa política[42]

[41] Tradução livre do seguinte trecho original: "*It is evidence of progress towards a more holistic approach to OSH and recognition of the intrinsic relationship between OSH and the human right to health*" (ITCILO, 2018, p. 5).

[42] No Brasil, por meio do Decreto nº 7.602, de 7 de novembro de 2011, sob a influência da C155 da OIT (conforme preâmbulo do refertido decreto), foi criada a Política Nacional de Segurança e Saúde no Trabalho (PNSST). E, por meio da Portaria nº 1.823 do Ministério da Saúde, de 23 de agosto de 2012, foi instituída a Politica Nacional de Saúde do Trabalhador e da Trabalhadora.

deverá ter como objetivo a prevenção dos acidentes e dos danos à saúde que "*forem consequência do trabalho, tenham relação com a atividade de trabalho, ou se apresentarem durante o trabalho, reduzindo ao mínimo, na medida que for razoável e possível, as causas dos riscos inerentes ao meio ambiente de trabalho*".

A leitura do artigo 4 permite tecer as seguintes observações. Em primeiro lugar, de acordo com a C155, não há um formato único de política a ser implementado, já que ela deve ser elaborada considerando a participação das organizações mais representativas de trabalhadores e empregadores, a partir de um constante diálogo tripartite, de acordo com as particularidades nacionais. Assim, não há espaço para o modelo "*one-size-fits-all*" (ITCILO, 2018, p. 6), isto é, não existe um único padrão que sirva para os diferentes Estados-membros.

Em segundo lugar,

> a exigência de formular, implementar e rever periodicamente a política nacional em consulta com os atores sociais interessados é uma característica inovadora e significativa da Convenção. Ele marca a introdução de um requisito para estabelecer um processo de política nacional iterativo ou cíclico e é um reconhecimento do fato de que a SST é uma área dinâmica, que exige constante adaptação para levar em conta desenvolvimentos tecnológicos, econômicos e científicos (ITCILO, 2018, p. 6)[43].

Trata-se, neste particular, da adoção do princípio ambiental da melhoria contínua (Prieur, 2011, p. 17) e/ou princípio da proibição do retrocesso ambiental (Benjamim, 2011, p. 152), evidenciando que a saúde e segurança no trabalho são dinâmicas e sua promoção e proteção devem ser continuamente buscadas e monitoradas. Neste tocante, em consonância com o aludido por Kiss (1993, p. 792) acerca do direito ambiental internacional – o que se aplica ao direito labor-ambiental internacional –, a dimensão "tempo" desempenha um grande papel no direito ambiental internacional, pois o desenvolvimento de padrões deve levar em conta as

[43] Tradução livre do seguinte trecho original: "*The requirement to formulate, implement and periodically review the national policy in consultation with the social partners is an innovative and significant feature of the Convention. It marks the introduction of a requirement to establish an iterative or cyclical national policy process and is a recognition of the fact that OSH is a dynamic area which calls for constant adaptation to take into account technological, economic and scientific developments*" (ITCILO, 2018, p.7).

possibilidades de evolução de uma dada situação ou do próprio estágio de conhecimento humano.

Em terceiro lugar, novamente a crítica acerca das cláusulas flexibilizadoras se põe em relação a C155. Hilgert (2012, p. 724) critica o artigo 4 da convenção por entender que ele possui uma linguagem que abre caminho para a não proteção da saúde e segurança no trabalho. Segundo o autor,

> A principal preocupação com o texto das convenções trabalhistas relevantes da OIT é a linguagem fraca ou omissa que deixa os trabalhadores desprotegidos. Este é o caso da principal convenção trabalhista da OIT sobre saúde e segurança do trabalhador, a Convenção nº 155, sobre segurança e saúde no trabalho e o ambiente de trabalho, que é indiscutivelmente a mais importante convenção trabalhista da OIT sobre segurança e saúde ocupacional. [...] O Artigo 4 da Convenção descreve a obrigação dos Estados de "formular, implementar e rever periodicamente uma política nacional coerente" sobre segurança e saúde ocupacional. Embora a política nacional a ser criada deva envolver uma série de tópicos, desde os elementos materiais do trabalho, treinamento, comunicação, o direito de recusar trabalho inseguro e a proteção dos trabalhadores em face de medidas disciplinares, cláusulas flexibilizadoras são encontradas em pontos-chave do texto, enfraquecendo a proteção. Essas cláusulas de flexibilidade permitem a implementação de suas disposições de acordo com as "condições e práticas nacionais" – frase que aparece sete vezes na convenção – e "na medida do razoavelmente possível", frase que aparece cinco vezes. Embora a flexibilidade seja apontada pela OIT como uma adequação em resposta às condições locais, o resultado é um modelo enfraquecido para a política trabalhista em nível nacional que não protege a segurança e saúde ocupacional[44] [...] (HILGERT, 2012, p. 724).

[44] Tradução livre do seguinte trecho: "*The primary concern in the text of the relevant ILO labor conventions is weak or absent language that leaves workers unprotected. This is the case of the ILO's main labor convention on worker health and safety, Convention No. 155, the convention concerning occupational safety and health and the working environment, which is arguably the most important ILO labor convention on occupational safety and health. [...] Article 4 of the convention outlines the obligation of states to "formulate, implement and periodically review a coherent national policy" on occupational safety and health. While the national policy to be created under Convention No. 155 must cover an array of topics from the material elements of work, training, communication, the right to refuse unsafe work, and the protection of workers from disciplinary measures, flexibility clauses are found throughout the text at key points that weaken protections. These flexibility clauses permit implementing its provisions according to "national conditions and practice" – a phrase that appears seven times in the convention36 – to other provisions that can be implemented "so far as is reasonably practicable", a phrase that appears*

A crítica feita merece atenção, já que, de fato, a C155 oferece certa abertura que, pode acabar culminando na sua não observação pelos membros. No entanto, acredita-se que essas ressalvas utilizadas no texto foram pensadas como um instrumento para adequação da convenção às peculiaridades, aos contextos e às realidades de cada Estado-membro, bem como uma estratégia para viabilizar a ratificação de seu texto. Caso fosse mais hermética, haveria maiores entraves para a sua aceitação.

Em quarto lugar, a C155 reconhece que determinados riscos são inerentes ao meio ambiente do trabalho e, já que não podem ser eliminados, devem ser minimizados na "*medida do razoavelmente possível*" (artigo 4, item 2, C155). A Convenção, no entanto, não explica o que se considera "razoavelmente possível" e nem fornece mais orientações sobre como esse conceito deve ser entendido. Essa interpretação acaba sendo relegada ao Poder Judiciário, que será o responsável dizer o seu significado na prática do contexto nacional (ITCILO, 2018, p.7).

O artigo 5 da Convenção nº 155 indica quais são as esferas de ação que a política nacional sobre saúde e segurança no trabalho deve se atentar. São elas:

a) projeto, teste, escolha, substituição, instalação, arranjo, utilização e manutenção dos componentes materiais do trabalho (locais de trabalho, meio ambiente de trabalho, ferramentas, maquinário e equipamento; substâncias e agentes químicos, biológicos e físicos; operações e processos);
b) relações existentes entre os componentes materiais do trabalho e as pessoas que o executam ou supervisionam, e adaptação do maquinário, dos equipamentos, do tempo de trabalho, da organização do trabalho e das operações e processos às capacidades físicas e mentais dos trabalhadores;
c) treinamento, incluindo o treinamento complementar necessário, qualificações e motivação das pessoas que intervenham, de uma ou de outra maneira, para que sejam atingidos níveis adequados de segurança e higiene;
d) comunicação e cooperação em níveis de grupo de trabalho e de empresa e em todos os níveis apropriados, inclusive até no nível nacional;

five times.37 Although flexibility is often touted by ILO officials and the ILO supervisory bodies as being responsive to local conditions, the result is a weakened model for national-level labor policy that does not protect occupational safety and health on a fundamental human right basis" (Hilgert, 2012, p. 724).

e) a proteção dos trabalhadores e de seus representantes contra toda medida disciplinar por eles justificadamente empreendida de acordo com a política referida no artigo 4 da presente Convenção. (ORGANIZAÇÃO INTERNACIONAL DO TRABALHO, 1981).

Observa-se que a política prevista deve envolver dois elementos centrais: (*i*) de um lado, nas alíneas "a" e "b", a preocupação com a adaptação e manutenção de um meio ambiente de trabalho equilibrado e sadio. Para tanto, a C155 indica que a política nacional deve zelar pelas diversas etapas e dimensões dos elementos do trabalho, evidenciando a necessidade de estarem adaptados, inclusive ergonomicamente, à saúde (física e mental) e segurança dos trabalhadores; (*ii*) de outro, nas alíneas "c", "d" e "e", a intenção de promover a educação (informação, treinamento e qualificação), o diálogo, a cooperação e a proteção do trabalhador e de seus representantes quando do exercício do direito-princípio de participação, que pressupõe a informação (ALVARENGA, 2017, p. 76).

Concluindo a parte 2 da C155, o artigo 6 indica que a política deverá determinar as funções e responsabilidades complementares das autoridades públicas, dos empregadores, dos trabalhadores e de outros interessadas na proteção e promoção da segurança e saúde dos trabalhadores e do meio ambiente de trabalho, levando em conta as condições e a prática nacionais; e o artigo 7 disciplina a necessidade de avaliação periódica da situação da saúde e segurança dos trabalhadores e do meio ambiente do trabalho, com "*vistas a identificar os principais problemas, elaborar meios eficazes para resolvê-los, definir a ordem de prioridade das medidas que for necessário adotar, e avaliar os resultados*".

A parte 3 da C155 é composta pelos artigos 8 a 15 e trata da "ação no nível nacional", isto é, descreve as ações que devem ser empreendidas pelos Estados-membros. De acordo com o artigo 8, em consulta às representações de trabalhadores e empregadores e de acordo com as condições e práticas nacionais, os Estados-membros deverão adotar medidas necessárias (seja por via legislativa, seja regulamentar ou qualquer outro método) para tornar efetiva à política nacional prevista no artigo 4 da C155, comentado acima.

O artigo 9 da convenção determina, em seu item 1, que o controle e a aplicação das normas relativas à saúde, segurança e meio ambiente do trabalho deve estar "*assegurado por um sistema de inspeção das leis ou dos regu-*

lamentos", destacando a necessidade de monitoramento e fiscalização do cumprimento da normativa labor-ambiental.

Em seu item 2, o nono artigo da exige que o sistema de fiscalização preveja penalidades adequadas para violações das leis e regulamentos. Segundo o ITCILO, na prática, "a *maioria dos sistemas legais estabelece certos níveis máximos de penalidades. Mas, dentro dessas margens, a avaliação e a aplicação de penalidades adequadas pelos tribunais é um elemento crucial para garantir que o sistema funcione* corretamente"[45] (2018, p. 12).

Neste tocante, merece ser apontado que, ao analisar o Decreto Legislativo nº 2/1992, em que o Congresso Nacional brasileiro aprova o texto da C155, bem como as discussões a respeito da sua aprovação; o Decreto Executivo nº 1.254/1994, em que o Presidente da República promulga o texto da C155 e determina, em seu artigo 1º, que ela "*deverá ser cumprida tão inteiramente como nela se contém*"; e o Decreto Executivo nº 10.088/2019, em que se revoga o Decreto Executivo anterior, (re)promulga a C155 e consolida as convenções da OIT ratificadas pelo Brasil, nota-se que no texto da C155 anexo ao decreto executivo não consta o item 2 do artigo 9 (qual seja, "*o sistema de fiscalização deverá prever sanções apropriadas em caso de infracção das leis ou das prescrições*").

Ocorre que as convenções da OIT são um tipo de tratado internacional que não admitem reserva, ou seja, não é possível que um país incorpore apenas uma parte de seu conteúdo (Beaudonnet; Teklè, 2015, p. 191-192; Raimondi, 2004; ORGANIZAÇÃO INTERNACIONAL DO TRABALHO, 2019, p. 22), exceto em situações em que a própria convenção admite certa flexibilização em sua aplicação. Ademais, em nenhum momento do processo legislativo relativo à incorporação da Convenção nº 155 ao direito brasileiro foi feita alguma observação em relação a tal dispositivo[46], tampouco a C155 foi alterada após a sua ratificação pelo Brasil.

[45] Tradução livre do seguinte trecho original: "*[...] most legal systems set certain maximum levels for penalties. But within these margins, the assessment and meting out of adequate penalties by the courts is a crucial element in ensuring that the system functions properly*" (ITCILO, 2018, p. 12).

[46] Em e-mail enviado à Câmara dos Deputados questionando tal inconsistência, recebeu-se a seguinte resposta no dia 5 de julho de 2019: "*Em atenção ao solicitado, informamos que, no texto enviado pelo Executivo ao Congresso Nacional (Mensagem 260, de 30 de junho de 1988), o artigo 9 só tinha um item, conforme pode ser visto na publicação inicial no Diário do Congresso Nacional: http://imagem.camara.gov.br/Imagem/d/pdf/DCD29JUN1988.pdf#page=5*
Verificamos também o documento original guardado no Arquivo da Câmara. Nesse sentido, sugerimos contato com a Presidência da República (http://www.acessoainformacao.gov.br/) ou com o Ministério das

Relações Exteriores, Divisão de Atos Internacionais (https://concordia.itamaraty.gov.br/fale-conosco). Atenciosamente, Câmara dos Deputados".
Em contato realizado com o Ministério das Relações Exteriores questionando tal inconsistência, foi recebida a seguinte resposta no dia 02/08/2019: "Prezada cidadã, O Serviço de Informações ao Cidadão do Ministério das Relações Exteriores agradece seu contato. Em atenção a sua solicitação de acesso, esclarecemos que os arquivos relativos à tramitação interna da Convenção 155 da OIT não se encontram disponíveis nas pastas eletrônicas do MRE. Consulta acerca da tramitação do texto da referida convenção foi efetuada à Secretaria do Trabalho do Ministério da Economia. Aguardam-se comentários daquela Pasta e informações adicionais apenas poderão ser enviadas oportunamente. Nesse sentido, sugerimos que V. Sra. cadastre novo pedido reiterando sua solicitação após o prazo aproximado de 30 dias, mencionando o NUP 09200000683201931. Atenciosamente, Departamento de Direitos Humanos e Cidadania (DHC) – Secretaria de Assuntos de Soberania Nacional e Cidadania – Ministério das Relações Exteriores".
Seguindo as instruções recebidas, realizou-se novo contato com o MRE e uma mensagem também foi enviada à Secretaria do Trabalho. O MRE, em 7 de novembro de 2019, respondeu com a seguinte mensagem "*Prezada Senhora, Em resposta ao pedido de informação NUP 09200000683201931, em que se solicitava informar "por que o item 2 do artigo 9 [da Convenção 155 da OIT] não consta no texto da C155 incorporado ao direito brasileiro", informa-se que, consultados os arquivos da Divisão de Cidadania e da Divisão de Atos Internacionais, não se localizaram documentos que esclarecessem a origem da discrepância entre o texto original da convenção e aquele que foi promulgado. Sugere-se formular consulta direta à Secretaria do Trabalho. Atenciosamente, Coordenação-Geral de Assuntos de Soberania Nacional e Cidadania – Ministério das Relações Exteriores.*"
Em contato realizado com a Secretaria do Trabalho, recebeu-se a seguinte resposta em 29 de outubro de 2019: "*Senhor(a), O Serviço de Informações ao Cidadão do Ministério da Economia agradece o seu contato. Em atenção à sua solicitação, informamos que a Constituição Federal de 1988 regula o processo de celebração de tratados e atos internacionais (de maneira geral) em dois dos seus dispositivos. O primeiro deles dispõe que: Art. 49. É da competência exclusiva do Congresso Nacional: I – resolver definitivamente sobre tratados, acordos ou atos internacionais que acarretem encargos ou compromissos gravosos ao patrimônio nacional [?]. O segundo estatui que: Art. 84. Compete privativamente ao Presidente da República: [...] VIII – celebrar tratados, convenções e atos internacionais, sujeitos a referendo do Congresso Nacional; [?]. O processo de aprovação das Convenções da Organização Internacional do Trabalho não é de competência deste Ministério, mas do Congresso Nacional que é a autoridade com competência para apreciar as Convenções. A seguir, enumero os principais passos desse processo: (i) A Câmara dos Deputados elabora um projeto de Decreto Legislativo que deve ser encaminhado à Comissão de Constituição Justiça e Redação que analisa os aspectos relacionados a sua constitucionalidade, legalidade, juridicidade e técnica legislativa: (ii) O Decreto Legislativo é numerado e publicado, ficando o Presidente autorizado a ratificá-lo; (iii) O Decreto Presidencial deve ser publicado no Diário Oficial da União; (iv) Em seguida, deverá haver o depósito do instrumento de ratificação respectivo na OIT. Portanto, recomenda-se que a consulta seja feita à Subchefia para Assuntos Jurídicos – SAJ da Presidência da República e/ou a Secretaria do Congresso Nacional a fim de verificar em que momento o item não foi incluído no texto da versão em português. Atenciosamente, Serviço de Informações ao Cidadão (SIC) – Ministério da Economia*".
Em contato com a SAJ, em 15 de novembro de 2011, recebeu-se a seguinte informação: "*Prezada Olívia, Agradecemos por entrar em contato com o Centro de Estudos Jurídicos da Presidência. O Centro de*

Acredita-se que houve um erro quando da incorporação do texto ao direito interno[47]. Ressalta-se que tal erro não foi sanado com o (novo) Decreto Executivo nº 10.088/2019.

O artigo 10 da C155 disciplina que os Estados-membros deverão adotar medidas para "*orientar os empregadores e os trabalhadores com o objetivo de ajudá-los a cumprir com suas obrigações legais*". Neste dispositivo, a C155 reforça o que já havia indicado em seu artigo 5 e indica que os governos devem ir além da elaboração de normas sobre saúde e segurança no trabalho, necessitando cooperar com os atores envolvidos com a saúde e segurança no trabalho. A promoção desse diálogo – tripartite (envolvendo o governo, representantes dos trabalhadores e representantes dos empregadores) ou multipartite (envolvendo além desses atores citados, membros do terceiro setor, academia, etc.) – favorece a troca de informações e reforça o direito à educação e participação em relação ao trabalho.

O artigo 11 da Convenção nº 155 estabelece que, para tornar efetiva a política nacional sobre saúde e segurança no trabalho (prevista sem seu artigo 4), as autoridades competentes dos Estados-membros deverão realizar, de forma progressiva, as seguintes tarefas (além daquelas enumeradas em seu artigo 5):

a) a determinação, quando a natureza e o grau de risco assim o requererem, das condições que regem a concepção, a construção e o acondiciona-

Estudos é responsável pelo Portal da Legislação (http://www4.planalto.gov.br/legislacao), com a inserção da informação legislativa promulgada por Presidentes da República publicada no Diário Oficial da União. Nossa competência se restringe à disponibilização dos textos integrais desses atos normativos naquele Portal, bem como no APP Planalto Legis, em que você pode pesquisar por legislação federal, por data, por termo/palavra-chave ou por tipo de ato – gratuitamente e on-line. Não cabe a este Centro interpretar atos normativos, participar da elaboração normativa, emitir posição sobre qualquer ato normativo, efetuar pesquisa ou prestar qualquer tipo de auxílio jurídico, motivo pelo qual sugerimos que entre em contato diretamente com Congresso Nacional ou o Ministério das Relações Exteriores http://www.itamaraty.gov.br/pt-BR/fale-conosco . Estamos à disposição para quaisquer esclarecimentos. Atenciosamente, Equipe do Centro de Estudos Jurídicos da Presidência – Subchefia para Assuntos Jurídicos – SAJ – Secretaria-Geral da Presidência da República".

[47] Em julho de 2019, oportunidade em que a autora participou do curso "*Normas internacionales del trabajo para magistrados, juristas y docentes en derecho*" foi perguntado a um dos professores do curso e especialista em normas internacionais do trabalho do escritório da OIT no Chile, Humberto Villasmil Prieto, o que poderia explicar a omissão do item 2 do artigo 9 da C155. Para ele, corroborando com a opinião expressada aqui, trata-se de um erro no processo de incorporação.

mento das empresas, sua colocação em funcionamento, as transformações mais importantes que forem necessárias e toda modificação dos seus fins iniciais, assim como a segurança do equipamento técnico utilizado no trabalho e a aplicação de procedimentos definidos pelas autoridades competentes;

b) a determinação das operações e processos que serão proibidos, limitados ou sujeitos à autorização ou ao controle da autoridade ou autoridades competentes, assim como a determinação das substâncias e agentes aos quais estará proibida a exposição no trabalho, ou bem limitada ou sujeita à autorização ou ao controle da autoridade ou autoridades competentes; deverão ser levados em consideração os riscos para a saúde decorrentes da exposição simultâneas a diversas substâncias ou agentes;

c) o estabelecimento e a aplicação de procedimentos para a declaração de acidentes de trabalho e doenças ocupacionais por parte dos empregadores e, quando for pertinente, das instituições seguradoras ou outros organismos ou pessoas diretamente interessadas, e a elaboração de estatísticas anuais sobre acidentes de trabalho e doenças ocupacionais.

d) a realização de sindicâncias cada vez que um acidente de trabalho, um caso de doença ocupacional ou qualquer outro dano à saúde ocorrido durante o trabalho ou com relação ao mesmo possa indicar uma situação grave;

e) a publicação anual de informações sobre as medidas adotadas para a aplicação da política referida no artigo 4 da presente Convenção e sobre os acidentes de trabalho, os casos de doenças ocupacionais ou outros danos à saúde ocorridos durante o trabalho ou com relação ao mesmo;

f) levando em consideração as condições e possibilidades nacionais, a introdução ou o desenvolvimento de sistemas de pesquisa dos agentes químicos, físicos ou biológicos no que diz respeito aos riscos que eles representaram para a saúde dos trabalhadores (ORGANIZAÇÃO INTERNACIONAL DO TRABALHO, 1981).

Como pode ser observado, o artigo 11 da C155 introduz uma segunda leva (a primeira está contida em seu artigo 5) de obrigações que devem ser cumpridas, ainda que de forma progressiva, pelos Estados-membros. Ao analisar o seu texto, é possível sistematiza-las em três categorias: (*i*) a primeira abarca as alíneas “a” e “b” e corresponde à obrigação de identificar riscos e regulamentá-los (proibindo, limitando ou controlando certos elementos, determinando o grau de risco e as condições em que devem ser exercidas certas atividades, etc.); (*ii*) a segunda envolve as alíneas "c" e "d" e relaciona-se à obrigação de monitorar a ocorrência de acidentes e doenças do trabalho (estabelecendo procedimentos para a sua declaração e para a realização de sindicâncias quando da ocorrência de um acidente do trabalho ou constatação de uma doença relacionada ao trabalho); (*iii*) a terceira abrange as alíneas "e" e "f" e diz respeito às informações sobre a saúde, segurança e o meio ambiente do trabalho no país (publicando dados sobre as medidas adotadas para dar efetividade à política nacional, os acidentes do trabalho, as doenças relacionadas ao trabalho e investimento em pesquisas sobre o tema).

O artigo 12 da C155, por sua vez, disciplina que os Estados-membros devem adotar medidas, em conformidade com a legislação e práticas nacionais, para assegurar que aqueles que projetam, fabricam, importam, fornecem ou cedem maquinários, equipamentos ou substância para uso profissional o façam de forma a não prejudicar a saúde, segurança e o meio ambiente de trabalho. Nota-se, neste ponto, a preocupação da convenção não apenas com a atividade econômica desenvolvida pelo empregador, mas também com os produtos distribuídos por fornecedores (externos à relação de trabalho). Assim, disciplina a necessidade de se adotar estratégias para assegurar que tais fornecedores:

> a) tenham certeza, na medida do razoável e possível, de que o maquinário, os equipamentos ou as substâncias em questão não implicarão perigo algum para a segurança e a saúde das pessoas que fizerem uso correto dos mesmos;
> b) facilitem informações sobre a instalação e utilização corretas do maquinário e dos equipamentos e sobre o uso correto de substâncias, sobre os riscos apresentados pelas máquinas e os materiais, e sobre as características perigosas das substâncias químicas, dos agentes ou dos produtos físicos ou biológicos, assim como instruções sobre a forma de prevenir contra os riscos conhecidos;
> c) façam estudos e pesquisas, ou se mantenham a par de qualquer outra forma, da evolução dos conhecimentos científicos e técnicos necessários para cumprir com as obrigações expostas nos itens a) e b) do presente artigo (ORGANIZAÇÃO INTERNACIONAL DO TRABALHO, 1981).

Observa-se que, neste dispositivo, a C155 novamente se apoia sobre os princípios da prevenção e informação.

O artigo 13 da convenção ora analisada determina que, em conformidade com a prática e as condições nacionais, "*deverá ser protegido, de consequências injustificadas, todo trabalhador que julgar necessário interromper uma situação de trabalho por considerar, por motivos razoáveis, que ela envolve um perigo iminente e grave para sua vida ou sua saúde*". Trata-se da necessidade de amparar aquele trabalhador que, entendo encontrar-se em uma situação de grave e iminente perigo, paralisar sua atividade laboral a fim de resguardar sua saúde, segurança e, até mesmo, sua vida. Esta previsão, que deve ser lida em consonância com os artigos 4 e 5 da C155, é complementada pelo artigo 19 da convenção (que será estudado adiante), que também trata desse direito de recusa (Hilgert, 2013b), isto é, o direito do trabalhador se recursar a trabalhar quando há riscos para a sua saúde e segurança.

Pode-se comparar tal direito ao que alguns autores têm chamado de "greve ambiental" (Melo, 2008, p.119; Fiorillo, 2009, p. 64; Franco Filho, 2018). Embora não consensual, sobretudo em razão de utilizar a expressão "greve", genuinamente coletiva no direito brasileiro, a greve ambiental seria "*paralisação coletiva ou individual, temporária, parcial ou total da prestação de trabalho a um tomador, qualquer que seja a relação de trabalho, com a finalidade de preservar e defender o meio ambiente do trabalho e a saúde do trabalhador*" (Melo, 2008, p. 119).

Segundo Hilgert (2013b, p. 63), o direito de recusa é uma grande inovação da Convenção nº 155 da OIT, pois, até então, esse direito de recusar o trabalho inseguro não era previsto no direito internacional do trabalho. Contudo, segundo o autor (2013b, p. 140-158), a sua inclusão na C155 foi muito discutida e sofreu grandes pressões por parte dos representantes dos empregadores, o que levou a um certo abrandamento desse direito. Segundo o autor, a C155, acabou adotando um paradigma individualista, em que o exercício do direito de recusa recai sobre um trabalhador (e não sobre a coletividade), o que tende a obstar a efetividade desse direito. Ademais, ao valer-se da expressão "motivo razoável", inseriu uma linguagem aberta e imprecisa, dificultando o entendimento do que seria razoável (ou não) para o exercer o direito de recusa.

O artigo 14 da C155 dispõe que

> medidas deverão ser adotadas no sentido de promover, de maneira conforme à prática e às condições nacionais, a inclusão das questões de segurança,

higiene e meio ambiente de trabalho em todos os níveis de ensino e de treinamento, incluídos aqueles do ensino superior, técnico, médico e profissional, com o objetivo de satisfazer as necessidades de treinamento de todos os trabalhadores (ORGANIZAÇÃO INTERNACIONAL DO TRABALHO, 1981).

Este artigo ressalta a importância da educação para a melhoria das condições labor-ambientais e incorpora ao texto da convenção o princípio da informação – que serve de base para a efetivação de uma série de direitos previstos na própria C155, a exemplo do direito de recusa, participação, etc., os quais não poderiam ser exercidos sem o conhecimento a respeito das suas condições de trabalho e dos riscos aos quais está sujeito – e indica a obrigação do Estado-membro promover a educação em saúde, segurança e meio ambiente do trabalho.

Segundo Clerc (1982), a educação deve ser empreendida em todos os níveis para atuar como uma força motriz, estimular o pensamento, criar consciência e engendrar atividades específicas para melhorar as condições de trabalho e o meio ambiente. Trata-se, assim, de evidenciar que a saúde e segurança no trabalho não é um tema de interesse exclusivo dos governos, trabalhadores e empregadores, mas de toda a sociedade (ITCILO, 2018, p. 13).

O artigo 15 da C155 encerra a parte 3 da convenção ressaltando o ideal de cooperação entre os atores interessados e coordenação das ações empreendidas para tornar efetiva a proteção e promoção da saúde e segurança no trabalho. Segundo este dispositivo,

1. A fim de se assegurar a coerência da política referida no artigo 4 da presente Convenção e das medidas adotadas para aplicá-la, todo Membro deverá implementar, mediante consulta prévia, tão cedo quanto possível, com as organizações mais representativas de empregadores e de trabalhadores e, quando for apropriado, com outros organismos, disposições de acordo com a prática e as condições nacionais a fim de conseguir a necessária coordenação entre as diversas autoridades e os diversos organismos encarregados de tornar efetivas as Partes II e III da presente Convenção.
2. Quando as circunstâncias requererem e a prática e as condições nacionais permitirem, essas disposições deverão incluir o estabelecimento de um organismo central. (ORGANIZAÇÃO INTERNACIONAL DO TRABALHO, 1981).

Assim, para assegurar que a política nacional tenha coerência, os Estados-membros devem viabilizar instrumentos para promover o diálogo e o intercâmbio entre os vários mecanismos e entidades (a exemplo das organizações de empregadores, de trabalhadores, da sociedade civil) que compõem o sistema nacional de saúde e segurança no trabalho. "*Com uma flexibilidade considerável na sua articulação, o item 2 do artigo 15 estipula que estes mecanismos de coordenação e cooperação devem incluir a criação de um organismo central, o que é, de fato, uma prática comum*"[48] (ITCILO, 2018, p. 14).

Até este momento, a C155 disciplinou quais são as ações que devem ser tomadas pelos Estados-membro em âmbito nacional. A partir do artigo 16, que inaugura a quarta parte da convenção, têm início as disposições sobre as ações que devem ser tomadas no âmbito das empresas, isto é, trata daquilo que deve ser exigido dos empregadores (pelos Estados).

O artigo 16 é um dos mais importantes dispositivos da C155 quando se trata das ações no nível da empresa (junto ao artigo 19), pois estabelece três exigências que devem ser feitas aos empregadores:

1. Deverá ser exigido dos empregadores que, na medida que for razoável e possível, **garantam que os locais de trabalho, o maquinário, os equipamentos e as operações e processos que estiverem sob seu controle são seguros e não envolvem risco** algum para a segurança e a saúde dos trabalhadores.
2. Deverá ser exigido dos empregadores que, na medida que for razoável e possível, **garantam que os agentes e as substâncias químicas, físicas e biológicas que estiverem sob seu controle não envolvem riscos** para a saúde quando são tomadas medidas de proteção adequadas.
3. **Quando for necessário, os empregadores deverão fornecer roupas e equipamentos de proteção adequados** a fim de prevenir, na medida que for razoável e possível, os riscos de acidentes ou de efeitos prejudiciais para a saúde. (ORGANIZAÇÃO INTERNACIONAL DO TRABALHO, 1981) (grifo nosso)

[48] Tradução livre do seguinte trecho original: "In practice, such mechanisms and entities often include representatives of employers' and workers' organizations and of civil society. With a considerable amount of flexibility in its articulation, Article 15 (2) stipulates that these coordination and cooperation mechanisms should include the establishment of a central body. This is in fact common practice" (ITCILO, 2018, p. 14).

Nesse sentido, o dispositivo analisado estabelece um dever de cuidado do empregador com a saúde, a segurança e o meio ambiente do trabalho. Inicialmente, determina que os empregadores devem garantir a não existência de risco para a saúde e segurança do trabalhador quando do desenvolvimento da atividade laboral.

Trata-se, nos itens 1 e 2, de uma disposição atinente ao cuidado com o meio ambiente do trabalho, objetivando eliminar os riscos no meio labor-ambiental. Já, no item 3, reconhecendo que há riscos inerentes a determinadas atividades e que nem sempre eles podem ser eliminados ou neutralizados (é o que se depreende da expressão "*quando for necessário*"), a C155 determina o dever de fornecer equipamentos de proteção aos trabalhadores a fim de prevenir os riscos de acidentes ou outros efeitos prejudiciais à saúde.

Vale mencionar, no entanto, que a crítica de Hilgert (2012) acerca das cláusulas flexibilizadoras novamente se põe, já que a convenção faz a ressalva que a exigência em relação aos empregadores deve ser feita na "*medida que for razoável e possível*", sem, no entanto, explicar o significado dessa expressão.

O artigo 17 da C155 disciplina que "*sempre que duas ou mais empresas desenvolverem simultaneamente atividades num mesmo local de trabalho, as mesmas terão o dever de colaborar na aplicação das medidas previstas na presente Convenção*" (ORGANIZAÇÃO INTERNACIONAL DO TRABALHO, 1981). Esta responsabilidade compartilhada não anula a responsabilidade de cada empresa pela saúde e segurança de seus empregados, conforme complemento do item 11 da Recomendação nº 164 da OIT.

O artigo 18 da convenção determina que os empregadores os empregadores deverão providenciar, quando necessário, medidas para lidar com situações de urgência e com acidentes, incluindo a administração de primeiros socorros. Nesse sentido, os empregadores devem possuir uma infraestrutura para atender os trabalhadores que necessitarem de cuidados com a sua saúde. Como adverte o ITCILO,

> a segurança e saúde ocupacional é uma seara complexa que se baseia em muitos campos científicos, medicina, ciências sociais e até mesmo economia. Assim, a sua implementação efetiva no local de trabalho requer pessoal com habilidades e experiência, bem como instalações e equipamentos especializados[49] (ITCILO, 2018, p. 17)

[49] Tradução livre do seguinte trecho original: "*Occupational safety and health is a very complex domain that draws on many scientific fields, medicine, social sciences and even economics. Its effective*

Em conjunto com o artigo 16, comentado acima, o artigo 19 da C155 é um dos mais importantes da convenção quando se trata das ações no nível da empresa, já que ele estabelece direitos e deveres dos trabalhadores e seus representantes. Segundo o artigo 19, deverão ser adotadas disposições, no nível da empresa, em virtude das quais:

a) os trabalhadores, ao executarem seu trabalho, cooperem com o cumprimento das obrigações que correspondem ao empregador;
b) os representantes dos trabalhadores na empresa cooperem com o empregador no âmbito da segurança e higiene do trabalho;
c) os representantes dos trabalhadores na empresa recebam informação adequada acerca das medidas tomadas pelo empregador para garantir a segurança e a saúde, e possam consultar as suas organizações representativas sobre essa informação, sob condição de não divulgarem segredos comerciais;
d) os trabalhadores e seus representantes na empresa recebam treinamento apropriado no âmbito da segurança e da higiene do trabalho;
e) os trabalhadores ou seus representantes e, quando for o caso, suas organizações representativas na empresa estejam habilitados, de conformidade com a legislação e a prática nacionais, para examinarem todos os aspectos da segurança e da saúde relacionados com seu trabalho, e sejam consultados nesse sentido pelo empregador. Com essa finalidade, e em comum acordo, poder-se-á recorrer a conselheiros técnicos alheios à empresa;
f) o trabalhador informará imediatamente o seu superior hierárquico direto sobre qualquer situação de trabalho que, a seu ver e por motivos razoáveis, envolva um perigo iminente e grave para sua vida ou sua saúde. Enquanto o empregador não tiver tomado medidas corretivas, se forem necessárias, não poderá exigir dos trabalhadores a sua volta a uma situação de trabalho onde exista, em caráter contínuo, um perigo grave ou iminente para sua vida ou sua saúde. (ORGANIZAÇÃO INTERNACIONAL DO TRABALHO, 1981)

As alíneas "a" e "b", transcritas acima, indicam o dever dos trabalhadores e seus representantes cooperarem com o cumprimento das obrigações dos empregadores no tocante à saúde e segurança no trabalho.

implementation in the workplace requires staff with skills and experience, as well as specialized installations and equipment" (ITCILO, 2018, p. 17).

As alíneas "c" e "d", de forma coerente com o que a C155 preconiza ao longo de seu texto sobre informação e educação, asseguram que os trabalhadores e seus representantes devem receber informações sobre o que vem sendo feito pelo empregador para garantir a sua saúde e segurança, bem como treinamento sobre saúde e segurança no trabalho.

A alínea "e" determina que os trabalhadores e seus representantes possam monitorar todos os aspectos relacionados à saúde e segurança envolvidos em seu trabalho, devendo, inclusive, ser consultados pelo empregador (princípio da participação). Para que isso seja factível, a C155 autoriza a contratação de assessores técnicos externos à empresa, o que pode ser um instrumento estratégico na resolução de questões conflituosas e/ou que demandem conhecimentos mais específicos.

A alínea "f", como já mencionado anteriormente, trata do direito de recusa dos trabalhadores. Neste dispositivo, a convenção disciplina que, tão logo quanto perceba o perigo grave e iminente à sua vida ou saúde no meio ambiente do trabalho, o trabalhador informará imediatamente o seu superior hierárquico. Até que medidas corretivas sejam tomadas, o trabalhador não poderá ser obrigado a voltar ao trabalho. Como já discutido anteriormente, o direito de recusa é uma importante garantia para o trabalhador, no entanto, o texto aberto e as ressalvas utilizadas na C155 – refere-se ao uso das expressões "motivos razoáveis", "se forem necessárias, e "em caráter contínuo" – dificultam o exercício desse direito em razão de possíveis retaliações futuras.

O artigo 20 da C155 reforça a necessidade de cooperação entre os empregadores, os trabalhadores e seus representantes, dispondo que se trata de um "*elemento essencial das medidas em matéria de organização, e de outro tipo, que forem adotadas para a aplicação dos artigos 16 a 19 da presente Convenção*" (ORGANIZAÇÃO INTERNACIONAL DO TRABALHO, 1981).

Por fim, encerrando a parte 4 da C155, o artigo 21 determina que as medidas de saúde e segurança no trabalho não devem implicar qualquer tipo de ônus financeiro aos trabalhadores, devendo correr por conta do empregador como uma consequência da atividade econômica que desenvolve.

A parte 5 é composta dos artigos 22 a 30 e apresenta disposições finais acerca da C155, ligadas a aspectos técnicos e jurídicos de sua ratificação e aplicação. Nesta parte, a C155 esclarece que seu texto não revisa nenhuma das convenções ou recomendações da OIT existentes (artigo 22) e que as ratificações feitas serão comunicadas ao Diretor-Geral do International Labour Office e, por ele, registradas (artigo 23). A partir de tal registro, a C155 passa a ser de observância obrigatória para os membros que a ratificaram e entrará em vigor no plano internacional doze meses após o registro da ratificação por dois Estados-membros e, no plano interno dos países, 12 meses após o registro de sua ratificação (artigo 24).

O artigo 25 da C155 dispõe sobre a possibilidade de denúncia ao fim do período de dez anos da data em que tiver entrado em vigor. Trata-se de uma possibilidade de renúncia em prazos consecutivos de dez anos. Assim, caso o membro não renuncie ao fim do período de dez anos, ficará obrigado a observá-la por mais dez anos e, assim, sucessivamente. Todas as denúncias, bem como as ratificações, serão sempre comunicadas aos Estados-membros (artigo 26) e ao Secretário-Geral das Nações Unidas (artigo 27).

O artigo 28 da C155 prevê a apresentação de um relatório à Conferência Internacional do Trabalho sobre a sua aplicação, considerando a possibilidade de sua revisão total e parcial. Por sua vez, o artigo 29 esclarece como se dá a entrada em vigor de uma eventual convenção revisora.

Por fim, o artigo 30, último dispositivo da C155, assegura que as versões oficiais da convenção em língua inglesa e francesa são igualmente idênticas. O mesmo, no entanto, não pode ser dito da versão em língua portuguesa incorporada ao direito brasileiro pelo Decreto nº 1.254, de 29 de setembro de 1994, pois foi verificada a omissão do item 2 do artigo 9, como comentado acima, além de um descompasso na tradução do artigo 18. No texto original, diz-se que *"employers shall be required to provide, where necessary, for measures to deal with emergencies [...]"* – ou, em português, os empregadores deverão prover (suprir, fornecer, proporcionar), quando necessário, medidas para atender emergências [...] – e, no texto brasileiro, a tradução se deu da seguinte forma: "os empregadores deverão prever, for necessário, medidas para lidar com situações de urgência [...]". Embora seja possível captar o sentido do artigo 18 em português, acredita-se que a melhor tradução para o verbo "provide" seria "suprir" ou "fornecer", conforme indica o Cambridge Dictinonary, e não "prever".

2.1.1. A Recomendação nº 164 da OIT

Assim como a Convenção nº 155 da OIT, a Recomendação nº 164 da OIT também foi aprovada em 22 de junho de 1981, no âmbito da 67ª Conferência Internacional do Trabalho. No entanto, diferentemente da convecção, que tem caráter vinculante para aqueles que a ratificam (*hard law*), a recomendação tem como objetivo de fornecer diretrizes acerca de determinado tema (neste caso, sobre a saúde, segurança e meio ambiente do trabalho), tratando-se de um instrumento de *soft law*.

A Recomendação nº 164 (R164), conforme disposição expressa em seu preâmbulo, serve como suplemento para as disposições da C155 e, por isso, será estudada neste tópico.

Com estrutura semelhante à C155, a R164 é sistematizada em 5 seções. Na primeira seção, intitulada "escopo e definições, a recomendação define qual é o seu objeto e explica o sentido de algumas expressões por ela utilizadas. O item 1 da primeira seção, repetindo a instrução da C155, esclarece que a recomendação (assim como a C155) deve ser aplicada, na medida do possível, a todos os ramos de atividade econômica e a todas as categorias de trabalhadores. O item 2 da R164, no entanto, insere uma preocupação que não se observou na convenção, pois estabelece que devem ter tomadas medidas para conferir aos trabalhadores autônomos proteção análoga àquela dada pela C155 e R164 aos trabalhadores empregados. Essa previsão da recomendação, ainda que não tenha caráter vinculante, é um avanço em relação à C155, suplantando uma das críticas feitas à convenção.

O artigo 2 apresenta as definições do que se entende por (a) áreas de atividade econômica, (b) trabalhadores, (c) local de trabalho, (d) regulamentos e (e) saúde. Neste tocante, a R164 repete literalmente o artigo 3 da C155 e, diferentemente do que se deu com o artigo 1, não apresenta novidades em relação à convenção, tampouco supre as definições omissas na C155 (meio ambiente do trabalho e segurança, como analisado acima).

A segunda seção, intitulada "áreas técnicas de ação", contempla o item 3, que complementa o artigo 4 da C155 sobre a política nacional em matéria de saúde, segurança e meio ambiente do trabalho. Segundo o item 3 da R164, considerando as peculiaridades de cada ramo da atividade econômica e os diferentes tipos de trabalho e baseando-se no princípio da prioridade à eliminação dos riscos na sua origem, devem ser tomadas medidas especialmente nos seguintes campos: (a) concepção, localização, características estruturais, instalação, manutenção, reparação e alteração dos locais de trabalho e dos seus meios de acesso e saída; (b) iluminação, ventilação, ordem e limpeza dos locais de trabalho; (c) temperatura, umidade e ventilação no local de trabalho; (d) concepção, construção, utilização, manutenção, ensaio e inspeção de máquinas e equipamentos suscetíveis de apresentar riscos e, se o for caso, a sua aprovação e transferência; (e) prevenção de estresse físico ou mental prejudicial devido a condições de trabalho; (f) manuseio, empilhamento e armazenamento de cargas e materiais, manual ou mecanicamente; (g) uso de eletricidade; h) fabricação, embalagem, rotulagem, transporte, armazenagem e utilização de substâncias e agentes perigosos, eliminação dos seus resíduos e, se for o caso, sua substituição por outras substâncias ou agentes que não sejam perigosos ou que sejam menos perigosos; (i) proteção contra radiação; (j) prevenção e controle de, e proteção contra, riscos ocupacionais devido a ruído e vibração; (k) controle da atmosfera e outros fatores ambientais dos locais de trabalho; (l) prevenção e controle de riscos devido a pressões barométricas altas e baixas; (m) prevenção de incêndios e explosões e medidas a serem tomadas em caso de incêndio ou explosão; (n) concepção, fabricação, fornecimento, utilização, manutenção e tese de equipamento de proteção pessoal e vestuário de proteção; (o) instalações sanitárias, de lavagem, para troca e armazenamento de roupas, fornecimento de água potável e quaisquer outras instalações de bem-estar relacionadas à segurança e saúde ocupacional; (p) tratamento de primeiros socorros; (q) estabelecimento de planos de emergência; (r) supervisão da saúde dos trabalhadores.

Neste ponto, a R164 especifica eixos prioritários de serem observados quando da elaboração da política nacional, frisando a prioridade que deve ser dada à eliminação dos riscos na sua origem, o que demonstra a adoção do princípio da prevenção.

A terceira seção intitulada "ações em nível nacional" abarca os itens 4 a 9 da recomendação. Em seu item 4, a R164 sugere uma série de medidas que devem ser tomadas pelas autoridades competentes nos Estados-membros a fim de dar efetividade à política nacional prevista no artigo 4 da C155. São elas: (a) emitir ou aprovar regulamentos, códigos de conduta ou outras disposições em matéria de segurança e saúde no trabalho e ambiente de trabalho, tendo em conta as ligações existentes entre segurança e saúde, por um lado, e as horas de trabalho e descanso, no outro; (b) revisar periodicamente os dispositivos legislativos relativos à segurança e saúde no trabalho e ao ambiente de trabalho, e as disposições emitidas ou aprovadas de acordo com o item (a) acima, à luz da experiência e dos avanços científicos e tecnológicos; (c) empreender ou promover estudos e pesquisas para identificar riscos e encontrar meios de superá-los; (d) fornecer informações e conselhos, de maneira apropriada, aos empregadores e trabalhadores e promover ou facilitar a cooperação entre eles e suas organizações, com vistas a eliminar os perigos ou reduzi-los, na medida do possível; e se for o caso, deve ser previsto um programa especial de formação para os trabalhadores migrantes na sua língua materna; (e) proporcionar medidas específicas para evitar catástrofes, coordenar e tornar coerentes as ações a empreender a diferentes níveis, especialmente nas zonas industriais onde se encontram empresas com elevados riscos potenciais para os trabalhadores e a população circundante; (f) assegurar uma boa ligação com o Sistema Internacional de Alerta de Segurança Ocupacional e Segurança Ocupacional do Trabalho, criado no âmbito da Organização Internacional do Trabalho; (g) fornecer medidas adequadas para os trabalhadores com deficiência.

Neste dispositivo, a R164 também complementa o artigo 4 da C155 e aborda de forma mais clara alguns pontos que ficaram obscuros na convenção. Primeiro, destaca-se a relação feita na alínea (a) entre saúde e segurança no trabalho e horas de trabalho e períodos de descanso. Como já abordado no capítulo 1, a limitação da jornada de trabalho e a fruição de intervalos para descanso foi um dos principais pleitos durante a Revolução Industrial e uma das principais razões de ser do direito do trabalho (inclusive do direito internacional do trabalho). Com este dispositivo, a R164 reconhece e lança luzes sobre essa relação direta entre tempo de trabalho e saúde dos trabalhadores.

Merecem destaque também as alíneas "b" e "c" que tratam da revisão periódica dos regulamentos com base na evolução científica e tecnológica e da importância de pesquisar sobre o tema, deixando evidente o princípio da melhoria contínua e frisando que a saúde e segurança no trabalho é uma questão em movimento, ou seja, aquilo que é considerado seguro hoje, pode não ser mais amanhã em razão do avanço nos estudos sobre o tema.

Na alínea "d", reforça-se a importância da cooperação e, na alínea "e", evidencia-se a necessidade de medidas específicas para evitar catástrofes que coloquem em risco tanto os trabalhadores, quanto a população vizinha. Nesse sentido, observa-se a preocupação com o meio ambiente de forma geral. Em "f", a recomendação orienta que os Estados-membros estabeleçam uma relação com Sistema Internacional de Alerta de Segurança Ocupacional e Segurança Ocupacional do Trabalho, com a finalidade de promover a cooperação em âmbito internacional sobre o tema.

Por fim, a alínea "g" trata de outro um aspecto não mencionado na C155, qual seja, a necessidade de promover a acessibilidade para trabalhadores com deficiência, adequando o meio ambiente de trabalho (também) a essas pessoas.

O item 5 da R164 orienta que o sistema de inspeção previsto no artigo 9 da C155 siga as diretrizes das convenções da OIT sobre inspeção no trabalho de 1947 e 1969. Por sua vez, o item 6 indica que as autoridades competentes, com consulta com as organizações representativas de trabalhadores e empregadores deverão promover medidas para que as condições laborais sejam compatíveis com a política prevista no artigo 4 da C155.

O artigo 7 da R164 elucida os principais propósitos da cooperação proposta no artigo 15 da C155, que podem ser sintetizados em: implementar os requisitos dos artigos 4 e 7 da Convenção; coordenar o exercício das funções atribuídas à autoridade ou autoridades competentes; coordenar as ações sobre segurança, saúde e meio ambiente de trabalho exercidas no nível nacional, regional ou local pelas autoridades públicas, pelos empregadores e respectivas organizações, pelas organizações e representantes dos trabalhadores e por outras pessoas ou entidades; promover trocas de pontos de vista, informação e experiências. Esse espírito de cooperação é reforçado no artigo 8 da recomendação.

Por fim, o artigo 9 complementa a redação do artigo 7 da C155, indicando que o monitoramento periódico acerca da saúde, segurança e meio ambiente do trabalho deve abranger, em particular, a situação dos trabalhadores mais vulneráveis, a exemplo das pessoas com deficiência.

A quarta seção da R164 é intitulada "ação no nível do compromisso" e trata das ações que devem ser empreendidas no nível da empresa. O item 10 inaugura esta seção da recomendação e complementa as disposições encontradas no artigo 16 da C155, indicando quais ações podem ser tomadas para torná-lo efetivo. Segundo a recomendação, essas ações incluem: na medida do que for razoavelmente praticado, fornecer e manter locais de trabalho, máquinas e equipamentos, e usar métodos de trabalho, que sejam seguros e sem riscos para a saúde; dar instruções e formação necessárias, tendo em conta as funções e capacidades das diferentes categorias de trabalhadores; prover supervisão adequada do trabalho, das práticas de trabalho e da aplicação e uso de medidas de segurança e saúde ocupacional; instituir medidas organizacionais relativas à segurança e saúde no trabalho e ao ambiente de trabalho adaptadas à dimensão da empresa e à natureza das suas atividades; fornecer, sem qualquer custo para o trabalhador, roupas e equipamentos de proteção individual adequados quando os perigos não puderem ser evitados ou controlados; assegurar que a organização do trabalho, particularmente com relação às horas de trabalho e intervalos para descanso, não afete negativamente a segurança e a saúde ocupacional; tomar todas as medidas razoavelmente praticáveis com vistas a eliminar a fadiga física e mental; realizar estudos e investigações ou, de outro modo, manter-se a par dos conhecimentos científicos e técnicos necessários para cumprir as cláusulas anteriores.

Como já citado anteriormente, ao detalhar a C155, a R164 cuida de aspectos não tratados no artigo 16 da convenção, com destaque para a importância de transmitir informações claras e adequadas aos trabalhadores; a relação entre saúde e segurança no trabalho com tempo de trabalho e descanso; preocupação tanto com a saúde física, quanto com a saúde mental dos trabalhadores; acompanhamento do estado da técnica com vistas à melhoria contínua.

O item 11 da recomendação reforça a disposição do artigo 17 da convenção, informando que sempre que duas ou mais empresas desenvolverem simultaneamente atividades em um mesmo local de trabalho, devem colaborar na aplicação das disposições relativas à segurança e saúde no trabalho e ao ambiente de trabalho, sem prejuízo da responsabilidade de cada empresa pela saúde e segurança dos seus trabalhadores.

O item 12 da R164 orienta que as medidas adotadas para facilitar a cooperação a que se refere o artigo 20 da C155 deverão incluir a nomeação de delegados, comitês e comissões de saúde e segurança no trabalho, indicando que os trabalhadores devem ter representação ao menos igualitária com os representantes dos empregadores. Esses delegados, membros das comissões e dos comitês devem (a) receber informações adequadas que possibilitem a análise de fatores que afetam a segurança e a saúde no trabalho, sendo encorajados a propor medidas sobre o assunto; (b) ser consultados sempre que sejam previstas novas medidas importantes em matéria de segurança e saúde; (c) ser consultados no planejamento de alterações de processos de trabalho, conteúdo de trabalho ou organização do trabalho, que possam ter implicações de segurança ou de saúde para os trabalhadores; (d) ser protegidos contra a despedida e outras medidas que lhes sejam lesivas no exercício das suas funções no domínio da segurança e saúde no trabalho; (e) contribuir para o processo decisório no nível da empresa em matéria de segurança e saúde; (f) ter acesso a todas as partes do local de trabalho e ser capaz de se comunicar com os trabalhadores sobre questões de segurança e saúde durante o horário de trabalho no local de trabalho; (g) ser livres para contatar os inspetores do trabalho; (h) contribuir para as negociações da empresa em matéria de segurança e saúde no trabalho; (i) ter tempo razoável durante o horário de trabalho remunerado para exercer suas funções de segurança e saúde e receber treinamento relacionado a essas funções; (j) recorrer a especialistas para aconselhar sobre determinados problemas de segurança e saúde.

Percebe-se que a recomendação procura especificar não apenas o papel dos representantes dos trabalhadores para assuntos relacionados à saúde e segurança no trabalho, mas também aclarar quais são seus direitos e garantias para o livre exercício de suas funções.

O item 13 da recomendação estabelece que, se for necessário, considerando as atividades e dimensões da empresa, deve-se dispor de um serviço de medicina do trabalho e de um serviço de segurança na empresa, que pode se dar de forma conjunta com outras empresas ou a partir de acordos com um organismo externo; e recorrer a especialistas para aconselhar sobre determinados problemas de segurança ou saúde no trabalho ou supervisionar a aplicação de medidas para atingi-los.

O item 14 da R164 indica que os empregadores devem, quando a natureza das operações em seus empreendimentos o justifique, ser obrigados a estabelecer por escrito, de forma clara, suas políticas, ações e responsabilidade no campo da segurança e saúde no trabalho. Este dispositivo da recomendação dá destaque para a necessidade das informações serem claras e transmitidas de forma que os trabalhadores consigam compreende-la, reforçando a importância do princípio da informação.

O item 15 da R164 se dedica ao monitoramento da saúde e segurança no trabalho no nível da empresa. Segundo este dispositivo, os empregadores devem ser obrigados a verificar regularmente a implementação das normas aplicáveis em matéria de segurança e saúde no trabalho e a manter registros dessa avaliação.

O item 16 da recomendação esclarece que o artigo 19 da convenção tem como objetivo garantir que os trabalhadores tomem cuidado com sua própria segurança e com a de outras pessoas que possam ser afetadas por seus atos ou omissões no trabalho; cumpram as instruções dadas para sua própria segurança e saúde e para as de outros; usem dispositivos de segurança e equipamento de proteção corretamente, sem torna-los inoperantes; comuniquem imediatamente ao seu supervisor qualquer que possa ensejar o seu direito de recursa; relatem qualquer acidente ou risco à saúde que surja no curso ou em decorrência da atividade laboral. Observa-se que a recomendação, neste ponto, ressalta que os trabalhadores também têm papel importante na proteção da saúde e segurança no trabalho, bem como na promoção de um meio ambiente do trabalho sadio.

O artigo 17 orienta que nenhuma medida prejudicial deve ser tomada em relação ao trabalhador que, de boa-fé, se queixou considerou ser uma violação de exigências ou uma inadequação nas medidas tomadas pelo empregador em relação a segurança, saúde e meio ambiente de trabalho.

A quinta parte da Recomendação nº 164 da OIT esclarece qual é a relação da recomendação com outras normas internacionais do trabalho. No artigo 18, a R164 indica que não revisa nenhuma recomendação trabalhista internacional e, no artigo 19, orienta aos membros que se baseiem nas diversas convenções e recomendações da OIT para desenvolver e aplicar a política nacional de saúde e segurança no trabalho. Por fim, o artigo 19 faz referência ao anexo da recomendação (que relaciona convenções e recomendações da OIT sobre saúde e segurança no trabalho), informando que ele poderá ser modificado pela Conferência Internacional do Trabalho ao passo que normas internacionais dobre o tema forem aprovadas pela OIT.

2.1.2. Protocolo de 2002 à Convenção sobre Segurança e Saúde no Trabalho da OIT

O Protocolo à Convenção nº 155 da OIT sobre segurança e saúde dos trabalhadores e meio ambiente do trabalho (P155) foi adotado pela 90ª Conferência Internacional do Trabalho no dia 20 de junho de 2002 com a finalidade de "*fortalecer os procedimentos de registro e notificação de acidentes e doenças ocupacionais e promover a harmonização dos sistemas de registro e notificação, com o objetivo de identificar suas causas e estabelecer medidas preventivas*", em atenção ao disposto nas alíneas "c" e "e" do artigo 11 da C155 (ORGANIZAÇÃO INTERNACIONAL DO TRABALHO, 2002).

O P155 é organizado em quatro partes: definição, sistema de registro e notificação, estatísticas nacionais e disposições finais.

A primeira parte abrange o artigo 1 do protocolo e apresenta definições de termos usados ao longo de seu texto, trazendo conceitos diferentes daqueles definidos na C155 e R164. Em sua alínea "a", esclarece o que o termo "acidente do trabalho" abrange uma ocorrência decorrente, ou no decurso, do trabalho que resulte em ferimentos fatais ou não fatais. Na alínea "b", indica que o termo "doença ocupacional" abarca qualquer doença contraída em resultado de uma exposição a fatores de risco decorrentes da atividade de trabalho[50]. Na alínea "c", explicita que o termo "ocorrência perigosa" envolve um evento facilmente identificável, conforme definido nas legislações e regulamentações nacionais, com potencial para causar um dano ou doença a pessoas no trabalho ou ao público. Na alínea "d", elucida que o termo "acidente de trajeto" O termo "acidente de trajeto" compreende um acidente que resulta na morte ou lesão corporal no trajeto direto entre o local de trabalho e (*i*) a residência principal ou secundária do trabalhador; ou (*ii*) o local onde o trabalhador geralmente faz uma refeição; ou (*iii*) o lugar onde o trabalhador geralmente recebe sua remuneração.

A segunda parte do protocolo abarca os artigos 2 a 5 e trata dos sistemas de registro e notificação sobre a saúde e segurança no trabalho.

O artigo 2 estabelece que as autoridades competentes, em consulta com as organizações mais representativas de empregadores e trabalhadores, devem estabelecer e revisar periodicamente os requisitos e procedimentos para (a) o registro de acidentes de trabalho, doenças ocupacionais, ocorrências perigosas, acidentes de trajeto e casos suspeitos de doenças ocupacionais; (b) a notificação de acidentes de trabalho, doenças ocupacionais, ocorrências perigosas, acidentes de trajeto e casos suspeitos de doenças ocupacionais. Isto é importante porque conhecer o perfil e as características dessas ocorrências permite a elaboração de estratégias para preveni-las (ITCILO, 2018, p. 20)

O artigo 3 determina que os procedimentos acerca do registro devem esclarecer (a) qual é a responsabilidade dos empregadores em (i) registrar acidentes de trabalho, doenças ocupacionais, ocorrências perigosas, acidentes de trajeto e casos suspeitos de doenças ocupacionais; (*ii*) fornecer informações apropriadas aos trabalhadores e seus representantes sobre o sistema de registro; (*iii*) assegurar a manutenção adequada desses registros

[50] No Brasil, de acordo com o artigo 20 da Lei nº 8.213/1991, há uma distinção legal entre doença profissional, que é aquela "*produzida ou desencadeada pelo exercício do trabalho peculiar a determinada atividade e constante da respectiva relação elaborada pelo Ministério do Trabalho e da Previdência Social*", e doença do trabalho, que é aquela "*adquirida ou desencadeada em função de condições especiais em que o trabalho é realizado e com ele se relacione diretamente, constante da relação mencionada no inciso I*".

e seu uso para o estabelecimento de medidas preventivas; e (*iv*) abster-se de instituir medidas retaliatórias ou disciplinares contra um trabalhador por relato de acidente de trabalho, doença ocupacional, ocorrência perigosa, acidente de trajeto ou caso suspeito de doença ocupacional; (b) quais são as informações que devem ser registradas; (c) por quanto tempo esses registros devem ser mantidos; e (d) quais são as medidas para assegurar a confidencialidade dos dados pessoais e médicos na posse do empregador.

Por sua vez, o artigo 4 determina que os procedimentos sobre as notificações devem determinar (a) qual é a responsabilidade dos empregadores em (*i*) notificar as autoridades competentes sobre os acidentes de trabalho, as doenças ocupacionais, as ocorrências perigosas, os acidentes de deslocação e os casos suspeitos de doenças ocupacionais; e (*ii*) fornecer informações apropriadas aos trabalhadores e seus representantes sobre os casos notificados; (b) quais são as modalidades de notificação dos acidentes de trabalho e das doenças ocupacionais pelas instituições de seguro, serviços de saúde no trabalho, médicos e outros organismos diretamente envolvidos; (c) quais são os critérios segundo os quais os acidentes de trabalho, as doenças ocupacionais, as ocorrências perigosas, os acidentes de trajeto e os casos suspeitos de doenças ocupacionais devem ser notificados; e (d) quais são os prazos de notificação.

O artigo 5 determina que as notificações devem incluir dados sobre a empresa, estabelecimento, empregador, as pessoas feridas e a natureza dos ferimentos ou doenças (se houver), o local de trabalho, as circunstâncias do acidente ou a ocorrência perigosa e, em caso de doença ocupacional, as circunstâncias da exposição a riscos para a saúde.

Observa-se que o protocolo estabelece uma série de requisitos a serem observados quando do registro e notificação dos acidentes do trabalho, doenças ocupacionais, ocorrências perigosas, acidentes de trajeto e casos suspeitos de doenças ocupacionais com vistas a padronizar a coleta de dados e permitir que se tenha o máximo de detalhes acerca de cada ocorrência. Isso é importante para diagnosticar as condições de saúde e segurança no trabalho nos diversos Estados-membros, compará-las globalmente, criar programas para melhoria das condições labor-ambientais e revisar a normativa sobre o tema (ITICILO, 2018, p. 20).

A terceira parte do protocolo envolve os artigos 6 e 7, que tratam das estatísticas nacionais sobre saúde, segurança e meio ambiente do trabalho, determinando que cada Estado-membro que ratificar o protocolo deve publicar anualmente estatísticas compiladas de modo a serem representativas do país como um todo, relativas a acidentes de trabalho, doenças ocupacionais ocorrências, perigosas, acidentes de trajeto, bem como suas análises (artigo 6). Tais estatísticas devem estar em conformidade com os padrões estabelecidos pela OIT para tanto (artigo 7).

Por fim, a quarta e última parte do protocolo envolve os artigos 8 a 12 e apresenta disposições finais, dispondo sobre sua ratificação e entrada em vigor (artigo 8), possibilidades de denúncia (artigo 9), registros de ratificação (artigo 10), informação ao Secretário-Geral das Nações Unidas de todos os detalhes sobre suas ratificações e atos de denúncia (artigo 11) e equivalência das versões em língua inglesa e francesa (artigo 12).

No âmbito internacional, a observação das convenções, recomendações e protocolos – inclusive da C155, R164 e P155 – é monitorada pela Organização Internacional do Trabalho por meio dos sistemas de controle regular e provocado, como já analisado ao longo do capítulo 1. Para este estudo, no entanto, interessa particularmente compreender a possibilidade de utilização dessa normativa internacional no direito interno brasileiro e é esta a análise que se faz no item seguinte.

2.2. A Convenção nº 155 da OIT e o direito brasileiro

A relação entre o direito internacional e o direito interno é um tema que fomenta muitas discussões jurídicas. A possibilidade de o direito internacional servir como fonte para o direito interno é questão antiga e intensamente debatida no Brasil (Rangel, 1967; Accioly, 2009; Casella, 2008; Mazzuolli, 2000; Ramos, 2010) e no mundo (Valticos, 1955; Valticos, 1977; Leary, 1982; Triepel, 1966; Kelsen, 1998), perpassando três questões centrais: (*i*) a incorporação da norma internacional ao ordenamento jurídico interno; (*ii*) a hierarquia normativa que tal norma internacional incorporada assume no ordenamento jurídico interno e a questão dos (eventuais) conflitos normativos; e (*iii*) a efetividade da norma internacional no plano interno.

(*i*) A primeira questão corresponde ao estudo da incorporação da norma internacional ao ordenamento jurídico interno. Importa compreender como e a partir de quando uma norma internacional passa a fazer parte do ordenamento jurídico de determinado país. Trata-se, neste tocante, da internalização de tratados internacionais sujeitos à ratificação. Como as recomendações (*soft law*) não estão sujeitas à ratificação, a presente discussão não as engloba, pois, caso um país queira incorporar o conteúdo da recomendação ao direito nacional, pode fazê-lo pelos meios legislativos ou administrativos admitidos internamente.

Especialmente em relação à Convenção nº 155 da OIT, essa discussão acerca da incorporação não mais se coloca de forma tão pungente, já que a C155 foi incorporada ao ordenamento jurídico brasileiro seguindo as etapas necessárias e com todas as formalidades exigidas pelo direito interno (Accioly; Silva; Casella, 2012, p. 160-167): assinatura, aprovação congressual (por meio do Decreto nº 2 de 17 de março de 1992), ratificação e promulgação (por meio do Decreto Executivo nº 1.254 de 29 de setembro de 1994, revogado por meio do Decreto Executivo nº 10.088, de 5 de novembro de 2019, o qual consolidou e (re)promulgou 77 convenções da OIT, inclusive, a C155). Contudo, como o P155, bem como outras convenções da OIT atintes à saúde e segurança no trabalho (tal como a Convenção nº 187 da OIT sobre o marco promocional da segurança e saúde no trabalho) ainda não foram ratificados pelo Brasil, entende-se importante pontuar os pilares dessa discussão[51].

O estudo da incorporação do direito internacional ao direito interno tradicionalmente se dá a partir das teorias monista e dualista.

A teoria monista, simbolizada pelo expoente Hans Kelsen (2006), considera que o direito internacional e o direito interno são parte de uma única ordem jurídica, pregando a unidade do sistema normativo e afastando a concepção da dualidade ou separação dos sistemas. Para os monistas, "*apenas existe uma unidade cognoscitiva de todo o Direito, o que significa que podemos conceber o conjunto formado pelo Direito internacional e as ordens jurídicas nacionais como um sistema unitário de normas*" (Kelsen, 2006). Os adeptos dessa teoria compreendem que, a partir da ratificação e respectiva publicação, o tratado internacional é automaticamente incorporado ao ordenamento jurídico nacional (Valticos, 1955; Valticos, 1977).

A teoria dualista, por sua vez, simbolizada pelo expoente Karl Triepel (1966), sustenta que o direito internacional e o direito nacional fazem parte de dois sistemas distintos e não relacionados, não havendo prioridade de um sobre o outro, uma vez que operam em esferas separadas (Leary, 1982, p. 37). Assim, para que o direito internacional seja incor-

[51] Embora o estudo teórico a respeito relação entre direito internacional e direito nacional não seja o objeto central deste estudo, a sua análise é necessária para compreender os próximos itens e capítulos desta investigação.

porado ao direito nacional deve ocorrer o que se chama de incorporação estatutária (LEARY, 1982; THOMAS; OELZ; BEAUDONNET, 2004), isto é, é necessário cumprir requisitos e procedimentos previstos na legislação pátria, não havendo a possibilidade da incorporação automática (VALTICOS, 1955; VALTICOS, 1977).

Nesse sentido, conforme resume Charles Rousseau (1970), no monismo, considera-se a existência de um único ordenamento jurídico, que engloba o direito internacional e o direito nacional, assumindo uma concepção unitarista do direito, enquanto no dualismo, os dois ordenamentos jurídicos são independentes, separados e impenetráveis.

No entanto, acerca da dicotomia existente entre monismo e dualismo, vale apontar a seguinte ressalva:

> Embora essas teorias sejam úteis para identificar as principais questões relativas à incorporação do direito internacional no direito interno, na realidade as linhas entre os sistemas dualistas e monistas no direito e na prática constitucional nacional são confusas e os vários sistemas existentes frequentemente apresentam traços monistas e dualistas[52] (THOMAS; OELZ; BEAUDONNET, 2004, p. 257).

Segundo Leary (1982, p. 165), com base no estudo empírico que desenvolveu sobre a (in)efetividade da incorporação automática de tratados internacionais (convenções da OIT, mais especificamente) em diversos países, as teorias monista e dualista, criadas entre o final do século XIX e o início do século XX, não conseguem explicar adequadamente a relação que existe hoje entre direito internacional e direito interno. Conforme adverte Leary (1982, p. 164), o monismo e o dualismo – bem como a controvérsia existente entre eles – foram desenvolvidos a partir de uma perspectiva essencialmente teórica e hoje, com o aumento do número de tratados internacionais e da complexidade do direito internacional, há questões práticas que não foram contempladas.

Por isso, na prática, surgiram variações de ambas as teorias, isto é, "*subcategorias decorrentes da flexibilização do monismo e do dualismo*" (BINENBOJM,

[52] Tradução livre do seguinte trecho original: "*While these theories are helpful in identifying the main issues regarding the incorporation of international law into domestic law, in reality the lines between dualist and monist systems in national constitutional law and practice are blurred and the various existing systems often show both monist and dualist traits*" (THOMAS; OELZ; BEAUDONNET, 2004, p. 257).

2000, p. 181). Assim, pode-se listar como derivações do monismo: o monismo nacionalista, em que há o primado da ordem jurídica estatal em relação ao direito internacional (Kelsen, 2006, p. 370-373); o monismo internacionalista, em que se reconhece uma supremacia da ordem jurídica internacional sobre o direito interno (Kelsen, 2006, p. 374-377); e o monismo moderado, que faz juízo de valor entre as duas ordens jurídicas, admitindo a "*equiparação hierárquica do tratado à lei ordinária, subordinando-o à Constituição e à aplicação do critério cronológico, em caso de conflito com norma superveniente*" (Accioly; Silva; Casella, 2012, p. 228).

Por sua vez, os dualistas também se dividiram, sendo possível identificar as seguintes correntes: o dualismo radical, como originalmente previsto por Triepel (1966), em que há necessidade de edição de lei específica para a incorporação do direito internacional ao ordenamento jurídico nacional; e o dualismo moderado, em que a incorporação dispensa uma lei específica, mas é necessita passar por um procedimento legislativo e executivo previsto na legislação nacional (Anziolotti, 1929).

No tocante ao sistema brasileiro, há posicionamentos divergentes sobre qual teoria teria sido adotada.

De um lado, na ADI 1480 e no julgamento da Carta Rogatória nº 8.279, assumindo um mesmo posicionamento, o Ministro do Supremo Tribunal Federal Celso de Mello indica a adoção da teoria dualista moderada, já que entende que

> o sistema constitucional brasileiro – que não exige a edição de lei para efeito de incorporação do ato internacional ao direito interno (visão dualista extremada) satisfaz-se, para efeito de executoriedade doméstica dos tratados internacionais, com a adoção de iter procedimental que compreende a aprovação congressional e a promulgação executiva do texto convencional (visão dualista moderada). Uma coisa, porém, é absolutamente inquestionável sob o nosso modelo constitucional: a ratificação – que se qualifica como típico ato de direito internacional público – não basta, por si só, para promover a automática incorporação do tratado ao sistema de direito positivo interno (BRASIL, 1998).

Parte da doutrina, corroborando com a jurisprudência do Supremo Tribunal Federal, assevera que o Brasil adotou a teoria dualista moderada (Crivelli, 2010; Mello, 2000), entendendo ser necessário o Decreto

Executivo para concretizar a incorporação do tratado internacional ao direito brasileiro.

Por outro lado, outra parte da doutrina (ACCIOLY; SILVA; CASELLA, 2012; MAZZUOLI, 2000) defende que o Brasil é adepto da teoria monista moderada, pois "*inexiste o dispositivo constitucional que fundamenta a obrigatoriedade da promulgação executiva do tratado, sendo o Decreto Executivo uma prática que representa meramente a comunicação de uma norma existente*" (ZAPATA, 2014, p. 121).

Cita-se, ainda, o posicionamento (SARLET, 2010) segundo o qual o sistema adotado pelo Brasil seria híbrido: monista quando se trata de tratados internacionais de direitos humanos e dualista em relação aos demais. Isto porque, segundo o artigo 5º, em seus § 1º e 2º da Constituição Federal, as normas sobre direitos fundamentais têm aplicação imediata, frisando-se que os direitos e garantias expressos constitucionalmente não excluem outros previstos nos tratados internacionais. Já, em relação aos demais tratados, não há dispositivo constitucional que assegure sua aplicação imediata. Assim, haveria uma diferença em relação à incorporação desses dois tipos de tratados.

Por fim, observa-se grande proximidade entre as teorias dualista moderada e monista moderada, as quais, de acordo com o estudado, melhor refletem o posicionamento adotado pelo Brasil.

(*ii*) Superada a análise acerca da incorporação dos tratados internacionais no ordenamento jurídico interno, passa-se ao estudo da hierarquia normativa e os critérios para a superação de eventuais conflitos normativos. Diferentemente do tema debatido em (*i*) – o qual resta pacificado em relação à C155, que já está incorporada ao ordenamento jurídico brasileiro – o estudo aqui iniciado (*ii*) interfere diretamente na aplicação (e efetividade) da C155 no Brasil.

Busca-se de compreender com qual *status* o tratado internacional é incorporado ao ordenamento jurídico nacional. A hierarquia normativa que é conferida ao direito internacional (incorporado) dependerá das previsões contidas no direito interno. Por isso, neste estudo, interessa-se particularmente pelo tratamento dado ao tema no Brasil (e não nos demais países).

Trata-se de tema intensamente discutido no Brasil. Para examiná-lo de forma mais didática, sistematizou-se o estudo sobre a hierarquia normativa dos tratados internacionais em duas partes: (a) tratados que versam sobre direitos humanos e (b) tratados que não versam sobre direitos humanos (tratados comuns), já que a Constituição Federal (CF) de 1988 conferiu aos tratados de direitos humanos uma disciplina especial (artigo 5º, § 3º, CF).

(a) No tocante aos tratados internacionais que versam sobre direitos humanos, insta salientar que, embora o Supremo Tribunal Federal (STF) tenha adotado um posicionamento majoritário sobre o tema na jurisprudência atual brasileira, há diferentes entendimentos doutrinários acerca da hierarquia por eles assumida, os quais podem ser resumidos em quatro correntes: hierarquia legal, hierarquia supralegal, hierarquia constitucional, hierarquia supraconstitucional.

Para a corrente da "hierarquia legal", os tratados internacionais incorporados ao ordenamento jurídico brasileiro adquirem *status* de lei comum. Esse entendimento, consagrado no Recurso Extraordinário nº 80.004 (1977), embasou a jurisprudência do STF até mesmo após a entrada em vigor da Constituição Federal de 1998 (Ramos, 2010, p. 68). Nesta corrente, não se admite a prevalência automática dos atos internacionais em face da lei ordinária, "*já que a ocorrência de conflito entre essas normas deveria ser resolvida pela aplicação do critério cronológico (a normatividade posterior prevalece – later in time) ou pela aplicação do critério da especialidade*" (Ramos, 2010, p. 68).

Embora tenha sido alvo de críticas (Trindade, 2003), por ignorar os dizeres dos §1º (*segundo o qual "as normas definidoras dos direitos e garantias fundamentais têm aplicação imediata"*) e §2º (segundo o qual "*os direitos e garantias expressos nesta Constituição não excluem outros decorrentes do regime e dos princípios por ela adotados, ou dos tratados internacionais em que a República Federativa do Brasil seja parte*") do artigo 5º da CF, este posicionamento seria paulatinamente enfraquecido somente a partir da Emenda Constitucional (EC) nº 45/2004.

A corrente da "hierarquia supralegal" ganhou força a partir da EC nº 45/2004, que introduziu no texto constitucional o §3º artigo 5º, segundo o qual "*os tratados e convenções internacionais sobre direitos humanos que forem aprovados, em cada Casa do Congresso Nacional, em dois turnos, por três quintos dos votos dos respectivos membros, serão equivalentes às emendas constitucionais*".

Assim, a novidade trazida pelo §3º (artigo 5º, CF) conferiu *status* de emenda constitucional aos tratados de direitos humanos aprovados em cada Casa do Congresso Nacional, em dois turnos, por três quintos dos votos dos respectivos membros. Conferiu-se a tais tratados, portanto, um tratamento especial e esclareceu-se o seu posicionamento hierárquico. Contudo, nada dispôs sobre a hierarquia dos tratados de direitos humanos não aprovados nos moldes do artigo 5º, §3º, CF, permanecendo as discussões neste tocante. E foi a partir do julgamento do RE 466.343 que a jurisprudência do STF se movimentou, alterando o seu entendimento majoritário.

No RE 466.343, sobre a prisão civil do depositário infiel, retomando um posicionamento anteriormente firmado pelo ministro Sepúlveda Pertence no HC 79.785 (Ramos, 2010, p. 71), o ministro Gilmar Ferreira Mendes sustentou a tese da supralegalidade, conforme transcrição de trechos de seu voto no excerto abaixo:

> [...] Por conseguinte, parece mais consistente a interpretação que atribui a característica de supralegalidade aos tratados e convenções de direitos humanos. Essa tese pugna pelo argumento de que os tratados sobre direitos humanos seriam infraconstitucionais, porém, diante de seu caráter especial em relação aos demais atos normativos internacionais, também seriam dotados de um atributo de supralegalidade. Em outros termos, os tratados sobre direitos humanos não poderiam afrontar a supremacia da Constituição, mas teriam lugar especial reservado no ordenamento jurídico. Equipará-los à legislação ordinária seria subestimar o seu valor especial no contexto do sistema de proteção dos direitos da pessoa humana.
>
> [...] Assim, a premente necessidade de se dar efetividade à proteção dos direitos humanos nos planos interno e internacional torna imperiosa uma mudança de posição quanto ao papel dos tratados internacionais sobre direitos na ordem jurídica nacional.
>
> É necessário assumir uma postura jurisdicional mais adequada às realidades emergentes em âmbitos supranacionais, voltadas primordialmente à proteção do ser humano.
>
> [...] Nesse sentido, é possível concluir que, diante da supremacia da Constituição sobre os atos normativos internacionais, a previsão constitucional da prisão civil do depositário infiel (art. 5o, inciso LXVII) não foi revogada pela ratificação do Pacto Internacional dos Direitos Civis e Políticos (art. 11) e da Convenção Americana sobre Direitos Humanos – Pacto de San José da Costa Rica (art. 7º, 7), mas deixou de ter aplicabilidade diante do efeito paralisante desses tratados em relação à legislação infraconstitucional que disciplina a matéria, incluídos o art. 1.287 do Código Civil de 1916 e o Decreto- Lei nº 911, de 1o de outubro de 1969. Tendo em vista o caráter supralegal desses diplomas normativos internacionais, a legislação infraconstitucional posterior que com eles seja conflitante também tem sua eficácia paralisada (BRASIL, 2008).

Dessa forma, a partir do julgamento do RE 466.343, o posicionamento majoritário da jurisprudência do STF acerca dos tratados que versam sobre direitos humanos pode ser sintetizada da seguinte maneira: tratados sobre direitos humanos aprovados conforme o rito do artigo 5º, §3º da CF terão hierarquia (de emenda) constitucional, enquanto os tratados sobre direitos humanos não aprovados conforme o rito do artigo 5º, §3º da CF terão hierarquia *supralegal* (e infraconstitucional). Consagrou-se, assim, a teoria do duplo estatuto dos tratados de direitos humanos (Ramos, 2010, p. 71).

Assim, havendo conflito entre um tratado com hierarquia de emenda constitucional ou supralegal em face da lei comum, deve prevalecer as disposições do tratado. Neste tocante, salienta-se que, além do controle de constitucionalidade baseado na Constituição Federal e do controle de legalidade fundado nas leis, os tratados de direitos humanos com hierarquia supralegal ensejarão o controle de convencionalidade das normas infraconstitucionais, entendido como a análise da compatibilidade entre as normas internas (anteriores ou posteriores à incorporação do tratado de direitos humanos) e a norma internacional (Ramos, 2009, p. 258; Mazzuoli, 2009).

Embora corresponda à jurisprudência do STF, esse posicionamento também não está imune a críticas, as quais estão consubstanciadas nas correntes a serem analisadas a seguir.

A corrente da hierarquia constitucional compreende que os tratados internacionais de direitos humanos, independentemente do rito de votação, possuem valor normativo constitucional (Trindade, 2003; Galindo, 2002), compondo o bloco de constitucionalidade (Ramos, 2020, p. 73). Segundo Mazzuoli (2000, p. 116), este posicionamento está firmado na seguinte lógica:

> Se a Constituição estabelece que os direitos e garantias nela elencados "não excluem" outros provenientes dos tratados internacionais em que a República Federativa do Brasil seja parte (art. 5º, §2º) é porque está ela própria a autorizar que esses direitos internacionais constantes dos tratados internacionais pelo Brasil ratificados "se incluem" no nosso ordenamento, passando a ser considerados como se escritos na constituição estivessem (Mazzuoli, 2000, P. 116)

Nesse mesmo sentido, porém a partir de uma perspectiva conciliatória, Piovesan (2011, p. 77) assevera que todos os tratados de direitos humanos são materialmente constitucionais, mas somente aqueles aprovados nos moldes do artigo 5º, §3º da CF são formalmente constitucionais.

Feliciano (2009), ao analisar a constitucionalidade da prisão civil do depositário infiel, sugere uma interpretação diferente, considerando haver dois regimes possíveis de recepção das normas internacionais de direitos humanos. Para o autor,

> O primeiro regime dá-se por derivação principiológica imediata, lastreado na norma do artigo 5º, § 2º. Por ele, princípios imanentes a tratados ou convenções internacionais são imediatamente incorporados ao rol de direitos e garantias individuais, tornando-se desde logo cognoscíveis e sindicáveis judicialmente. Insista-se, porém, que – pela própria letra constitucional ("[...] não excluem outros decorrentes do regime e dos princípios por ela adotados, ou dos tratados internacionais em que a República Federativa do Brasil seja parte") – tal regime de recepção só serve aos princípios (i.e., às normas dotadas de conteúdo imediatamente axiológico, máxima abstração e caráter normogenético); não serve às regras que, mediante comandos mais concretos, densificam aqueles princípios.
>
> O segundo regime dá-se por derivação vinculada a ato de legitimação congressual (com quorum de emenda constitucional), lastreado, hoje, na norma do artigo 5o, § 3o. Nesse caso, o texto normativo internacional incorpora-se por inteiro, em nível constitucional, mas não antes do devido processo legislativo, que equivale aos das emendas (aprovação, em cada Casa do Congresso Nacional, em dois turnos, por três quintos dos votos dos respectivos membros). Assim admitido (como admitimos), a pergunta subsequente é por si evidente. No caso do Pacto de San José da Costa Rica (OEA, 22.11.1969; Decreto n. 678/92), qual é – ou foi – o regime de recepção? O seu texto – e muito particularmente a norma do seu artigo 7o, n. 7 – ingressa ou pode ingressar à ordem jurídica constitucional por derivação principiológica ou vinculada? E a resposta, em nossa opinião, não pode ser outra: por derivação vinculada. (FELICIANO, 2009, p. 77)

Por fim, a corrente supraconstitucional, com menos adeptos, defende que os tratados de direitos humanos possuem *status* superior à Constituição Federal, tendo prevalência absoluta no ordenamento jurídico (MELLO, 2000).

(b) No tocante aos tratados que não versam sobre direitos humanos, chamados de tratados comuns, tanto a discussão doutrinária e jurisprudencial não ganhou tanto vulto quanto àquela travada em relação aos tratados sobre direitos humanos. Assim, quanto aos tratados comuns, há duas vertentes: uma, que considera a prevalência do direito internacional sobre o direito interno, conferindo-lhe *status* supralegal (Piovesan, 2010; Mazzuoli, 2000; Galindo, 2002) e outra que entende haver uma paridade normativa entre o direito internacional (que teria *status* legal) e o direito interno. Para esta última vertente, em caso de conflito normativo, a solução se daria pelo critério cronológico (*lex posterior derrogat legi priori*), em que a lei posterior derroga a lei anterior (Ramos, 2010).

Em que pese as diferentes correntes doutrinárias expostas acima, a jurisprudência pátria adotou, majoritariamente, a teoria do duplo estatuto dos tratados de direitos humanos (Ramos, 2010, p. 71). Assim sendo, é possível afirmar que, à luz da jurisprudência do STF, a Convenção nº 155 da OIT possui hierarquia supralegal (e infraconstitucional, já que não foi aprovada conforme o rito do artigo 5º, §3º da Constituição Federal de 1988), por ser tratado internacional que versa sobre direitos humanos.

Entende-se que a C155 é um tratado que versa direitos humanos na medida em que especifica aspectos ligados à saúde, segurança e meio ambiente do trabalho, temas previstos em outros documentos internacionais tradicionalmente caracterizados como "tratados de direitos humanos": a saúde é direito previsto no artigo 25 da Declaração Universal de Direitos Humanos (DUDH) de 1948; condições de trabalho equitativas e períodos de descanso também são consagrados como um direito no artigo 23 da DUDH; a "segurança e a higiene no trabalho", a limitação da jornadas de trabalho e os períodos de descanso são também positivados como direitos humanos no artigo 7 do Pacto Internacional sobre Direitos Econômicos, Sociais e Culturais (PIDESC) de 1966; a "*melhoria de todos os aspectos de higiene do trabalho e do meio ambiente*" é assegurada no artigo 12 do PIDESC, bem como o "*o direito de toda pessoa de desfrutar o mais elevado nível possível de saúde física e mental*". O que a C155 faz é especificar tais direitos e detalhar meios para garanti-los.

Ademais, embora se perceba, em alguns momentos[53], certo distanciamento entre movimentos (sociais, políticos, acadêmicos, etc.) de direitos humanos (DH) e trabalhistas (DT), esses dois ramos do direito estão uni-

[53] Segundo Leary, há um "*paradoxo lamentável: o movimento dos direitos humanos e o movimento trabalhista correm em trilhas que às vezes são paralelas e raramente se encontram*" (Leary, 1996, p.22).

dos por fortes laços. Isto porque entende-se que há (ao menos) um ponto central de convergência entre o direito do trabalho e os direitos humanos: o objetivo comum de garantir e assegurar condições mínimas de dignidade às pessoas (incluindo os trabalhadores), protegendo-as contra eventuais excessos do Estado e contra a ação abusiva de particulares.

Registra-se, por oportuno, que uma das principais características do direito do trabalho, sempre no sentido de proteção da pessoa do trabalhador, é criar uma desigualdade jurídica, para compensar a desigualdade material existente entre as partes que compõem a relação de trabalho – empregador e empregado.

Nesse sentido, a busca constante pela proteção da pessoa e de seus direitos, seja ela trabalhadora ou não, é o ponto de convergência entre os direitos humanos e o direito do trabalho. Essa proteção pode ser alcançada a partir da proibição de abusos – ou proibição de excesso, na expressão de Canaris (2003), isto é, a proibição da prática de situações fáticas ou jurídicas que afrontem a condição humana da pessoa, enquanto sujeito de direito – e da proibição de insuficiência, segundo a qual é necessária uma conduta ativa para evitar lesões às pessoas e aos seus direitos. Inicialmente pensadas para a relação particular-Estado, tais proibições passaram a fazer sentido nas relações havidas entre particulares.

Como já examinado no capítulo 1, sobretudo a partir do século XVIII, no auge da primeira Revolução Industrial, a relação de exploração entre capital e trabalho se intensificou. As condições impostas aos trabalhadores nas fábricas de então ultrapassavam o *status* de degradantes. Trabalho insalubre, penoso, desgastante, jornadas extenuantes, além de salários aviltantes, impunham aos trabalhadores, sejam eles homens, mulheres ou crianças, péssimas condições de vida, em afronta a direitos mínimos.

Ganhou força, neste momento, o que os doutrinadores clássicos chamam de direitos humanos de segunda geração[54], que compreendem os

[54] A teoria geracional dos direitos humanos é atribuída ao jurista Karel Vasak, que, ao preparar uma aula sobre direitos humanos, apresentou o tema a partir do lema da Revolução Francesa: liberdade, igualdade e fraternidade. Primeiro observou-se o desenvolvimento dos direitos civis e políticos, correspondendo à máxima da liberdade perante o Estado (liberdade); posteriormente, os chamados direitos econômicos, sociais e culturais, como posições jurídicas dependentes da ação estatal, e vocacionadas à igualização material dos indivíduos (igualdade); e, por fim, os direitos dirigidos à proteção de interesses difusos e coletivos (fraternidade). Frisa-se que, ao citar as gerações de direitos humanos não se pretende defender a

direitos econômicos, sociais e culturais. Neste cenário, os direitos civis e políticos (os chamados direitos humanos de primeira geração) deixam de ser a única e principal pedra de toque dos direitos humanos, dividindo este espaço com os direitos destinados à melhoria das condições sociais.

Percebe-se, nesse sentido, uma aproximação entre os Direitos Humanos e o direito do trabalho: ambos objetivam garantir direitos mínimos para viabilizar o desenvolvimento da pessoa humana e barrar abusos cometidos nas relações fáticas e jurídicas havidas entre os particulares e entre os particulares e o Estado.

Além da proibição de abusos contra os seres humanos, outro ponto essencial em que DT e DH se aproximam reside na valorização da pessoa e busca pela melhoria contínua das suas condições de vida e trabalho. Ademais, as normas de direitos humanos e as normas trabalhistas começam, cada vez mais, a convergir, sendo possível encontrar disposições de DT nas normas de DH e de DH nas normas de DT. Nesse contexto, ressalta-se o papel da Organização das Nações Unidas (ONU) e da Organização Internacional do Trabalho, bem como das respectivas Declaração Universal de Direitos Humanos de (1948) e a Declaração de Filadélfia (1944).

Conforme dispõe o artigo XXII da Declaração Universal, toda pessoa tem direito à segurança social e à realização dos direitos econômicos, sociais e culturais indispensáveis à sua dignidade e ao libre desenvolvimento de sua personalidade, evidenciando que as noções basilares da busca pela valorização da pessoa também se estendem aos trabalhadores.

A Declaração de Filadélfia, constatando que as relações sociais conduzidas pelas regras do sistema capitalista de produção acarretam certa desvalorização do ser humano, consequência da desvalorização do trabalho e da busca pelo lucro desmedido, considerou necessário "*colocar a economia e a finança a serviço do princípio da dignidade humana e da justiça social*" (SUPIOT, 2014, pág. 86). Nesse sentido, o item II da Declaração de Filadélfia afirma que "*todos os seres humanos, quaisquer que sejam sua raça, sua crença ou seu sexo, têm o direito de efetuar o seu progresso material e seu desenvolvimento espiritual em liberdade e com dignidade, com segurança econômica e com oportunidades iguais*".

teoria geracional, apenas apresentar os momentos históricos (e os diferentes movimentos de tutela de direitos) aqui elencados de forma mais didática. Por fim, acata-se as críticas à teoria geracional, sobretudo porque uma geração não é superior ou substituta de outra e entende-se não haver uma linearidade entre elas.

Ainda, o item III da Declaração de Filadélfia, no mesmo sentido, demonstrando a busca pela valorização da pessoa, dispões sobre a necessidade de "*g) proteção adequada da vida e da saúde dos trabalhadores; h) a proteção da infância e da maternidade; i) um nível adequado de alimentação, de alojamento e de meios recreativos e culturais; j) a garantia de chances iguais no domínio educativo e profissional [...]*".

Todos esses objetivos traçados pela Declaração de Filadélfia demonstram que a busca pela proteção do trabalho e valorização do trabalhador converge com os objetivos de proteção e valorização da pessoa pelos Direitos Humanos.

Nessa perspectiva, muitos direitos trabalhistas, especialmente aqueles ligados à proteção da saúde, segurança, condições de trabalho (e vida) e dignidade dos trabalhadores são também direitos humanos, conforme se extrai dos documentos supracitados. Reconhecer essa imbricação não significa exterminar um ou outro ramo do Direito (Mantouvalou, 2012, p. 172), mas atestar que tais direitos são intrínsecos à pessoa do trabalhador, o que pode ser benéfico para a promoção de melhoria e suas condições sociais.

Todavia, ainda que se considerasse (hipoteticamente) que a C155 não versa sobre direitos humanos – contrariando a literatura e os tratados internacionais examinados acima – e, portanto, conferindo-lhe a *status* legal (e não supralegal), em virtude do princípio basilar do direito do trabalho, o princípio da proteção e, especialmente, de uma de suas manifestações, a regra da norma mais favorável[55] (Rodriguez, 2000, p. 45-54), seria possível conferir à C155 hierarquia superior à legal caso a convenção fosse mais benéfica ao trabalhador.

(*iii*) Chega-se, por fim, à questão da aplicação da norma internacional no plano interno e sua efetividade. Este é um tema desafiador para o Direito, de forma geral, pois nem sempre as normas criadas, mesmo em âmbito nacional, são observadas.

O desafio torna-se ainda mais complexo no âmbito do direito internacional – já que a responsabilização do sujeito internacional nos casos de violação de uma norma jurídica internacional ou de suas obrigações

[55] Equivalente ao princípio da interpretação *pro homine* ou *pro personae*, base da teoria geral dos direitos humanos, que indica que a "*interpretação normativa seja feita sempre em prol da proteção dada aos indivíduos*" (Ramos, 2010, p. 27).

internacionais muitas vezes esbarra na soberania do Estado, ausência de sanções, morosidade, custos, esgotamento de recursos internos, etc. – e, especialmente, no direito internacional do trabalho, dada a ausência de um órgão que faça as vezes de uma corte judicial, a exemplo da Corte Internacional de Justiça, do Tribunal Penal Internacional, da Corte Interamericana de Direitos Humanos, da Corte Europeia de Direitos Humanos (embora exista órgãos e mecanismos de controle no âmbito da OIT, como referido no capítulo 1).

Considerando esse cenário, pretende-se refletir neste item sobre a aplicação das normas internacionais do trabalho e sua efetividade, especialmente a Convenção nº 155 da OIT, objeto central desse estudo. Trata-se, assim, de pensar em como fazer a norma "*sair do papel, desempenhando o seu papel que é construir uma sociedade mais justa e igualitária*" (Coutinho, 2007, p. 93). Para tanto, pontua-se duas questões neste tocante: o caráter dos tratados e, portanto, das convenções da OIT, e as vias pelas quais dar-lhes efetividade.

Quanto ao caráter das convenções da OIT (e dos tratados, de forma geral), é possível categorizá-las em: autoexecutivas, não-autoexecutivas (programáticas) e mistas (Leary, 1982; Valticos, 1977; Potobsky, 2004, Beaudonnet, 2010), de acordo com o seu próprio conteúdo.

As convenções autoexecutivas[56], também conhecidas como *self-executing* ou de aplicação direta, depois de incorporadas, têm o condão de produzir efeitos imediatamente. São aquelas que surtem efeito por si mesmas, sem a necessidade de uma legislação nacional que a complemente ou regulamente, sendo o seu conteúdo exigível diretamente perante os tribunais (Beaudonnet; Teklè, 2015, p. 95-96). Por sua vez, as convenções não-autoexecutivas ou programáticas são aquelas que necessitam da implementação de legislação para surtir algum efeito (Leary, 1982, p. 36) e que, muitas vezes, devem ser implementadas por meio de um plano contínuo de ação (Potobsky, 2004, p. 302). Por fim, as convenções podem ser mistas, isto é, conter disposições autoexecutivas e não-autoexecutivas.

[56] O termo autoexecutoriedade ou *sefl-executing*, conforme adverte Beaudonnet e Teklè (2015, p. 95-99), pode ter outro significado. Segundo os autores, além da concepção apresentada acima, tais expressões podem ser utilizadas para determinar como um tratado será incorporado ao direito interno e, consequentemente, saber se os tribunais podem aplicar diretamente suas disposições, aproximando-se da contraposição entre monismo e dualismo. Embora próximos, tais sentidos não se confundem. Para esta pesquisa, adota-se o sentido exposto ao longo do texto.

Assim, para que uma convenção seja aplicada no plano interno, a depender de seu conteúdo – ou parte dele – é necessária a elaboração de uma legislação que a regulamente, isto é, é preciso a atuação das autoridades competentes no âmbito interno, a exemplo do Poder Legislativo e até mesmo do Poder Executivo, para viabilizá-la. No entanto, conforme adverte Leary (1982, p. 154), ainda que uma convenção seja autoexecutiva, essa característica não garante *per se* a sua aplicabilidade direta, pois, na prática, muitos atores nacionais (juízes, advogados, etc.) acabam ignorando-a, seja por desconhecimento da normativa internacional ou por entenderem que a legislação interna é hierarquicamente superior.

Quanto às vias para conferir efetividade às convenções, primeiramente, faz-se necessário salientar a incorporação legislativa das normas internacionais do trabalho. Segundo Beaudonnet (2010, p. 245-251), tal incorporação é uma importante garantia jurídica da correta aplicação dos tratados. Contudo, dela nem sempre decorrem resultados práticos, sendo necessária uma complementariedade de outros atores interessados, tais como, juízes, inspetores do trabalho e os próprios trabalhadores e empregadores, conforme aduz o Comitê de Peritos sobre a Aplicação de Convenções e Recomendações (CEACR) da OIT (1963 e 1970).

Interessa particularmente para esta obra, dado o seu objeto de pesquisa, o potencial da atividade judicial para conferir efetividade às convenções da OIT. Segundo Valticos (1955 e 1977), a atividade judicial dos magistrados e das cortes é uma das principais formas de se conferir efetividade ao direito internacional e garantir os direitos humanos aos cidadãos: "*embora não seja uma panaceia, os recursos judiciais podem resolver problemas específicos e, às vezes, até estimular remédios mais amplos [...] o juiz sempre reterá um papel considerável na aplicação direta de certas convenções*"[57] (VALTICOS, 1977, p. 28).

Potobsky (2004, p. 305), no mesmo sentido, afirma que

> em última instância, a eficácia jurídica dos tratados internacionais depende dos juízes nacionais. A eles compete decidir em cada caso específico a aplicação de uma convenção ou parte dela, sua eventual inconstitucionalidade,

[57] Tradução livre do seguinte trecho original: "*Sans être une panacée, le recours judiciaire pourra remédier à des problèmes précis et parfois même déclencher des mesures de redressement plus générales*". qu'on ne lui demande pas ce qui est la fonction du législateur et de l'exécutif, le juge conservera toujours un rôle considérable dans l'application directe de certaines conventions" (VALTICOS, 1977, p. 28).

o não cumprimento das obrigações estatais e a reparação dos consequentes prejuízos. Neste tocante, também será importante a receptividade, por parte dos juízes, das opiniões emitidas pelos órgãos de controle da OIT sobre a aplicação das convenções nos países e, de uma maneira mais geral, a doutrina e "jurisprudência" de tais órgãos[58] (POTOBSKY, 2004, p. 305).

Assim, considerando apontamentos acima e a publicidade das decisões judiciais, decidiu-se estudar se e, em caso afirmativo, como os tribunais trabalhistas têm utilizado a Convenção nº 155 da OIT. Pretende-se compreender em que medida a Convenção nº 155 tem sido efetivada na jurisprudência trabalhista brasileira e se ela é capaz de contribuir para a proteção da saúde e segurança do trabalhador.

Para tanto, desenvolveu-se uma pesquisa bibliográfica. Inicialmente, entende-se importante salientar que foram encontrados poucos estudos sobre o tema e nenhuma pesquisa jurisprudencial metodologicamente estruturada sobre a aplicação da C155. Dentre as referências analisadas, merecem destaque os trabalhos de Franco Filho e Mazzuoli (2016), Brasil *et al.* (2017), Melo (2019), Borges (2017) e Gomes e Gomes (2019).

Segundo Franco Filho e Mazzuoli (2016, p. 20),

> numa pesquisa simples na rede mundial de computadores é possível ter acesso à jurisprudência completa desses 24 Tribunais Regionais, cujo resultado é intrigante: poucas convenções são utilizadas na prática; algumas sequer são imaginadas pelos julgadores. Algumas repetem-se em quase todos os tribunais, mas, ainda assim, não há "aplicação" efetiva das convenções, senão apenas referência a um ou outro artigo do seu texto relevante para o deslinde do caso concreto, sem que se exerça, de jure, o controle de convencionalidade das leis. Há, contudo, exceções honrosas, como o controle de convencionalidade realizado pelo Min. Cláudio Brandão, perante a 7ª Turma do TST, no julgamento do Recurso de Revista n. 0001072-72.2011.5.02.0384, relativo à cumulação de adicionais de insalubridade e periculosidade, quando afir-

[58] Tradução livre do seguinte trecho original: "*Es a ellos que compete decidir en cada caso específico sobre la aplicación directa de un convenio o determinadas normas del mismo, la eventual inconstitucionalidad de una norma nacional, el incumplimiento por el Estado de sus obligaciones y la reparación de los perjuicios que le incumbe. También será importante a este respecto la receptividad por parte de los jueces de la opinión expresada por los órganos de control de la OIT sobre la aplicación de los convenios en los respectivos países, y de una manera más general, de la doctrina y la «jurisprudencia» de estos órganos*" (POTOBSKY, 2004, p. 305).

mou que "outro fator que sustenta a inaplicabilidade do preceito celetista é a introdução no sistema jurídico interno das Convenções Internacionais ns. 148 e 155, com status de norma materialmente constitucional ou, pelo menos, supralegal, como decidido pelo STF". Afora esse e outros raríssimos casos, não tem o controle de convencionalidade sido exercido com regularidade no Brasil. (Franco Filho; Mazzuoli, 2016, p. 20)

Assim, para os autores, de forma geral, o uso judicial das convenções da OIT no Brasil é escasso, ressalvando exceções, como o caso que ganhou vulto sobre a possibilidade de cumulação dos adicionais de periculosidade e insalubridade com fundamento nas Convenções nº 148 e 155 da OIT (o que será analisado no capítulo seguinte).

Para Brasil *et al.* (2017), em um estudo mais direcionado às Convenções nº 148 e 155 da OIT, referindo-se à possibilidade da cumulação dos adicionais de periculosidade e insalubridade, as normas internacionais em comento não têm aplicabilidade, já que a maioria dos tribunais não as considerou para permitir a cumulação dos adicionais.

Para Melo (2019), as convenções da OIT, especialmente as Convenções nº 148 e 155, evidenciam a importância da prevenção e poderiam ser muito úteis na promoção de um meio ambiente do trabalho saudável. Contudo, segundo o autor

> no Brasil nem sempre são levados a sério os Tratados internacionais, sendo que alguns deles são mesmo desconsiderados. Assim, cabe ao Poder Judiciário e aos demais órgãos do Estado assegurar a implementação e cumprimento no âmbito nacional das normas internacionais de proteção dos direitos humanos ratificadas pelo Brasil. [...] as Convenções ns. 148 e 155 da OIT garantem que os agentes e as substâncias químicas, físicas e biológicas, métodos e condições de trabalho estejam sob o mais absoluto controle, não envolvam riscos para a saúde dos trabalhadores, que sejam tomadas as medidas de proteção adequadas, tudo com o fim de evitar os efeitos prejudiciais para a saúde dos mesmos. Essas normas, em grande parte foram acolhidas na legislação infraconstitucional brasileira e estão em total harmonia com os mandamentos e princípios estabelecidos na Constituição Federal brasileira de 1988, mas como demonstram dados estatísticos acidentários sua aplicação é de pouca efetividade no cenário geral dos acidentes e doenças ocupacionais no Brasil (Melo, 2019, P. 260-268).

Assim, segundo Melo (2019), embora as normas da OIT sejam relevantes para a proteção da saúde e segurança do trabalhador, elas não são aplicadas em larga medida.

Para Borges (2017), em estudo qualitativo sobre o impacto do direito internacional sobre as políticas sociais brasileiras, as convenções da OIT influenciam a promoção de direitos sociais em matéria de saúde e trabalho. Mais especificamente sobre a Convenção nº 155 da OIT, Borges (2017, p. 69) ressalta o seu característico teor preventivo, o que se repete em outras normas internacionais, a exemplo da Convenção nº 162 da OIT sobre a utilização do amianto. Segundo o entendimento do autor, com o qual se coaduna nesta obra, ao fazer um estudo comparativo sobre a discussão jurídica a respeito da proibição da utilização do amianto no Brasil e na França, os tratados internacionais tiveram função fundamental ao enfatizar a necessidade de se tomar medidas preventivas em relação à utilização do amianto. Com base no princípio da prevenção, inclusive no Brasil, muitas normas sobre a proibição do uso da substância foram elaboradas por diferentes entes federativos. Nesse sentido, "*os tratados internacionais sobre saúde nos fornecem valiosos subsídios para uma melhor compreensão e articulação*" (Borges, 2017, p. 78) dessas normas.

Diferentemente dos autores acima, ao analisar a influência da ação normativa da OIT, Gomes e Gomes (2019) apresentam um estudo empírico acerca da aplicação das convenções da OIT pelo Tribunal Superior do Trabalho. Embora os recortes temático, temporal e espacial sejam distintos, quanto à metodologia de pesquisa, o estudo de Gomes e Gomes (2019) é aquele que possui a maior proximidade com esta obra, já que as autoras analisam quantitativa e qualitativamente as decisões judiciais proferidas no âmbito do TST que mencionaram alguma convenção da OIT. Segundo as autoras, com base nas decisões analisadas, é possível encontrar na jurisprudência do TST casos que sinalizam o cumprimento dos "*compromissos internacionais do Brasil perante a OIT e do fortalecimento dos direitos fundamentais do trabalho, em especial no caso da aplicação da Convenção 111 e da admissão de recurso de revista em caso de violação de tratado de direitos humanos*" (Gomes; Gomes, 2019, p. 57). Na pesquisa realizada pelas autoras, contudo, a Convenção nº 155 da OIT não se mostrou uma das mais aplicadas pelo TST.

Dessa forma, dada a escassa literatura específica sobre a aplicação da Convenção nº 155 da OIT pela Justiça do Trabalho no Brasil, bem como a certa divergência entre os estudos existentes, entendeu-se que somente a pesquisa bibliográfica não seria suficiente para responder à pergunta norteadora deste estudo. Conforme adverte Gomes e Gomes (2019, p. 34), o Brasil ratificou uma séria de convenções da OIT e os efeitos dessas normas internacionais são estudados por parte da literatura,

> porém falta um exame quantitativo e qualitativo que ofereça um panorama geral desses efeitos. Esse tipo de estudo é importante para identificar eventuais argumentações que neguem a validade dessas normas, por exemplo, ao atribuir a convenções ratificadas um papel secundário de integrar o ordenamento jurídico laboral em caso de lacuna. O exame da aplicação das convenções pelas cortes constitui um estágio mais avançado que a análise que considera somente o número de convenções ratificadas pelo Brasil. Ao se basear um estudo no número de convenções ratificadas, pode-se concluir que havia e há uma consonância entre a evolução do direito do trabalho no Brasil e as atividades normativas da OIT. (Gomes; Gomes, 2019, p. 34)

Assim, parte-se para a análise jurisprudencial proposta, que será realizada nos capítulos seguintes.

3
Um Retrato da Aplicação da Convenção nº 155 da OIT pela Justiça do Trabalho no Brasil

Este capítulo tem como objetivo registrar os resultados da pesquisa empírica realizada a partir da análise da jurisprudência do Tribunal Superior do Trabalho (TST) e dos vinte e quatro Tribunais Regionais do Trabalho (TRT), apresentando um retrato gráfico sobre a aplicação da Convenção nº 155 da OIT pela Justiça do Trabalho no Brasil. Trata-se, neste momento, de um mapeamento descritivo da utilização desse dispositivo internacional pelo Poder Judiciário trabalhista, dado que as considerações mais analíticas serão traçadas no capítulo seguinte.

Para que seja possível a compreensão deste mapeamento, inicia-se este capítulo com a explicação de como tal retrato foi construído, apresentando um glossário dos códigos utilizados para categorizar as decisões analisadas e um glossário dos gráficos elaborados.

3.1. A construção do retrato

Como já salientado ao longo das considerações metodológicas, o mapeamento da jurisprudência analisada foi retratado a partir dos seguintes critérios: (1) o tribunal em que a decisão judicial analisada foi proferida; (2) o órgão julgador; (3) o ano em que a decisão foi proferida; (4) o número do processo referente à decisão judicial analisada; (5) o nome do relator da decisão judicial analisada; (6) a discussão jurídica envolvida quando da utilização da Convenção nº 155 da OIT; (7) se houve outro dispositivo internacional utilizado em conjunto com a Convenção nº 155 da OIT; (8) a função da Convenção nº 155 da OIT na motivação judicial; (9) a transcrição do trecho da decisão judicial em que a Convenção nº 155 da OIT é utilizada; (10) o *status* conferido à Convenção nº 155 da OIT na decisão analisada. Quanto ao critério (10), vale frisar que poucas decisões analisadas deixavam claro qual a hierarquia conferida à norma internacional. Assim, só estão codificadas, nas fichas de leitura (anexas), aquelas decisões em que o julgador expressamente afirmou qual é a hierarquia de tal norma segundo o seu entendimento.

Os critérios (1), (2), (3), (4), (5), (7) e (9) são eminentemente descritivos, tendo sido preenchidos de forma literal nas fichas de leitura tabeladas ao longo da pesquisa. Contudo, os critérios (6), (8) e (10) têm caráter analítico, isto é, foram preenchidos de acordo com códigos que possibilitassem a resposta da pergunta de pesquisa que norteia este estudo e permitissem a categorização das decisões. Por isso, entende-se necessário explicar o significado de cada código utilizado, a fim de orientar a leitura dos dados aqui apresentados. Para tanto, foram criados um glossário de códigos e um glossário de gráficos, conforme itens seguintes.

3.1.1. Glossário de códigos

Considerando os critérios (6), (8) e (10), foram utilizados diferentes tipos de códigos. Acerca do critério (6) – discussão jurídica envolvida quando da utilização da Convenção nº 155 da OIT –, os códigos usados foram criados a partir das informações extraídas ao longo da leitura das decisões, ou seja, não são códigos elaborados previamente. Acerca dos critérios (8) e (10) – função da Convenção nº 155 da OIT na motivação judicial e *status* conferido à Convenção nº 155 da OIT na decisão analisada, respectivamente –, os códigos usados, em sua maioria, foram criados previamente, a partir, inclusive, dos aportes teóricos embasadores da obra. Contudo, diante das peculiaridades descobertas ao longo da leitura das decisões, aos códigos criados previamente, foram somados outros idealizados a partir da pesquisa jurisprudencial. Assim, este glossário está organizado em três tabelas, conforme os critérios (6), (8) e (10).

A tabela abaixo apresenta os códigos relacionados ao critério (6), qual seja: "discussão jurídica envolvida quando da utilização da Convenção nº 155 da OIT". Ao lado esquerdo, apresenta-se o código e ao lado direito o seu significado.

Discussão jurídica envolvida quando da utilização da Convenção nº 155 da OIT	
Código	**Significado**
adaptação do trabalho ao ser humano	Discussão jurídica sobre a necessidade de adaptar o trabalho, os equipamentos, instrumentos, processos organizacionais ao ser humano de forma geral.
adaptação do trabalho aos trabalhadores	Discussão jurídica sobre a necessidade de adaptar o trabalho, os equipamentos, instrumentos, processos organizacionais aos trabalhadores naquele caso concreto.
adicional	Discussão jurídica sobre ser devido ou não determinado adicional já regulamentado pela legislação trabalhista brasileira, tal como: insalubridade, periculosidade, noturno, etc.
adicional de penosidade	Discussão jurídica sobre ser devido o adicional de penosidade (ainda não regulamentado pela legislação trabalhista brasileira, embora previsto constitucionalmente).
alimentação	Discussão jurídica sobre o dever do empregador fornecer alimentação aos seus empregados.
aplicação da Reforma Trabalhista	Discussão jurídica sobre a aplicação da Lei nº 13.467/2017 aos contratos de trabalho em curso.
aplicação das normas de SST aos trabalhadores rurais	Discussão jurídica sobre a aplicação de normas sobre saúde e segurança do trabalho aos trabalhadores rurais.
aplicação das normas sobre SST	Discussão jurídica genérica sobre a aplicação de normas sobre saúde e segurança.
aplicação de normas de SST aos servidores públicos	Discussão jurídica sobre a aplicação de normas sobre saúde e segurança do trabalho aos servidores públicos.
aspecto processual	Discussão jurídica sobre aspectos processuais (que em nada se relacionam com a Convenção nº 155 da OIT). Decisões que envolveram este código não foram levadas em consideração nas analises feitas no capítulo 4.
assédio moral	Discussão jurídica sobre a caracterização ou não de assédio moral.
assistência médica	Discussão jurídica sobre o dever do empregador fornecer assistência médica ao trabalhador.
controle de convencionalidade da Reforma Trabalhista	Discussão jurídica sobre a (in)convencionalidade do artigo 790-B da CLT, introduzido pela Lei nº 13.467/2017 (Reforma Trabalhista) e a necessidade de se realizar o controle de convencionalidade concentrado.
culpa exclusiva do trabalhador	Discussão jurídica sobre o trabalhador ter causado um acidente do trabalho.
cumulação de adicionais	Discussão jurídica sobre a possibilidade ou não de permitir a percepção cumulada dos adicionais de periculosidade e insalubridade pelo trabalhador.

dano moral	Discussão jurídica sobre a configuração ou não de dano moral.
definição de local de trabalho	Discussão jurídica sobre o conceito de local de trabalho.
definição de meio ambiente do trabalho	Discussão jurídica sobre o conceito de meio ambiente do trabalho.
definição de saúde	Discussão jurídica sobre o conceito de saúde.
dever de cuidado com o meio ambiente do trabalho	Discussão jurídica sobre a violação do dever de cuidado do empregador com o meio ambiente de trabalho (violação do dever de prevenir riscos labor-ambientais). Tal violação (seja por ação, seja por omissão) é considerada uma conduta ilícita que enseja a responsabilização civil e o dever de reparar.
direito ao meio ambiente do trabalho equilibrado	Discussão jurídica genérica sobre o direito dos trabalhadores a um meio ambiente do trabalho saudável e seguro.
direito dos trabalhadores à informação	Discussão jurídica sobre o direito dos trabalhadores receberem informações sobre os riscos de sua atividade para a sua saúde e segurança.
dispensa discriminatória	Discussão jurídica sobre a configuração ou não de dispensa discriminatória e sua relação com a saúde do trabalhador.
educação	Discussão jurídica sobre a necessidade dos trabalhadores receberem treinamento acerca do seu trabalho, inclusive sobre saúde e segurança.
greve ambiental	Discussão jurídica sobre a possibilidade ou não da realização de "greve ambiental", expressão cunhada na doutrina para designar a interrupção do trabalho (mesmo que por um único trabalhador) em caso de perigo iminente e grave para sua vida ou sua saúde.
horas extras	Discussão jurídica sobre a limitação de jornada.
horas *in itinere*	Discussão jurídica sobre serem devidas ou não as horas *in itinere* (isto é, o tempo despendido pelo empregado desde a sua residência até a efetiva ocupação do posto de trabalho e para o seu retorno, conforme artigo 58, §2º da CLT) a partir da discussão sobre o conceito de local de trabalho.
instalações sanitárias	Discussão jurídica sobre o dever do empregador fornecer instalações sanitárias para os empregados.
limites de tolerância	Discussão jurídica sobre a existência ou não de limites de tolerância para determinadas substâncias nas normas brasileiras.
melhoria contínua	Discussão jurídica sobre a violação ao princípio da melhoria contínua, segundo o qual o meio ambiente do trabalho dever ser continua e constantemente alvo de melhorias, condizente com o avanço tecnológico e cada vez mais saudável e seguro.
obrigação do Estado (Brasil)	Discussão jurídica genérica sobre o dever do Estado brasileiro regulamentar a saúde e segurança no trabalho após a ratificação da Convenção nº 155 da OIT.

participação dos trabalhadores na proteção da saúde e segurança	Discussão jurídica sobre o papel dos trabalhadores na promoção de um meio ambiente do trabalho equilibrado, na proteção da saúde e segurança e prevenção de riscos.
princípio da falha segura	Discussão jurídica sobre a violação do princípio da falha segura, segundo o qual toda máquina deve ter dispositivo de segurança apto a evitar acidentes do trabalho.
proteção da maternidade e infância	Discussão jurídica sobre o trabalho insalubre ou perigoso da gestante e criança, ressaltando a necessidade de proteção da mulher nesses casos.
proteção integral da criança e do adolescente	Discussão jurídica sobre o trabalho insalubre ou perigoso da criança e do adolescente, ressaltando a necessidade de proteção integral em razão de vulnerabilidade (além da hipossuficiência).
publicação de informações sobre SST	Discussão jurídica sobre o dever do empregador tornar pública as informações sobre saúde e segurança no trabalho, inclusive sobre acidentes e doenças.
redução dos riscos / jornada	Discussão jurídica sobre a relação entre a flexibilização da jornada (realização de horas extras, diminuição de intervalos para descanso e prorrogação da jornada em ambientes insalubres) com a saúde e segurança no trabalho, atestando que a redução dos riscos labor-ambientais se relaciona com o tempo de trabalho.
rescisão indireta / greve ambiental	Discussão jurídica sobre a configuração ou não da rescisão indireta e sua relação com a "greve ambiental".
responsabilidade do empregador	Discussão jurídica sobre a responsabilização civil do empregador que viola o dever de cuidado com o meio ambiente do trabalho, configurando-se o dever de reparar.
risco mínimo regressivo	Discussão jurídica sobre a necessidade de se observar o princípio do risco mínimo regressivo, buscando que o risco do trabalho caminhe no rumo da gradativa eliminação total.
saúde e segurança do trabalhador	Discussão jurídica genérica acerca da saúde e segurança do trabalhador e a necessidade de observar as normas sobre o tema.
terceirização	Discussão jurídica sobre o dever de cuidado com o meio ambiente do trabalho em caso de terceirização.

Tabela 6 – Discussão jurídica envolvida quando da utilização da Convenção nº 155 da OIT (elaboração própria)

A tabela abaixo apresenta os códigos relacionados ao critério (8), qual seja: "função da Convenção nº 155 da OIT na motivação judicial".

(8) Função da Convenção nº 155 da OIT na motivação judicial	
Código	**Significado**
Citação de trecho de terceiro	A Convenção nº 155 da OIT é mencionada em trecho escrito por um terceiro, porém não é levada em consideração pelo magistrado relator da decisão. Nas decisões codificadas como "citação de trecho de terceiro", a C155 é desprezada pelo magistrado relator da decisão, tendo sido lembrada apenas na citação (trecho de livro ou artigo acadêmico, trecho de julgado anteriormente proferido).
Discussão	A Convenção nº 155 da OIT é discutida, porém, não é aplicada. Nas decisões codificadas como "discussão", a utilização da C155 foi aventada e debatida, porém não efetivada.
Obiter dictum	A Convenção nº 155 da OIT não é o fundamento jurídico da decisão. Nas decisões codificadas como *obiter dictum*, a C155 é citada de forma acessória, com a finalidade de complementar um raciocínio ou reforçar alguma disposição já existente no direito brasileiro.
Ratio decidendi	A Convenção nº 155 da OIT é o fundamento principal (ou um dos fundamentos principais) da decisão. A decisão tem como fundamento jurídico (ou um de seus fundamentos jurídicos) a C155. Observe-se que, nas decisões codificadas como *ratio decidendi*, quando há mais de um fundamento jurídico, à C155 é dada a mesma importância que aos demais fundamentos.

Tabela 7 – Função da Convenção nº 155 da OIT na motivação judicial (elaboração própria)

A tabela abaixo apresenta os códigos relacionados ao critério (10), qual seja: "*status* conferido à Convenção nº 155 da OIT na decisão analisada".

(10) *Status* conferido à Convenção nº 155 da OIT na decisão analisada	
Código	**Significado**
Infraconstitucional	Nas decisões codificadas como "infraconstitucional", o julgador apenas cita que a Convenção nº 155 da OIT tem hierarquia inferior à Constituição Federal, sem especificar com qual *status* a norma internacional está sendo considerada na decisão.
Legal	Nas decisões codificadas como "legal", a Convenção nº 155 da OIT é considerada e aplicada com hierarquia de lei comum.
Materialmente constitucional	Nas decisões codificadas como "materialmente constitucional", a Convenção nº 155 da OIT é classificada e aplicada como materialmente constitucional, integrando o bloco de constitucionalidade.
Materialmente constitucional ou supralegal	Nas decisões codificadas como "materialmente constitucional ou supralegal", o julgador afirma que a Convenção nº 155 da OIT dever ser considerada como materialmente constitucional ou, se assim não se entender, pelo menos, supralegal.
Não prevalece	Nas decisões codificadas como "não prevalece", o julgador afirma que a Convenção nº 155 da OIT não prevalece sobre a lei nacional (CLT), porém não explica a sua afirmação e nem se aprofunda na discussão a respeito da hierarquia normativa.
Soft law	Nas decisões codificadas como "*soft law* (aplica)", a Convenção nº 155 da OIT é considerada não vinculante.
Status indiferente	Nas decisões codificadas como "*status* indiferente", o julgador diz que é indiferente constatar se a Convenção nº 155 da OIT tem hierarquia supralegal ou legal, já que ela deve ser aplicada por ser mais recente e mais favorável ao trabalhador.
Supralegal	Nas decisões codificadas como "supralegal", a Convenção nº 155 da OIT é classificada como supralegal (e infraconstitucional), na esteira da jurisprudência do STF. Nessas decisões, a C155 é considerada com *status* superior à lei comum e prevalece sobre a CLT.

Tabela 8 – *Status* conferido à Convenção nº 155 da OIT na decisão analisada (elaboração própria)

Apresentados os códigos utilizados, passa-se ao glossário de gráficos.

3.1.2. Glossário de gráficos

A fim de facilitar a compreensão dos dados coletados (fichas de leitura anexas) e buscando retratar descritivamente o uso da Convenção nº 155 da OIT, para cada tribunal analisado, foram criados sete tipos de gráficos, conforme sistematização na tabela a seguir.

Gráficos			
	Tipo de gráfico	**Significado**	**Apresentação**
Gerais	Ano	Gráfico sobre a quantidade de decisões proferidas em cada ano analisado (31/12/20014 a 31/12/2018).	coluna/ números absolutos
Gerais	Discussão jurídica	Gráfico sobre a discussão jurídica travada na decisão quando da utilização da Convenção nº 155 da OIT.	pizza/ porcentagem
Gerais	Outro dispositivo internacional	Gráfico sobre a utilização de outros dispositivos internacionais (para além da Convenção nº 155 da OIT) na decisão analisada.	coluna/ números absolutos
Gerais	Função	Gráfico sobre a função da Convenção nº 155 da OIT na motivação judicial.	pizza/ porcentagem
Específicos	*Ratio decidendi* – discussão jurídica	Gráfico sobre a discussão jurídica travada nas decisões judiciais analisadas em que a Convenção nº 155 da OIT é considerada "*ratio decidendi*".	pizza/ porcentagem
Específicos	*Obiter dictum* – discussão jurídica	Gráfico sobre a discussão jurídica travada nas decisões judiciais analisadas em que a Convenção nº 155 da OIT é considerada "*obiter dictum*".	pizza porcentagem
Específicos	Discussão – discussão jurídica	Gráfico sobre a discussão jurídica travada nas decisões judiciais analisadas em que a Convenção nº 155 da OIT é considerada "discussão".	pizza/ porcentagem

Tabela 9 – Glossário de gráficos (elaboração própria)

Trata-se de quatro gráficos gerais (ano, discussão jurídica, outro dispositivo internacional e função), que fornecem um panorama acerca de todas as decisões analisadas e três gráficos específicos, que detalham o tipo de discussão jurídica presente nas decisões codificadas como "*ratio decidendi*", "*obiter dictum*" e "discussão". Acredita-se que tais gráficos auxiliarão a resposta do problema de investigação aqui proposto.

Quanto à leitura dos gráficos, faz-se as seguintes observações: os códigos estão organizados nos gráficos e nas respectivas legendas do maior número de resultados para o menor número de resultados; orienta-se analisar os dados em sentido horário nos gráficos de formato "pizza"; as porcentagens foram arredondadas para não haver casas decimais. Assim, os resultados percentuais abaixo são aproximados.

Ressalta-se que não foram elaborados gráficos para as decisões codificadas como "citação de trecho de terceiro" porque se entende que a Convenção nº 155 da OIT, embora tenha aparecido textualmente ao longo da decisão, ela não foi relevante para o convencimento do julgador e nem foi utilizada originalmente por ele. Assim, para esta análise, despreza-se tais decisões.

Por fim, esclarece-se que o critério "*status* conferido à Convenção nº 155 da OIT na decisão analisada" não foi objeto gráfico, neste momento, pois são poucas as decisões que afirmam, expressamente, qual é a hierarquia normativa conferida à Convenção nº 155 da OIT adotada. Portanto, optou-se por tratar tais dados como "exceção", analisando-os no capítulo a seguir.

Feitos esses esclarecimentos iniciais, passa-se ao retrato de cada tribunal analisado. Inicia-se pelo Tribunal Superior do Trabalho e depois segue-se aos Tribunais Regionais do Trabalho, ordenados por região.

3.2. A jurisprudência do Tribunal Superior do Trabalho

No tocante à jurisprudência do Tribunal Superior do Trabalho, com jurisdição em todo o território nacional, inicialmente, investigou-se se havia algum tipo de jurisprudência consolidada a respeito da aplicação de dispositivos internacionais (com especial atenção para a Convenção nº 155 da OIT) pelo Tribunal.

Verificou-se que: (*i*) não há Precedente Normativo (PN) que trate da aplicação de textos normativos internacionais; (*ii*) quanto às Orientações Jurisprudenciais (OJ): na Subseção I Especializada em Dissídios Individuais (SBDI I), a OJ nº 416[59] trata da imunidade de jurisdição da organização

[59] 416. IMUNIDADE DE JURISDIÇÃO. ORGANIZAÇÃO OU ORGANISMO INTERNACIONAL. (DEJT divulgado em 14, 15 e 16.02.2012) (mantida conforme julgamento do processo TST-E-RR-61600-41.2003.5.23.0005 pelo Tribunal Pleno em 23.05.2016)
As organizações ou organismos internacionais gozam de imunidade absoluta de jurisdição quando amparados por norma internacional incorporada ao ordenamento jurídico brasileiro, não se lhes aplicando a regra do Direito Consuetudinário relativa à natureza dos atos pratica-

ou do organismo internacional (mas não há relação com textos normativos internacionais como fonte do direito); na Seção de Dissídios Coletivos (SDC), a OJ nº 5[60], a Convenção nº 151 da OIT é utilizada como paradigma para possibilitar o dissídio coletivo para apreciação de cláusulas de natureza social em face de pessoa jurídica de direito público que mantenha empregados (no entanto, não trata de como as normas internacionais, em geral, devem ser aplicadas); na não há súmula que trate da aplicação de textos normativos internacionais; (*iii*) não figura como tema controverso no TST; e (*iv*) quanto a temas de repercussão geral de interesse trabalhista: o tema 947, sobre imunidade de jurisdição dos organismos internacionais garantida por tratado firmado pelo Brasil (RE 1034840, porém não há menção a qualquer convenção da OIT); e o tema 152, sobre a adesão a plano de demissão voluntária (OJ 270, SBDI1/TST) e expurgos inflacionários (OJ 341 da SBDI-1/TST), citam a Convenção nº 154 da OIT apenas para reforçar o argumento que já está previsto na Constituição Federal de 1988 (*obiter dictum*); (*v*) não está listado como outros temas de interesse da Justiça do Trabalho.

Ainda que não seja um posicionamento jurisprudencial do TST, importante mencionar a existência do enunciado nº 3, aprovado no âmbito da 1ª Jornada de Direito Material e Processual na Justiça do Trabalho, realizada em 2007, que reconhece as convenções e recomendações da OIT como fonte do direito do trabalho[61].

dos. Excepcionalmente, prevalecerá a jurisdição brasileira na hipótese de renúncia expressa à cláusula de imunidade jurisdicional.

[60] 5. DISSÍDIO COLETIVO. PESSOA JURÍDICA DE DIREI- TO PÚBLICO. POSSIBILIDADE JURÍDICA. CLÁUSULA DE NATUREZA SOCIAL (redação alterada na sessão do Tribunal Pleno realizada em 14.09.2012) – Res. 186/2012, DEJT divulgado em 25, 26 e 27.09.2012 Em face de pessoa jurídica de direito público que mantenha empregados, cabe dissídio coletivo exclusivamente para apreciação de cláusulas de natureza social. Inteligência da Convenção nº 151 da Organização Internacional do Trabalho, ratificada pelo Decreto Legislativo nº 206/2010.

[61] 3.FONTES DO DIREITO – NORMAS INTERNACIONAIS.
I – FONTES DO DIREITO DO TRABALHO. DIREITO COMPARADO. CONVENÇÕES DA OIT NÃO RATIFICADAS PELO BRASIL. O Direito Comparado, segundo o art. 8º da Consolidação das Leis do Trabalho, é fonte subsidiária do Direito do Trabalho. Assim, as Convenções da Organização Internacional do Trabalho não ratificadas pelo Brasil podem ser aplicadas como fontes do direito do trabalho, caso não haja norma de direito interno pátrio regulando a matéria.
II – FONTES DO DIREITO DO TRABALHO. DIREITO COMPARADO. CONVENÇÕES E RECOMENDAÇÕES DA OIT. O uso das normas internacionais, emanadas da Organização

A partir dessa análise, entende-se que aplicação de dispositivos internacionais não parece ser alvo de preocupação central do TST e, portanto, não há jurisprudência consolidada sobre o tema. Parte-se, assim, para a análise dos acórdãos.

Como já abordado no item "considerações metodológicas", localizado no início desta pesquisa, realizou-se uma busca na base de jurisprudência do TST a partir do critério de busca < convenção + adj + 155 >, que localizou 1.255 resultados, dos quais somente 1.207 diziam respeito à Convenção nº 155 da OIT. Assim, foram analisadas 1.207 decisões no TST.

Primeiro, a fim de identificar se há algum período em que a Convenção nº 155 foi mais utilizada, organizou-se os resultados pelo ano em que a decisão analisada foi proferida (ano de julgamento), conforme gráfico abaixo.

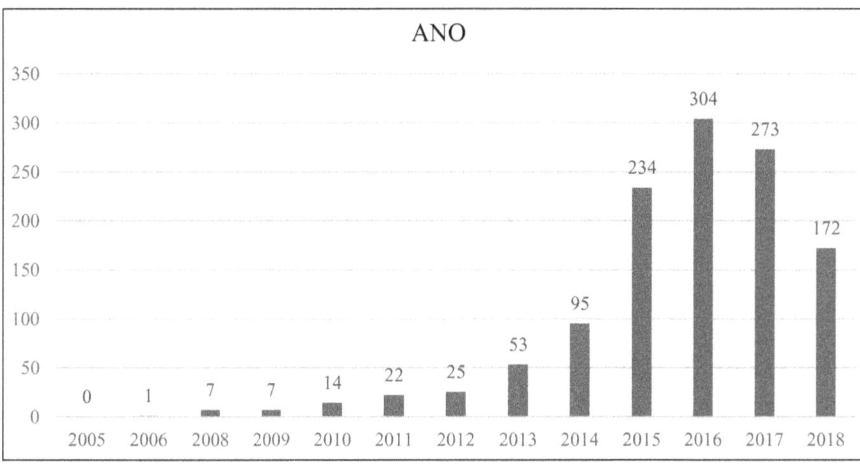

Gráfico 1 – Decisões por ano de julgamento – TST (elaboração própria)

Inicialmente, entende-se necessário fazer o seguinte apontamento: em que pese a busca ter sido iniciada a partir da entrada em vigor da Emenda Constitucional nº 45, em 31de dezembro de 2004, a pesquisa evidenciou resultados apenas a partir de 2006. Ficou-se em dúvida sobre eventual não

Internacional do Trabalho, constitui-se em importante ferramenta de efetivação do Direito Social e não se restringe à aplicação direta das Convenções ratificadas pelo país. As demais normas da OIT, como as Convenções não ratificadas e as Recomendações, assim como os relatórios dos seus peritos, devem servir como fonte de interpretação da lei nacional e como referência a reforçar decisões judiciais baseadas na legislação doméstica.

catalogação pela base de dados em relação a tal período, mas realizando testes com outros critérios de busca e contatando o Tribunal para confirmar a informação, não há, de fato, decisões que tenham utilizado a Convenção nº 155 em 2004 e 2005, mas tão somente a partir de 2006.

Observa-se que o período entre 2013 e 2018, se comparado com os demais, houve intensa utilização da Convenção nº 155 da OIT. Acredita-se que isso se deve, especialmente, a um movimento na jurisprudência do Tribunal, iniciado em 2013, que travou discussões sobre a (im)possibilidade de cumulação dos adicionais de insalubridade e periculosidade, que teve como decisão paradigmática o julgamento do Recurso de Revista nº 1072-72.2011.5.02.0384, de relatoria do Ministro Cláudio Mascarenhas Brandão, em a 7ª Turma do TST alterou seu entendimento para permitir a cumulação dos referidos adicionais (com base na tese segundo a qual a norma contida no artigo 193, § 2º da CLT não teria sido recepcionada pela Constituição Federal de 1988, que, em seu art. 7º, XXIII, garantiu o direito dos trabalhadores à percepção dos adicionais de insalubridade e de periculosidade, sem ressalva acerca da cumulação, e seria contrário à Convenção nº 155 da OIT que, em seu artigo 11, "b", que trata da exposição simultânea a diversas substâncias ou agentes). Além do voto do Ministro Brandão e dos votos posteriores dos demais ministros da 7ª Turma, destaca-se diversos votos do Ministro Maurício Godinho Delgado (um em 2013 e outros em 2014), alocado na 3ª Turma, no mesmo sentido.

Essa nova tendência jurisprudencial que se espraiou foi contestada, especialmente, no ano de 2016 a partir das discussões travadas na Subseção I Especializada em Dissídios Individuais (SBDI I), com especial destaque para o julgamento do Agravo em Recurso de Revista nº 1081-60.2012.5.03.0064, de relatoria do Ministro João Oreste Dalazen em que se negou a possibilidade de cumulação. Essa negativa sobre a cumulação adotada pelo Tribunal em 2016, foi novamente alvo de discussão em 2017 com a relatoria do Ministro Alexandre Agra Belmonte no julgamento do Recurso de Revista nº 21024-82.2014.5.04.0026, em que se permitiu a cumulação dos referidos adicionais desde que advindos de fatos geradores diversos.

Contudo, em setembro de 2019 (ano que não pertence ao recorte temporal adotado nesta pesquisa), em julgamento de incidente de recurso repetitivo (Processo nº IRR-239-55.2011.5.02.0319), decidiu-se por maioria que ao Tema Repetitivo nº 17 fixa-se a tese de que o artigo 193 da CLT, que veda a cumulação dos adicionais de insalubridade e de periculosidade, ainda que decorrentes de fatos geradores distintos e autônomos, foi recepcionado pela Constituição Federal. Nesse sentido, o posicionamento atual do TST é no sentido de que a C155 não enseja a cumulação dos adicionais.

Por fim, vale notar que se imaginava que o ano de 2018 (por ser o ano posterior à entrada em vigor da Lei nº 13.467/2017, conhecida como Reforma Trabalhista) apresentaria um número maior de resultados, fazendo a comparação com anos anteriores, o que não ocorreu. Essa hipótese foi aventada pois acredita-se que dispositivos internacionais, a exemplo da Convenção nº 155 da OIT, podem ser utilizados para superar impasses trazidos pela Reforma. Contudo, tal hipótese não foi confirmada. Uma das possíveis explicações para a não confirmação é o fato de que muitas das discussões originadas pela Reforma ainda não chegaram ao TST. Esta não confirmação e tais explicações serão objeto de análise no capítulo seguinte.

Segundo, a fim de identificar em relação a qual(is) tema(s) a Convenção nº 155 da OIT é invocada, organizou-se, no gráfico abaixo, os resultados pela discussão jurídica travada ao longo da decisão analisada quando da menção à Convenção, isto é, por qual tema está sendo preponderantemente tratado quando se aplica a Convenção nº 155 da OIT.

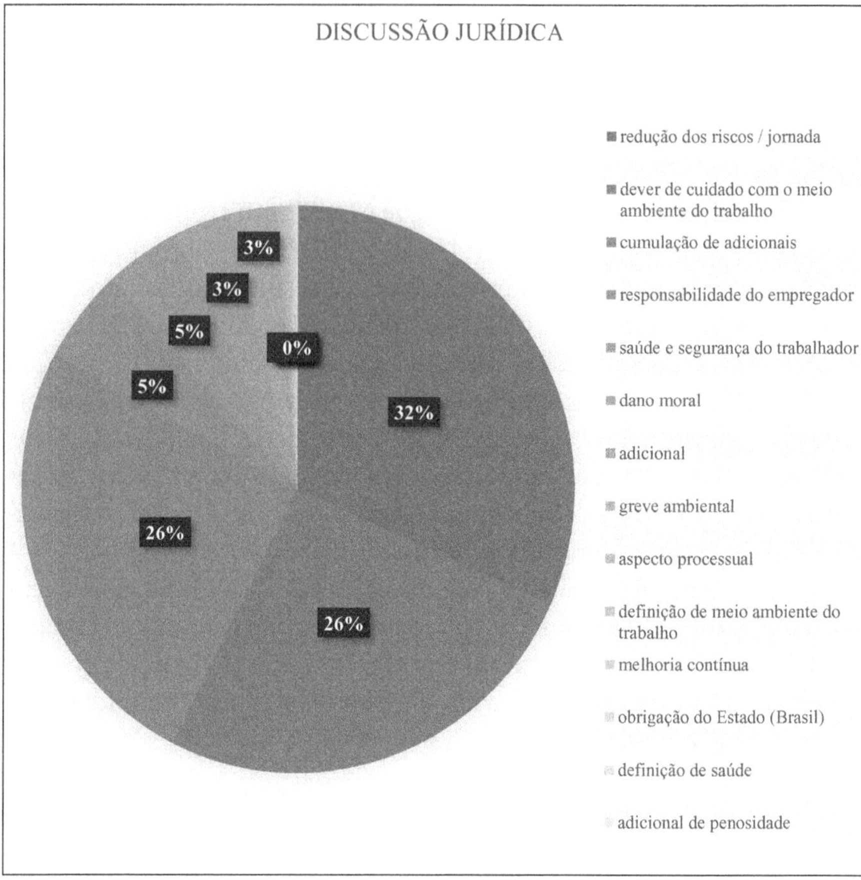

Gráfico 2 – Discussão jurídica envolvida – TST (elaboração própria)

Observa-se que os temas que mais se destacam quando da aplicação da Convenção nº 155 pelo TST são: a redução dos riscos envolvidos no meio ambiente de trabalho por meio de normas atinentes à jornada de trabalho (a exemplo da impossibilidade de flexibilização de jornada em atividades insalubres), com 32% dos resultados; a discussão sobre a possibilidade de cumulação dos adicionais de periculosidade e insalubridade, com 26% dos resultados; e o dever de cuidado, especialmente por parte do empregador, com o meio ambiente do trabalho, seja por meio da eliminação ou redução de riscos, seja por meio do controle de uso de equipamentos de proteção individual pelos empregados, etc., também com 26% dos resultados.

Com menor destaque, estão os temas que envolvem: a responsabilidade civil do empregador, com 5% dos casos, a discussão genérica sobre saúde e segurança do trabalhador, com 5% dos casos; pedido de indenização por danos morais, com 3% dos casos; a percepção de algum adicional, com 3% dos casos. As discussões sobre greve ambiental, aspecto processual, definição de meio ambiente do trabalho, melhoria contínua, obrigação do Estado (Brasil), definição de saúde e adicional de penosidade não tiveram representatividade quantitativa no gráfico, correspondendo a 0% dos resultados cada um, o que não significa que não sejam qualitativamente representativas. No entanto, como este capítulo tem como objetivo fornecer um panorama da aplicação da Convenção nº 155 da OIT, não se aprofundará, aqui, nesses códigos que correspondem a 0%. No entanto, caso eles sejam qualitativamente representativos, serão objeto de análise mais cuidadosa no capítulo a seguir.

Terceiro, buscou-se mapear se a Convenção nº 155 da OIT é utilizada em conjunto com outros dispositivos internacionais, conforme gráfico abaixo.

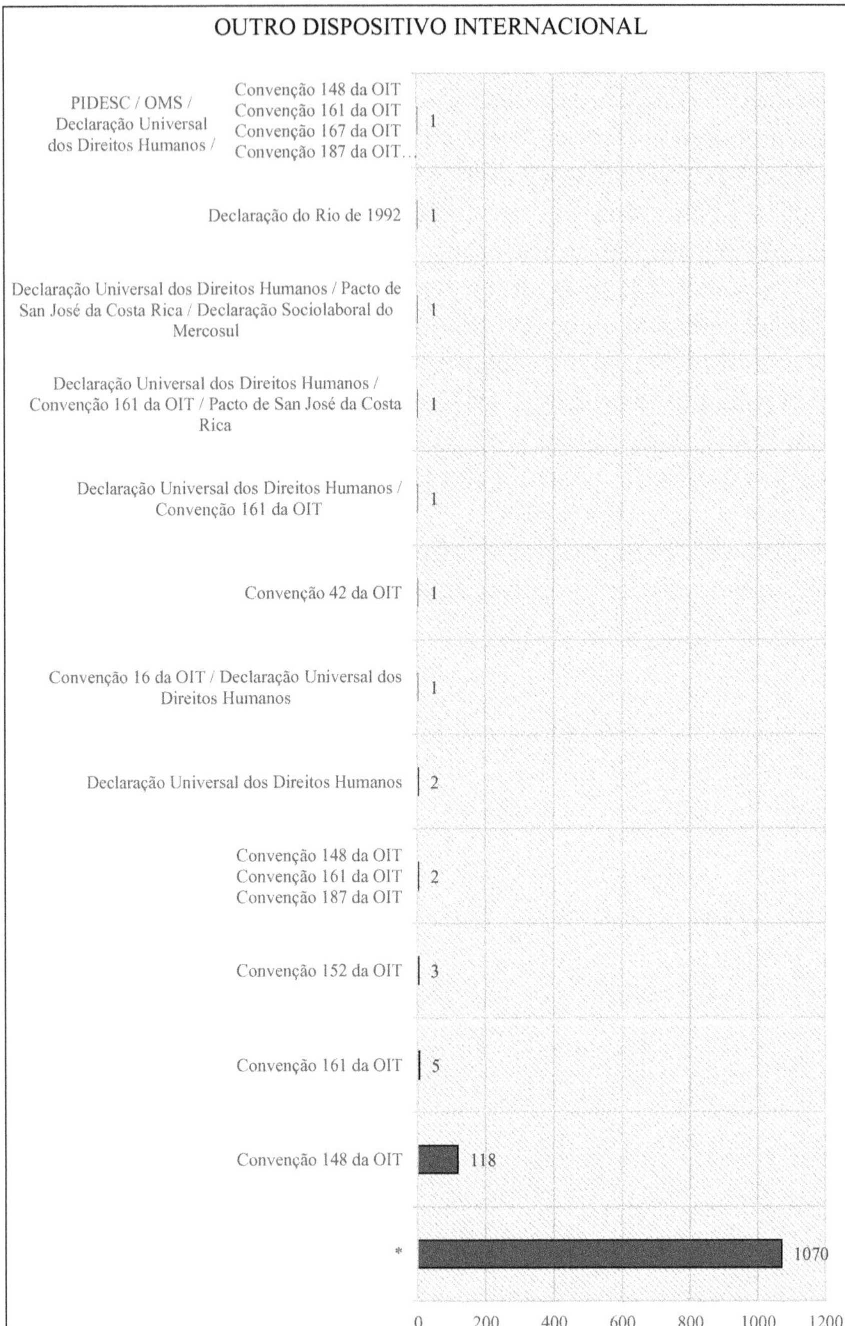

Gráfico 3 – Outro dispositivo internacional utilizado – TST (elaboração própria)

Verificou-se que, na grande maioria dos casos (1070 casos), a Convenção nº 155 da OIT é o único dispositivo internacional utilizado na decisão, isto é, não há outro dispositivo internacional aplicado em conjunto, o que está representado pelo asterisco (*). Para além da Convenção nº 155, com certo destaque (108 resultados), aparece a citação da Convenção nº 148 da OIT, sobre a proteção dos trabalhadores contra os riscos profissionais devidos à contaminação do ar, ao ruído e às vibrações no local do trabalho. Esta Convenção foi especialmente utilizada ao longo das decisões sobre a (im)possibilidade da cumulação dos adicionais de periculosidade e insalubridade. Por fim, aparecem mencionados nas demais decisões os seguintes dispositivos (muitas vezes em conjunto, inclusive com a Convenção nº 148 da OIT, como se observa no gráfico acima): Convenção nº 152 da OIT, Convenção nº 16 da OIT, Convenção nº 161 da OIT, Convenção nº 167 da OIT, Convenção nº 187 da OIT, Convenção nº 42 da OIT, Declaração do Rio sobre Meio Ambiente e Desenvolvimento (Declaração do Rio de 1992), Declaração Sociolaboral do Mercosul, Declaração Universal dos Direitos Humanos, normas da Organização Mundial da Saúde (OMS), Pacto de San José da Costa Rica e Pacto Internacional de Direitos Econômicos, Sociais e Culturais (PIDESC).

Quarto, com a finalidade de compreender qual é a função da Convenção nº 155 da OIT quando mencionada nas decisões – o que está diretamente ligado à pergunta central desta pesquisa –, organizou-se o gráfico abaixo de acordo com o papel desempenhado pela Convenção na decisão analisada.

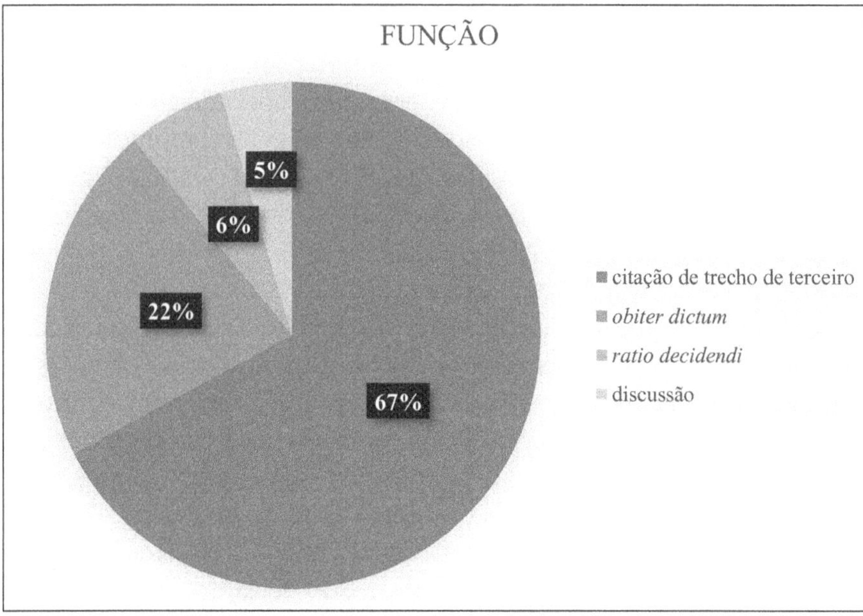

Gráfico 4 – Função da Convenção nº 155 na decisão analisada – TST (elaboração própria)

No tocante à função desempenhada pela Convenção, observa-se que em 67% dos casos, a Convenção nº 155 da OIT é mencionada ao longo de uma citação de trecho escrito por um terceiro; em 22% dos casos, a C155 tem a função de *obiter dictum*; em 6% dos casos, a C155 figura como *ratio decidendi* e em 5% dos casos a C155 corresponde ao código "discussão".

Em relação à função *ratio decidendi*, conforme gráfico abaixo, verificou-se que em 80% dos casos a Convenção nº 155 da OIT é utilizada como razão de decidir nas decisões que tratam de cumulação de adicionais de periculosidade e insalubridade. Em 9% dos casos, a Convenção é utilizada como *ratio decidendi* em discussões jurídicas sobre o dever de cuidado do empregador com o meio ambiente do trabalho. Em 5% dos casos, a C155 foi usada como *ratio decidendi* nas discussões jurídicas sobre a responsabilidade civil do empregador. Os demais códigos – "definição de meio ambiente do trabalho", "redução dos riscos / jornada", "saúde e segurança" e "melhoria contínua" – variaram entre 1% e 2% cada.

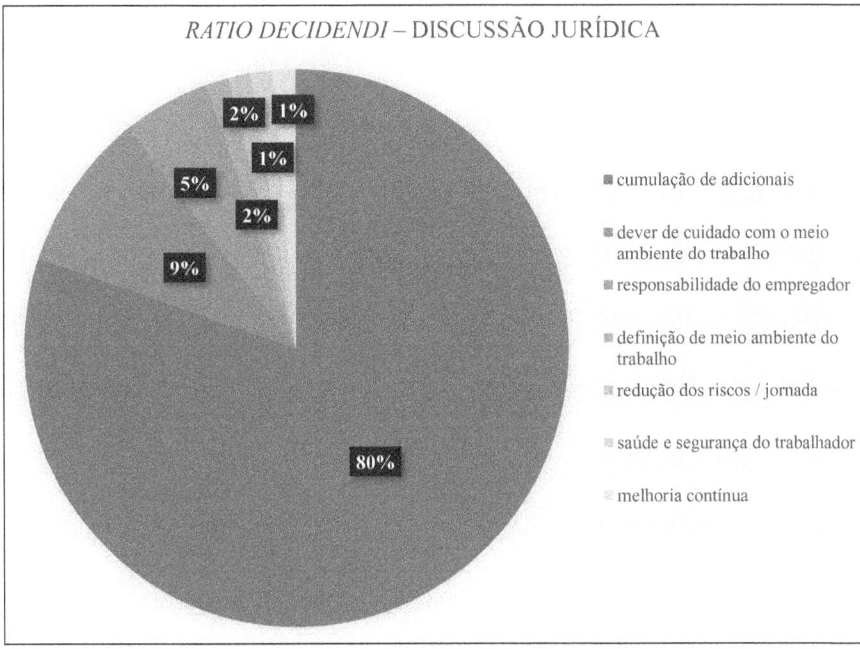

Gráfico 5 – Discussão jurídica envolvida nas decisões em que a Convenção nº 155 é *ratio decidendi* TST (elaboração própria)

Em relação à função *obiter dictum*, conforme gráfico a seguir, verificou-se que, embora não seja o fundamento central a decisão, o texto da Convenção nº 155 da OIT é explorado quando se trata de: redução dos riscos envolvidos no meio ambiente de trabalho por meio de normas atinentes à jornada de trabalho (52% dos casos); dever de cuidado com o meio ambiente do trabalho (31% dos casos); cumulação de adicionais (7% dos casos); generalidades sobre saúde e segurança no trabalho (4% dos casos), responsabilidade civil do empregador (2% dos casos), adicional (1% dos casos) e definição de saúde (0% dos casos).

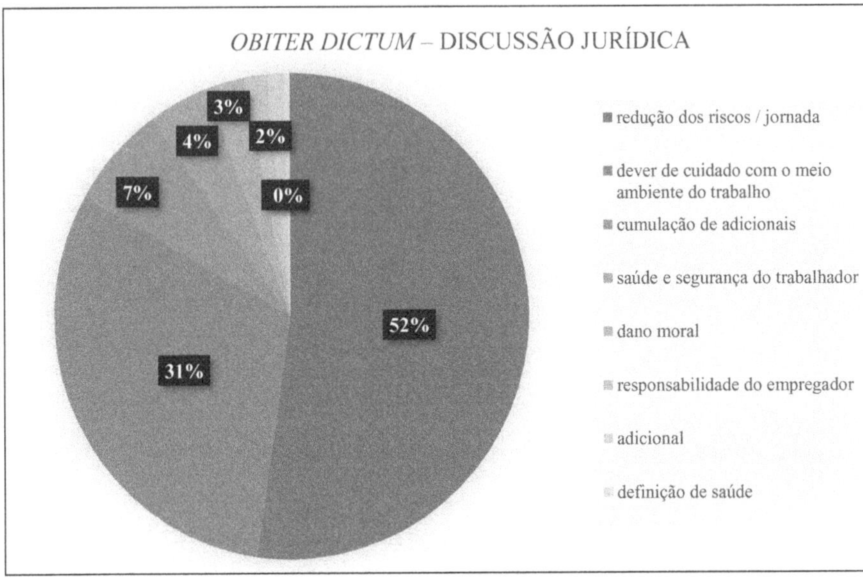

Gráfico 6 – Discussão jurídica envolvida nas decisões em que a Convenção nº 155 é *obiter dictum* – TST (elaboração própria)

Em relação à função discussão, conforme gráfico abaixo, verificou-se que: em 94% dos casos, a Convenção nº 155 da OIT é alvo de discussão quando se trata da (im)possibilidade de cumulação dos adicionais de periculosidade e insalubridade; em 2% dos casos, a Convenção nº 155 da OIT é alvo de discussão quando se define o direito a determinado adicional; em 2% dos casos, a convenção é objeto de discussão quando a decisão aborda a greve ambiental; em 2% dos casos, a Convenção nº 155 da OIT é alvo de discussão em decisões sobre a responsabilidade do empregador.

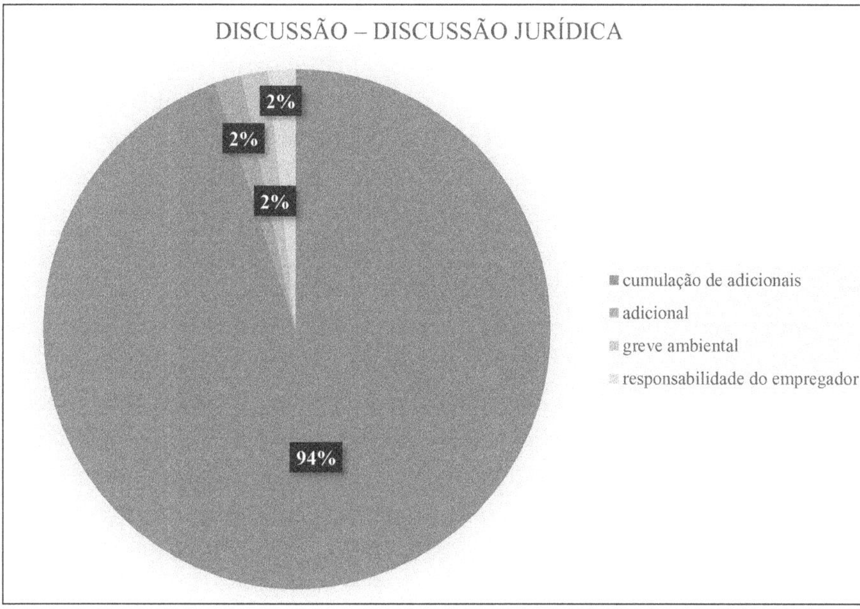

Gráfico 7 – Discussão jurídica envolvida nas decisões em que a Convenção nº 155 corresponde à "discussão" – TST (elaboração própria)

Após o mapeamento acima, observou-se que alguns temas se destacaram qualitativa e quantitativamente em relação à aplicação da Convenção nº 155 da OIT. Tais destaques serão objeto de análise no capítulo seguinte.

3.3. A jurisprudência dos Tribunais Regionais do Trabalho

Passa-se, neste momento, ao retrato da jurisprudência dos Tribunais Regionais do Trabalho sobre a aplicação da Convenção nº 155 da OIT. Assim como foi feito no TST, pesquisou-se nos TRTs se havia algum tipo de jurisprudência consolidada a respeito da aplicação de normas internacionais, com especial atenção à C155.

Posteriormente, passou ao mapeamento das decisões, nos mesmos padrões empregados para a análise da jurisprudência do TST.

3.3.1. Tribunal Regional do Trabalho da 1ª Região

No tocante à jurisprudência do Tribunal Regional do Trabalho da 1ª Região (TRT1), cuja jurisdição compreende o Estado do Rio de Janeiro, investigou-se se havia algum tipo de jurisprudência consolidada a respeito da aplicação de dispositivos internacionais (com especial atenção para a Convenção nº 155 da OIT) pelo Tribunal.

Verificou-se: (*i*) a inexistência de Precedente Normativo (PN) que trate da aplicação de textos normativos internacionais; (*ii*) a inexistência de teses jurídicas prevalecentes; (*iii*) a existência da súmula nº 64[62], que trata das férias proporcionais, citando a Convenção nº 132 da OIT, sem aplicá-la, para afirmar que o direito a férias proporcionais previsto na referida convenção não contempla as dispensas por justa causa.

A partir dessa análise, percebe-se que a utilização de dispositivos internacionais como fonte do direito não foi alvo de preocupação central do TRT1, havendo apenas uma súmula sobre uma norma internacional específica e que não abrange a C155. Parte-se, assim, para a análise dos acórdãos.

Como já abordado no item "considerações metodológicas", localizado no início desta pesquisa, realizou-se uma busca na base de jurisprudência do TRT1 a partir do critério de busca < convenção + 155 >, que localizou 133 resultados, dos quais somente 107 diziam respeito à Convenção nº 155 da OIT. Assim, foram analisadas 107 decisões no TST. Observa-se que, o TRT1 informa em sua página na internet que os acórdãos publicados de 1941 a fevereiro de 2006 não estão disponíveis para consulta. Assim, em razão desta peculiaridade, a pesquisa no TRT1 teve como marco temporal inicial o mês de fevereiro de 2006.

Primeiro, a fim de identificar se há algum período em que a Convenção nº 155 foi mais utilizada, organizou-se os resultados pelo ano em que a decisão analisada foi proferida (ano de julgamento), conforme gráfico abaixo.

[62] Súmula nº 64 (TRT1): Férias proporcionais. Convenção 132 da OIT. Dispensa por justa causa. O direito a férias proporcionais previsto na Convenção 132 da OIT não contempla as dispensas por justa causa. Resolução Administrativa nº 50, de 31 de agosto de 2017.

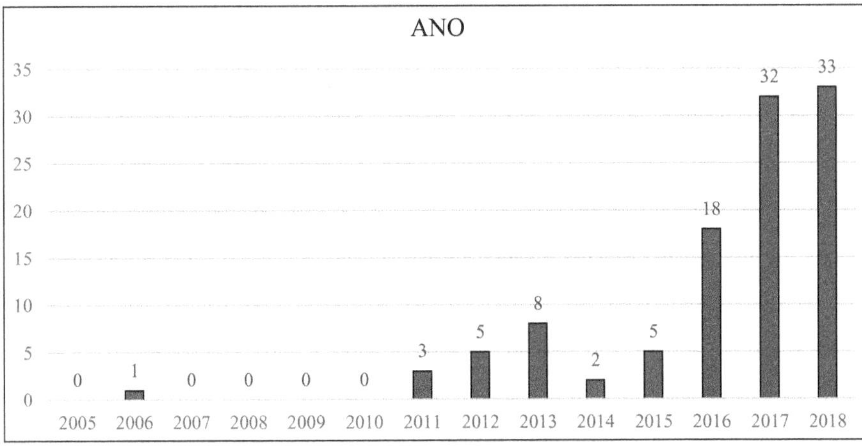

Gráfico 8 – Decisões por ano de julgamento – TRT1 (elaboração própria)

Observa-se que o período entre 2016 e 2018, se comparado com os demais, houve maior utilização da Convenção nº 155 da OIT. Diferentemente do que ocorreu no TST, não fica claro, neste tribunal, o motivo dessa movimentação, já que há diversidade de discussões jurídicas nesses anos, não havendo prevalência de uma discussão específica. No entanto, neste tribunal, 2018 foi o ano em que mais se utilizou a C155, o que pode confirmar a hipótese que as normas internacionais podem ser um instrumento para solucionar dúvidas trazidas pela Reforma Trabalhista e, até mesmo, estabelecer um patamar mínimo de direitos que não pode ser rebaixado por uma norma interna de *status* legal.

Segundo, a fim de identificar em relação a qual(is) tema(s) a Convenção nº 155 da OIT é invocada, organizou-se, no gráfico abaixo, os resultados pela discussão jurídica travada ao longo da decisão analisada quando da menção à Convenção, isto é, por qual tema está sendo preponderantemente tratado quando se aplica a Convenção nº 155 da OIT.

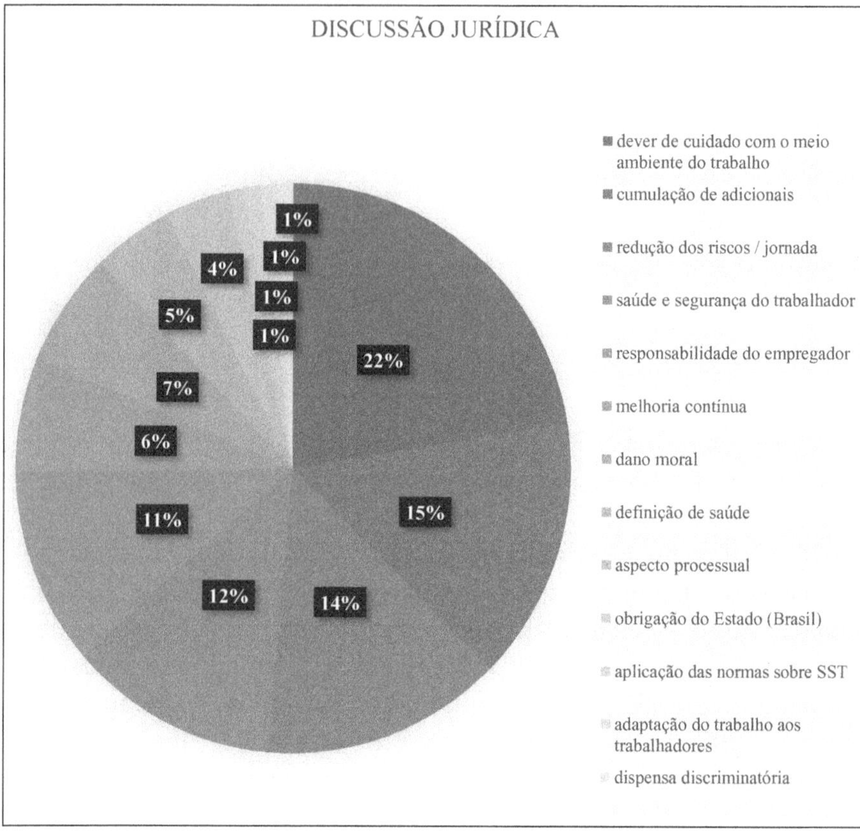

Gráfico 9 – Discussão jurídica envolvida – TRT1 (elaboração própria)

Observa-se que, neste tribunal, a discussão jurídica travada quando do uso da C155 é variada e mais equilibrada. Os temas que mais se destacam quando da aplicação da Convenção nº 155 pelo TRT1 são: o dever de cuidado com o meio ambiente do trabalho, com 22% dos resultados; a discussão sobre a possibilidade de cumulação dos adicionais de periculosidade e insalubridade, com 15% dos resultados; a redução dos riscos envolvidos no meio ambiente de trabalho por meio de normas atinentes à jornada de trabalho, com 14% dos resultados; a saúde e segurança do trabalhador, com 12% dos resultados e a responsabilidade civil do empregador, com 11% dos resultados.

Com menor destaque, estão os temas que envolvem: dano moral, com 7% dos resultados; definição de saúde, com 5% dos resultados; aspecto processual, com 4% dos resultados; e obrigação do Estado (Brasil), aplicação das normas sobre SST, adaptação do trabalho aos trabalhadores e dispensa discriminatória, cada um com aproximadamente 1% dos casos.

Terceiro, buscou-se mapear se a Convenção nº 155 da OIT é utilizada em conjunto com outros dispositivos internacionais, conforme gráfico abaixo.

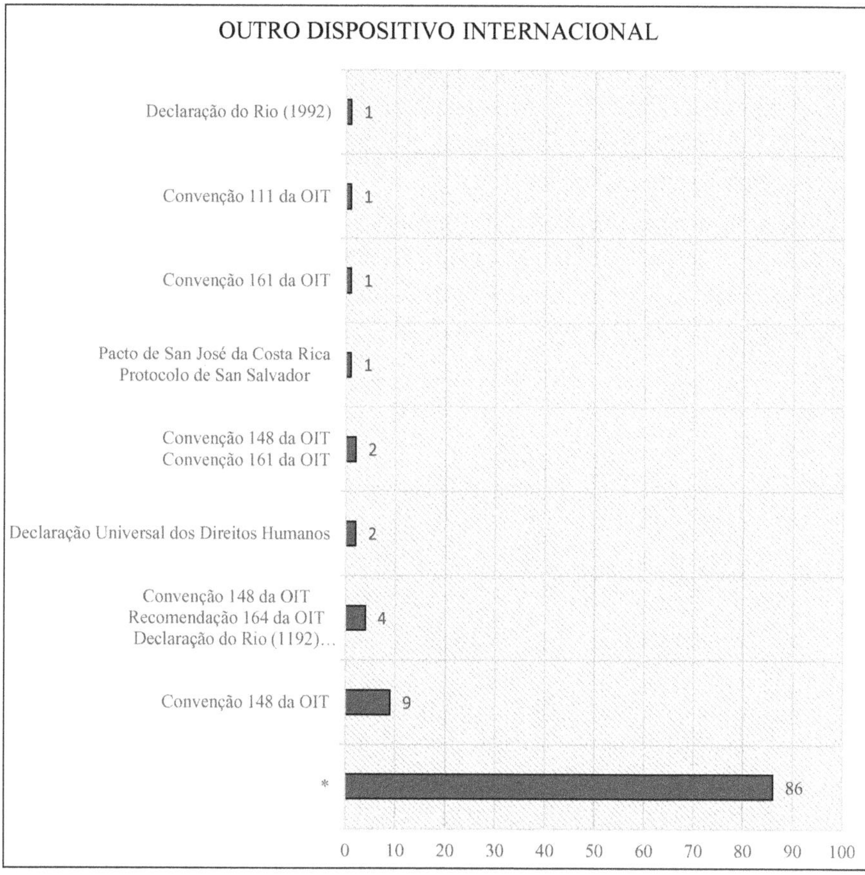

Gráfico 10 – Outro dispositivo internacional utilizado – TRT1 (elaboração própria)

Verificou-se que, na maioria dos casos (86 casos), a Convenção nº 155 da OIT é o único dispositivo internacional utilizado na decisão, isto é, não há outro dispositivo internacional aplicado em conjunto, o que está representado pelo asterisco (*). Para além da Convenção nº 155, com certo destaque (9 resultados), aparece a citação da Convenção nº 148 da OIT, sobre a proteção dos trabalhadores contra os riscos profissionais devidos à contaminação do ar, ao ruído e às vibrações no local do trabalho. Esta Convenção foi especialmente utilizada ao longo das decisões sobre a (im) possibilidade da cumulação dos adicionais de periculosidade e insalubridade. Por fim, aparecem mencionados nas demais decisões os seguintes dispositivos (muitas vezes em conjunto, inclusive com a Convenção nº 148 da OIT, como se observa no gráfico acima): Convenção nº 11 da OIT, Convenção nº 148 da OIT, Convenção nº 161 da OIT, Declaração do Rio sobre Meio Ambiente e Desenvolvimento (Declaração do Rio de 1992), Declaração Universal dos Direitos Humanos, Pacto de San José da Costa Rica, Protocolo de San Salvador"

Quarto, com a finalidade de compreender qual é a função da Convenção nº 155 da OIT quando mencionada nas decisões – o que está diretamente ligado à pergunta central desta pesquisa –, organizou-se o gráfico abaixo de acordo com o papel desempenhado pela Convenção na decisão analisada.

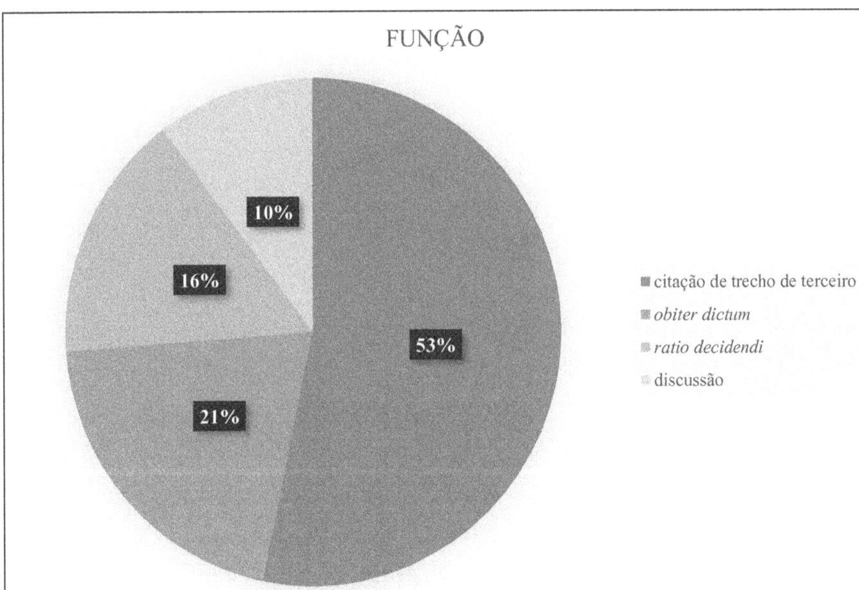

Gráfico 11 – Função da Convenção nº 155 na decisão analisada – TRT1 (elaboração própria)

No tocante à função desempenhada pela Convenção, observa-se que em 53% dos casos, a Convenção nº 155 da OIT é mencionada ao longo de uma citação de trecho escrito por um terceiro; em 21% dos casos, a C155 tem a função de *obiter dictum*; em 16% dos casos, a C155 figura como *ratio decidendi* e em 10% dos casos a C155 corresponde ao código "discussão".

Em relação à função *ratio decidendi*, conforme gráfico abaixo, verificou-se que há certo equilíbrio entre os dados. Em primeiro lugar, há duas discussões preponderantes: melhoria contínua, em 29% dos casos, e responsabilidade civil do empregador, também em 20% dos casos. Em segundo lugar, estão as seguintes discussões: dever de cuidado do empregador com o meio ambiente do trabalho, em 18% dos casos, e cumulação de adicionais, também em 18% dos casos. Em terceiro lugar, em 6% dos casos, está a discussão sobre adaptação do trabalho aos trabalhadores.

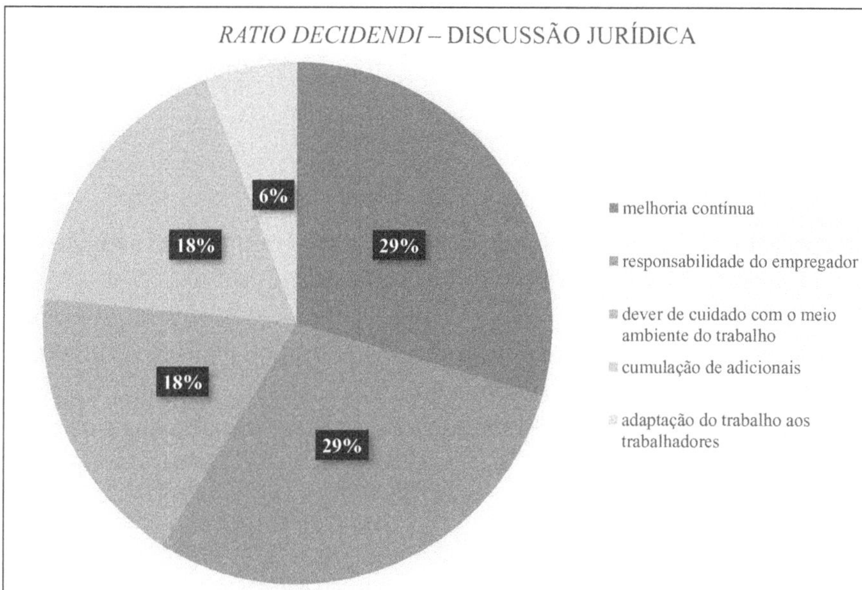

Gráfico 12 – Discussão jurídica envolvida nas decisões em que a Convenção nº 155 é *ratio decidendi* – TRT1 (elaboração própria)

Em relação à função *obiter dictum*, conforme gráfico a seguir, verificou-se que, embora não seja o fundamento central a decisão, o texto da Convenção nº 155 da OIT é explorado quando se trata de: saúde e segurança do trabalhador (59% dos casos); dever de cuidado com o meio ambiente do trabalho (18% dos casos); redução dos riscos labor-ambientais por meio de normas relativas à jornada (9% dos casos); obrigação do Estado (Brasil) (4% dos casos); responsabilidade do empregador (5% dos casos); dano moral (5% dos casos).

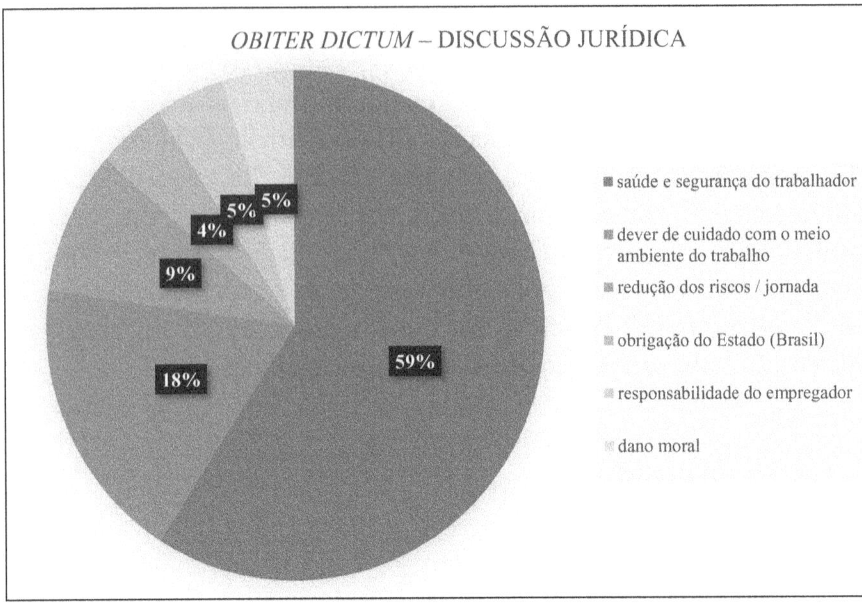

Gráfico 13 – Discussão jurídica envolvida nas decisões em que a Convenção nº 155 é *obiter dictum* – TRT1 (elaboração própria)

Em relação à função discussão, conforme gráfico abaixo, verificou-se que: em 100% dos casos, a Convenção nº 155 da OIT é alvo de discussão quando se trata da (im)possibilidade de cumulação dos adicionais de periculosidade e insalubridade.

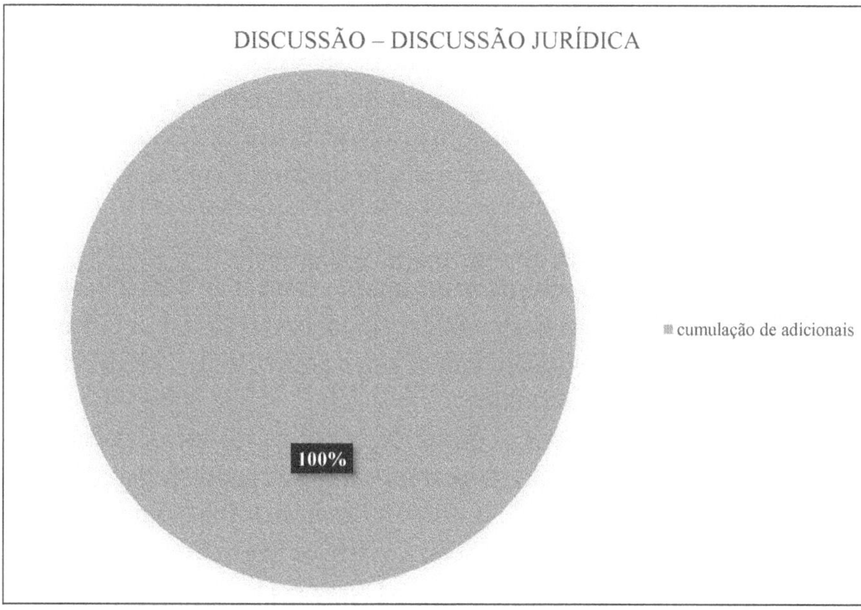

Gráfico 14 – Discussão jurídica envolvida nas decisões em que a Convenção nº 155 corresponde à "discussão" – TRT1 (elaboração própria)

Após o mapeamento acima, observou-se que alguns temas se destacaram qualitativa e quantitativamente em relação à aplicação da Convenção nº 155 da OIT. Tais destaques serão objeto de análise no capítulo seguinte.

3.3.2. Tribunal Regional do Trabalho da 2ª Região

No tocante à jurisprudência do Tribunal Regional do Trabalho da 2ª Região (TRT2), cuja jurisdição compreende a cidade de São Paulo e as regiões de Guarulhos, Osasco, ABC paulista e Baixada Santista (exceto Itanhém, Mongaguá e Peruíbe), antes de iniciar o mapeamento das decisões proferidas, investigou-se se havia algum tipo de jurisprudência consolidada a respeito da aplicação de dispositivos internacionais (com especial atenção para a Convenção nº 155 da OIT) pelo Tribunal.

Verificou-se que: (*i*) não há Precedente Normativo (PN) que trate da aplicação de textos normativos internacionais; (*ii*) não há tese jurídica prevalecente quanto a aplicação de normas internacionais; (*iii*) há uma Orientação Jurisprudencial na Seção de Dissídios Coletivos (SDC), a OJ nº 7[63],

[63] OJ nº 7: CONDUTA ANTISSINDICAL. DESPEDIMENTO EM MASSA DURANTE A NEGOCIAÇÃO COLETIVA. Constituem condutas antissindicais a dispensa em massa e a

a Convenção nº 92 da OIT é utilizada como paradigma para caracterizar condutas antissindicais; (*iv*) há a Súmula nº 78[64], que não faz referência a normas internacionais, porém pacifica a discussão sobre a (im)possibilidade de cumulação dos adicionais de insalubridade e periculosidade, que foi aventada a partir de uma interpretação sistemática entre as Convenções nº 148 e 155 da OIT.

A partir dessa análise, entende-se que aplicação de dispositivos internacionais não parece ser alvo de preocupação central do TRT2, havendo apenas uma OJ sobre uma norma internacional específica e uma Súmula que, embora não cite expressamente, afasta a aplicação da C155. Parte-se, assim, para a análise dos acórdãos.

Como já abordado no item "considerações metodológicas", localizado no início desta pesquisa, realizou-se uma busca na base de jurisprudência do TRT2 a partir do critério de busca < convenção + 155 >, que localizou 834 resultados, dos quais somente 632 diziam respeito à Convenção nº 155 da OIT. Assim, foram analisadas 632 decisões no TRT2.

Primeiro, a fim de identificar se há algum período em que a Convenção nº 155 foi mais utilizada, organizou-se os resultados pelo ano em que a decisão analisada foi proferida (ano de julgamento), conforme gráfico abaixo.

ameaça de sua realização, durante o processo de negociação coletiva, por violação ao artigo 1º, da *Convenção 98, da OIT.* Em sede de dissídio coletivo, mostram-se juridicamente possíveis a punição do empregador e a reintegração dos trabalhadores dispensados, declarando-se a nulidade do ato.

64 Súmula nº 78: Adicionais de periculosidade e insalubridade. Cumulação. Impossibilidade. *(Res. TP nº 03/2017 – DOEletrônico 12/05/2017).* Os adicionais de periculosidade e insalubridade não são cumuláveis, em razão do que dispõe o art. 193, § 2º, da CLT.

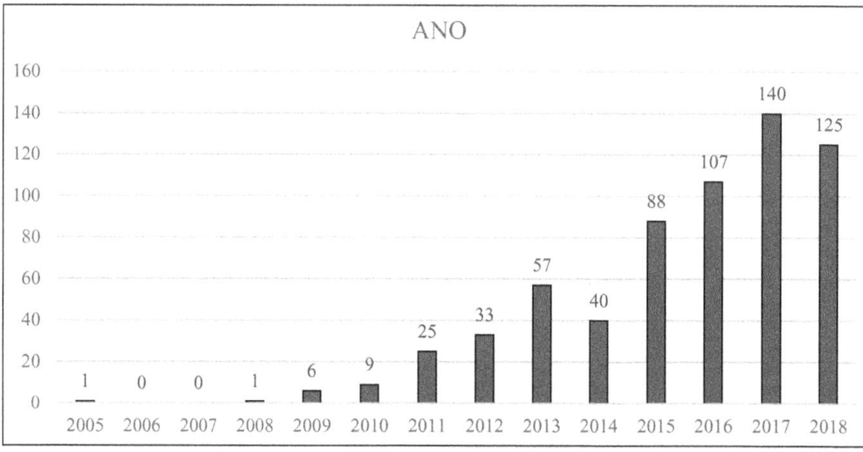

Gráfico 15 – Decisões por ano de julgamento – TRT2 (elaboração própria)

Observa-se que o período entre 2015 e 2018, se comparado com os demais, houve intensa utilização da Convenção nº 155 da OIT. Acredita-se que isso se deve, especialmente, a um movimento na jurisprudência do Tribunal, iniciado em 2014, que discutiu sobre a (im)possibilidade de cumulação dos adicionais de insalubridade e periculosidade, que resultou na edição na Súmula nº 78 sobre a impossibilidade de cumulação dos adicionais de periculosidade e insalubridade. Por fim, vale notar que o ano de 2018 (ano posterior à Reforma Trabalhista), assim como ocorreu no TST, não apresentou crescimento na utilização da C155, o que será objeto de análise no capítulo seguinte.

Segundo, a fim de identificar em relação a qual(is) tema(s) a Convenção nº 155 da OIT é invocada, organizou-se, no gráfico abaixo, os resultados pela discussão jurídica travada ao longo da decisão analisada quando da menção à Convenção, isto é, por qual tema está sendo preponderantemente tratado quando se aplica a Convenção nº 155 da OIT.

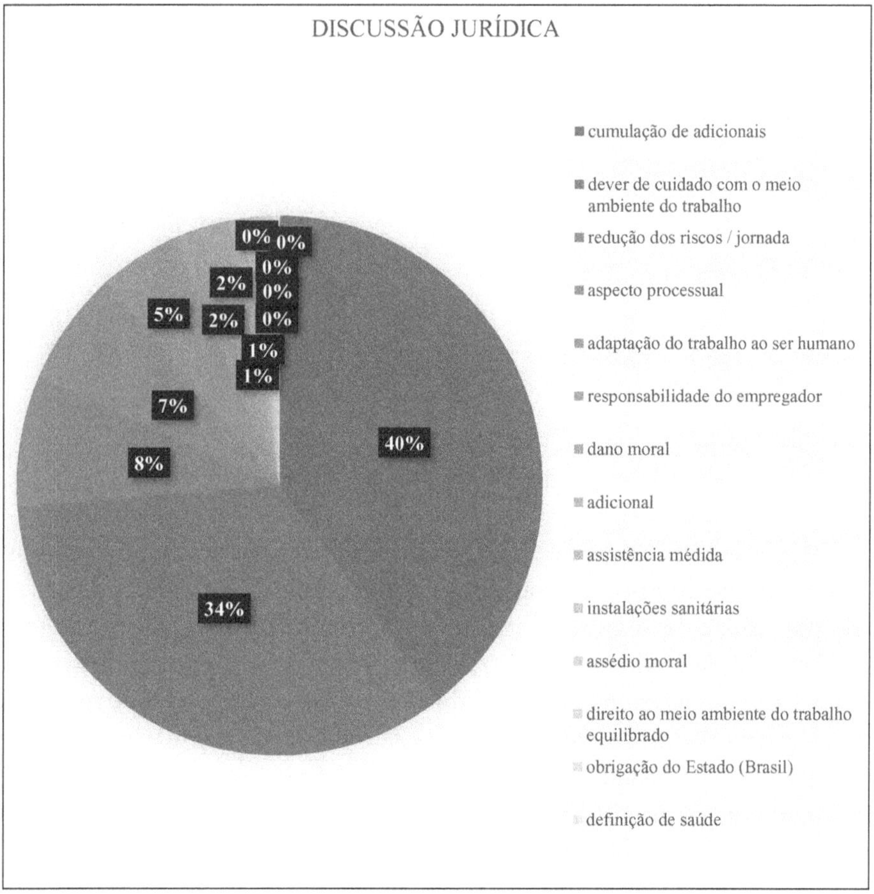

Gráfico 16 – Discussão jurídica envolvida – TRT2 (elaboração própria)

Observa-se que os temas que mais se destacam quando da aplicação da Convenção nº 155 pelo TRT2 são: a cumulação de adicionais, com 40% dos resultados; o dever de cuidado com o meio ambiente do trabalho, com 34% dos resultados; a redução dos riscos labor-ambientais por meio de normas atinentes à jornada de trabalho, com 8% dos resultados; aspecto processual, com 7% dos resultados; e a adaptação do trabalho ao ser humano, com 5% dos casos.

Com menor destaque, variando entre 2% e 0%, estão os temas que envolvem: responsabilidade do empregador, dano moral, adicional, assistência médica, instalações sanitárias, assédio moral, direito ao meio ambiente do trabalho equilibrado, obrigação do Estado (Brasil) e definição de saúde.

Terceiro, buscou-se mapear se a Convenção nº 155 da OIT é utilizada em conjunto com outros dispositivos internacionais, conforme gráfico abaixo.

Gráfico 17 – Outro dispositivo internacional utilizado – TRT2 (elaboração própria)

Verificou-se que, na grande maioria dos casos (532 casos), a Convenção nº 155 da OIT é o único dispositivo internacional utilizado na decisão, isto é, não há outro dispositivo internacional aplicado em conjunto, o que está representado pelo asterisco (*). Para além da Convenção nº 155, com certo destaque, aparecem: a Convenção nº 148 da OIT, sobre a proteção dos trabalhadores contra os riscos profissionais devidos à contaminação do ar, ao ruído e às vibrações no local do trabalho (65 resultados), e a Convenção nº 161 da OIT, sobre os serviços de saúde do trabalho (26 resultados). Salienta-se que a Convenção nº 148 foi especialmente utilizada ao longo das decisões sobre a (im)possibilidade da cumulação dos adicionais de periculosidade e insalubridade. Por fim, aparecem mencionados nas demais decisões os seguintes dispositivos (muitas vezes em conjunto, inclusive com a Convenção nº 148 da OIT, como se observa no gráfico acima): Convenção nº 87 da OIT, Convenção nº 167 da OIT, Declaração de Filadélfia, Declaração do Rio de 1992, Pacto de San José da Costa Rica, PIDESC e Protocolo de San Salvador.

Quarto, com a finalidade de compreender qual é a função da Convenção nº 155 da OIT quando mencionada nas decisões – o que está diretamente ligado à pergunta central desta pesquisa –, organizou-se o gráfico abaixo de acordo com o papel desempenhado pela Convenção na decisão analisada.

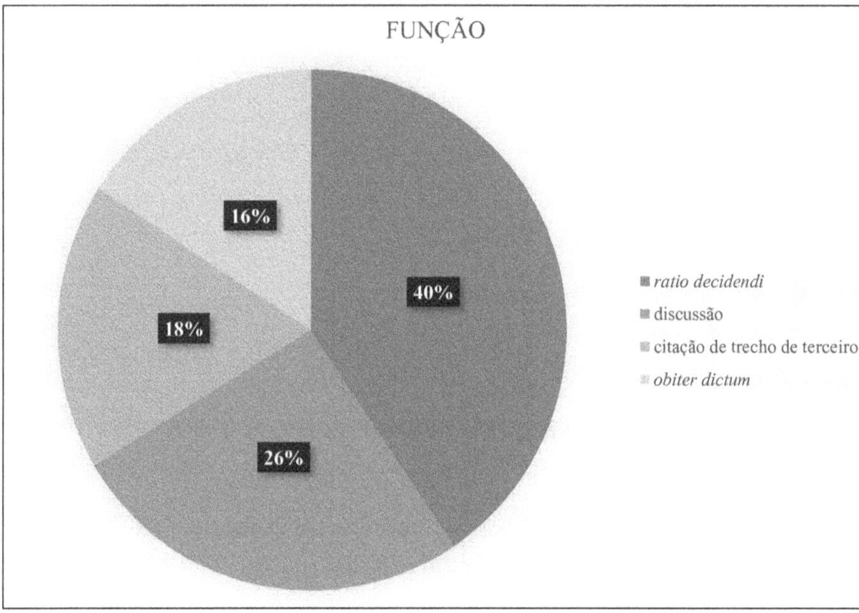

Gráfico 18 – Função da Convenção nº 155 na decisão analisada – TRT2 (elaboração própria)

No tocante à função desempenhada pela Convenção, observa-se que em 40% dos casos, a Convenção nº 155 da OIT tem a função de *ratio decidendi*; em 26% dos casos, a C155 corresponde à discussão; em 18% dos casos, a C155 corresponde à citação de trecho de terceiro; e, em 16% dos casos, a C155 é usada como *obiter dictum*.

Em relação à função *ratio decidendi*, conforme gráfico abaixo, verificou-se que em 52% dos casos a Convenção nº 155 da OIT é utilizada como razão de decidir nas decisões que tratam do dever de cuidado com o meio ambiente do trabalho. Em 9% dos casos, a Convenção é utilizada como *ratio decidendi* em discussões jurídicas sobre a cumulação de adicionais. Em 26% dos casos, a C155 foi usada como *ratio decidendi* nas discussões jurídicas sobre a (im)possibilidade de cumulação de adicionais de periculosidade e insalubridade. Em 12% dos casos, a C155 figurou como *ratio decidendi* em decisões sobre a redução de riscos labor-ambientais a partir de normas relacionadas à jornada de trabalho. Em 7% dos casos, a C155 foi *ratio decidendi* em decisões sobre a adaptação do trabalho ao ser humano. Com menos destaque, variando de 2% a 0%, aparecem as seguintes discussões jurídicas: responsabilidade do empregador, instalações sanitárias, definição de saúde e direito ao meio ambiente do trabalho equilibrado.

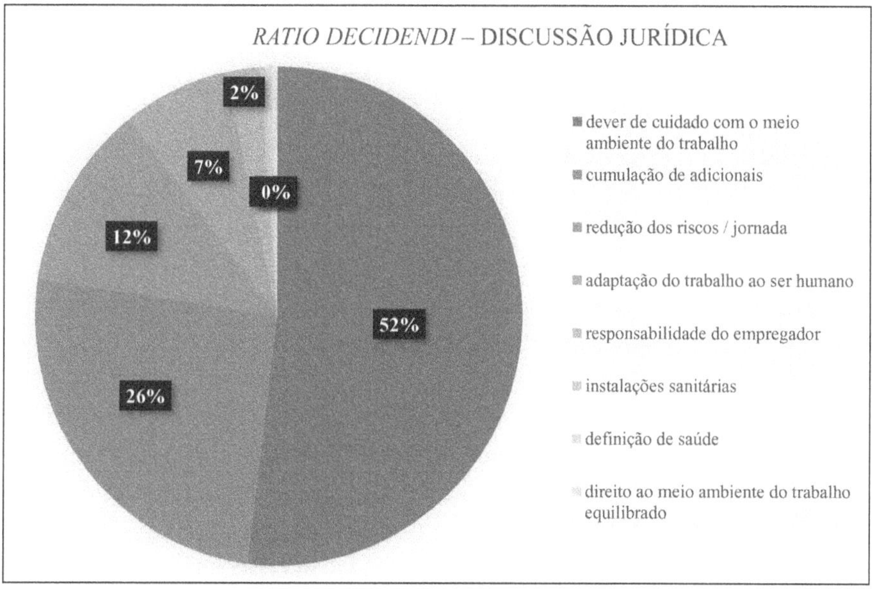

Gráfico 19 – Discussão jurídica envolvida nas decisões em que a Convenção nº 155 é *ratio decidendi* – TRT2 (elaboração própria)

Em relação à função *obiter dictum*, conforme gráfico a seguir, verificou-se que, embora não seja o fundamento central a decisão, o texto da Convenção nº 155 da OIT é explorado quando se trata de: dever de cuidado com o meio ambiente do trabalho (59% dos casos); aspecto processual (19% dos casos); responsabilidade civil do empregador (4% dos casos); cumulação de adicionais (3% dos casos); assédio moral (3% dos casos); dano moral (2% dos casos); adicional (2% dos casos); direito ao meio ambiente do trabalho equilibrado (2% dos casos); adaptação do trabalho ao ser humano (1% dos casos), obrigação do Estado (Brasil) (1% dos casos); e instalações sanitárias (1% dos casos).

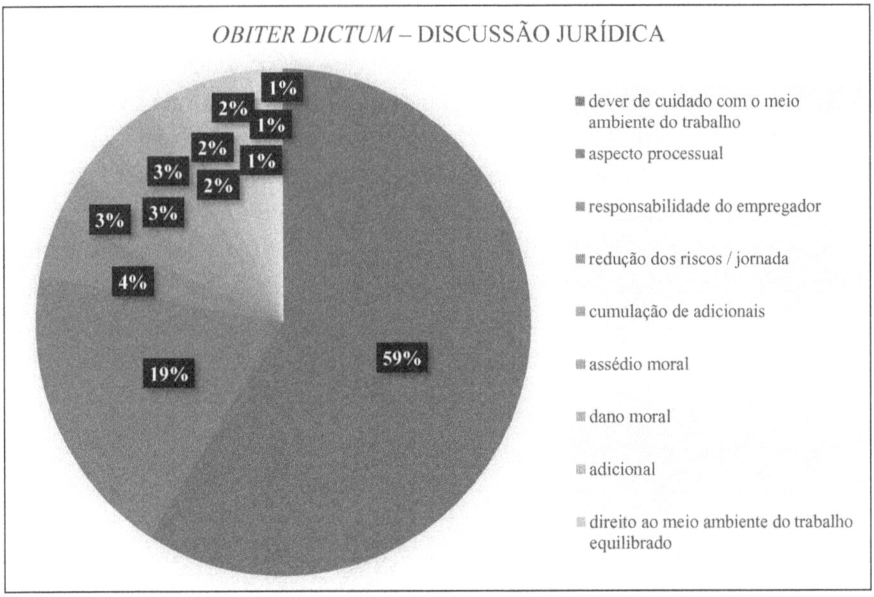

Gráfico 20 – Discussão jurídica envolvida nas decisões em que a Convenção nº 155 é *obiter dictum* – TRT2 (elaboração própria)

Em relação à função discussão, conforme gráfico abaixo, verificou-se que: em 99% dos casos, a Convenção nº 155 da OIT é alvo de discussão quando se trata da (im)possibilidade de cumulação dos adicionais de periculosidade e insalubridade; e em 1% dos casos, a Convenção nº 155 da OIT é alvo de discussão quando aborda a redução dos riscos labor-ambientais e sua relação com o tempo de trabalho.

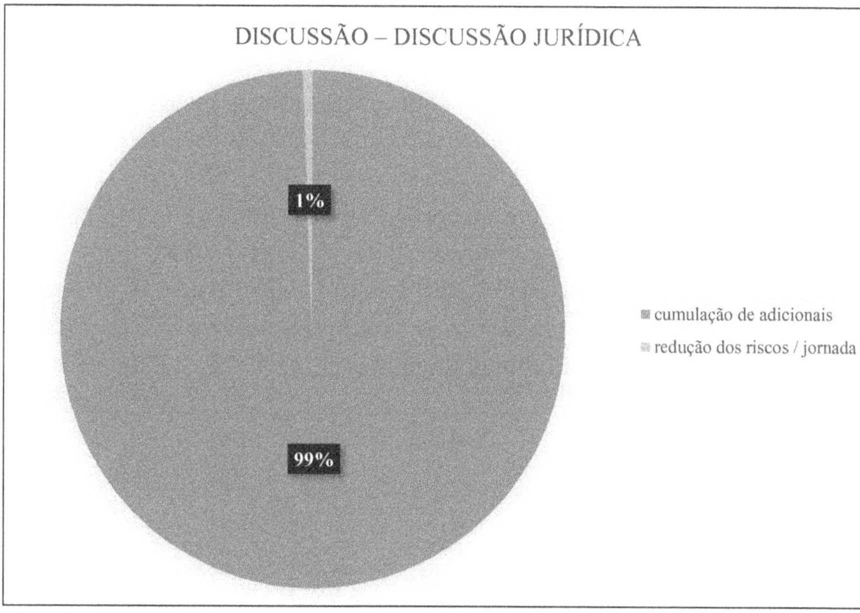

Gráfico 21 – Discussão jurídica envolvida nas decisões em que a Convenção nº 155 corresponde à "discussão" – TRT2 (elaboração própria).

Após o mapeamento acima, observou-se que alguns temas se destacaram qualitativa e quantitativamente em relação à aplicação da Convenção nº 155 da OIT. Tais destaques serão objeto de análise no capítulo seguinte.

3.3.3. Tribunal Regional do Trabalho da 3ª Região

No tocante à jurisprudência do Tribunal Regional do Trabalho da 3ª Região (TRT3), cuja jurisdição compreende o estado de Minas Gerais, antes de iniciar o mapeamento das decisões proferidas, investigou-se se havia algum tipo de jurisprudência consolidada a respeito da aplicação de dispositivos internacionais (com especial atenção para a Convenção nº 155 da OIT) pelo Tribunal.

Verificou-se que: (*i*) não há Precedente Normativo (PN) que trate da aplicação de textos normativos internacionais; (*ii*) não há tese jurídica prevalecente quanto a aplicação de normas internacionais; (*iii*) não há Orientações jurisprudenciais e nem (*iv*) súmulas relacionadas ao tema.

A partir dessa análise, entende-se que aplicação de dispositivos internacionais não parece ser alvo de preocupação central do TRT3, não havendo jurisprudência consolidada a tal respeito. Parte-se, assim, para a análise dos acórdãos.

Como já abordado no item "considerações metodológicas", localizado no início desta pesquisa, realizou-se uma busca na base de jurisprudência do TRT3 a partir do critério de busca < convenção + 155 >, que localizou 1205 resultados, dos quais somente 920 diziam respeito à Convenção nº 155 da OIT. Assim, foram analisadas 920 decisões no TRT3.

Primeiro, a fim de identificar se há algum período em que a Convenção nº 155 foi mais utilizada, organizou-se os resultados pelo ano em que a decisão analisada foi proferida (ano de julgamento), conforme gráfico abaixo.

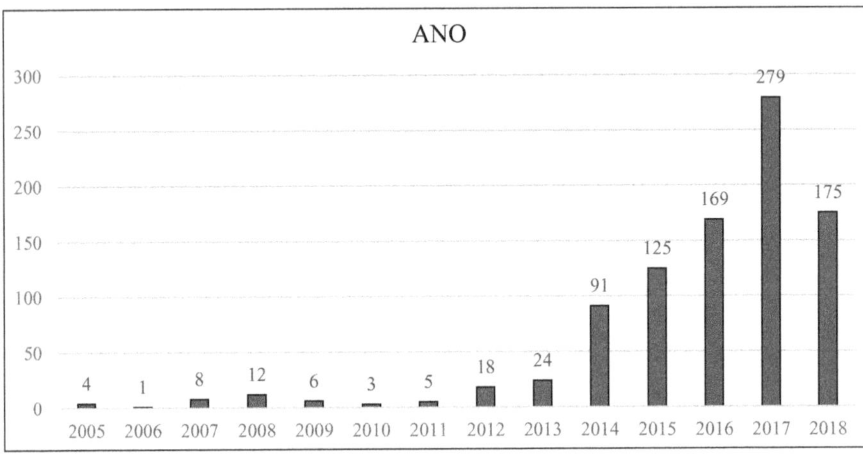

Gráfico 22 – Decisões por ano de julgamento – TRT3 (elaboração própria)

Observa-se que o período entre 2014 e 2018, se comparado com os demais, houve intensa utilização da Convenção nº 155 da OIT. Assim como se deu no TRT1, neste tribunal também não fica claro qual é o motivo dessa movimentação, já que há diversidade de discussões jurídicas nesses anos, não havendo predominância de uma (como ocorreu com a discussão jurídica "cumulação de adicionais" no TST, por exemplo). Por fim, vale notar que o ano de 2018 (ano posterior à Reforma Trabalhista), assim como ocorreu no TST, não apresentou crescimento na utilização da C155, o que será objeto de análise no capítulo seguinte.

Segundo, a fim de identificar em relação a qual(is) tema(s) a Convenção nº 155 da OIT é invocada, organizou-se, no gráfico abaixo, os resultados pela discussão jurídica travada ao longo da decisão analisada quando da menção à Convenção, isto é, por qual tema está sendo preponderantemente tratado quando se aplica a Convenção nº 155 da OIT.

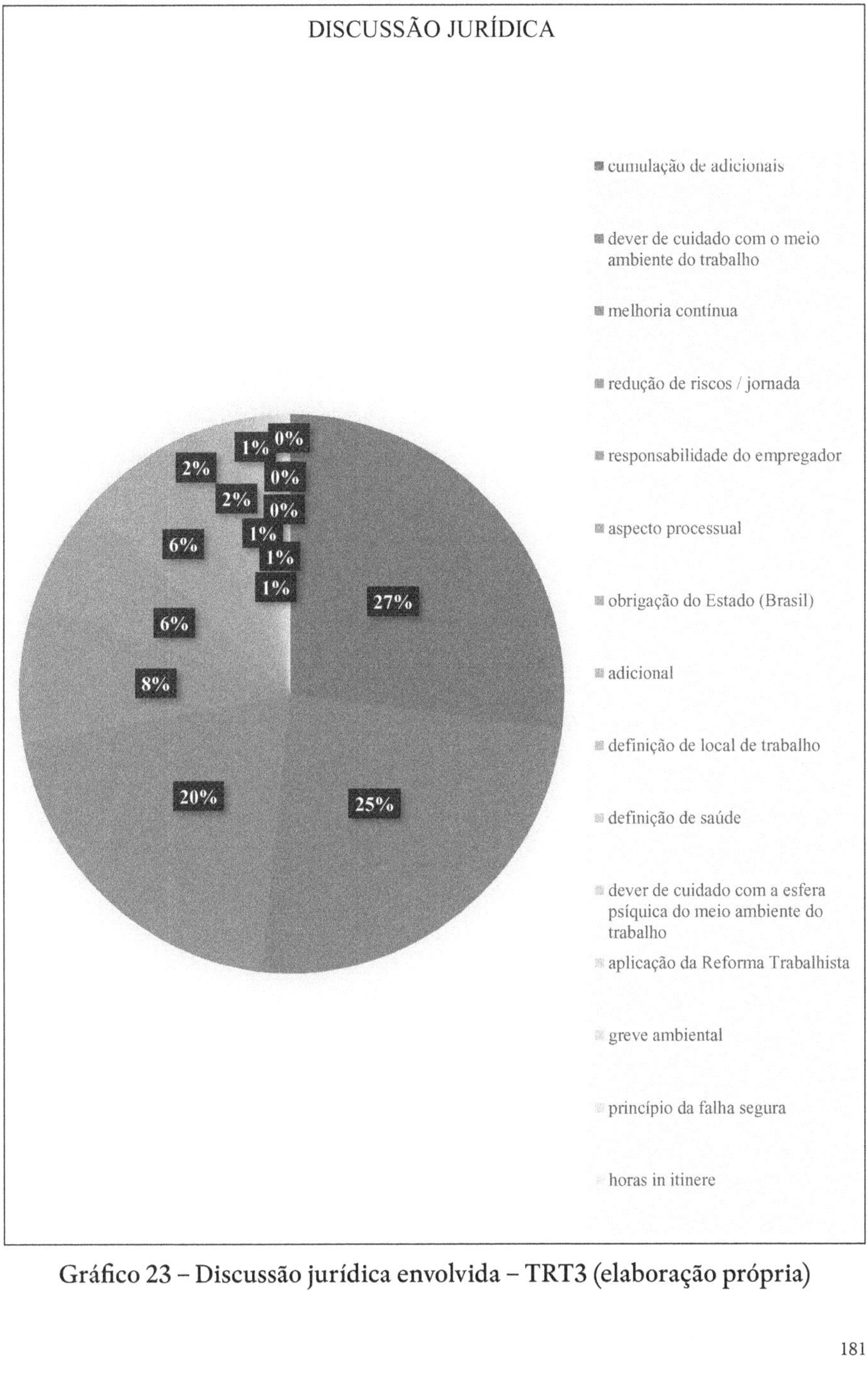

Gráfico 23 – Discussão jurídica envolvida – TRT3 (elaboração própria)

Observa-se que os temas que mais se destacam quando da aplicação da Convenção nº 155 pelo TRT3 são: a cumulação de adicionais, com 27% dos resultados; o dever de cuidado com o meio ambiente do trabalho, com 25% dos resultados; a melhoria contínua, com 20% dos resultados; a redução dos riscos/jornada, com 8% dos casos; a responsabilidade do empregador, com 6% dos casos; e o aspecto processual, também com 6% dos casos.

Com menor destaque, variando entre 2% e 0%, estão os temas que envolvem: obrigação do Estado (Brasil), adicional, definição de local de trabalho, definição de saúde, dever de cuidado com a esfera psíquica do meio ambiente do trabalho, aplicação da Reforma Trabalhista, greve ambiental, princípio da falha segura, horas *in itinere*, horas extras e aplicação das normas de SST aos trabalhadores rurais.

Terceiro, buscou-se mapear se a Convenção nº 155 da OIT é utilizada em conjunto com outros dispositivos internacionais, conforme gráfico abaixo.

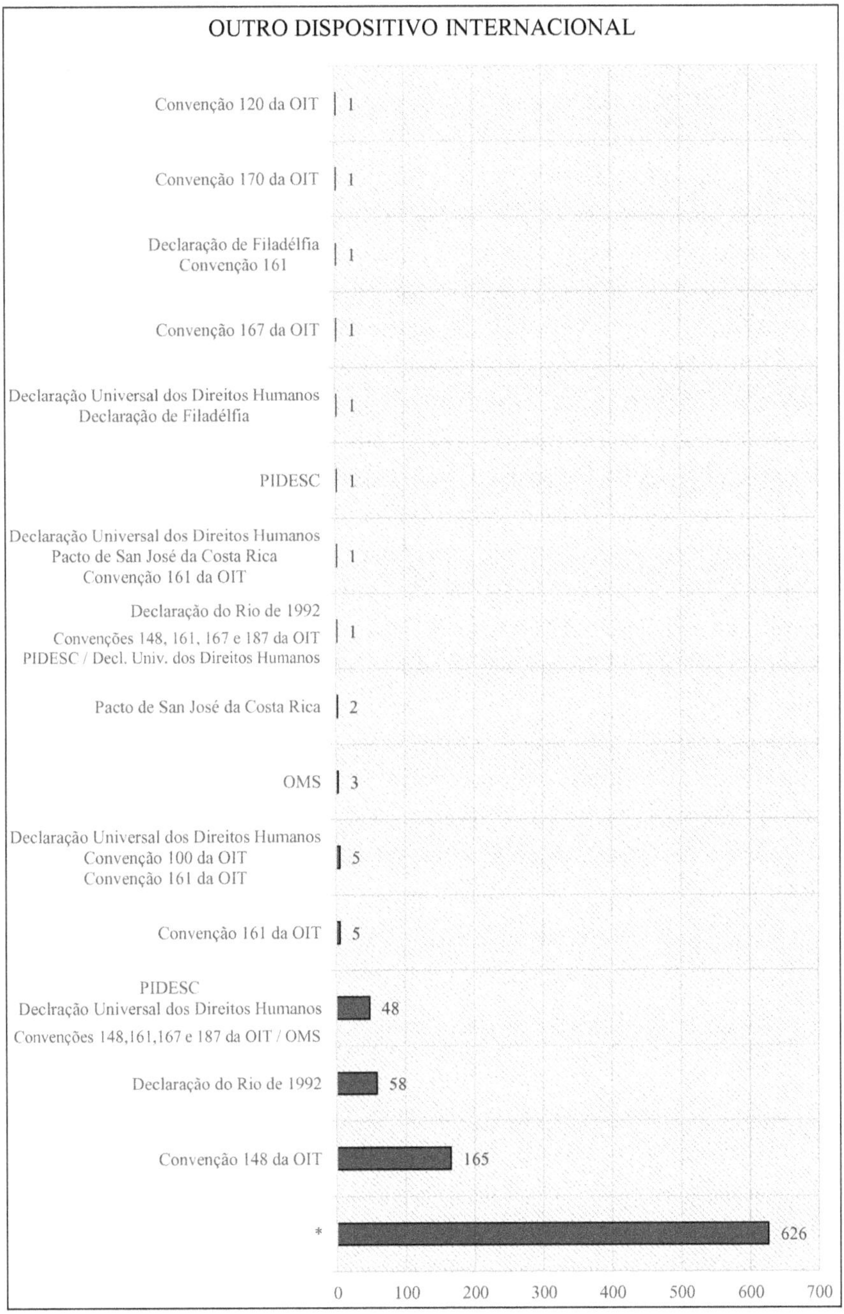

Gráfico 24 – Outro dispositivo internacional utilizado – TRT3 (elaboração própria)

Verificou-se que, na grande maioria dos casos (626 casos), a Convenção nº 155 da OIT é o único dispositivo internacional utilizado na decisão, isto é, não há outro dispositivo internacional aplicado em conjunto, o que está representado pelo asterisco (*). Para além da Convenção nº 155, com certo destaque, aparecem: a Convenção nº 148 da OIT, sobre a proteção dos trabalhadores contra os riscos profissionais devidos à contaminação do ar, ao ruído e às vibrações no local do trabalho (165 resultados), a Declaração do Rio de 1992 sobre o meio ambiente e o desenvolvimento (58 resultados) e um conjunto de dispositivos internacionais citados de forma conjunta em 48 casos, abarcando o PIDESC, a Declaração Universal dos Direitos Humanos, a Convenção nº 148 da OIT, a Convenção nº 161 da OIT, a Convenção nº 167 da OIT, a Convenção nº 187 da OIT e a referência genérica a normas da Organização Mundial da Saúde (OMS). Salienta-se que a Convenção nº 148 foi especialmente utilizada ao longo das decisões sobre a (im)possibilidade da cumulação dos adicionais de periculosidade e insalubridade. Para além desses, foram encontrados resultados que mencionaram a Convenção nº 100 da OIT, a Convenção nº 20 da OIT, a Convenção nº 170 da OIT, a Declaração de Filadélfia e o Pacto de San José da Costa Rica.

Quarto, com a finalidade de compreender qual é a função da Convenção nº 155 da OIT quando mencionada nas decisões – o que está diretamente ligado à pergunta central desta pesquisa –, organizou-se o gráfico abaixo de acordo com o papel desempenhado pela Convenção na decisão analisada.

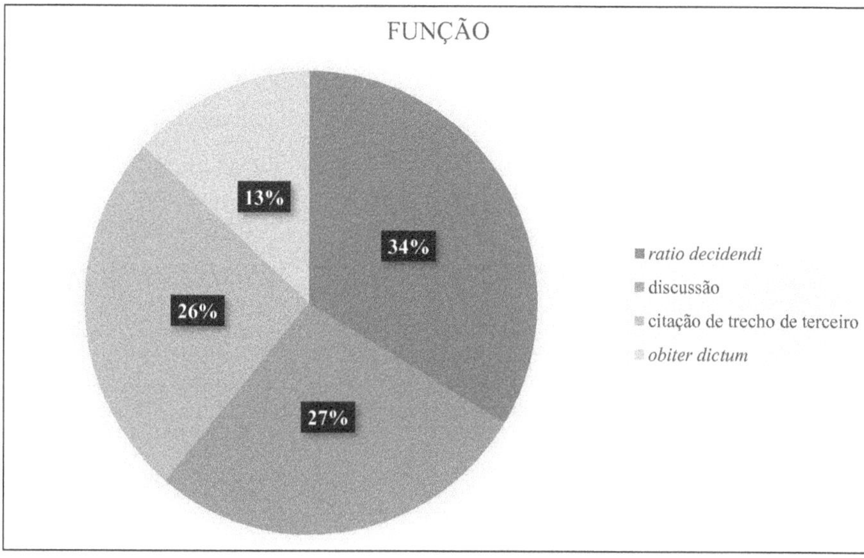

Gráfico 25 – Função da Convenção nº 155 na decisão analisada – TRT3 (elaboração própria)

No tocante à função desempenhada pela Convenção, observa-se que em 34% dos casos, a Convenção nº 155 da OIT tem a função de *ratio decidendi*; em 27% dos casos, a C155 corresponde à discussão; em 26% dos casos, a C155 corresponde à citação de trecho de terceiro; e, em 13% dos casos, a C155 é usada como *obiter dictum*.

Em relação à função *ratio decidendi*, conforme gráfico abaixo, verificou-se que em 32% dos casos a Convenção nº 155 da OIT é utilizada como razão de decidir nas decisões que tratam da cumulação de adicionais. Em 28% dos casos, a C155 é utilizada como *ratio decidendi* em discussões jurídicas sobre o dever de melhoria contínua. Em 20% dos casos, a C155 foi usada como *ratio decidendi* nas discussões jurídicas sobre a responsabilidade do empregador. Em 16% dos casos, a C155 figurou como *ratio decidendi* em decisões sobre o dever de cuidado com o meio ambiente do trabalho. Com menor destaque, variando entre 3% a 0%, aparecem como *ratio decidendi* as seguintes discussões jurídicas: redução de riscos / jornada, princípio da falha segura, definição de saúde e aplicação das normas de SST aos trabalhadores rurais.

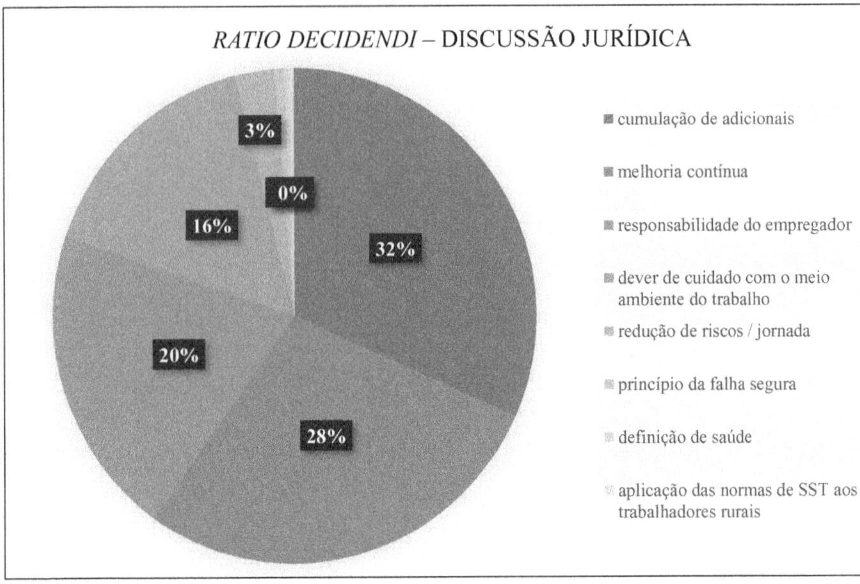

Gráfico 26 – Discussão jurídica envolvida nas decisões em que a Convenção nº 155 é *ratio decidendi* – TRT3 (elaboração própria)

Em relação à função *obiter dictum*, conforme gráfico a seguir, verificou-se que, embora não seja o fundamento central a decisão, o texto da Convenção nº 155 da OIT é explorado quando se trata de: dever de cuidado com o meio ambiente do trabalho (50% dos casos); obrigação do Estado (Brasil) (20% dos casos); adicional (15% dos casos), aspecto processual (3% dos casos); melhoria contínua (2% dos casos); definição de saúde (2% dos casos); aplicação da Reforma Trabalhista (2% dos casos); cumulação de adicionais (2% dos casos); responsabilidade do empregador (1% dos casos); redução de riscos / jornada (1% dos casos); dever de cuidado com a esfera psíquica do meio ambiente do trabalho (1% dos casos) e definição de local de trabalho (1% dos casos).

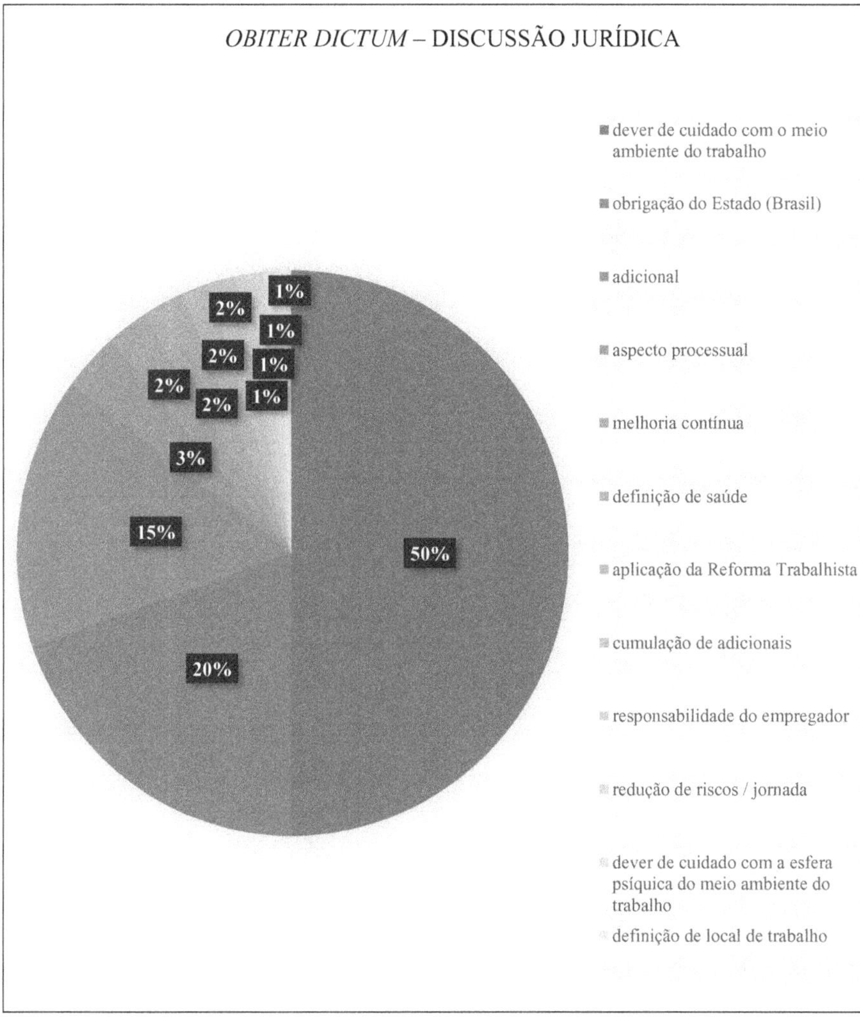

Gráfico 27 – Discussão jurídica envolvida nas decisões em que a Convenção nº 155 é *obiter dictum* – TRT3 (elaboração própria)

Em relação à função discussão, conforme gráfico abaixo, verificou-se que: em 95% dos casos, a Convenção nº 155 da OIT é alvo de discussão quando se trata da (im)possibilidade de cumulação dos adicionais de periculosidade e insalubridade; em 2% dos casos, a Convenção nº 155 da OIT é alvo de discussão quando aborda a definição de local de trabalho; em 1% dos casos, a C155 é alvo de discussão quando trata do dever de cuidado com a esfera psíquica do meio ambiente do trabalho; em 1% dos casos, a

C155 é alvo de discussão quando trata da greve ambiental; e também em 1% dos casos a C155 é alvo de discussão quando trata da redução dos riscos labor-ambientais por meio de normas atinentes à jornada.

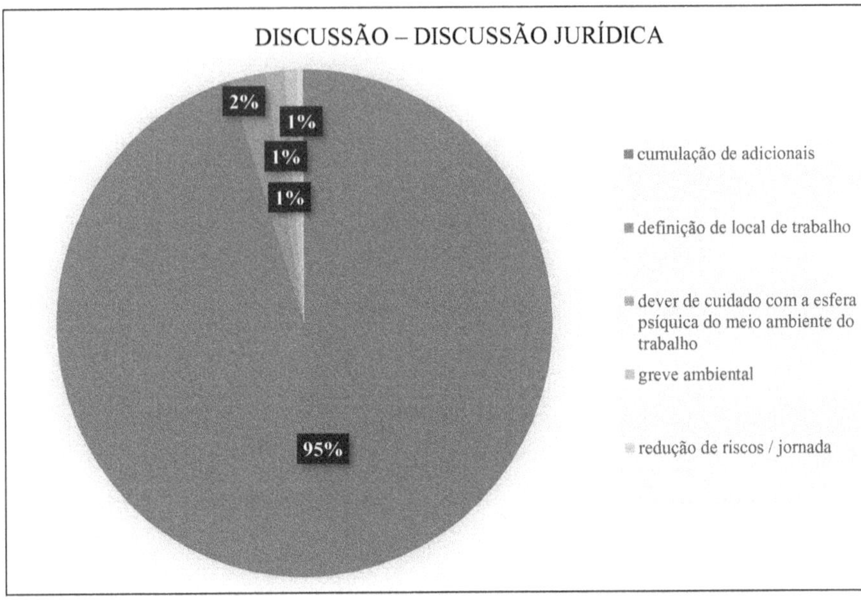

Gráfico 28 – Discussão jurídica envolvida nas decisões em que a Convenção nº 155 corresponde à "discussão" – TR3 (elaboração própria).

Após o mapeamento acima, observou-se que alguns temas se destacaram qualitativa e quantitativamente em relação à aplicação da Convenção nº 155 da OIT. Tais destaques serão objeto de análise no capítulo seguinte.

3.3.4. Tribunal Regional do Trabalho da 4ª Região

No tocante à jurisprudência do Tribunal Regional do Trabalho da 4ª Região (TRT4), cuja jurisdição compreende o estado do Rio Grande do Sul, antes de iniciar o mapeamento das decisões proferidas, investigou-se se havia algum tipo de jurisprudência consolidada a respeito da aplicação de dispositivos internacionais (com especial atenção para a Convenção nº 155 da OIT) pelo Tribunal.

Verificou-se que: (*i*) não há Precedente Normativo (PN) que trate da aplicação de textos normativos internacionais; (*ii*) não há tese jurídica prevalecente quanto a aplicação de normas internacionais; (*iii*) não há Orientação Jurisprudencial sobre o tema; (*iv*) há a Súmula nº 76[65], que não faz referência a normas internacionais, porém pacifica a discussão sobre a (im) possibilidade de cumulação dos adicionais de insalubridade e periculosidade, que foi aventada a partir de uma interpretação sistemática entre as Convenções nº 148 e 155 da OIT.

A partir dessa análise, entende-se que aplicação de dispositivos internacionais não parece ser alvo de preocupação central do TRT4, havendo apenas uma súmula que, embora não cite expressamente, afasta a aplicação da C155. Parte-se, assim, para a análise dos acórdãos.

Como já abordado no item "considerações metodológicas", localizado no início desta pesquisa, realizou-se uma busca na base de jurisprudência do TRT4 a partir do critério de busca < convenção + 155 >, que localizou 470 resultados, dos quais somente 457 diziam respeito à Convenção nº 155 da OIT. Assim, foram analisadas 457 decisões no TRT4.

Primeiro, a fim de identificar se há algum período em que a Convenção nº 155 foi mais utilizada, organizou-se os resultados pelo ano em que a decisão analisada foi proferida (ano de julgamento), conforme gráfico abaixo.

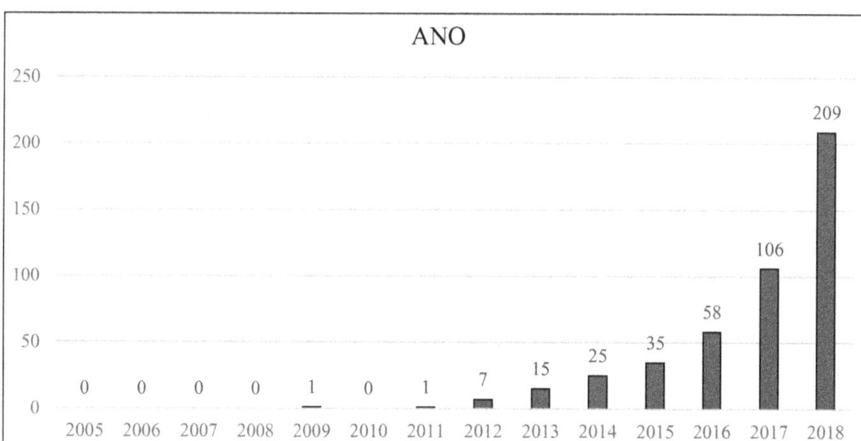

Gráfico 29 – Decisões por ano de julgamento – TRT4 (elaboração própria)

[65] Súmula nº 76 – ADICIONAIS DE INSALUBRIDADE E PERICULOSIDADE. ACUMULAÇÃO. IMPOSSIBILIDADE. O pagamento cumulativo dos adicionais de insalubridade e periculosidade encontra óbice no artigo 193, § 2º, da CLT, o qual faculta ao empregado o direito de optar pelo adicional mais favorável. Inexistência de violação aos incisos XXII e XXIII, do artigo 7º, da Constituição. Resolução Administrativa nº 33/2015 Disponibilizada no DEJT dias 02, 03 e 04 de setembro de 2015, considerada publicada dias 03, 04 e 08 de setembro de 2015

Observa-se uma curva crescente no uso da Convenção nº 155 da OIT, com destaque para os anos de 2017 e 2018.Vale notar que 2018 (ano posterior à Reforma Trabalhista) se destacou isoladamente como o ano em que mais se utilizou a C155 neste tribunal, o que pode corroborar com a hipótese apresentada inicialmente de que a C155 pode ser utilizada como contraponto às novas disposições trazidas pela Reforma Trabalhista, seja solucionando dúvidas, seja estabelecendo um patamar mínimo de direitos que não pode ser rebaixado por uma norma de hierarquia legal. Tal hipótese será objeto de análise no capítulo seguinte.

Segundo, a fim de identificar em relação a qual(is) tema(s) a Convenção nº 155 da OIT é invocada, organizou-se, no gráfico abaixo, os resultados pela discussão jurídica travada ao longo da decisão analisada quando da menção à Convenção, isto é, por qual tema está sendo preponderantemente tratado quando se aplica a Convenção nº 155 da OIT.

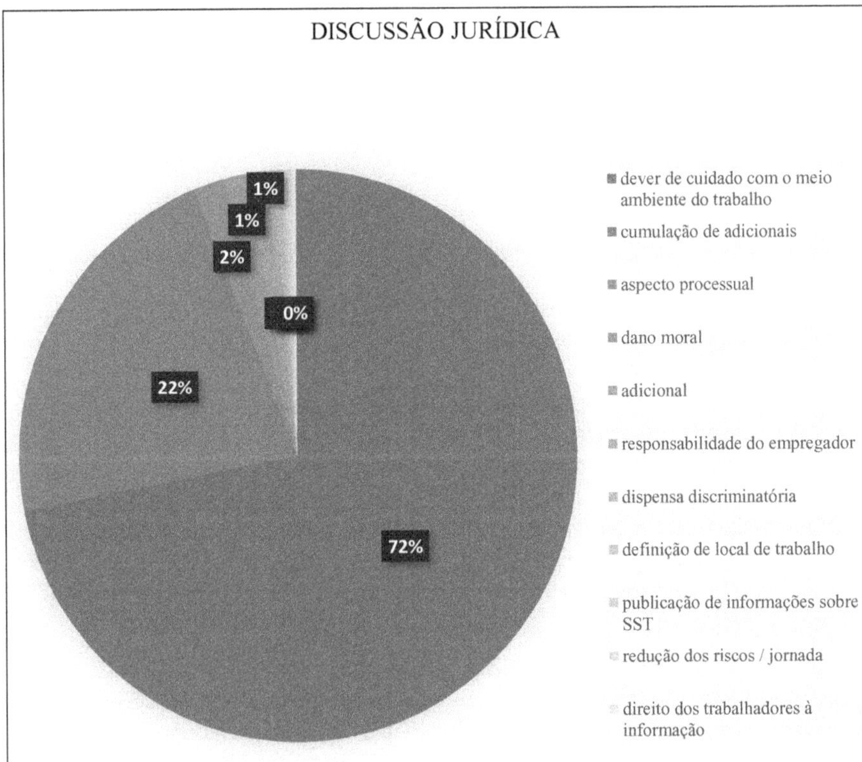

Gráfico 30 – Discussão jurídica envolvida – TRT4 (elaboração própria)

Observa-se que os temas que mais se destacam quando da aplicação da Convenção nº 155 pelo TRT4 são: o dever de cuidado com o meio ambiente do trabalho (72% dos casos) e cumulação de adicionais (22% dos casos). Com menor destaque, os demais temas – aspecto processual, dano moral, adicional, responsabilidade do empregador, dispensa discriminatória, definição de local de trabalho, publicação de informações sobre SST, redução dos riscos / jornada e direito dos trabalhadores à informação – variam entre 2% a 0% dos casos.

Terceiro, buscou-se mapear se a Convenção nº 155 da OIT é utilizada em conjunto com outros dispositivos internacionais, conforme gráfico abaixo.

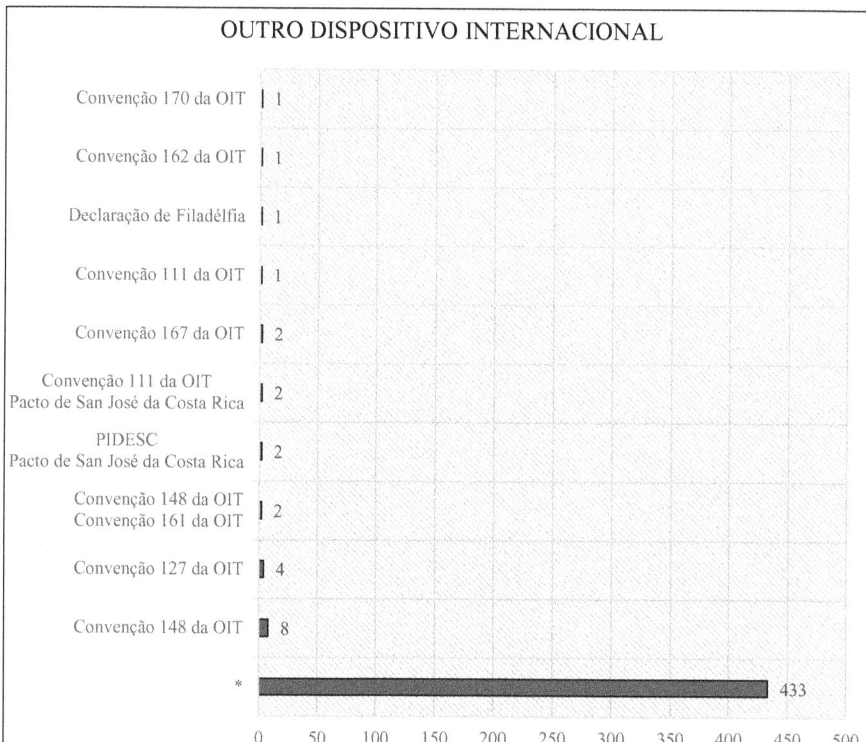

Gráfico 31 – Outro dispositivo internacional utilizado – TRT4 (elaboração própria)

Verificou-se que, na grande maioria dos casos (433 casos), a Convenção nº 155 da OIT é o único dispositivo internacional utilizado na decisão, isto é, não há outro dispositivo internacional aplicado em conjunto, o que está representado pelo asterisco (*). Para além da Convenção nº 155, com certo destaque (8 resultados), aparece a Convenção nº 148 da OIT, sobre a proteção dos trabalhadores contra os riscos profissionais devidos à contaminação do ar, ao ruído e às vibrações no local do trabalho. Salienta-se que a Convenção nº 148 foi especialmente utilizada ao longo das decisões sobre a (im)possibilidade da cumulação dos adicionais de periculosidade e insalubridade. Por fim, aparecem mencionados nas demais decisões os seguintes dispositivos (muitas vezes em conjunto, inclusive com a Convenção nº 148 da OIT, como se observa no gráfico acima): Convenções nº 111, 127, 161, 162, 167 e 170 da OIT, Declaração de Filadélfia e Pacto de San José da Costa Rica.

Quarto, com a finalidade de compreender qual é a função da Convenção nº 155 da OIT quando mencionada nas decisões – o que está diretamente ligado à pergunta central desta pesquisa –, organizou-se o gráfico abaixo de acordo com o papel desempenhado pela Convenção na decisão analisada.

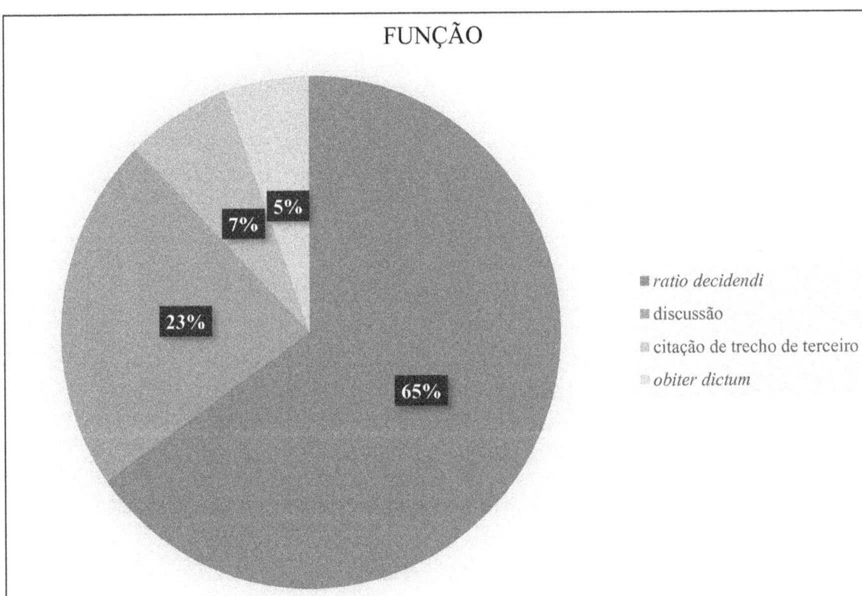

Gráfico 32 – Função da Convenção nº 155 na decisão analisada – TRT4 (elaboração própria)

No tocante à função desempenhada pela Convenção, observa-se que em 65% dos casos, a Convenção nº 155 da OIT tem a função de *ratio decidendi*;

em 23% dos casos, a C155 corresponde à "discussão"; em 7% dos casos, a C155 corresponde à "citação de trecho de terceiro"; e, em 16% dos casos, a C155 é usada como *obiter dictum*.

Em relação à função *ratio decidendi*, conforme gráfico abaixo, verificou-se que, em 91% dos casos, a Convenção nº 155 da OIT é utilizada como razão de decidir nas decisões que tratam do dever de cuidado com o meio ambiente do trabalho. Em 8% dos casos, a Convenção é utilizada como *ratio decidendi* em discussões jurídicas sobre a cumulação de adicionais. Nos 1% restantes, aparecem: definição de local de trabalho, publicação de informações sobre SST, responsabilidade do empregador e direito dos trabalhadores à informação.

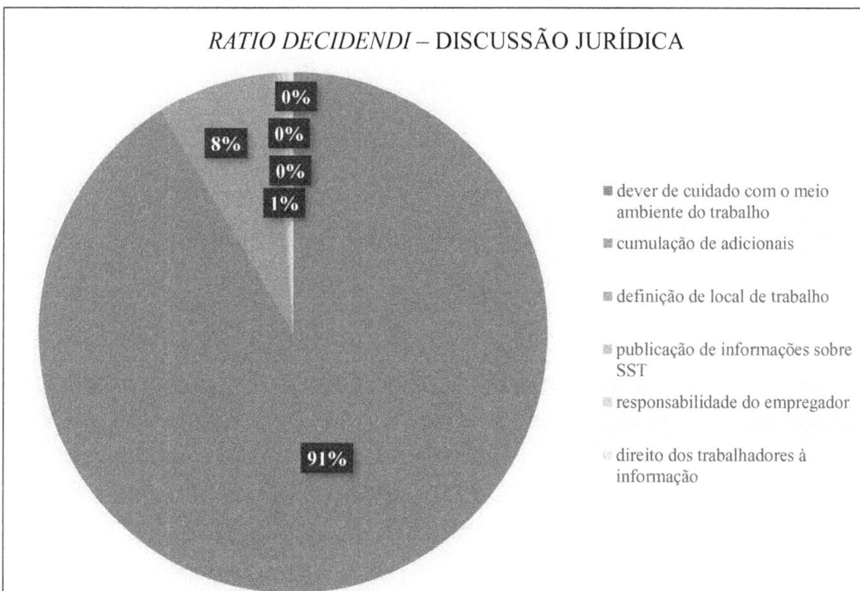

Gráfico 33 – Discussão jurídica envolvida nas decisões em que a Convenção nº 155 é *ratio decidendi* – TRT4 (elaboração própria)

Em relação à função *obiter dictum*, conforme gráfico a seguir, verificou-se que, embora não seja o fundamento central a decisão, o texto da Convenção nº 155 da OIT é explorado quando se trata de: dever de cuidado com o meio ambiente do trabalho (44% dos casos); dano moral (16% dos casos); adicional (12% dos casos); cumulação de adicionais (12% dos casos); aspecto processual (8% dos casos); e dispensa discriminatória (8% dos casos)

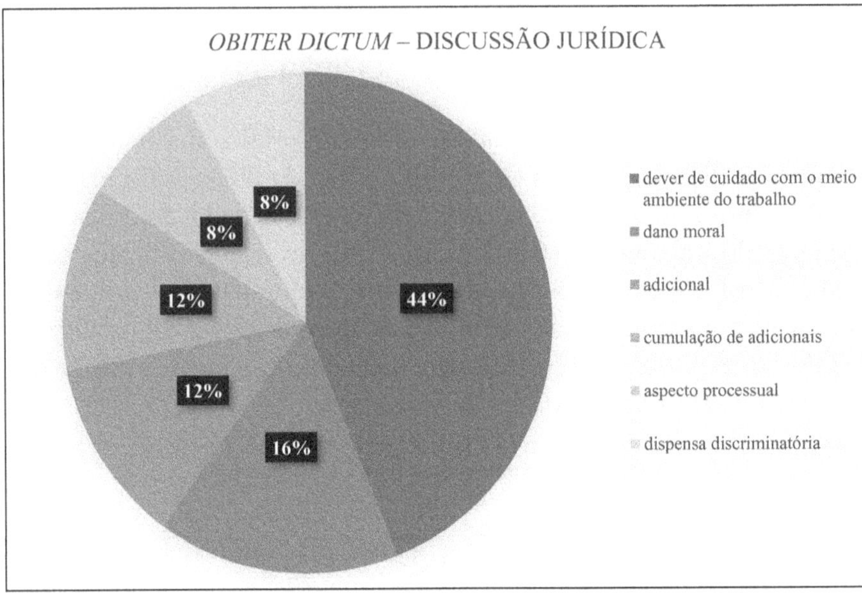

Gráfico 34 – Discussão jurídica envolvida nas decisões em que a Convenção nº 155 é *obiter dictum* – TRT4 (elaboração própria)

Em relação à função discussão, conforme gráfico abaixo, verificou-se que: em 69% dos casos, a Convenção nº 155 da OIT é alvo de discussão quando se trata da (im)possibilidade de cumulação dos adicionais de periculosidade e insalubridade; em 30% dos casos, a Convenção nº 155 da OIT é alvo de discussão quando aborda o dever de cuidado com o meio ambiente do trabalho; e, em 1% dos casos, a Convenção nº 155 da OIT é alvo de discussão quando aborda a responsabilidade do empregador.

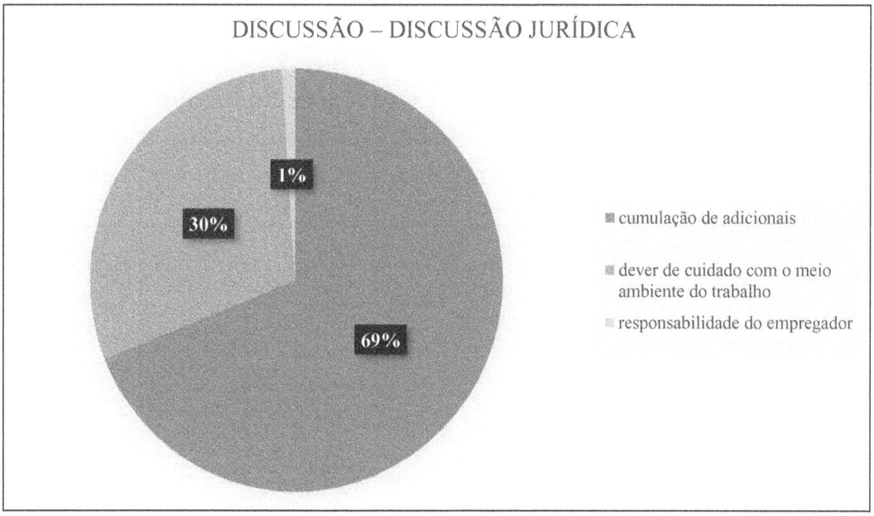

Gráfico 35 – Discussão jurídica envolvida nas decisões em que a Convenção nº 155 corresponde à "discussão" – TRT5 (elaboração própria).

Após o mapeamento acima, observou-se que alguns temas se destacaram qualitativa e quantitativamente em relação à aplicação da Convenção nº 155 da OIT. Tais destaques serão objeto de análise no capítulo seguinte.

3.3.5. Tribunal Regional do Trabalho da 5ª Região

No tocante à jurisprudência do Tribunal Regional do Trabalho da 5ª Região (TRT5), cuja jurisdição compreende o estado da Bahia, antes de iniciar o mapeamento das decisões proferidas, investigou-se se havia algum tipo de jurisprudência consolidada a respeito da aplicação de dispositivos internacionais (com especial atenção para a Convenção nº 155 da OIT) pelo Tribunal.

Verificou-se que: (*i*) não há Precedente Normativo (PN) que trate da aplicação de textos normativos internacionais; (*ii*) não há tese jurídica prevalecente quanto a aplicação de normas internacional; (*iii*) não há súmula a sobre o tema. A partir dessa análise, entende-se que aplicação de dispositivos internacionais não parece ser alvo de preocupação central do TRT5. Parte-se, assim, para a análise dos acórdãos.

Como já abordado no item "considerações metodológicas", localizado no início desta pesquisa, realizou-se uma busca na base de jurisprudência do TRT5 a partir do critério de busca < convenção + 155 >, que localizou

14 resultados, dos quais somente 4 diziam respeito à Convenção nº 155 da OIT. Assim, foram analisadas 4 decisões no TRT5.

Primeiro, a fim de identificar se há algum período em que a Convenção nº 155 foi mais utilizada, organizou-se os resultados pelo ano em que a decisão analisada foi proferida (ano de julgamento), conforme gráfico abaixo.

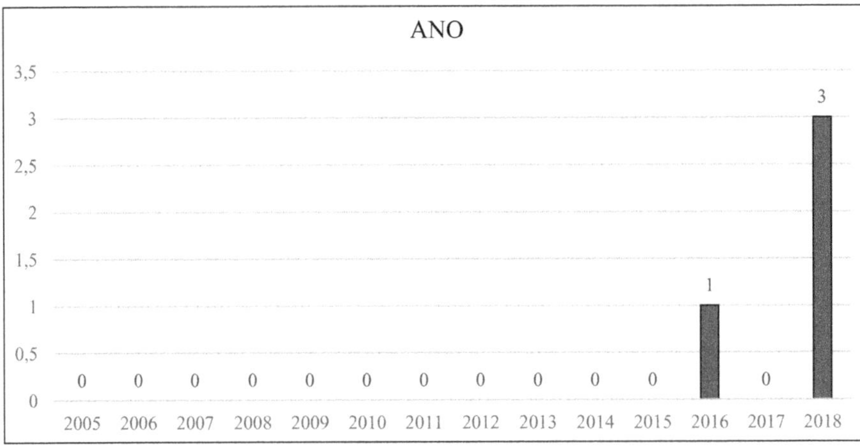

Gráfico 36 – Decisões por ano de julgamento – TRT5 (elaboração própria)

Houve 1 resultado no ano de 2016 e três resultados no ano de 2018. Observa-se que, diferentemente dos demais, a pesquisa na base de jurisprudência deste tribunal evidenciou poucos resultados. Com a finalidade de averiguar o motivo dessa discrepância em relação aos demais TRTs, foram testados outros termos de busca, tais como "da OIT", "Organização Internacional do Trabalho", "convenção nº 155", "convenção 155", "convenção n. 155". No entanto, não foram localizados mais resultados. Dessa forma, parece haver pouco uso da C155 neste tribunal ou há alguma falha não identificada no sistema de busca jurisprudencial. Como o objetivo deste estudo não se concentra propriamente em compreender as características de cada base de dados, trabalhou-se com as 4 decisões localizadas, as quais predominam no ano de 2018.

Segundo, a fim de identificar em relação a qual(is) tema(s) a Convenção nº 155 da OIT é invocada, organizou-se, no gráfico abaixo, os resultados pela discussão jurídica travada ao longo da decisão analisada quando da menção à Convenção, isto é, por qual tema está sendo preponderantemente tratado quando se aplica a Convenção nº 155 da OIT.

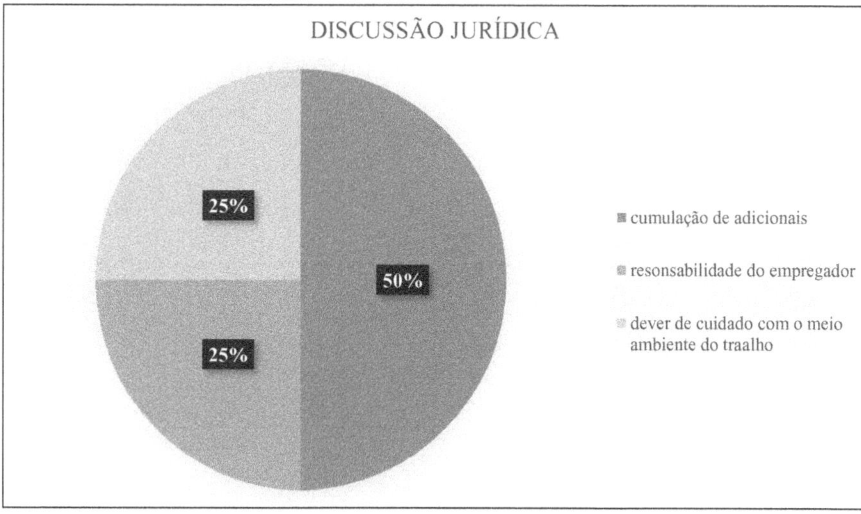

Gráfico 37 – Discussão jurídica envolvida – TRT5 (elaboração própria)

Observa-se que três temas foram discutidos: a cumulação de adicionais, com 50% dos resultados; a responsabilidade do empregador, com 25% dos resultados; o dever de cuidado com o meio ambiente do trabalho, com 25% dos resultados.

Terceiro, buscou-se mapear se a Convenção nº 155 da OIT é utilizada em conjunto com outros dispositivos internacionais, conforme gráfico abaixo.

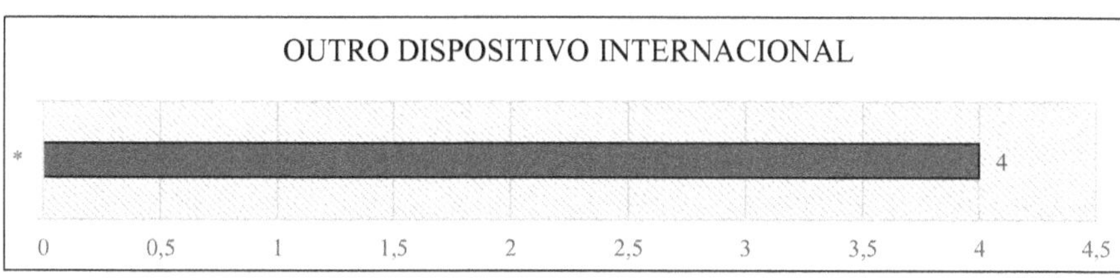

Gráfico 38 – Outro dispositivo internacional utilizado – TRT5 (elaboração própria)

Verificou-se que, em todos os 4 casos analisados, a Convenção nº 155 da OIT é o único dispositivo internacional utilizado na decisão, isto é, não há outro dispositivo internacional aplicado em conjunto, o que está representado pelo asterisco (*).

Quarto, com a finalidade de compreender qual é a função da Convenção nº 155 da OIT quando mencionada nas decisões – o que está diretamente ligado à pergunta central desta pesquisa –, organizou-se o gráfico abaixo de acordo com o papel desempenhado pela Convenção na decisão analisada.

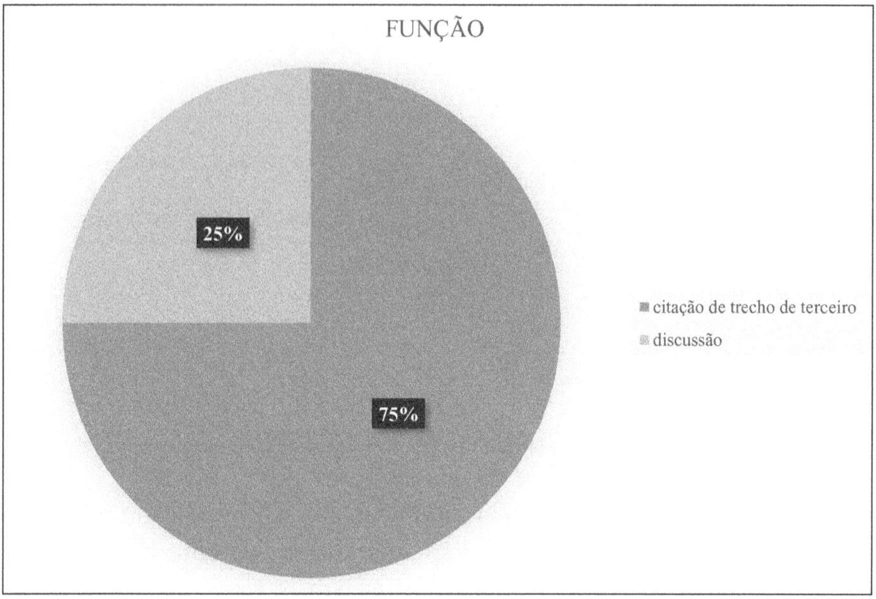

Gráfico 39 – Função da Convenção nº 155 na decisão analisada – TRT5 (elaboração própria)

No tocante à função desempenhada pela Convenção, observa-se que, em 75% dos casos, a C155 corresponde à citação de trecho de terceiro; e, em 25% dos casos, a C155 é corresponde à discussão.

Em relação à função discussão, conforme gráfico abaixo, verificou-se que: em 100% dos casos, a Convenção nº 155 da OIT é alvo de discussão quando se trata da (im)possibilidade de cumulação dos adicionais de periculosidade e insalubridade.

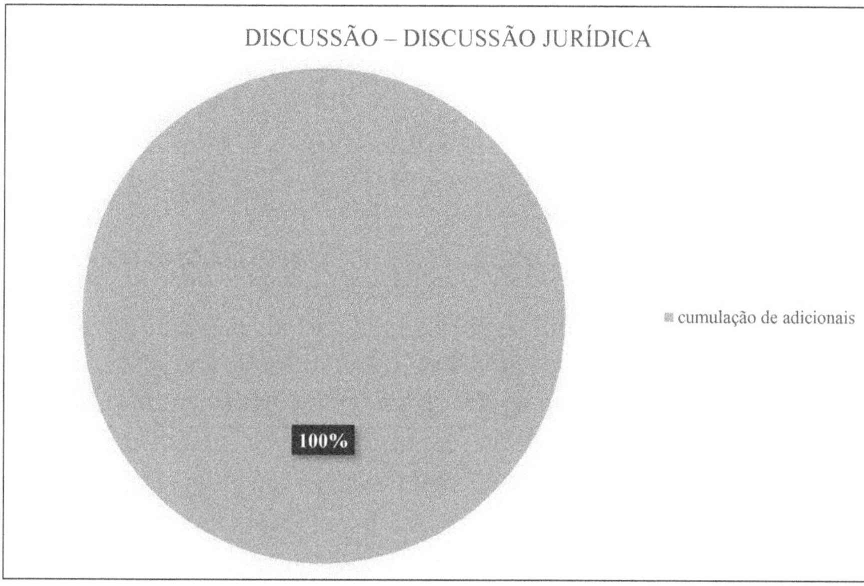

Gráfico 40 – Discussão jurídica envolvida nas decisões em que a Convenção nº 155 corresponde à "discussão" – TRT5 (elaboração própria).

Salienta-se que, neste tribunal, a C155 não figurou como *ratio decidendi* e nem *obiter dictum* em caso algum.

Após o mapeamento acima, observou-se que alguns temas se destacaram qualitativa e quantitativamente em relação à aplicação da Convenção nº 155 da OIT. Tais destaques serão objeto de análise no capítulo seguinte.

3.3.6. Tribunal Regional do Trabalho da 6ª Região

No tocante à jurisprudência do Tribunal Regional do Trabalho da 6ª Região (TRT6), cuja jurisdição compreende o estado de Pernambuco, antes de iniciar o mapeamento das decisões proferidas, investigou-se se havia algum tipo de jurisprudência consolidada a respeito da aplicação de dispositivos internacionais (com especial atenção para a Convenção nº 155 da OIT) pelo Tribunal.

Verificou-se que: (*i*) não há Precedente Normativo (PN) que trate da aplicação de textos normativos internacionais; (*ii*) não há tese jurídica prevalecente quanto a aplicação de normas internacional; (*iii*) também não há súmula sobre o tema.

A partir dessa análise, entende-se que aplicação de dispositivos internacionais não parece ser alvo de preocupação central do TRT6. Parte-se, assim, para a análise dos acórdãos.

Como já abordado no item "considerações metodológicas", localizado no início desta pesquisa, realizou-se uma busca na base de jurisprudência do TRT2 a partir do critério de busca < convenção + 155 >, que localizou 48 resultados, dos quais somente 43 diziam respeito à Convenção nº 155 da OIT. Assim, foram analisadas 43 decisões no TRT2.

Primeiro, a fim de identificar se há algum período em que a Convenção nº 155 foi mais utilizada, organizou-se os resultados pelo ano em que a decisão analisada foi proferida (ano de julgamento), conforme gráfico abaixo.

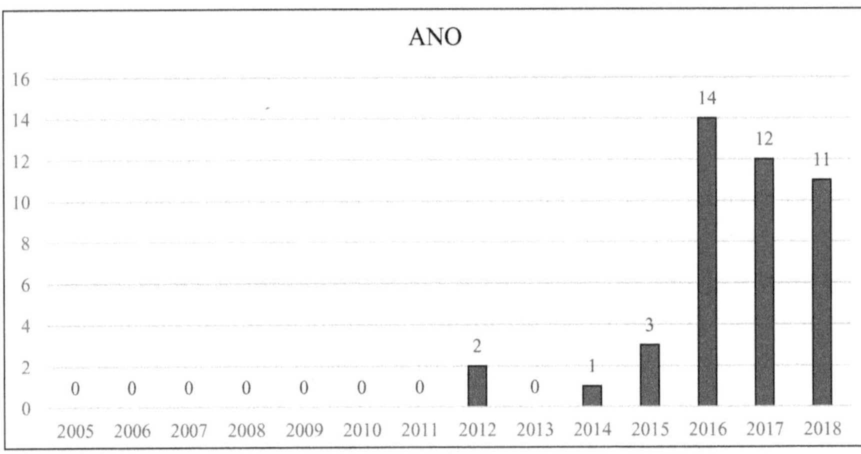

Gráfico 41 – Decisões por ano de julgamento – TRT6 (elaboração própria)

Observa-se que o período entre 2016 e 2018, se comparado com os demais, houve intensa utilização da Convenção nº 155 da OIT. Isso se deve, especialmente, a um movimento na jurisprudência do Tribunal, iniciado em 2014, que discutiu a (im)possibilidade de cumulação dos adicionais de insalubridade e periculosidade. Por fim, vale notar que o ano de 2018 (ano posterior à Reforma Trabalhista), assim como ocorreu no TST, não apresentou crescimento na utilização da C155, o que será objeto de análise no capítulo seguinte.

Segundo, a fim de identificar em relação a qual(is) tema(s) a Convenção nº 155 da OIT é invocada, organizou-se, no gráfico abaixo, os resultados pela discussão jurídica travada ao longo da decisão analisada quando da menção à Convenção, isto é, por qual tema está sendo preponderantemente tratado quando se aplica a Convenção nº 155 da OIT.

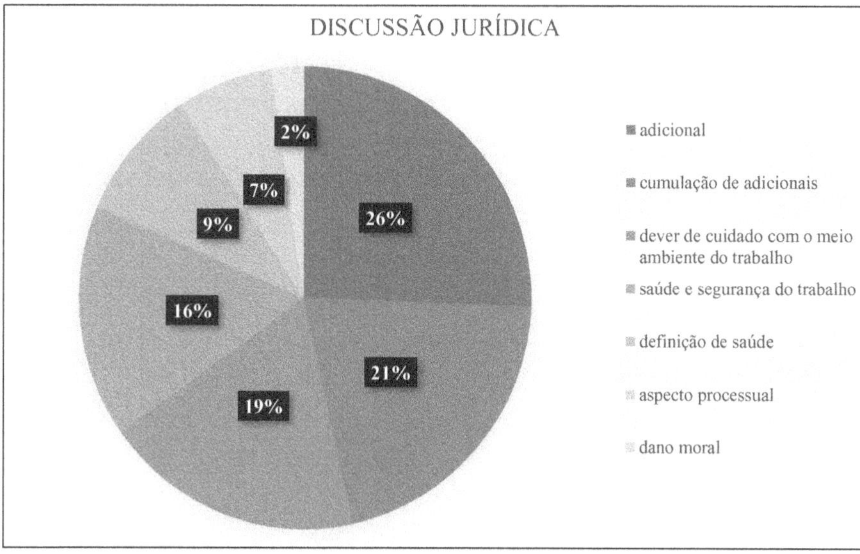

Gráfico 42 – Discussão jurídica envolvida – TRT6 (elaboração própria)

Observa-se que os temas que mais se destacam quando da aplicação da Convenção nº 155 pelo TRT6 são: adicional, com 26% dos resultados; a cumulação de adicionais, com 21% dos resultados; o dever de cuidado com o meio ambiente do trabalho, com 19% dos resultados; a saúde e segurança do trabalhador, com 16% dos casos. Com menor destaque estão: definição de saúde, com 9% dos resultados; aspecto processual, com 7% dos resultados; e dano moral, com 2% dos resultados.

Terceiro, buscou-se mapear se a Convenção nº 155 da OIT é utilizada em conjunto com outros dispositivos internacionais, conforme gráfico abaixo.

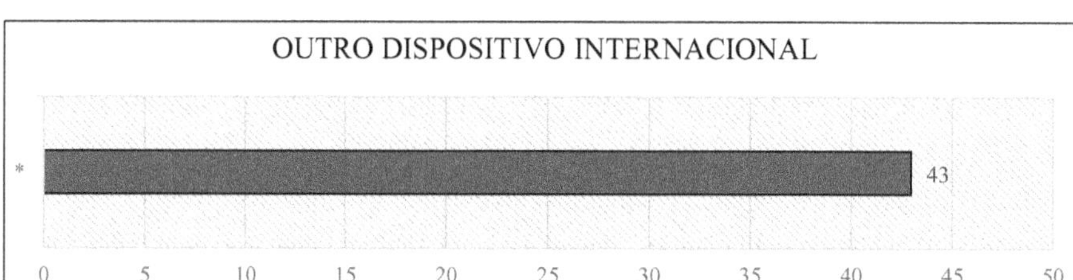

Gráfico 43 – Outro dispositivo internacional utilizado – TRT6 (elaboração própria)

Verificou-se que em todos os casos analisados, a Convenção nº 155 da OIT é o único dispositivo internacional utilizado na decisão, isto é, não há outro dispositivo internacional aplicado em conjunto, o que está representado pelo asterisco (*).

Quarto, com a finalidade de compreender qual é a função da Convenção nº 155 da OIT quando mencionada nas decisões – o que está diretamente ligado à pergunta central desta pesquisa –, organizou-se o gráfico abaixo de acordo com o papel desempenhado pela Convenção na decisão analisada.

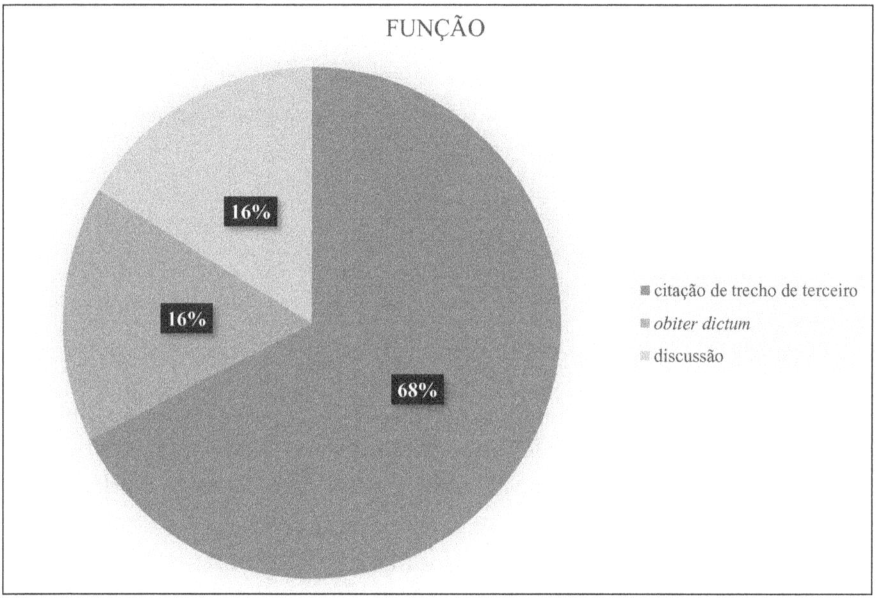

Gráfico 44 – Função da Convenção nº 155 na decisão analisada – TRT6 (elaboração própria)

No tocante à função desempenhada pela Convenção, observa-se que em 68% dos casos, a Convenção nº 155 da OIT figura como citação de trecho de terceiro; em 16% dos casos, a C155 figura como *obiter dictum*; e também em 16% dos casos, a C155 figura como discussão.

Em relação à função *obiter dictum*, conforme gráfico a seguir, verificou-se que, embora não seja o fundamento central a decisão, o texto da Convenção nº 155 da OIT é explorado quando se trata de: definição de saúde (43% dos casos); dever de cuidado do empregador (29% dos casos); dano moral (14% dos casos); saúde e segurança do trabalhador (14% dos casos).

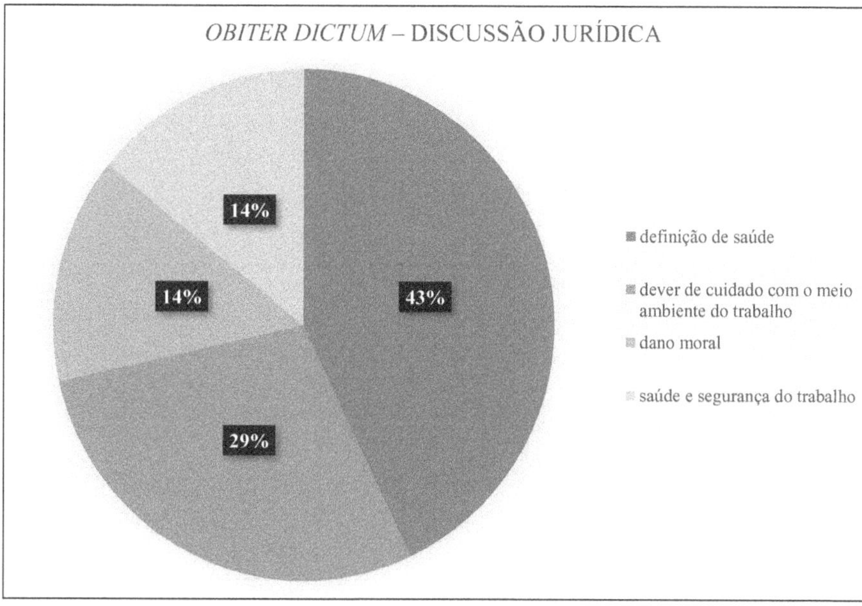

Gráfico 45 – Discussão jurídica envolvida nas decisões em que a Convenção nº 155 é *obiter dictum* – TRT6 (elaboração própria)

Em relação à função discussão, conforme gráfico abaixo, verificou-se que em 100% dos casos, a Convenção nº 155 da OIT é alvo de discussão quando se trata da (im)possibilidade de cumulação dos adicionais de periculosidade e insalubridade.

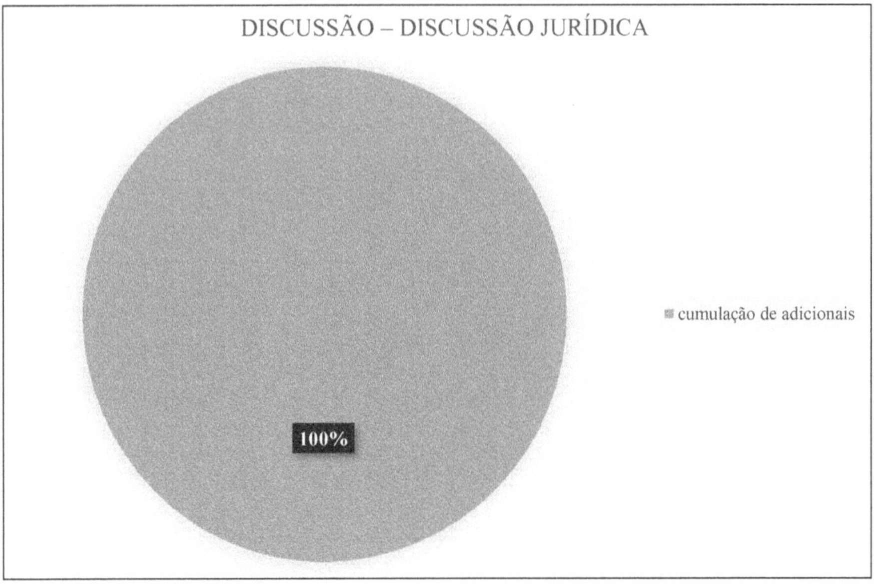

Gráfico 46 – Discussão jurídica envolvida nas decisões em que a Convenção nº 155 corresponde à "discussão" – TRT6 (elaboração própria).

Salienta-se que, neste tribunal, a C155 não foi utilizada como *ratio decidendi* em caso algum.

Após o mapeamento acima, observou-se que alguns temas se destacaram qualitativa e quantitativamente em relação à aplicação da Convenção nº 155 da OIT. Tais destques serão objeto de análise no capítulo seguinte.

3.3.7. Tribunal Regional do Trabalho da 7ª Região

No tocante à jurisprudência do Tribunal Regional do Trabalho da 7ª Região (TRT7), cuja jurisdição compreende o estado do Ceará, antes de iniciar o mapeamento das decisões proferidas, investigou-se se havia algum tipo de jurisprudência consolidada a respeito da aplicação de dispositivos internacionais (com especial atenção para a Convenção nº 155 da OIT) pelo Tribunal.

Verificou-se que: (*i*) não há Precedente Normativo (PN) que trate da aplicação de textos normativos internacionais; (*ii*) não há tese jurídica prevalecente quanto a aplicação de normas internacional; (*iii*) também não há súmula que faça referência ao tema.

A partir dessa análise, entende-se que aplicação de dispositivos internacionais não parece ser alvo de preocupação central do TRT7. Parte-se, assim, para a análise dos acórdãos.

Como já abordado no item "considerações metodológicas", localizado no início desta pesquisa, realizou-se uma busca na base de jurisprudência do TRT7 a partir do critério de busca < convenção + 155 >, que localizou 61 resultados, dos quais somente 52 diziam respeito à Convenção nº 155 da OIT. Assim, foram analisadas 52 decisões no TRT7.

Primeiro, a fim de identificar se há algum período em que a Convenção nº 155 foi mais utilizada, organizou-se os resultados pelo ano em que a decisão analisada foi proferida (ano de julgamento), conforme gráfico abaixo.

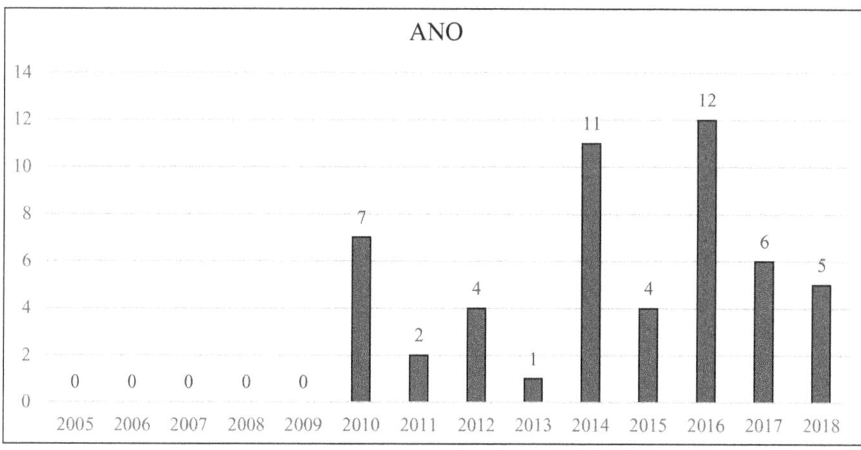

Gráfico 47 – Decisões por ano de julgamento – TRT7 (elaboração própria)

Observa-se, comparativamente aos demais tribunais, uma distribuição mais equilibrada dos resultados no TRT7. Os anos de 2014 e 2016 foram os que mais se destacaram na utilização na C155. Pela análise dos dados, não foi possível identificar um motivo específico para o aumento dos casos nesses dois anos. Salienta-se que em 2018, ano posterior à Reforma Trabalhista, não houve maior aplicação da C155, o que será explorado no capítulo seguinte.

Segundo, a fim de identificar em relação a qual(is) tema(s) a Convenção nº 155 da OIT é invocada, organizou-se, no gráfico abaixo, os resultados pela discussão jurídica travada ao longo da decisão analisada quando da menção à Convenção, isto é, por qual tema está sendo preponderantemente tratado quando se aplica a Convenção nº 155 da OIT.

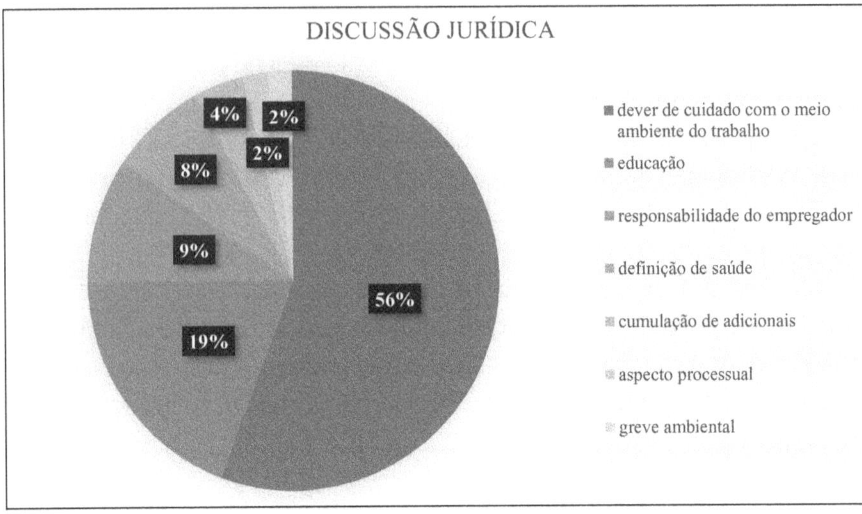

Gráfico 48 – Discussão jurídica envolvida – TRT7 (elaboração própria)

Observa-se que os temas que mais se destacam quando da aplicação da Convenção nº 155 pelo TRT7 são: o dever de cuidado com o meio ambiente do trabalho, com 56% dos resultados; a educação, com 19% dos resultados; a responsabilidade do empregador, com 95 dos resultados; e a definição de saúde, com 8% dos resultados.

Com menor destaque, estão os temas que envolvem: a cumulação de adicionais, com 4% dos resultados; o aspecto processual, com 2% dos casos; e a greve ambiental, também com 2% dos casos.

Terceiro, buscou-se mapear se a Convenção nº 155 da OIT é utilizada em conjunto com outros dispositivos internacionais, conforme gráfico abaixo.

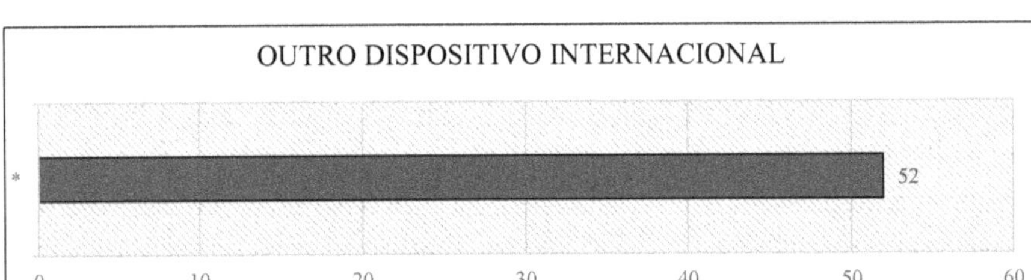

Gráfico 49 – Outro dispositivo internacional utilizado – TRT7 (elaboração própria)

Verificou-se que em todos os casos analisados, a Convenção nº 155 da OIT é o único dispositivo internacional utilizado na decisão, isto é, não há outro dispositivo internacional aplicado em conjunto, o que está representado pelo asterisco (*).

Quarto, com a finalidade de compreender qual é a função da Convenção nº 155 da OIT quando mencionada nas decisões – o que está diretamente ligado à pergunta central desta pesquisa –, organizou-se o gráfico abaixo de acordo com o papel desempenhado pela Convenção na decisão analisada.

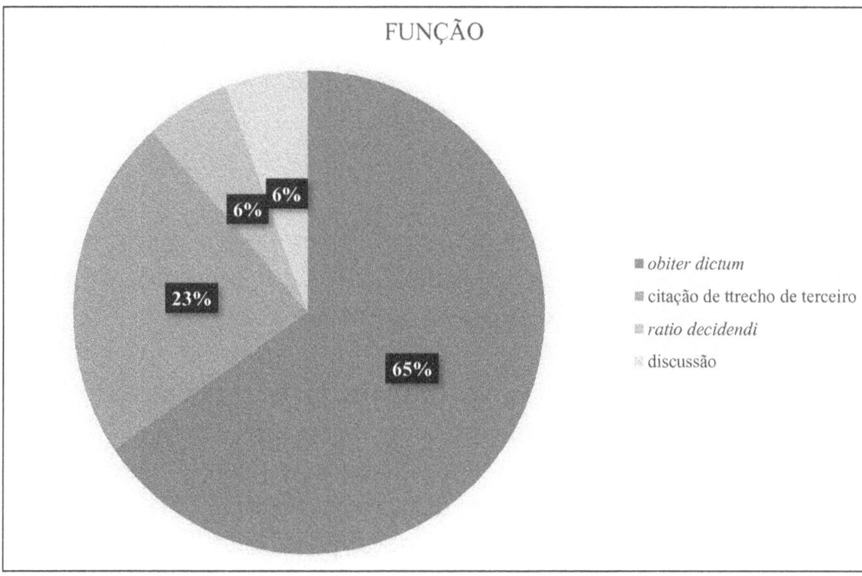

Gráfico 50 – Função da Convenção nº 155 na decisão analisada – TRT7 (elaboração própria)

No tocante à função desempenhada pela Convenção, observa-se que em 65% dos casos, a Convenção nº 155 da OIT tem a função de *obiter dictum*; em 23% dos casos, a C155 corresponde à citação de trecho de terceiro; em 6% dos casos, a C155 é usada como *ratio decidendi*; e, também em 6% dos casos, a C155 corresponde à discussão.

Em relação à função *ratio decidendi*, conforme gráfico abaixo, verificou-se que em 67% dos casos, a Convenção nº 155 da OIT é utilizada como razão de decidir nas decisões que tratam da responsabilidade do empregador e, em 33% dos casos, a C155 figura como *ratio decidendi* quando se aborda o dever de cuidado com o meio ambiente do trabalho.

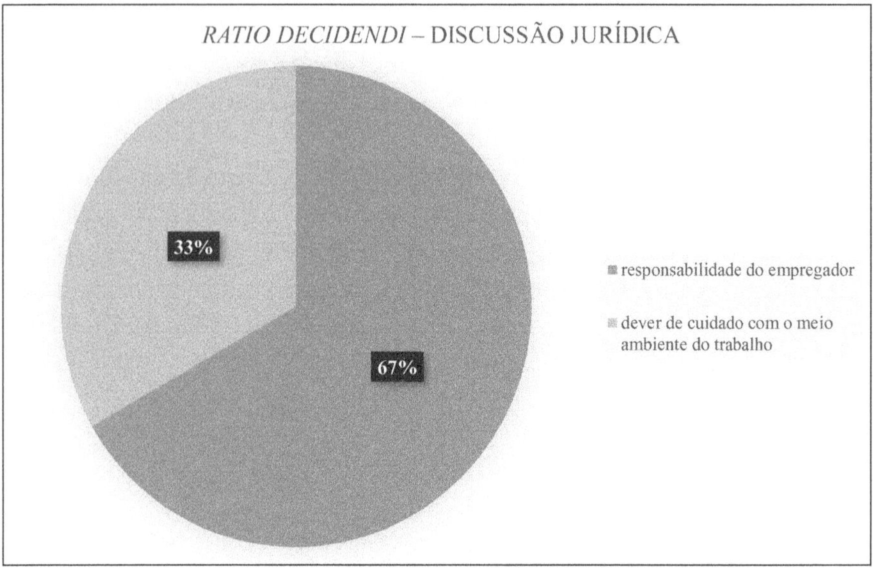

Gráfico 51 – Discussão jurídica envolvida nas decisões em que a Convenção nº 155 é *ratio decidendi* – TRT7 (elaboração própria)

Em relação à função *obiter dictum*, conforme gráfico a seguir, verificou-se que, embora não seja o fundamento central a decisão, o texto da Convenção nº 155 da OIT é explorado quando se trata de: dever de cuidado com o meio ambiente do trabalho (56% dos casos); educação (26% dos casos); definição de saúde (12% dos casos); aspecto processual (3% dos casos); e responsabilidade do empregador (3% dos casos).

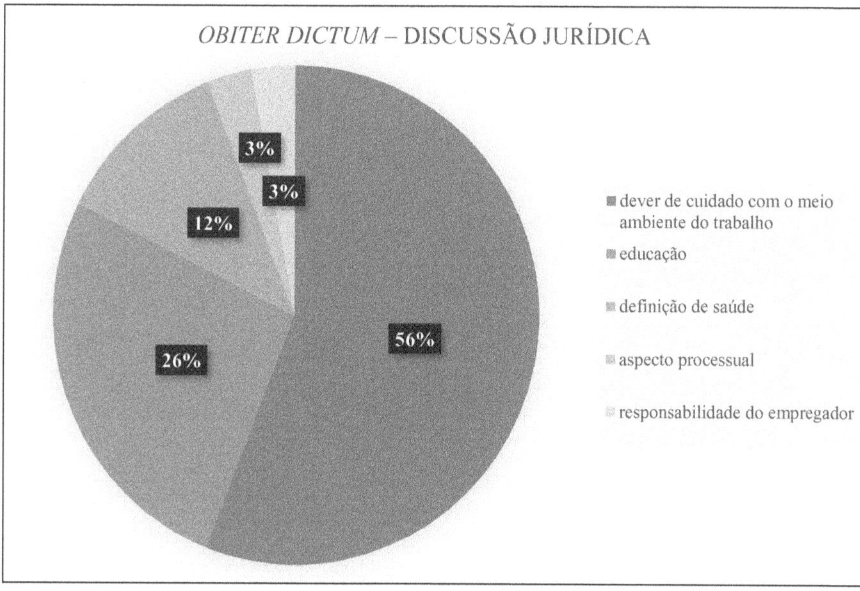

Gráfico 52 – Discussão jurídica envolvida nas decisões em que a Convenção nº 155 é *obiter dictum* – TRT7 (elaboração própria)

Em relação à função discussão, conforme gráfico abaixo, verificou-se que: em 67% dos casos, a Convenção nº 155 da OIT é alvo de discussão quando se trata da (im)possibilidade de cumulação dos adicionais de periculosidade e insalubridade; e em 33% dos casos, a Convenção nº 155 da OIT é alvo de discussão quando aborda a greve ambiental.

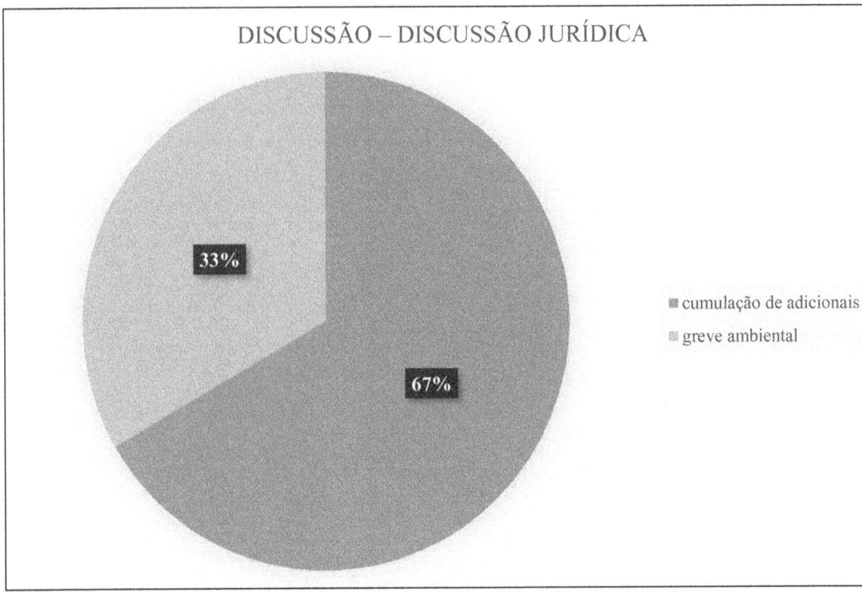

Gráfico 53 – Discussão jurídica envolvida nas decisões em que a Convenção nº 155 corresponde à "discussão" – TRT7 (elaboração própria).

Após o mapeamento acima, observou-se que alguns temas se destacaram qualitativa e quantitativamente em relação à aplicação da Convenção nº 155 da OIT. Tais destaques serão objeto de análise no capítulo seguinte.

3.3.8. Tribunal Regional do Trabalho da 8ª Região

No tocante à jurisprudência do Tribunal Regional do Trabalho da 8ª Região (TRT8), cuja jurisdição compreende os estados do Pará e Amapá, antes de iniciar o mapeamento das decisões proferidas, investigou-se se havia algum tipo de jurisprudência consolidada a respeito da aplicação de dispositivos internacionais (com especial atenção para a Convenção nº 155 da OIT) pelo Tribunal.

Verificou-se que: (*i*) não há Precedente Normativo (PN) que trate da aplicação de textos normativos internacionais; (*ii*) não há tese jurídica prevalecente quanto a aplicação de normas internacional; (*iii*) também não há súmula sobre o tema.

A partir dessa análise, entende-se que aplicação de dispositivos internacionais não parece ser alvo de preocupação central do TRT8. Parte-se, assim, para a análise dos acórdãos.

Como já abordado no item "considerações metodológicas", localizado no início desta pesquisa, realizou-se uma busca na base de jurisprudência do TRT8 a partir do critério de busca < convenção + 155 >, que localizou 108 resultados, dos quais somente 75 diziam respeito à Convenção nº 155 da OIT. Assim, foram analisadas 75 decisões no TRT8.

Primeiro, a fim de identificar se há algum período em que a Convenção nº 155 foi mais utilizada, organizou-se os resultados pelo ano em que a decisão analisada foi proferida (ano de julgamento), conforme gráfico abaixo.

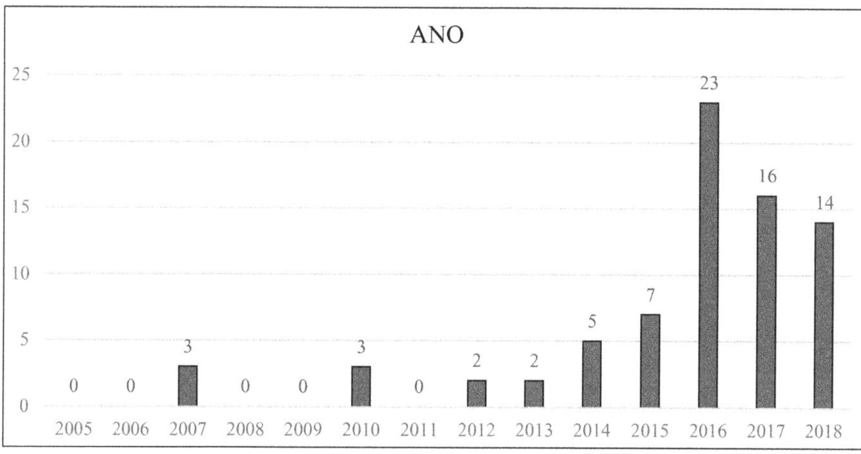

Gráfico 54 – Decisões por ano de julgamento – TRT8 (elaboração própria)

Observa-se que o período entre 2016 e 2018, se comparado com os demais, houve intensa utilização da Convenção nº 155 da OIT, com destaque para o ano de 2016. Isso se deve, especialmente, a um movimento na jurisprudência do Tribunal, iniciado em 2014, que discutiu a (im)possibilidade de cumulação dos adicionais de insalubridade e periculosidade. Vale notar que o ano de 2018 (ano posterior à Reforma Trabalhista) não apresentou crescimento na utilização da C155, o que será objeto de análise no capítulo seguinte.

Segundo, a fim de identificar em relação a qual(is) tema(s) a Convenção nº 155 da OIT é invocada, organizou-se, no gráfico abaixo, os resultados pela discussão jurídica travada ao longo da decisão analisada quando da menção à Convenção, isto é, por qual tema está sendo preponderantemente tratado quando se aplica a Convenção nº 155 da OIT.

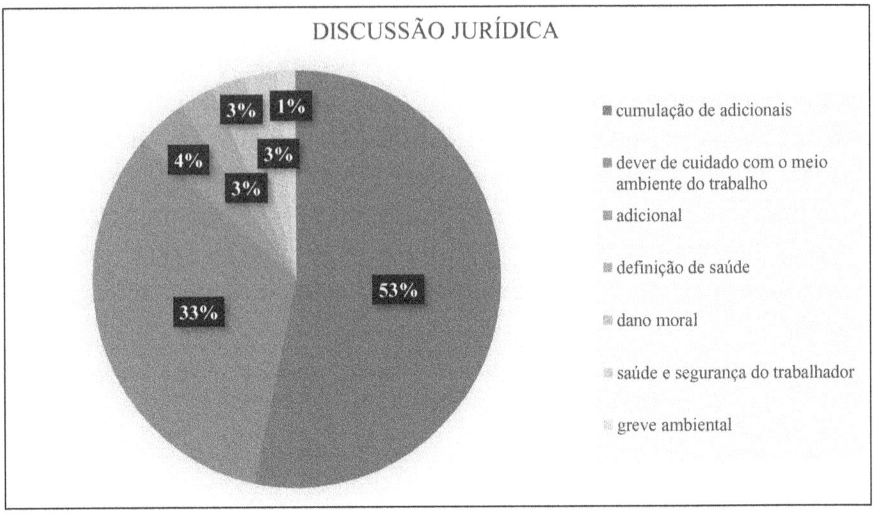

Gráfico 55 – Discussão jurídica envolvida – TRT8 (elaboração própria)

Observa-se que os temas que mais se destacam quando da aplicação da Convenção nº 155 pelo TRT8 são: a cumulação de adicionais, com 53% dos resultados; e o dever de cuidado com o meio ambiente do trabalho, com 33% dos resultados. Com menor destaque, estão os temas que envolvem: adicional (4% dos resultados); definição de saúde (3% dos resultados); dano moral (3% dos resultados); saúde e segurança do trabalhador (3% dos resultados); e greve ambiental (1% dos resultados).

Terceiro, buscou-se mapear se a Convenção nº 155 da OIT é utilizada em conjunto com outros dispositivos internacionais, conforme gráfico abaixo.

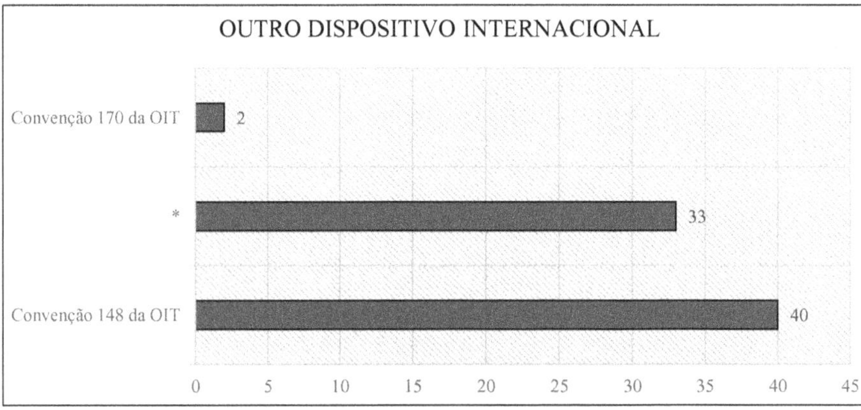

Gráfico 56 – Outro dispositivo internacional utilizado – TRT8 (elaboração própria)

Verificou-se que, diferentemente dos demais tribunais analisados até o momento, na grande maioria dos casos (40 casos), a Convenção nº 155 da OIT é utilizada em conjunto com a Convenção nº 148 da OIT (sobre a proteção dos trabalhadores contra os riscos profissionais devidos à contaminação do ar, ao ruído e às vibrações no local do trabalho). A C148 foi frequentemente utilizada nas decisões sobre a (im)possibilidade da cumulação dos adicionais de periculosidade e insalubridade. Em 33 casos, a C155 é o único dispositivo internacional utilizado na decisão, isto é, não há outro dispositivo internacional aplicado em conjunto, o que está representado pelo asterisco (*). Por fim, em 2 casos, aparece a Convenção nº 170 da OIT.

Quarto, com a finalidade de compreender qual é a função da Convenção nº 155 da OIT quando mencionada nas decisões – o que está diretamente ligado à pergunta central desta pesquisa –, organizou-se o gráfico abaixo de acordo com o papel desempenhado pela Convenção na decisão analisada.

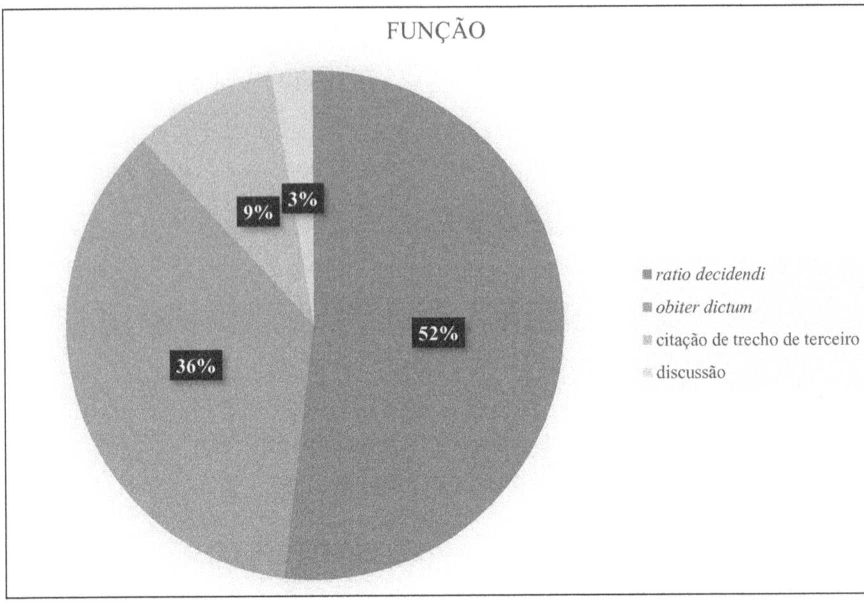

Gráfico 57 – Função da Convenção nº 155 na decisão analisada – TRT8 (elaboração própria)

No tocante à função desempenhada pela Convenção, observa-se que em 52% dos casos, a Convenção nº 155 da OIT tem a função de *ratio decidendi*; em 36% dos casos, a C155 corresponde é usada como *obiter dictum*; em 9% dos casos, a C155 corresponde à citação de trecho de terceiro; e, em 3% dos casos, a C155 corresponde à discussão.

Em relação à função *ratio decidendi*, conforme gráfico abaixo, verificou-se que em 100% dos casos a Convenção nº 155 da OIT é utilizada como razão de decidir nas decisões que da cumulação de adicionais.

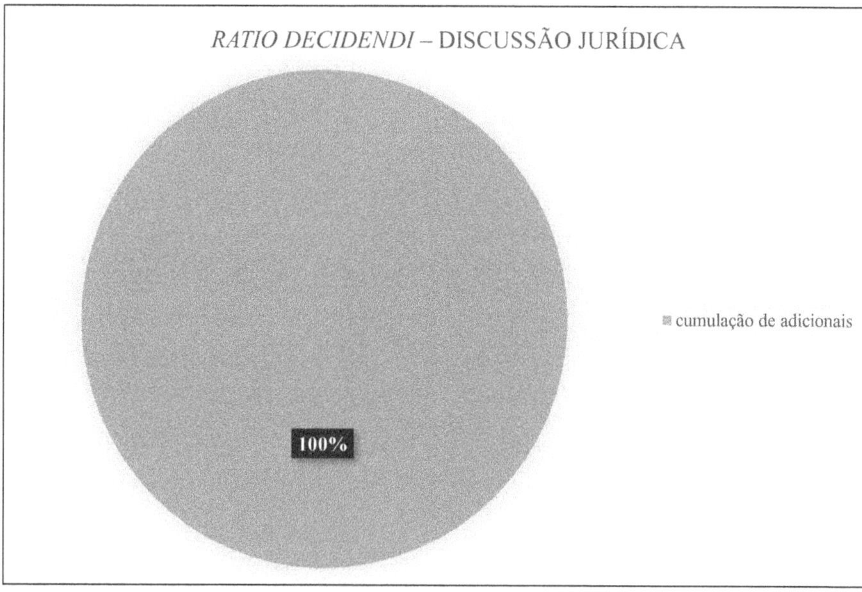

Gráfico 58 – Discussão jurídica envolvida nas decisões em que a Convenção nº 155 é *ratio decidendi* – TRT8 (elaboração própria)

Em relação à função *obiter dictum*, conforme gráfico a seguir, verificou-se que, embora não seja o fundamento central a decisão, o texto da Convenção nº 155 da OIT é explorado quando se trata de: dever de cuidado com o meio ambiente do trabalho (59% dos casos); aspecto processual (85% dos casos); definição de saúde (8% dos casos) e saúde e segurança dos trabalhadores (7% dos casos).

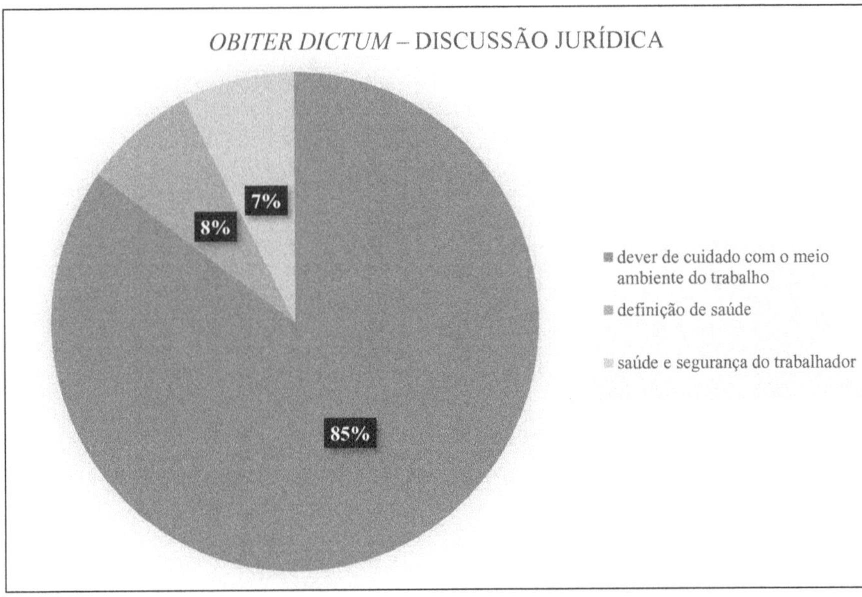

Gráfico 59 – Discussão jurídica envolvida nas decisões em que a Convenção nº 155 é *obiter dictum* – TRT8 (elaboração própria)

Em relação à função discussão, conforme gráfico abaixo, verificou-se que: em 50% dos casos, a Convenção nº 155 da OIT é alvo de discussão quando se trata de dano moral; e em 50% dos casos, a C155 é alvo de discussão quando se trata de greve ambiental.

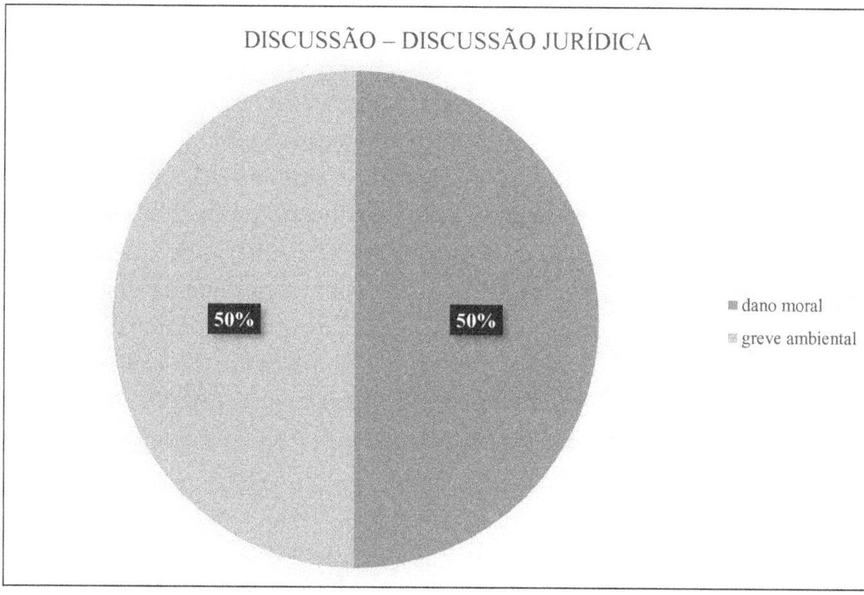

Gráfico 60 – Discussão jurídica envolvida nas decisões em que a Convenção nº 155 corresponde à "discussão" – TRT8 (elaboração própria).

Após o mapeamento acima, observou-se que alguns temas se destacaram qualitativa e quantitativamente em relação à aplicação da Convenção nº 155 da OIT. Tais destaques serão objeto de análise no capítulo seguinte.

3.3.9. Tribunal Regional do Trabalho da 9ª Região

No tocante à jurisprudência do Tribunal Regional do Trabalho da 9ª Região (TRT9), cuja jurisdição compreende o estado do Paraná, antes de iniciar o mapeamento das decisões proferidas, investigou-se se havia algum tipo de jurisprudência consolidada a respeito da aplicação de dispositivos internacionais (com especial atenção para a Convenção nº 155 da OIT) pelo Tribunal.

Verificou-se que: (*i*) não há Precedente Normativo (PN) que trate da aplicação de textos normativos internacionais; (*ii*) não há tese jurídica prevalecente quanto a aplicação de normas internacional; (*iii*) há duas Orientações Jurisprudenciais que se valem de convenções da OIT: a OJ nº 59[66], que

[66] OJ nº 059 – DIREITOS FUNDAMENTAIS – DANOS MORAIS: I – Atrasos salariais. O simples atraso no pagamento de salário é condição suficiente à caracterização do dano

cita a Convenção nº 111 da OIT para tratar do livre acesso ao trabalho; e a OJ nº 103[67], que aplica a Convenção nº 132 da OIT para tratar de férias proporcionais na rescisão por justa causa; *(iii)* não há a Súmula sobre o tema.

A partir dessa análise, nota-se que a aplicação de dispositivos internacionais não parece ser alvo de preocupação central do TRT9, havendo apenas duas OJs que se valem da utilização de convenções da OIT para tratar de situações específicas. No entanto, merece ser salietando que a aplicação da Convenção nº 132 da OIT se dá em contrariedade às disposições da OIT, evidenciando que o Tribunal adota a tese da supralegalidade de tal norma internacional, compreendendo que em razão da "*superveniência de norma internacional ratificada pelo Brasil (Decreto no 3.197/1999) temos que a Convenção no 132 da OIT derrogou as normas da CLT com ela incompatíveis,*

moral. II – A competência *ex ratione materiae* da Justiça do Trabalho alcança apreciação de pedido de indenização por alegado dano moral decorrente de emissão e inclusão em chamadas "listas negras", ainda que o ato lesivo haja ocorrido após a extinção do contrato de trabalho. III – A inclusão do nome de ex-empregados em denominadas "listas negras" configura ato ilícito que potencializa o prejuízo (o não emprego), a teor do art. 186 do Código Civil, constituindo-se prática discriminatória e quebrando o princípio da boa-fé objetiva, princípio do livre acesso ao judiciário e do livre acesso ao trabalho (art. 1o da Convenção 111, OIT) configurando o dano efetivo (ainda que presumido) e o nexo de causalidade para reconhecimento de indenização por dano moral. [....]

[67] OJ nº 103 – FÉRIAS – PAGAMENTO EXTEMPORÂNEO – DOBRA. I – A remuneração das férias, com o adicional respectivo, encontra previsão legal nos artigos 142 da CLT e art. 7o, XVII da CF, enquanto o artigo 145, da CLT, estabelece que tal pagamento deverá ser efetuado até dois dias antes do início do respectivo período, visando garantir condições financeiras para que o trabalhador possa efetivamente usufruir das férias, permitindo-se concluir que as férias concedidas dentro do prazo legal, porém, não remuneradas equivalem à não concessão, por não alcançado o objetivo legal, devendo as férias não remuneradas dentro do prazo legal estabelecido pelo art. 145 da CLT, ser remuneradas em dobro (art. 137 da CLT). II – Por aplicação analógica do art. 137 da CLT, férias não remuneradas dentro do prazo legal devem ser pagas em dobro (isto é, condena-se a empresa ao pagamento de forma simples a fim de perfazer a dobra). III – Férias proporcionais. Rescisão por justa causa. Aplicação da convenção 132 da OIT. Considerando a superveniência de norma internacional ratificada pelo Brasil (Decreto no 3.197/1999) temos que a Convenção no 132 da OIT derrogou as normas da CLT com ela incompatíveis, em específico o entendimento restritivo previsto no parágrafo único do artigo 146 da CLT. Assim, as férias proporcionais são devidas independentemente do motivo da rescisão contratual (artigo 11 da Convenção 132), portanto, ainda que tenha ocorrido por justa causa. IV – Férias. Aplicação da convenção 132 da OIT. A época das férias será fixada pelo empregador após consulta ao empregado, salvo manifestação em contrário exteriorizada em acordo ou convenção coletiva.

em específico o entendimento restritivo previsto no parágrafo único do artigo 146 da CLT", conforme item III da OJ nº 103.

Como já abordado no item "considerações metodológicas", localizado no início desta pesquisa, realizou-se uma busca na base de jurisprudência do TRT9 a partir do critério de busca < convenção + 155 >, que localizou 202 resultados, dos quais somente 18 diziam respeito à Convenção nº 155 da OIT. Assim, foram analisadas 18 decisões no TRT9.

Primeiro, a fim de identificar se há algum período em que a Convenção nº 155 foi mais utilizada, organizou-se os resultados pelo ano em que a decisão analisada foi proferida (ano de julgamento), conforme gráfico abaixo.

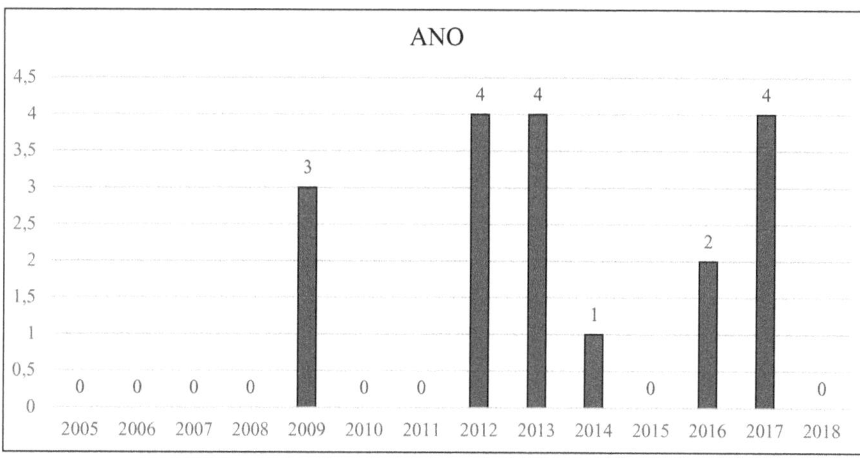

Gráfico 61 – Decisões por ano de julgamento – TRT9 (elaboração própria)

Observa-se uma distribuição equilibrada do número de decisões ao longo do período analisado, com destaque para os anos de 2012, 2013 e 2017. A partir da análise feita, não foi possível identificar um motivo que justifique tal distribuição. Por fim, vale notar que o ano de 2018 (ano posterior à Reforma Trabalhista) não apresentou crescimento na utilização da C155, o que será objeto de análise no capítulo seguinte.

Segundo, a fim de identificar em relação a qual(is) tema(s) a Convenção nº 155 da OIT é invocada, organizou-se, no gráfico abaixo, os resultados pela discussão jurídica travada ao longo da decisão analisada quando da menção à Convenção, isto é, por qual tema está sendo preponderantemente tratado quando se aplica a Convenção nº 155 da OIT.

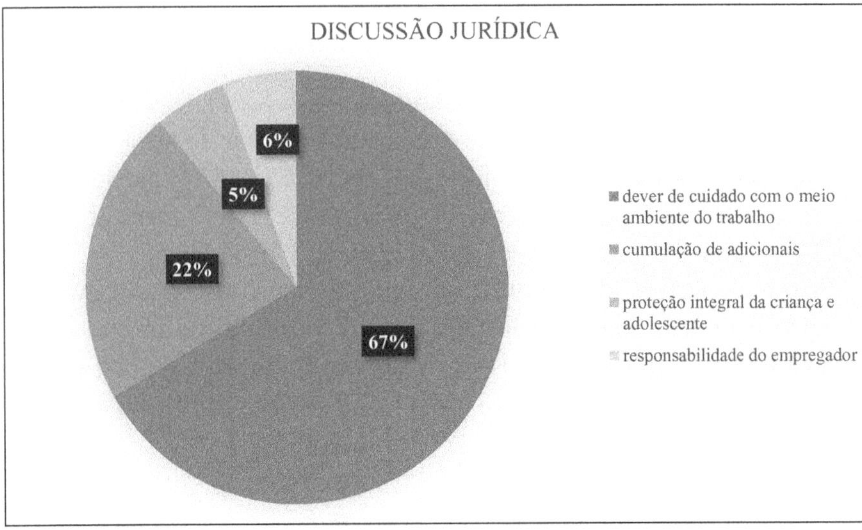

Gráfico 62 – Discussão jurídica envolvida – TRT9 (elaboração própria)

Observa-se que os temas que mais se destacam quando da aplicação da Convenção nº 155 pelo TRT9 são: o dever de cuidado com o meio ambiente do trabalho, com 67% dos resultados; a cumulação de adicionais, com 22% dos resultados; a proteção integral da criança e adolescente, com 5% dos resultados; e a responsabilidade do empregador, com 6% dos casos.

Terceiro, buscou-se mapear se a Convenção nº 155 da OIT é utilizada em conjunto com outros dispositivos internacionais, conforme gráfico abaixo.

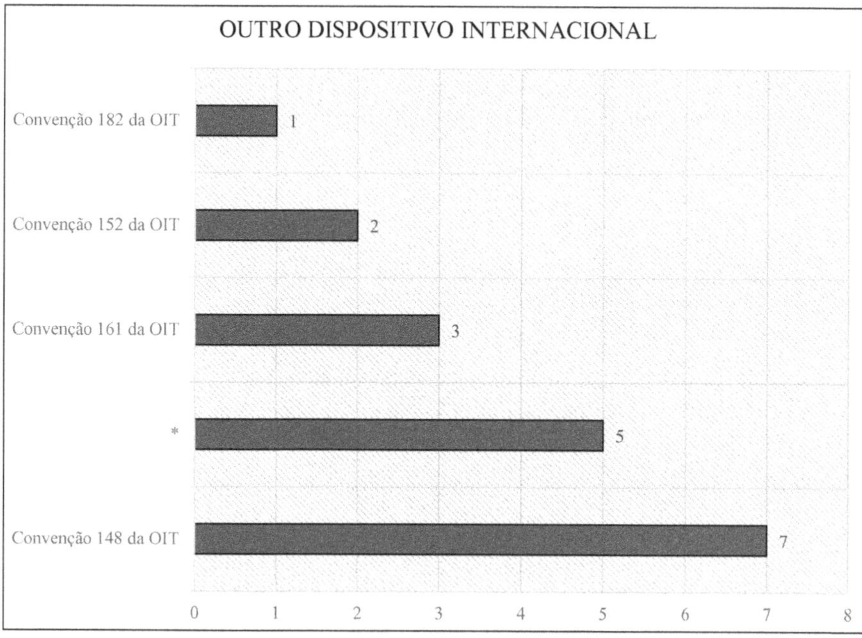

Gráfico 63 – Outro dispositivo internacional utilizado – TRT9 (elaboração própria)

Verificou-se que, na maioria dos casos (7 casos), a Convenção nº 155 é citada ao lado da Convenção nº 148 da OIT, sobre a proteção dos trabalhadores contra os riscos profissionais devidos à contaminação do ar, ao ruído e às vibrações no local do trabalho. Em 5 casos, a Convenção nº 155 da OIT é o único dispositivo internacional utilizado na decisão, isto é, não há outro dispositivo internacional aplicado em conjunto, o que está representado pelo asterisco (*). Em 3 casos, a C155 aparece ao lado da Convenção nº 161 da OIT, sobre os serviços de saúde do trabalho. Em 2 casos, a C155 é citada ao lado da Convenção nº 152 da OIT, sobre saúde e segurança dos trabalhos portuários e, em 1 caso, a C155 é citada ao lado da Convenção nº 182 da OIT, sobre a proibição das piores formas de trabalho infantil e a ação imediata para a sua eliminação.

Quarto, com a finalidade de compreender qual é a função da Convenção nº 155 da OIT quando mencionada nas decisões – o que está diretamente ligado à pergunta central desta pesquisa –, organizou-se o gráfico abaixo de acordo com o papel desempenhado pela Convenção na decisão analisada.

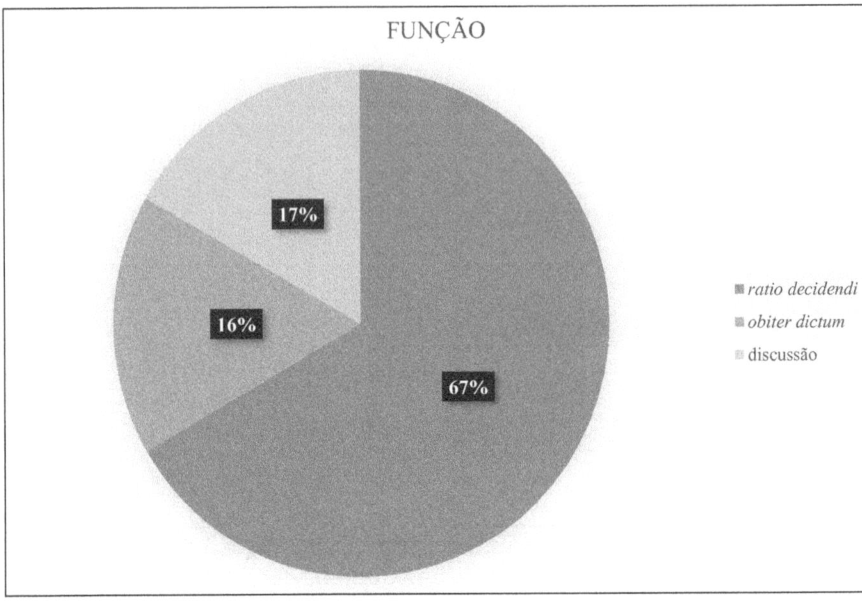

Gráfico 64 – Função da Convenção nº 155 na decisão analisada – TRT9 (elaboração própria)

No tocante à função desempenhada pela Convenção, observa-se que em 67% dos casos, a Convenção nº 155 da OIT tem a função de *ratio decidendi*; em 16% dos casos, a C155 é usada como *obiter dictum*; e, em 17% dos casos, a C155 corresponde à discussão.

Em relação à função *ratio decidendi*, conforme gráfico abaixo, verificou-se que em 75% dos casos a Convenção nº 155 da OIT é utilizada como razão de decidir nas decisões que tratam do dever de cuidado com o meio ambiente do trabalho. Em 9% dos casos, a Convenção é utilizada como *ratio decidendi* em discussões jurídicas sobre a cumulação de adicionais. Em 8% dos casos, a C155 foi usada como *ratio decidendi* nas discussões jurídicas sobre a proteção integral da criança e adolescente. Em 8% dos casos, a C155 figurou como *ratio decidendi* em decisões sobre a responsabilidade do empregador.

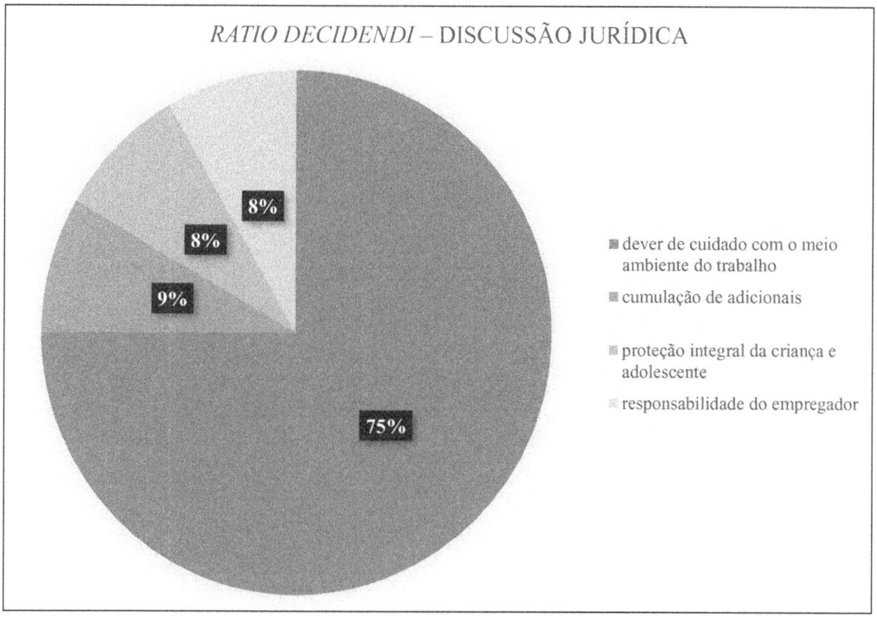

Gráfico 65 – Discussão jurídica envolvida nas decisões em que a Convenção nº 155 é *ratio decidendi* – TRT9 (elaboração própria)

Em relação à função *obiter dictum*, conforme gráfico a seguir, verificou-se que, em 100% dos casos, embora não seja o fundamento central a decisão, o texto da Convenção nº 155 da OIT é explorado quando se trata do dever de cuidado com o meio ambiente do trabalho.

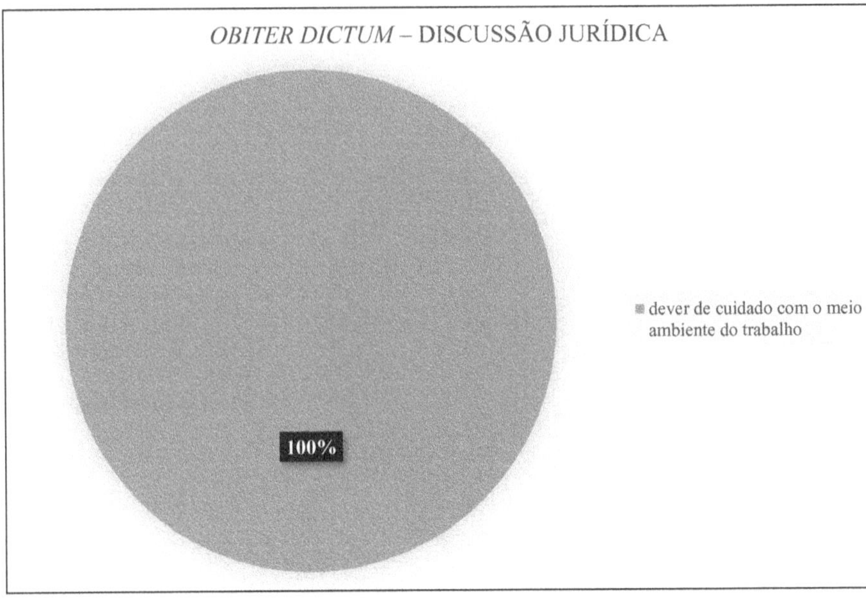

Gráfico 66 – Discussão jurídica envolvida nas decisões em que a Convenção nº 155 é *obiter dictum* -TRT9 (elaboração própria)

Em relação à função discussão, conforme gráfico abaixo, verificou-se que em 100% dos casos, a Convenção nº 155 da OIT é alvo de discussão quando se trata da (im)possibilidade de cumulação dos adicionais de periculosidade e insalubridade.

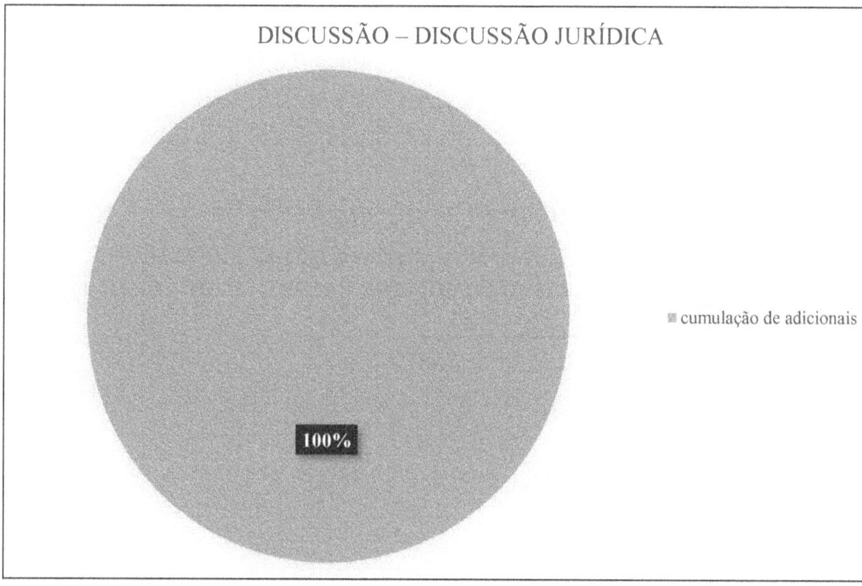

Gráfico 67 – Discussão jurídica envolvida nas decisões em que a Convenção nº 155 corresponde à "discussão" – TRT9 (elaboração própria).

Após o mapeamento acima, observou-se que alguns temas se destacaram qualitativa e quantitativamente em relação à aplicação da Convenção nº 155 da OIT. Tais destaques serão objeto de análise no capítulo seguinte.

3.3.10. Tribunal Regional do Trabalho da 10ª Região

No tocante à jurisprudência do Tribunal Regional do Trabalho da 10ª Região (TRT2), cuja jurisdição compreende o Distrito Federal e o estado do Tocantins, antes de iniciar o mapeamento das decisões proferidas, investigou-se se havia algum tipo de jurisprudência consolidada a respeito da aplicação de dispositivos internacionais (com especial atenção para a Convenção nº 155 da OIT) pelo Tribunal.

Verificou-se que: (*i*) não há Precedente Normativo (PN) que trate da aplicação de textos normativos internacionais; (*ii*) não há tese jurídica prevalecente quanto a aplicação de normas internacional; (*iii*) não há Orientação Jurisprudencial e sem súmula sobre o tema.

A partir dessa análise, entende-se que aplicação de dispositivos internacionais não parece ser alvo de preocupação central do TRT10. Parte-se, assim, para a análise dos acórdãos.

Como já abordado no item "considerações metodológicas", localizado no início desta pesquisa, realizou-se uma busca na base de jurisprudência do TRT10 a partir do critério de busca < convenção + 155 >, que localizou 4 resultados. Todos diziam respeito à Convenção nº 155 da OIT. Assim, foram analisadas 4 decisões no TRT10.

Primeiro, a fim de identificar se há algum período em que a Convenção nº 155 foi mais utilizada, organizou-se os resultados pelo ano em que a decisão analisada foi proferida (ano de julgamento), conforme gráfico abaixo.

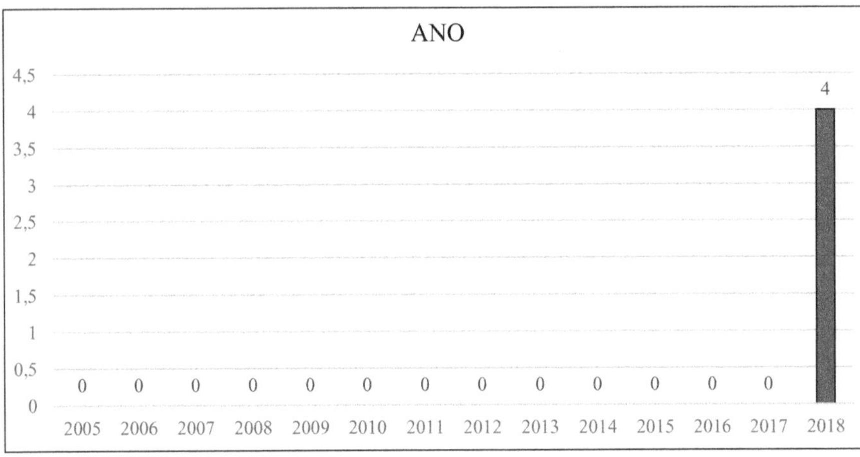

Gráfico 68 – Decisões por ano de julgamento – TRT10 (elaboração própria)

Todos os resultados (4 decisões) ocorreram no ano e 2018, ano posterior à Reforma Trabalhista. Observa-se que, assim como no TRT5, a pesquisa na base de jurisprudência do TRT10 evidenciou poucos resultados. Com a finalidade de averiguar o motivo dessa discrepância em relação aos demais TRTs, foram testados outros termos de busca, tais como "da OIT", "Organização Internacional do Trabalho", "convenção nº 155", "convenção 155", "convenção n. 155". No entanto, não foram localizados mais resultados. Dessa forma, parece haver pouco uso da C155 neste tribunal ou há alguma falha não identificada no sistema de busca jurisprudencial. Como o objetivo deste estudo não se concentra propriamente em compreender as características de cada base de dados, trabalhou-se com as 4 decisões localizadas, as quais predominam no ano de 2018.

Segundo, a fim de identificar em relação a qual(is) tema(s) a Convenção nº 155 da OIT é invocada, organizou-se, no gráfico abaixo, os resultados pela discussão jurídica travada ao longo da decisão analisada quando da menção à Convenção, isto é, por qual tema está sendo preponderantemente tratado quando se aplica a Convenção nº 155 da OIT.

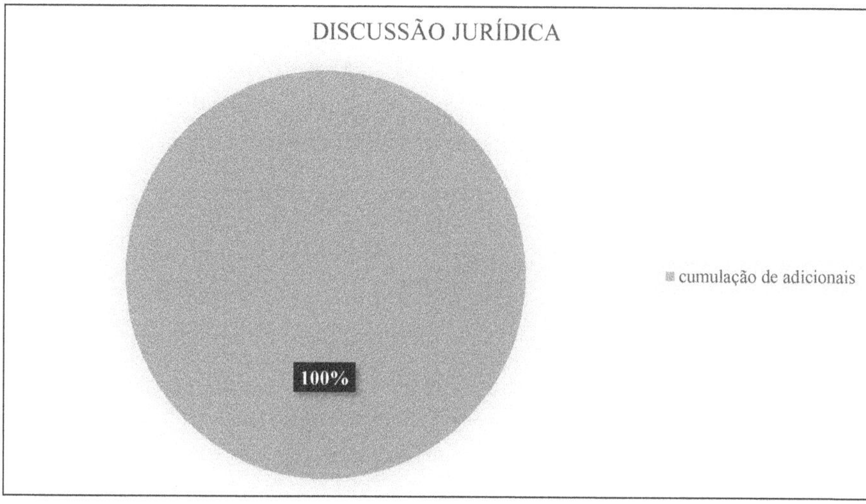

Gráfico 69 – Discussão jurídica envolvida – TRT10 (elaboração própria)

Observa-se que o único tema abordado quando da aplicação da Convenção nº 155 pelo TRT10 foi a cumulação de adicionais, com 100% dos resultados.

Terceiro, buscou-se mapear se a Convenção nº 155 da OIT é utilizada em conjunto com outros dispositivos internacionais, conforme gráfico abaixo.

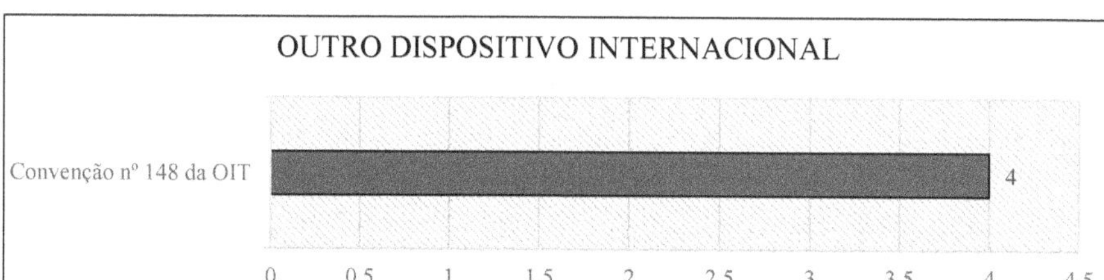

Gráfico 70 – Outro dispositivo internacional utilizado – TRT10 (elaboração própria)

Verificou-se que em todos os casos (4 casos), a Convenção nº 155 da OIT é utilizada em conjunto com a Convenção nº 148 da OIT, sobre a proteção dos trabalhadores contra os riscos profissionais devidos à contaminação do ar, ao ruído e às vibrações no local do trabalho, especialmente utilizada ao longo das decisões sobre a (im)possibilidade da cumulação dos adicionais de periculosidade e insalubridade.

Quarto, com a finalidade de compreender qual é a função da Convenção nº 155 da OIT quando mencionada nas decisões – o que está diretamente ligado à pergunta central desta pesquisa –, organizou-se o gráfico abaixo de acordo com o papel desempenhado pela Convenção na decisão analisada.

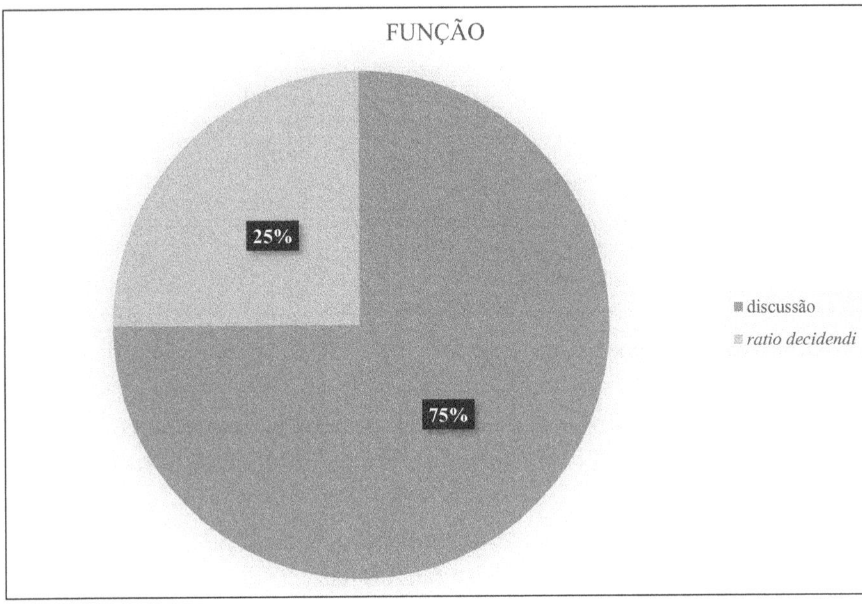

Gráfico 71 – Função da Convenção nº 155 na decisão analisada – TRT10 (elaboração própria)

No tocante à função desempenhada pela Convenção, observa-se que em 75% dos casos, a Convenção nº 155 da OIT corresponde à "discussão"; e, em 25% dos casos, a C155 figura como *ratio decidendi.*

Em relação à função *ratio decidendi*, conforme gráfico abaixo, verificou-se que em 100% dos casos a Convenção nº 155 da OIT é utilizada como razão de decidir nas decisões que tratam da (im)possibilidade de cumulação de adicionais de periculosidade e insalubridade.

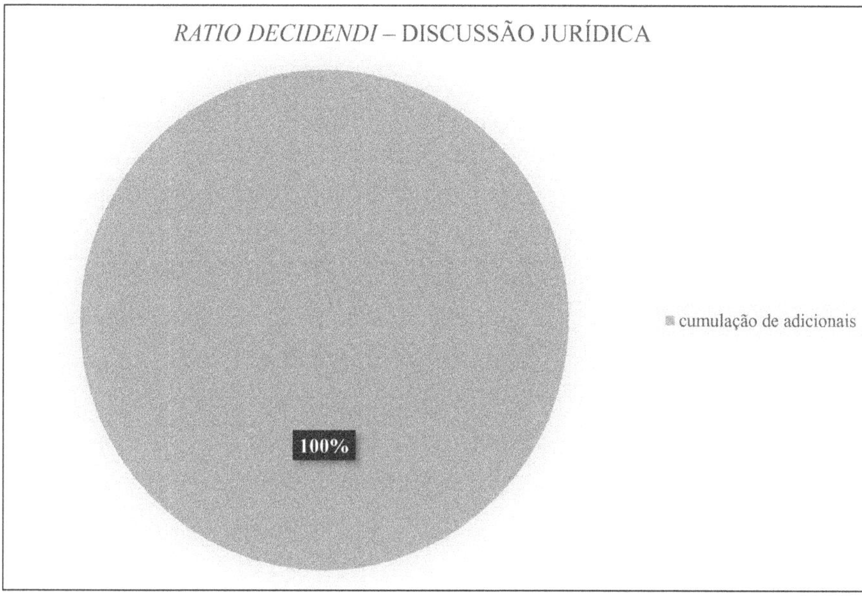

Gráfico 72 – Discussão jurídica envolvida nas decisões em que a Convenção nº 155 é *ratio decidendi* – TRT10 (elaboração própria)

Em relação à função discussão, conforme gráfico abaixo, verificou-se que em 100% dos casos, a Convenção nº 155 da OIT é alvo de discussão quando se trata da (im)possibilidade de cumulação dos adicionais de periculosidade e insalubridade.

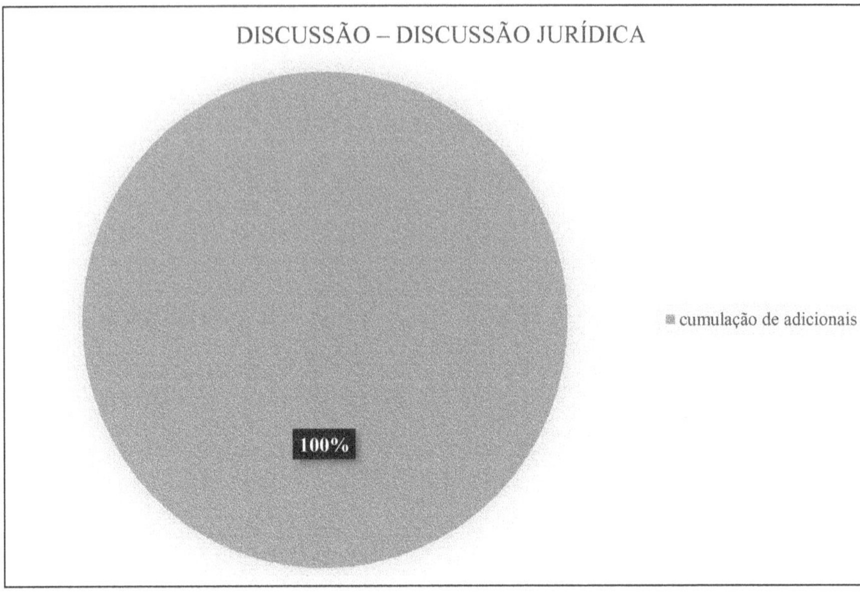

Gráfico 73 – Discussão jurídica envolvida nas decisões em que a Convenção nº 155 corresponde à "discussão" – TRT10 (elaboração própria).

Após o mapeamento acima, observou-se que alguns temas se destacaram qualitativa e quantitativamente em relação à aplicação da Convenção nº 155 da OIT. Tais destaques serão objeto de análise no capítulo seguinte.

3.3.11. Tribunal Regional do Trabalho da 11ª Região

No tocante à jurisprudência do Tribunal Regional do Trabalho da 11ª Região (TRT11), cuja jurisdição compreende os estados de Roraima e Amazonas, antes de iniciar o mapeamento das decisões proferidas, investigou-se se havia algum tipo de jurisprudência consolidada a respeito da aplicação de dispositivos internacionais (com especial atenção para a Convenção nº 155 da OIT) pelo Tribunal.

Verificou-se que: (*i*) não há Precedente Normativo (PN) que trate da aplicação de textos normativos internacionais; (*ii*) não há tese jurídica prevalecente quanto a aplicação de normas internacional; (*iii*) também não há súmula sobre o tema.

A partir dessa análise, entende-se que aplicação de dispositivos internacionais não parece ser alvo de preocupação central do TRT11. Parte-se, assim, para a análise dos acórdãos.

Como já abordado no item "considerações metodológicas", localizado no início desta pesquisa, realizou-se uma busca na base de jurisprudência do TRT11 a partir do critério de busca < convenção + 155 >, que localizou 53 resultados, dos quais somente 52 diziam respeito à Convenção nº 155 da OIT. Assim, foram analisadas 52 decisões no TRT11.

Primeiro, a fim de identificar se há algum período em que a Convenção nº 155 foi mais utilizada, organizou-se os resultados pelo ano em que a decisão analisada foi proferida (ano de julgamento), conforme gráfico abaixo.

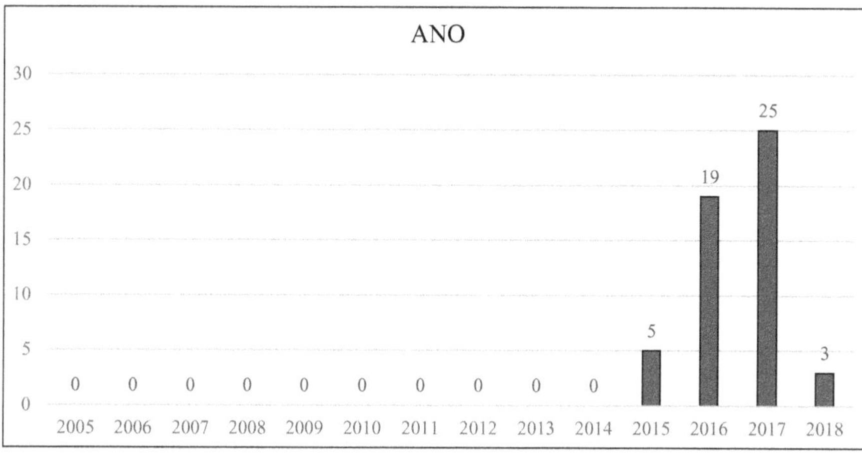

Gráfico 74 – Decisões por ano de julgamento – TRT11 (elaboração própria)

Observa-se que o período entre 2016 e 2017, se comparado com os demais, houve intensa utilização da Convenção nº 155 da OIT. Isso se deve, especialmente, a um movimento na jurisprudência do Tribunal, iniciado em 2015, que discutiu a (im)possibilidade de cumulação dos adicionais de insalubridade e periculosidade. Por fim, vale notar que o ano de 2018 (ano posterior à Reforma Trabalhista), assim como ocorreu no TST, não apresentou crescimento na utilização da C155, o que será objeto de análise no capítulo seguinte.

Segundo, a fim de identificar em relação a qual(is) tema(s) a Convenção nº 155 da OIT é invocada, organizou-se, no gráfico abaixo, os resultados pela discussão jurídica travada ao longo da decisão analisada quando da menção à Convenção, isto é, por qual tema está sendo preponderantemente tratado quando se aplica a Convenção nº 155 da OIT.

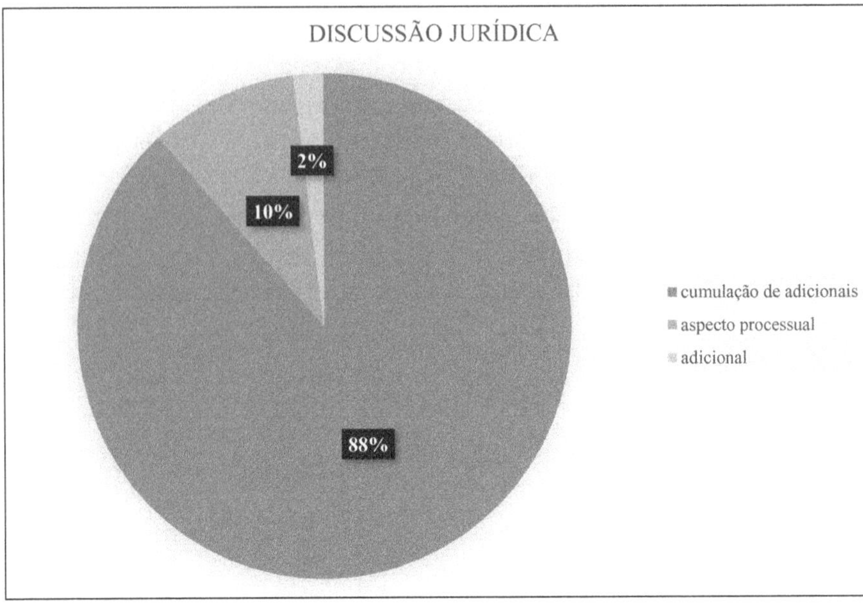

Gráfico 75 – Discussão jurídica envolvida – TRT11 (elaboração própria)

Observa-se que o temas que mais se destaca quando da aplicação da Convenção nº 155 pelo TRT11 é a cumulação de adicionais, com 88% dos resultados. Posteriormente aparecem: aspecto processual, com 10% dos resultados; e adicional, com 2% dos resultados.

Terceiro, buscou-se mapear se a Convenção nº 155 da OIT é utilizada em conjunto com outros dispositivos internacionais, conforme gráfico abaixo.

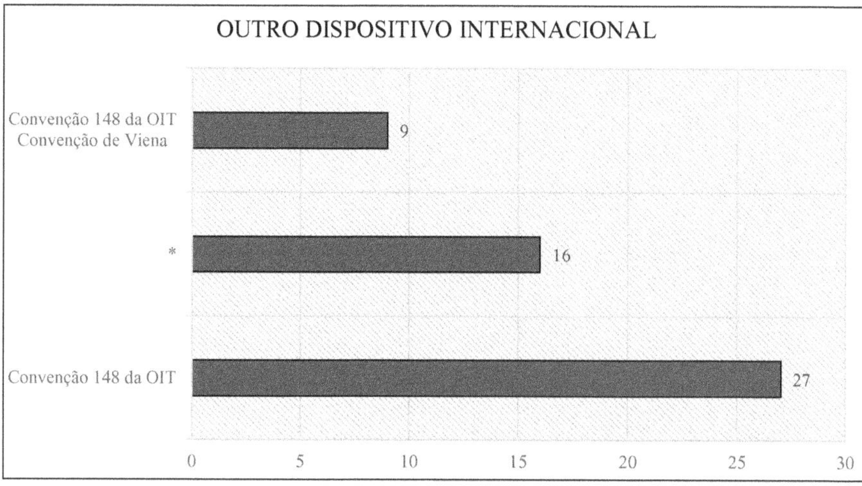

Gráfico 76 – Outro dispositivo internacional utilizado – TRT11 (elaboração própria)

Verificou-se que, em 27 casos, a Convenção nº 155 da OIT é utilizada em conjunto com a Convenção nº 148 da OIT. Em 9 casos, a C155 é citada em conjunto com a C1148 e com a Convenção de Viena sobre o Direito dos Tratados. E, em 16 casos, a Convenção nº 155 da OIT é o único dispositivo internacional utilizado na decisão, isto é, não há outro dispositivo internacional aplicado em conjunto, o que está representado pelo asterisco (*).

Quarto, com a finalidade de compreender qual é a função da Convenção nº 155 da OIT quando mencionada nas decisões – o que está diretamente ligado à pergunta central desta pesquisa –, organizou-se o gráfico abaixo de acordo com o papel desempenhado pela Convenção na decisão analisada.

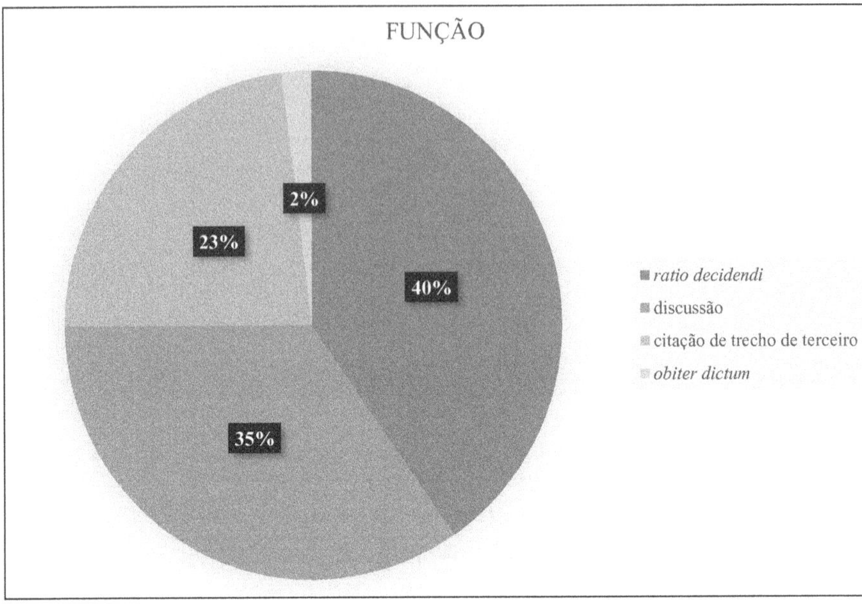

Gráfico 77 – Função da Convenção nº 155 na decisão analisada – TRT11 (elaboração própria)

No tocante à função desempenhada pela Convenção, observa-se que em 40% dos casos, a Convenção nº 155 da OIT tem a função de *ratio decidendi*; em 35% dos casos, a C155 corresponde à discussão; em 23% dos casos, a C155 corresponde à citação de trecho de terceiro; e, em 2% dos casos, a C155 é usada como *obiter dictum*. Notou-se, neste tribunal, uma clara divisão de posicionamento entre os julgadores da Turma 2 acerca da possibilidade de cumulação dos adicionais de insalubridade e periculosidade. Por isso, as funções *ratio decidendi* e discussão tiveram a porcentagem muito próxima no gráfico acima.

Em relação à função *ratio decidendi*, conforme gráfico abaixo, verificou-se que em 100% dos casos a Convenção nº 155 da OIT é utilizada como razão de decidir nas discussões jurídicas sobre a (im)possibilidade de cumulação de adicionais de periculosidade e insalubridade.

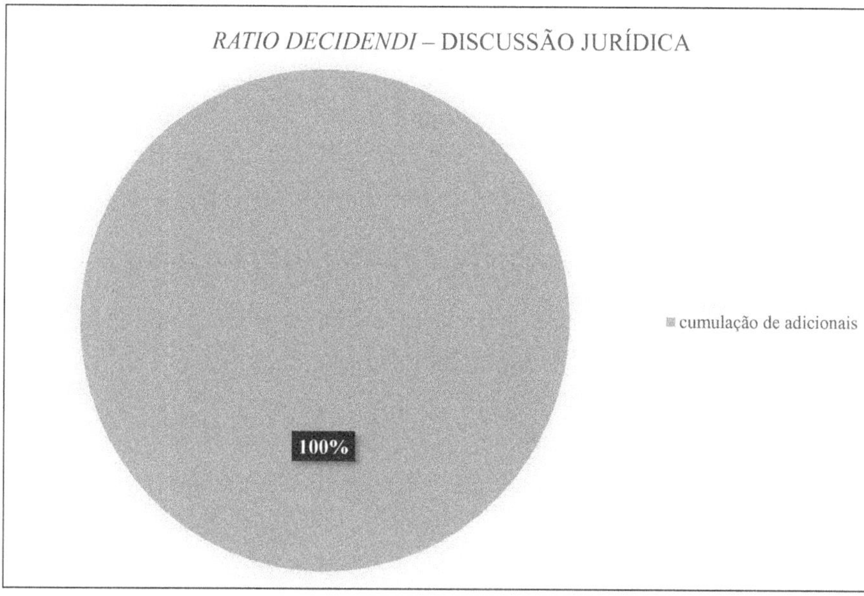

Gráfico 78 – Discussão jurídica envolvida nas decisões em que a Convenção nº 155 é *ratio decidendi* – TRT11 (elaboração própria)

Em relação à função *obiter dictum*, conforme gráfico a seguir, verificou-se que, embora não seja o fundamento central a decisão, o texto da Convenção nº 155 da OIT é explorado quando se trata de aspecto processual (100% dos casos).

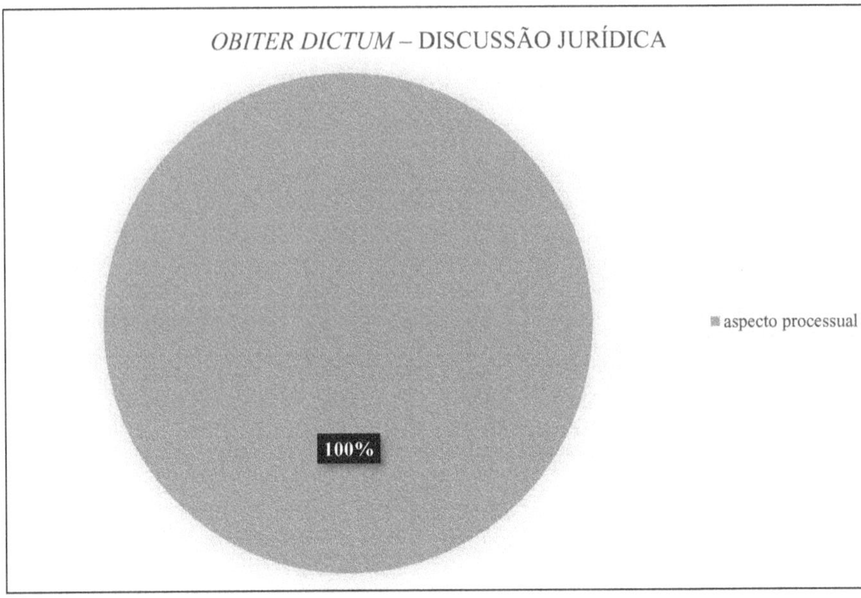

Gráfico 79 – Discussão jurídica envolvida nas decisões em que a Convenção nº 155 é *obiter dictum* – TRT11 (elaboração própria)

Em relação à função discussão, conforme gráfico abaixo, verificou-se que em 100% dos casos, a Convenção nº 155 da OIT é alvo de discussão quando se trata da (im)possibilidade de cumulação dos adicionais de periculosidade e insalubridade.

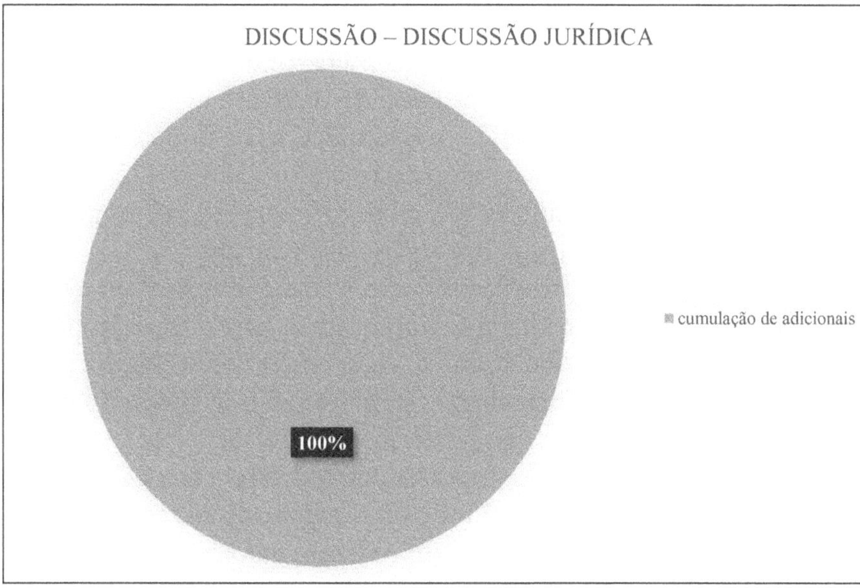

Gráfico 80 – Discussão jurídica envolvida nas decisões em que a Convenção nº 155 corresponde à "discussão" – TRT11 (elaboração própria).

Após o mapeamento acima, observou-se que alguns temas se destacaram qualitativa e quantitativamente em relação à aplicação da Convenção nº 155 da OIT. Tais destaques serão objeto de análise no capítulo seguinte.

3.3.12. Tribunal Regional do Trabalho da 12ª Região

No tocante à jurisprudência do Tribunal Regional do Trabalho da 12ª Região (TRT12), cuja jurisdição compreende o estado de Santa Catarina, antes de iniciar o mapeamento das decisões proferidas, investigou-se se havia algum tipo de jurisprudência consolidada a respeito da aplicação de dispositivos internacionais (com especial atenção para a Convenção nº 155 da OIT) pelo Tribunal.

Verificou-se que: (*i*) não há Precedente Normativo (PN) que trate da aplicação de textos normativos internacionais; (*ii*) não há tese jurídica prevalecente quanto a aplicação de normas internacional; (*iii*) há a Súmula nº 48[68], que não faz referência a normas internacionais, porém pacifica a dis-

[68] SÚMULA nº 48: ADICIONAL DE INSALUBRIDADE. BASE DE CÁLCULO. ADICIONAIS DE INSALUBRIDADE E PERICULOSIDADE. CUMULAÇÃO. IMPOSSIBILIDADE.

cussão sobre a (im)possibilidade de cumulação dos adicionais de insalubridade e periculosidade, que foi aventada a partir de uma interpretação sistemática entre as Convenções nº 148 e 155 da OIT.

A partir dessa análise, entende-se que aplicação de dispositivos internacionais não parece ser alvo de preocupação central do TRT12, havendo apenas uma súmula que, embora não cite expressamente, afasta a aplicação da C155. Parte-se, assim, para a análise dos acórdãos.

Como já abordado no item "considerações metodológicas", localizado no início desta pesquisa, realizou-se uma busca na base de jurisprudência do TRT12 a partir do critério de busca < convenção + 155 >, que localizou 73 resultados, dos quais somente 69 diziam respeito à Convenção nº 155 da OIT. Assim, foram analisadas 69 decisões no TRT12.

Primeiro, a fim de identificar se há algum período em que a Convenção nº 155 foi mais utilizada, organizou-se os resultados pelo ano em que a decisão analisada foi proferida (ano de julgamento), conforme gráfico abaixo.

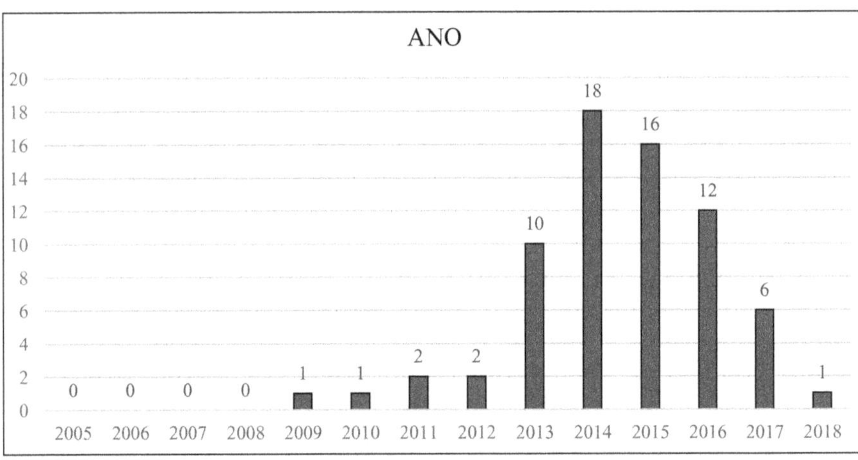

Gráfico 81 – Decisões por ano de julgamento – TRT12 (elaboração própria)

Observa-se que o período entre 2013 e 2016, se comparado com os demais, houve intensa utilização da Convenção nº 155 da OIT. Isso se deve,

I – Com a edição da Súmula Vinculante no 4 do STF, impõe-se a utilização do salário mínimo como base de cálculo do adicional de insalubridade, salvo previsão mais favorável estabelecida em acordo ou convenção coletivos. II – Em razão do disposto no art. 193, parágrafo 2º da CLT, não é possível a cumulação dos adicionais de insalubridade e periculosidade.

especialmente, a um movimento na jurisprudência do Tribunal, iniciado em 2013, que discutiu a (im)possibilidade de cumulação dos adicionais de insalubridade e periculosidade, que resultou na edição na Súmula nº 48 sobre a impossibilidade de cumulação dos adicionais de periculosidade e insalubridade. Por fim, vale notar que o ano de 2018 (ano posterior à Reforma Trabalhista) não apresentou crescimento na utilização da C155, o que será objeto de análise no capítulo seguinte.

Segundo, a fim de identificar em relação a qual(is) tema(s) a Convenção nº 155 da OIT é invocada, organizou-se, no gráfico abaixo, os resultados pela discussão jurídica travada ao longo da decisão analisada quando da menção à Convenção, isto é, por qual tema está sendo preponderantemente tratado quando se aplica a Convenção nº 155 da OIT.

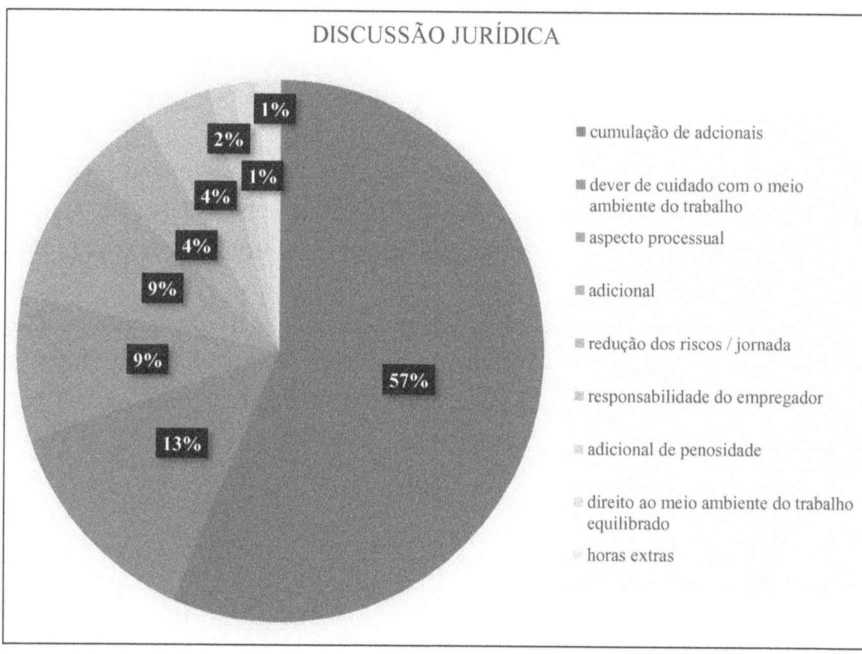

Gráfico 82 – Discussão jurídica envolvida – TRT12 (elaboração própria)

Observa-se que os temas que mais se destacam quando da aplicação da Convenção nº 155 pelo TRT12 são: a cumulação de adicionais, com 57% dos resultados; o dever de cuidado com o meio ambiente do trabalho, com 13% dos resultados; o aspecto processual, com 9% dos resultados; o adicional, também com 9% dos resultados.

Com menor destaque, estão os temas que envolvem: redução dos riscos / jornada (4% dos resultados); responsabilidade do empregador (4% dos resultados); adicional de penosidade (2% dos resultados); direito ao meio ambiente equilibrado (1% dos resultados); horas extras (1% dos resultados).

Terceiro, buscou-se mapear se a Convenção nº 155 da OIT é utilizada em conjunto com outros dispositivos internacionais, conforme gráfico abaixo.

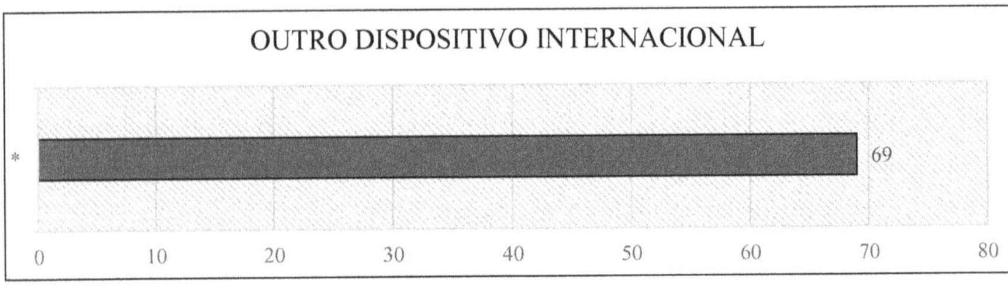

Gráfico 83 – Outro dispositivo internacional utilizado – TRT12 (elaboração própria)

Verificou-se que em todos os casos (69 casos), a Convenção nº 155 da OIT é o único dispositivo internacional utilizado na decisão, isto é, não há outro dispositivo internacional aplicado em conjunto, o que está representado pelo asterisco (*).

Quarto, com a finalidade de compreender qual é a função da Convenção nº 155 da OIT quando mencionada nas decisões – o que está diretamente ligado à pergunta central desta pesquisa –, organizou-se o gráfico abaixo de acordo com o papel desempenhado pela Convenção na decisão analisada.

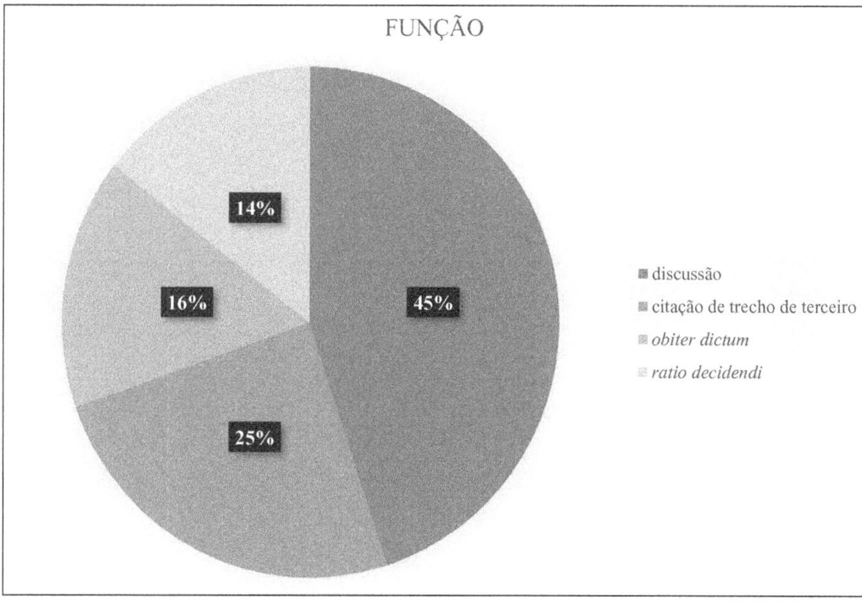

Gráfico 84 – Função da Convenção nº 155 na decisão analisada – TRT12 (elaboração própria)

No tocante à função desempenhada pela Convenção, observa-se que em 45% dos casos, a Convenção nº 155 da OIT corresponde à discussão; em 25% dos casos, a C155 corresponde à citação de trecho de terceiro; em 16% dos casos, a C155 é usada como *obiter dictum*; e em 14% dos casos, a C155 tem a função de *ratio decidendi.*

Em relação à função *ratio decidendi*, conforme gráfico abaixo, verificou-se que em 80% dos casos, a Convenção nº 155 da OIT é utilizada como razão de decidir nas decisões que tratam da cumulação de adicionais e, em 20% dos casos, a C155 é utilizada como razão de decidir quando se trata de responsabilidade do empregador.

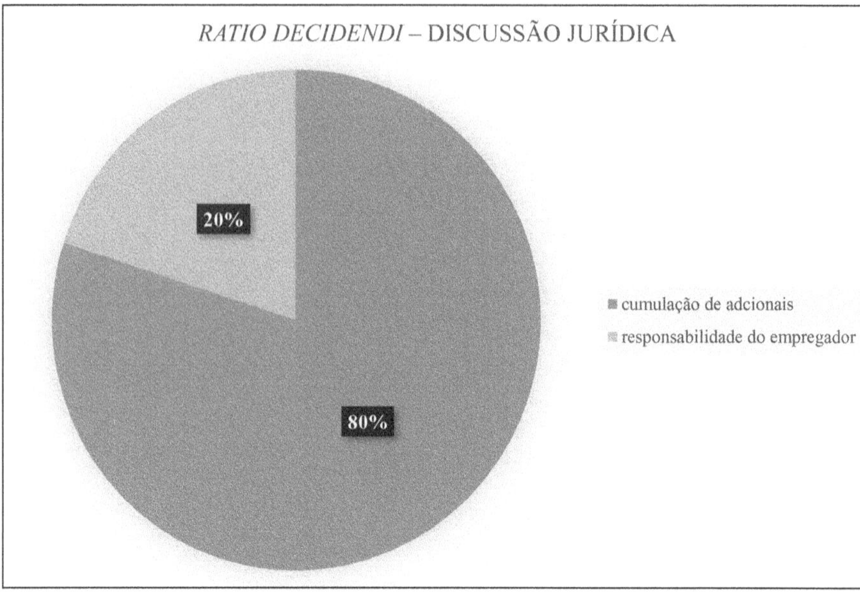

Gráfico 85 – Discussão jurídica envolvida nas decisões em que a Convenção nº 155 é *ratio decidendi* – TRT12 (elaboração própria)

Em relação à função *obiter dictum*, conforme gráfico a seguir, verificou-se que, embora não seja o fundamento central a decisão, o texto da Convenção nº 155 da OIT é explorado quando se trata de: dever de cuidado com o meio ambiente do trabalho (64% dos casos); direito ao meio ambiente do trabalho equilibrado (9% dos casos); adicional (9% dos casos); responsabilidade do empregador (9% dos casos); e aspecto processual (9% dos casos).

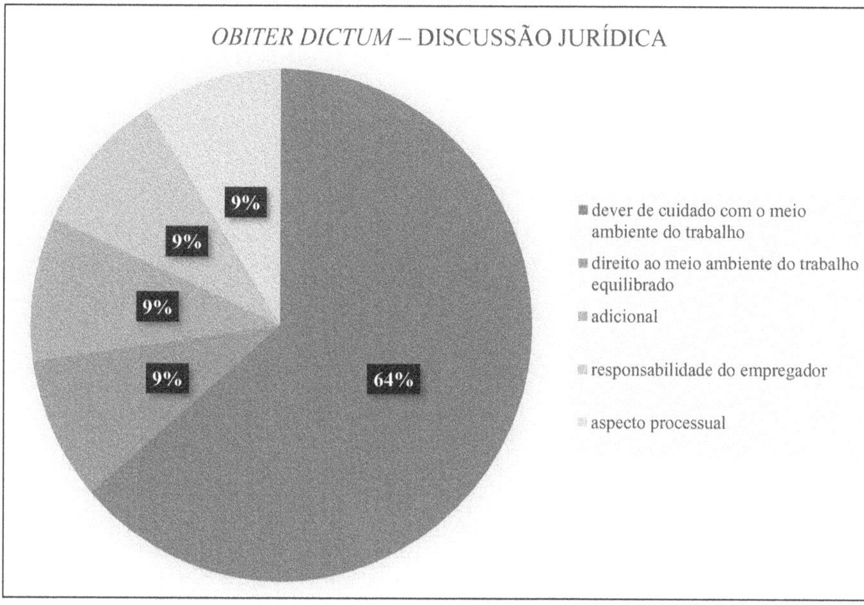

Gráfico 86 – Discussão jurídica envolvida nas decisões em que a Convenção nº 155 é *obiter dictum* – TRT12 (elaboração própria)

Em relação à função discussão, conforme gráfico abaixo, verificou-se que em 97% dos casos, a Convenção nº 155 da OIT é alvo de discussão quando se trata da (im)possibilidade de cumulação dos adicionais de periculosidade e insalubridade e, em 3% dos casos, há discussão com base na convenção nas decisões sobre o adicional de penosidade.

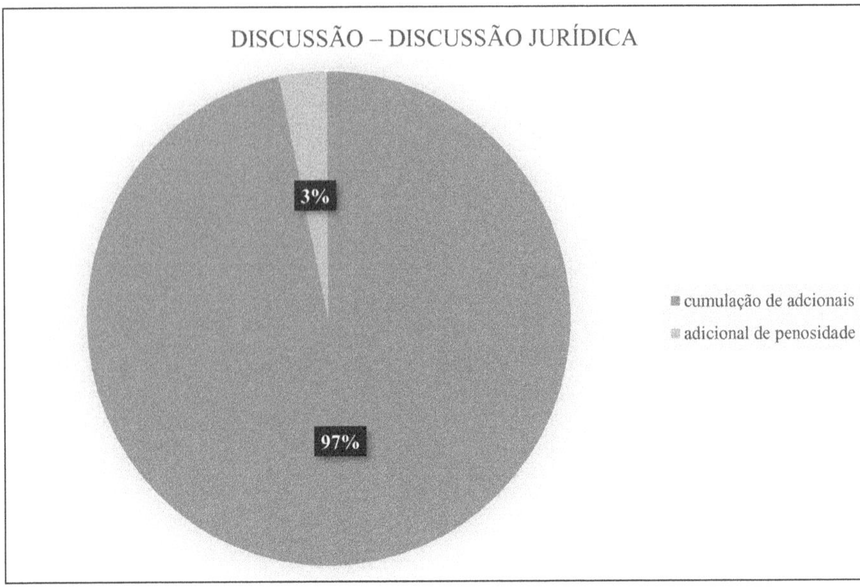

Gráfico 87 – Discussão jurídica envolvida nas decisões em que a Convenção nº 155 corresponde à "discussão" – TRT12 (elaboração própria).

Após o mapeamento acima, observou-se que alguns temas se destacaram qualitativa e quantitativamente em relação à aplicação da Convenção nº 155 da OIT. Tais destaques serão objeto de análise no capítulo seguinte.

3.3.13. Tribunal Regional do Trabalho da 13ª Região

No tocante à jurisprudência do Tribunal Regional do Trabalho da 13ª Região (TRT13), cuja jurisdição compreende o estado da paraíba, antes de iniciar o mapeamento das decisões proferidas, investigou-se se havia algum tipo de jurisprudência consolidada a respeito da aplicação de dispositivos internacionais (com especial atenção para a Convenção nº 155 da OIT) pelo Tribunal.

Verificou-se que: *(i)* não há Precedente Normativo (PN) que trate da aplicação de textos normativos internacionais; *(ii)* não há tese jurídica prevalecente quanto a aplicação de normas internacional; *(iii)* há a Súmula nº 40[69], que não faz referência a normas internacionais, porém pacifica a

[69] Súmula nº 40: ADICIONAIS DE INSALUBRIDADE E DE PERICULOSIDADE. PERCEPÇÃO CUMULATIVA. POSSIBILIDADE. AGENTES NOCIVOS DISTINTOS.

discussão sobre a (im)possibilidade de cumulação dos adicionais de insalubridade e periculosidade, que foi aventada a partir de uma interpretação sistemática entre as Convenções nº 148 e 155 da OIT.

A partir dessa análise, entende-se que aplicação de dispositivos internacionais não parece ser alvo de preocupação central do TRT2, havendo apenas uma súmula que, embora não cite expressamente, permite a aplicação da C155. Parte-se, assim, para a análise dos acórdãos.

Como já abordado no item "considerações metodológicas", localizado no início desta pesquisa, realizou-se uma busca na base de jurisprudência do TRT2 a partir do critério de busca < convenção + 155 >, que localizou 228 resultados, todos relacionados à C155. Assim, foram analisadas 228 decisões no TRT13.

Primeiro, a fim de identificar se há algum período em que a Convenção nº 155 foi mais utilizada, organizou-se os resultados pelo ano em que a decisão analisada foi proferida (ano de julgamento), conforme gráfico abaixo.

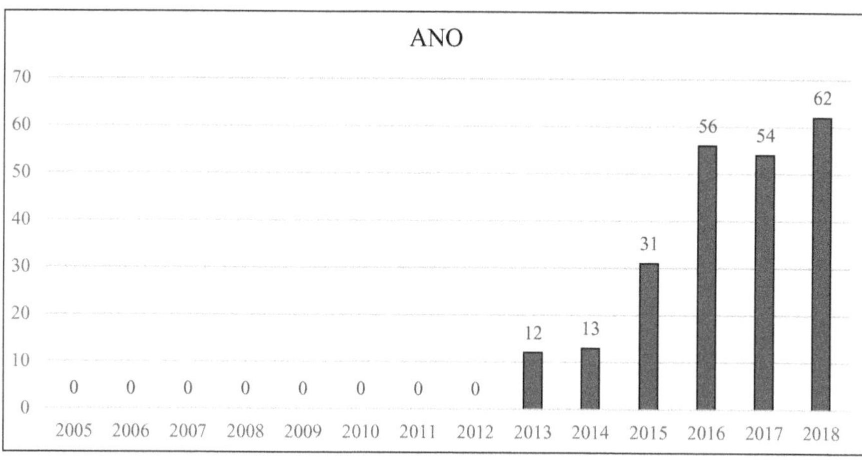

Gráfico 88 – Decisões por ano de julgamento – TRT13 (elaboração própria)

Observa-se que o período entre 2015 e 2018, se comparado com os demais, houve intensa utilização da Convenção nº 155 da OIT. Neste tribunal, não foi possível identificar um motivo possível que explique a concentração de resultados nesse período, embora seja possível notar a

A percepção de forma cumulada dos adicionais de insalubridade e de periculosidade é possível quando decorrerem de agentes nocivos distintos.

predominância do tema "dever de cuidado com o meio ambiente do trabalho", conforme gráfico a seguir. Por fim, vale notar que o ano de 2018 (ano posterior à Reforma Trabalhista) apresentou crescimento na utilização da C155, corroborando com uma das hipóteses inicialmente previstas nesta pesquisa, o que será objeto de análise no capítulo seguinte.

Segundo, a fim de identificar em relação a qual(is) tema(s) a Convenção nº 155 da OIT é invocada, organizou-se, no gráfico abaixo, os resultados pela discussão jurídica travada ao longo da decisão analisada quando da menção à Convenção, isto é, por qual tema está sendo preponderantemente tratado quando se aplica a Convenção nº 155 da OIT.

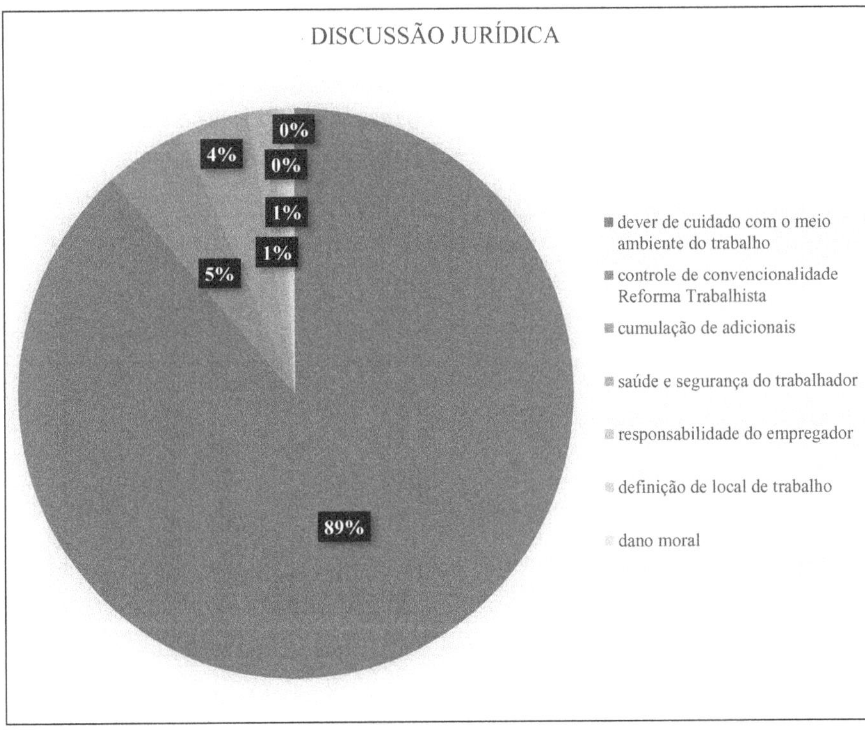

Gráfico 89 – Discussão jurídica envolvida – TRT13 (elaboração própria)

Observa-se que os temas que mais se destacam quando da aplicação da Convenção nº 155 pelo TRT13 são: dever de cuidado com o meio ambiente do trabalho, com 89% dos resultados; controle de convencionalidade da Reforma Trabalhista, com 5% dos casos; e cumulação de adicionais, com 4% dos casos.

Com menor destaque, variando entre 1% e 0%, estão os temas que envolvem: saúde e segurança do trabalhador; responsabilidade do empregador; definição de local de trabalho; e dano moral.

Terceiro, buscou-se mapear se a Convenção nº 155 da OIT é utilizada em conjunto com outros dispositivos internacionais, conforme gráfico abaixo.

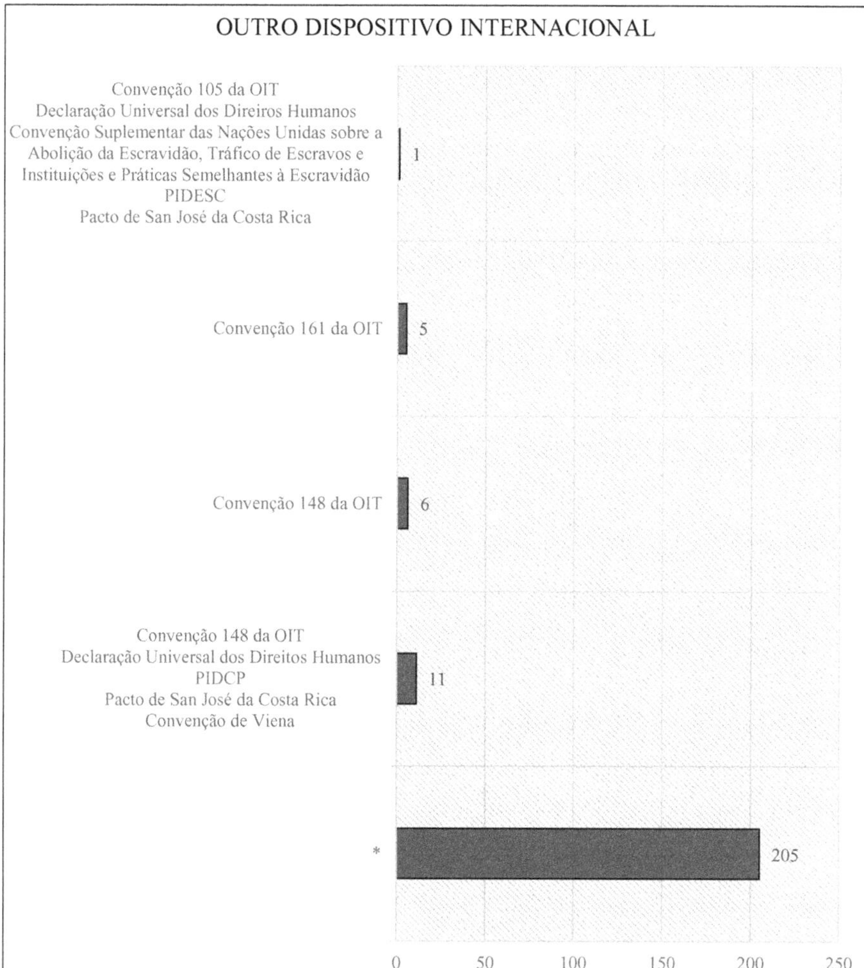

Gráfico 90 – Outro dispositivo internacional utilizado – TRT13 (elaboração própria)

Verificou-se que, na grande maioria dos casos (205 casos), a Convenção nº 155 da OIT é o único dispositivo internacional utilizado na decisão, isto é, não há outro dispositivo internacional aplicado em conjunto, o que está representado pelo asterisco (*). Para além da Convenção nº 155, aparecem: a Convenção nº 105 da OIT, sobre abolição do trabalho forçado; a Convenção nº 148 da OIT, sobre a proteção dos trabalhadores contra os riscos profissionais devidos à contaminação do ar, ao ruído e às vibrações no local do trabalho, a Convenção nº 161 da OIT, sobre os serviços de saúde do trabalho; a Convenção Suplementar das Nações Unidas sobre a Abolição da Escravidão, Tráfico de Escravos e Instituições e Práticas Semelhantes à Escravidão; a Convenção de Viena sobre o Direito dos Tratados; a Declaração Universal dos Direitos Humanos; o Pacto de San José da Costa Rica; o Pacto Internacional sobre Direitos Civis e Políticos (PIDCP); e o PIDESC.

Quarto, com a finalidade de compreender qual é a função da Convenção nº 155 da OIT quando mencionada nas decisões – o que está diretamente ligado à pergunta central desta pesquisa –, organizou-se o gráfico abaixo de acordo com o papel desempenhado pela Convenção na decisão analisada.

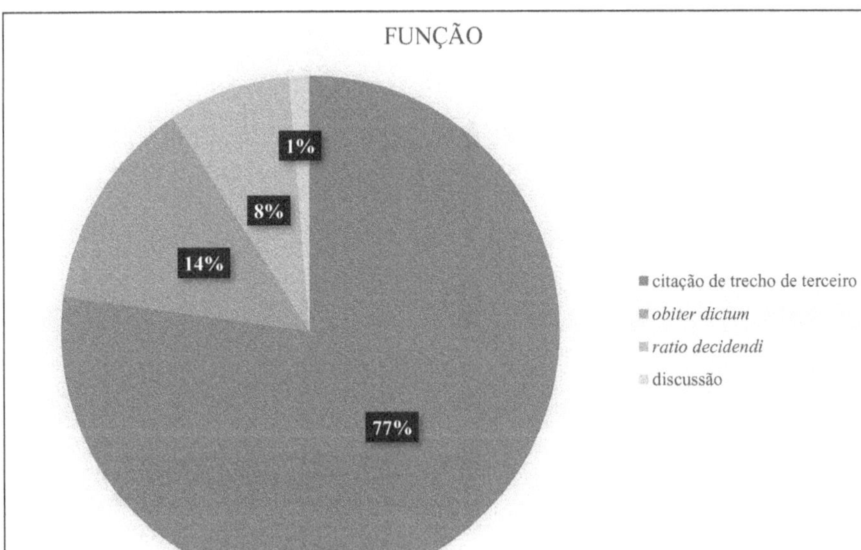

Gráfico 91 – Função da Convenção nº 155 na decisão analisada – TRT13 (elaboração própria)

No tocante à função desempenhada pela Convenção, observa-se que em 77% dos casos, a Convenção nº 155 da OIT corresponde à citação de trecho de terceiro; em 14% dos casos, a C155 é usada como *obiter dictum*; em 8% dos casos, a C155 tem a função de *ratio decidendi*; e, em 1% dos casos, a C155 corresponde à "discussão".

Em relação à função *ratio decidendi*, conforme gráfico abaixo, verificou-se que em 61% dos casos, a Convenção nº 155 da OIT é utilizada como razão de decidir nas decisões que tratam do controle de convencionalidade da Reforma Trabalhista. Em 33% dos casos, a Convenção foi utilizada como *ratio decidendi* em discussões jurídicas sobre a cumulação de adicionais. Em 6% dos casos, a C155 foi usada como *ratio decidendi* nas discussões jurídicas sobre o dever de cuidado com o meio ambiente do trabalho.

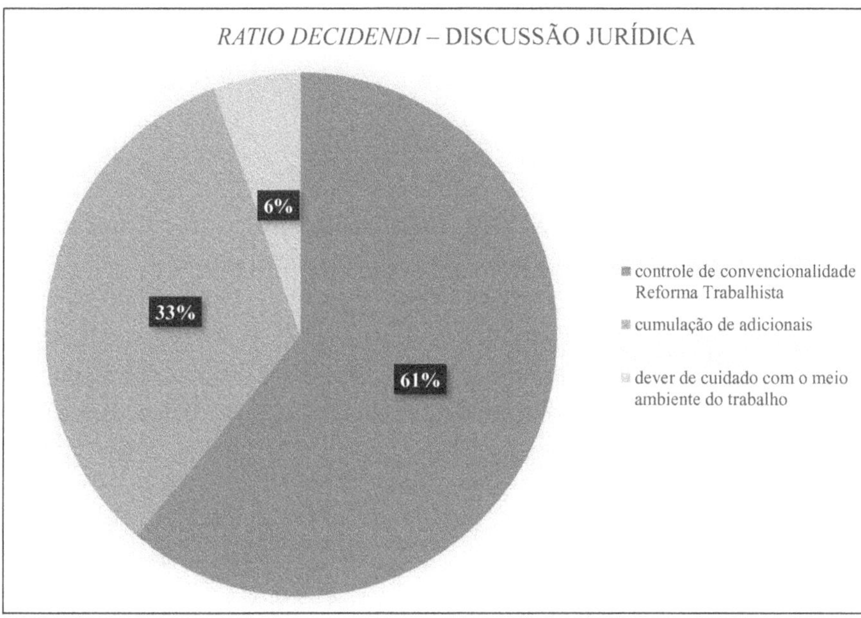

Gráfico 92 – Discussão jurídica envolvida nas decisões em que a Convenção nº 155 é *ratio decidendi* – TRT13 (elaboração própria)

Em relação à função *obiter dictum*, conforme gráfico a seguir, verificou-se que, embora não seja o fundamento central a decisão, o texto da Convenção nº 155 da OIT é explorado quando se trata de: dever de cuidado com o meio ambiente do trabalho (94% dos casos); saúde e segurança do trabalhador (3% dos casos); definição do local de trabalho (3% dos casos).

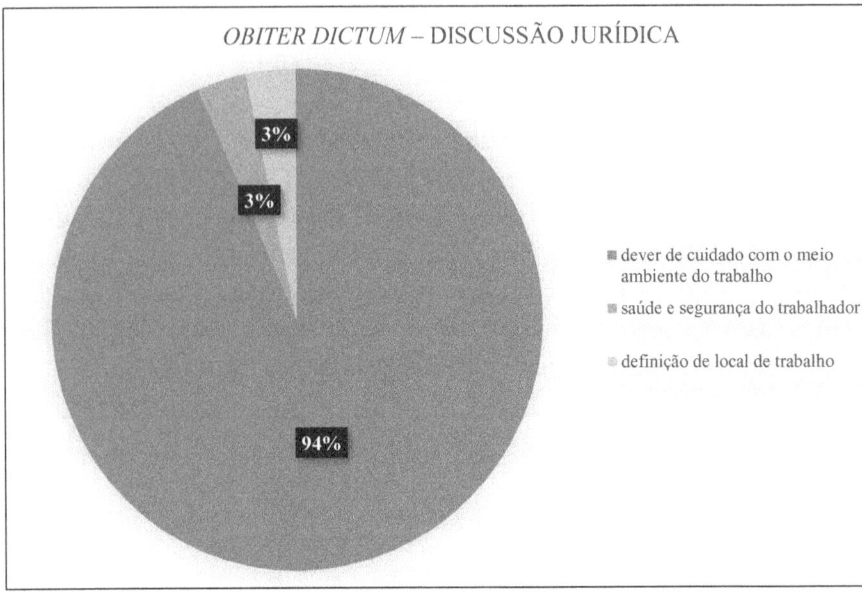

Gráfico 93 – Discussão jurídica envolvida nas decisões em que a Convenção nº 155 é *obiter dictum* – TRT13 (elaboração própria)

Em relação à função discussão, conforme gráfico abaixo, verificou-se que em 100% dos casos, a Convenção nº 155 da OIT é alvo de discussão quando se trata da (im)possibilidade de cumulação dos adicionais de periculosidade e insalubridade.

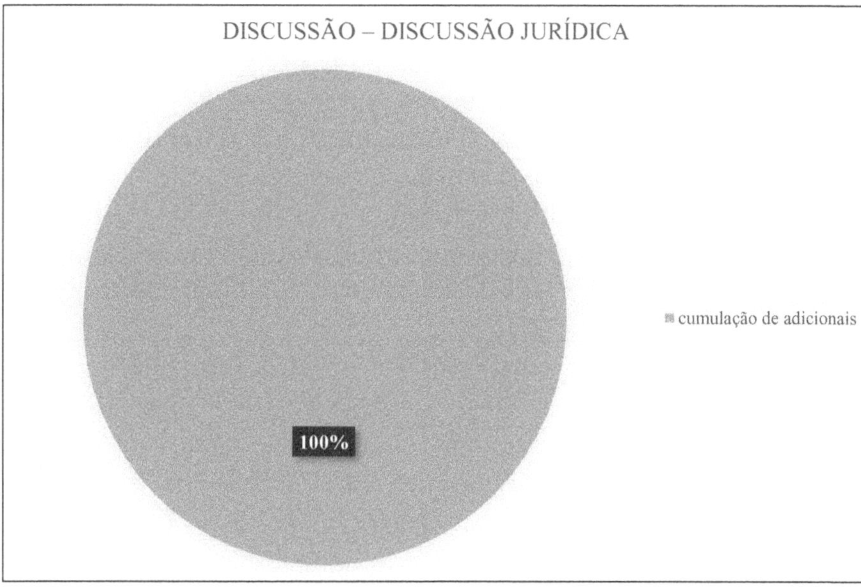

Gráfico 94 – Discussão jurídica envolvida nas decisões em que a Convenção nº 155 corresponde à "discussão" – TRT13 (elaboração própria).

Após o mapeamento acima, observou-se que alguns temas se destacaram qualitativa e quantitativamente em relação à aplicação da Convenção nº 155 da OIT. Tais destaques serão objeto de análise no capítulo seguinte.

3.3.14. Tribunal Regional do Trabalho da 14ª Região

No tocante à jurisprudência do Tribunal Regional do Trabalho da 14ª Região (TRT14), cuja jurisdição compreende os estados do Acre e de Rondônia, antes de iniciar o mapeamento das decisões proferidas, investigou-se se havia algum tipo de jurisprudência consolidada a respeito da aplicação de dispositivos internacionais (com especial atenção para a Convenção nº 155 da OIT) pelo Tribunal.

Verificou-se que: (*i*) não há Precedente Normativo (PN) que trate da aplicação de textos normativos internacionais; (*ii*) não há tese jurídica prevalecente quanto a aplicação de normas internacional; (*iii*) não há súmulas sobre o tema.

A partir dessa análise, entende-se que aplicação de dispositivos internacionais não parece ser alvo de preocupação central do TRT14. Parte-se, assim, para a análise dos acórdãos.

Como já abordado no item "considerações metodológicas", localizado no início desta pesquisa, realizou-se uma busca na base de jurisprudência do TRT2 a partir do critério de busca < convenção + 155 >, que localizou 152 resultados, dos quais somente 143 diziam respeito à Convenção nº 155 da OIT. Assim, foram analisadas 143 decisões no TRT2.

Primeiro, a fim de identificar se há algum período em que a Convenção nº 155 foi mais utilizada, organizou-se os resultados pelo ano em que a decisão analisada foi proferida (ano de julgamento), conforme gráfico abaixo.

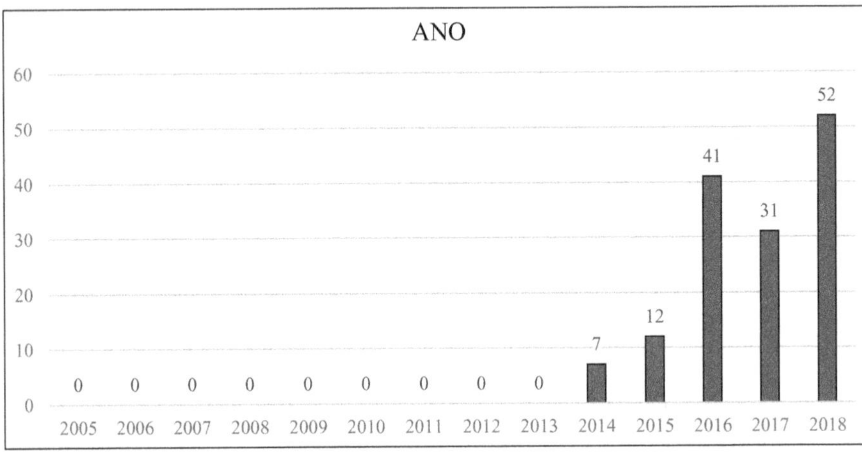

Gráfico 95 – Decisões por ano de julgamento – TRT14 (elaboração própria)

Observa-se que o período entre 2016 e 2018, se comparado com os demais, houve intensa utilização da Convenção nº 155 da OIT. Não foi possível identificar, neste tribunal, a motivo da concentração de decisões nesse período. Contudo, vale notar que o ano de 2018 (ano posterior à Reforma Trabalhista), apresentou crescimento na utilização da C155, sendo o ano em que mais se utilizou a C155, o que será objeto de análise no capítulo seguinte.

Segundo, a fim de identificar em relação a qual(is) tema(s) a Convenção nº 155 da OIT é invocada, organizou-se, no gráfico abaixo, os resultados pela discussão jurídica travada ao longo da decisão analisada quando da menção à Convenção, isto é, por qual tema está sendo preponderantemente tratado quando se aplica a Convenção nº 155 da OIT.

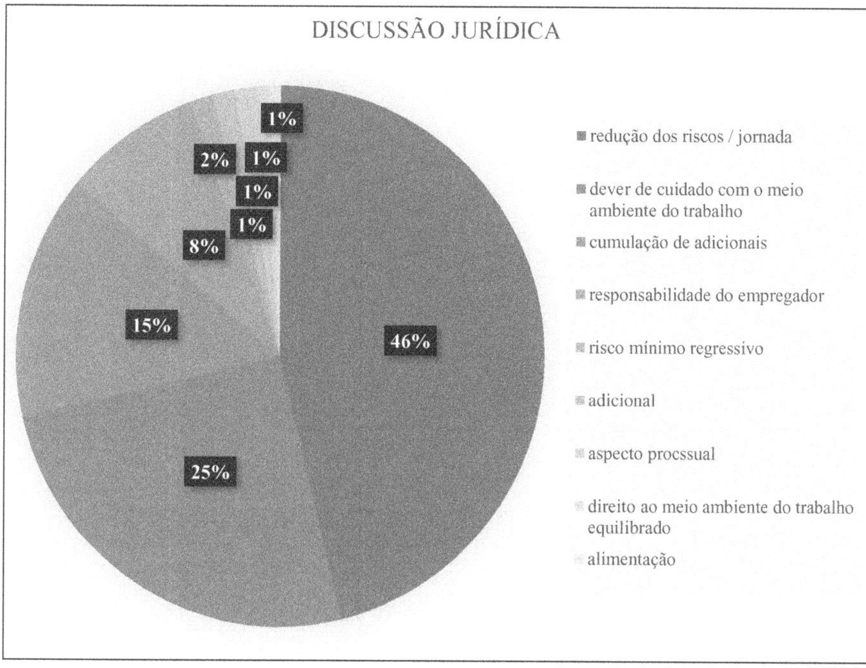

Gráfico 96 – Discussão jurídica envolvida – TRT14 (elaboração própria)

Observa-se que os temas que mais se destacam quando da aplicação da Convenção nº 155 pelo TST são: redução dos riscos / jornada, com 46% dos resultados; dever de cuidado com o meio ambiente do trabalho, com 25% dos casos; cumulação de adicionais, com 15% dos casos; e responsabilidade do empregador, com 8% dos casos.

Com menor destaque, variando entre 2% e 1% dos casos, estão os temas que envolvem: risco mínimo regressivo, adicional, aspecto processual, direito ao meio ambiente do trabalho equilibrado e alimentação.

Terceiro, buscou-se mapear se a Convenção nº 155 da OIT é utilizada em conjunto com outros dispositivos internacionais, conforme gráfico abaixo.

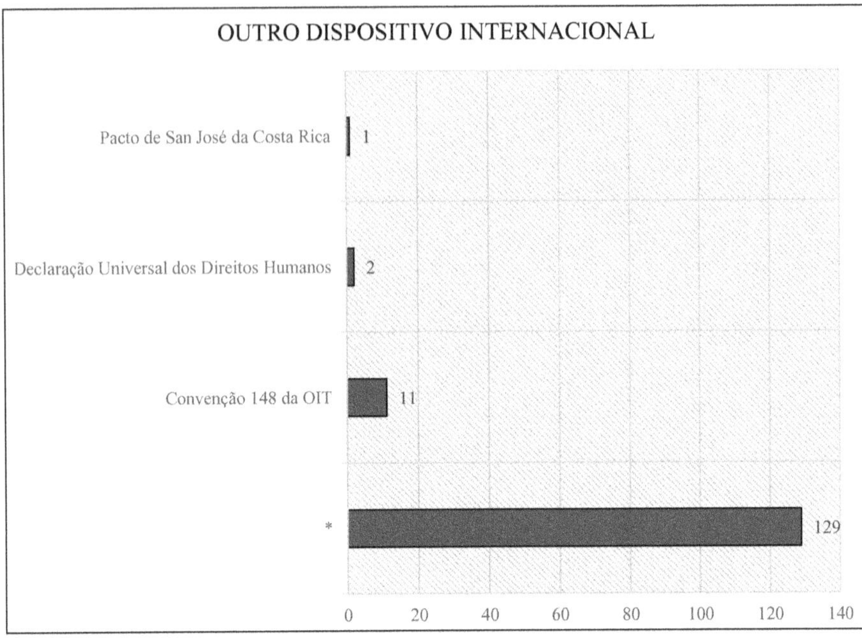

Gráfico 97 – Outro dispositivo internacional utilizado – TRT14 (elaboração própria)

Verificou-se que, na grande maioria dos casos (129 casos), a Convenção nº 155 da OIT é o único dispositivo internacional utilizado na decisão, isto é, não há outro dispositivo internacional aplicado em conjunto, o que está representado pelo asterisco (*). Para além da Convenção nº 155, com certo destaque (11 resultados), aparece a Convenção nº 148 da OIT, sobre a proteção dos trabalhadores contra os riscos profissionais devidos à contaminação do ar, ao ruído e às vibrações no local do trabalho, especialmente utilizada ao longo das decisões sobre a (im)possibilidade da cumulação dos adicionais de periculosidade e insalubridade. Por fim, aparecem mencionados nas demais decisões a Declaração Universal dos Direitos Humanos e o Pacto de San José da Costa Rica.

Quarto, com a finalidade de compreender qual é a função da Convenção nº 155 da OIT quando mencionada nas decisões – o que está diretamente ligado à pergunta central desta pesquisa –, organizou-se o gráfico abaixo de acordo com o papel desempenhado pela Convenção na decisão analisada.

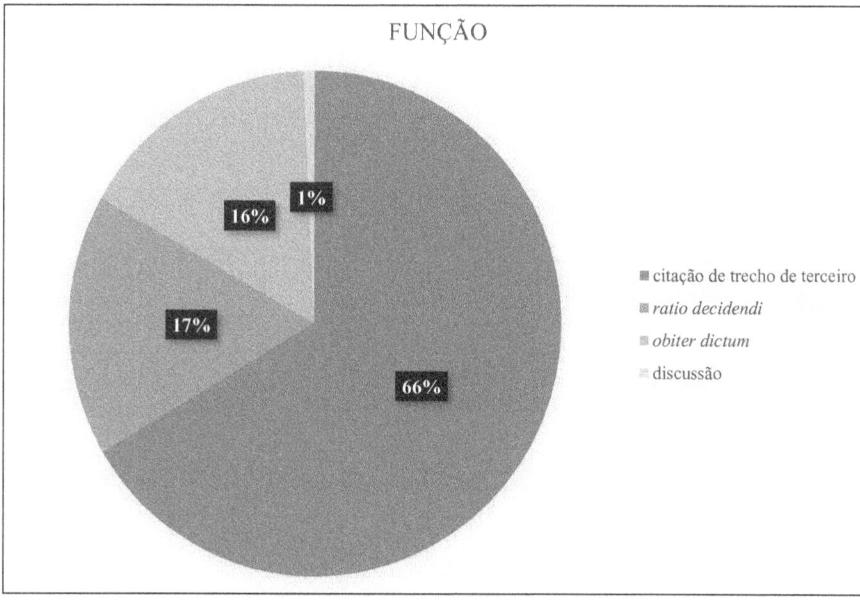

Gráfico 98 – Função da Convenção nº 155 na decisão analisada – TRT14 (elaboração própria)

No tocante à função desempenhada pela Convenção, observa-se que em 66% dos casos, a Convenção nº 155 da OIT corresponde à citação de trecho de terceiro; em 17% dos casos, a C155 figura como *ratio decidendi*; em 16% dos casos, a C155 é usada como *obiter dictum*; e, em 1% dos casos, a C155 corresponde à "discussão".

Em relação à função *ratio decidendi*, conforme gráfico abaixo, verificou-se que, em 67% dos casos, a Convenção nº 155 da OIT é utilizada como razão de decidir nas decisões que tratam da (im)possibilidade de cumulação de adicionais de periculosidade e insalubridade. Em 29% dos casos, a C155 figurou como *ratio decidendi* em decisões sobre a responsabilidade do empregador. Em 4% dos casos, a C155 foi *ratio decidendi* em decisões sobre "redução dos riscos / jornada".

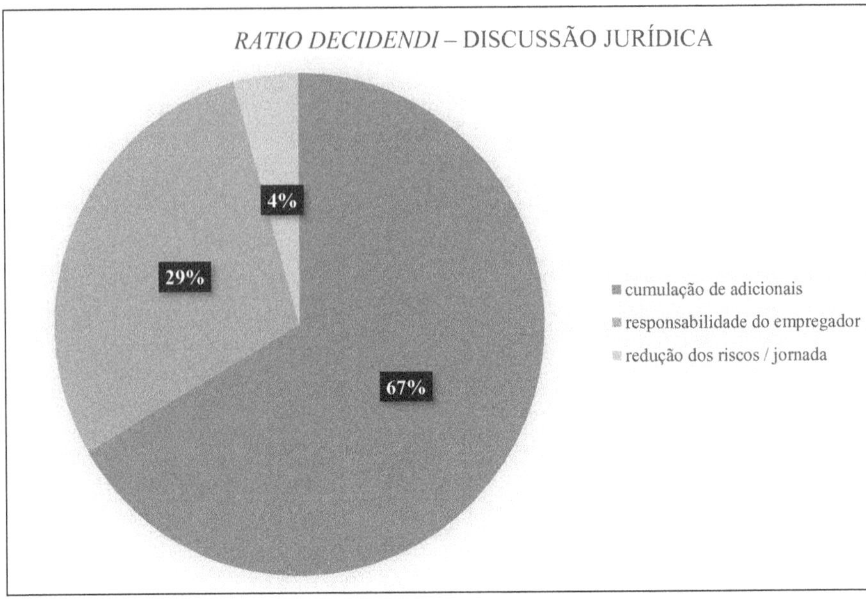

Gráfico 99 – Discussão jurídica envolvida nas decisões em que a Convenção nº 155 é *ratio decidendi* – TRT14 (elaboração própria)

Em relação à função *obiter dictum*, conforme gráfico a seguir, verificou-se que, embora não seja o fundamento central a decisão, o texto da Convenção nº 155 da OIT é explorado quando se trata de: dever de cuidado com o meio ambiente do trabalho (91% dos casos) e redução dos riscos / jornada (9% dos casos).

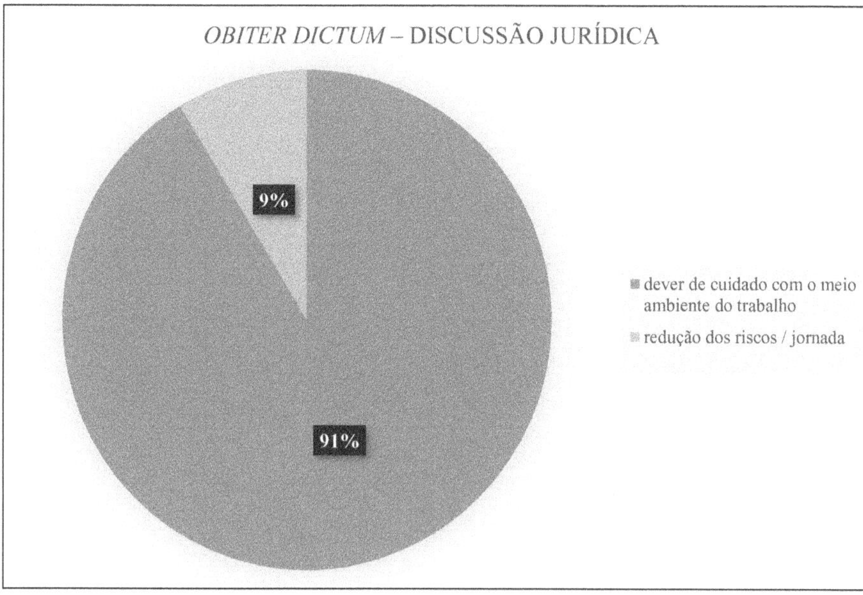

Gráfico 100 – Discussão jurídica envolvida nas decisões em que a Convenção nº 155 é *obiter dictum* – TRT14 (elaboração própria)

Em relação à função discussão, conforme gráfico abaixo, verificou-se que em 100% dos casos, a Convenção nº 155 da OIT é alvo de discussão quando se trata da (im)possibilidade de cumulação dos adicionais de periculosidade e insalubridade.

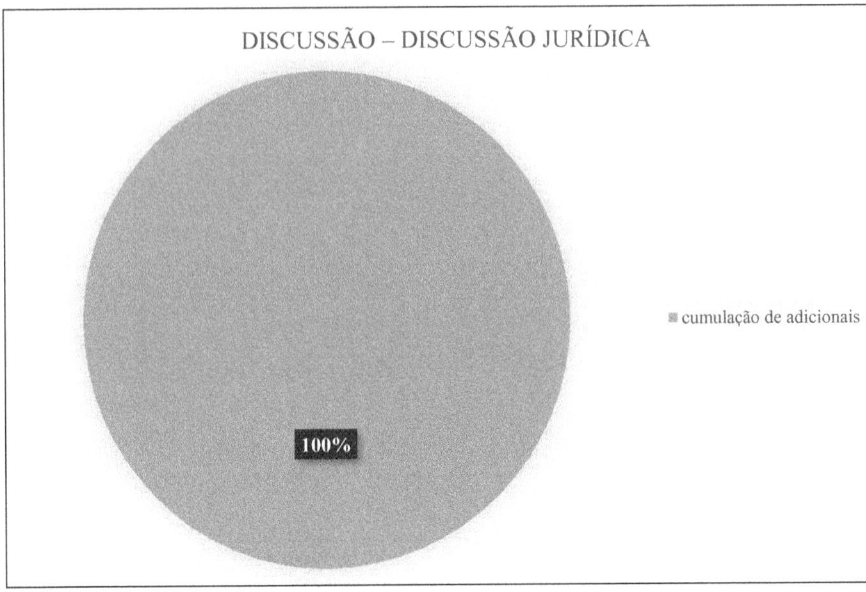

Gráfico 101 – Discussão jurídica envolvida nas decisões em que a Convenção nº 155 corresponde à "discussão" – TRT14 (elaboração própria).

Após o mapeamento acima, observou-se que alguns temas se destacaram qualitativa e quantitativamente em relação à aplicação da Convenção nº 155 da OIT. Tais destaques serão objeto de análise no capítulo seguinte.

3.3.15. Tribunal Regional do Trabalho da 15ª Região

No tocante à jurisprudência do Tribunal Regional do Trabalho da 15ª Região (TRT15), cuja jurisdição compreende o restante do estado de São Paulo não abrangido pela jurisdição do TRT2, antes de iniciar o mapeamento das decisões proferidas, investigou-se se havia algum tipo de jurisprudência consolidada a respeito da aplicação de dispositivos internacionais (com especial atenção para a Convenção nº 155 da OIT) pelo Tribunal.

Verificou-se que: (*i*) não há Precedente Normativo (PN) que trate da aplicação de textos normativos internacionais; (*ii*) não há tese jurídica prevalecente quanto a aplicação de normas internacional; (*iii*) não há Orientação Jurisprudencial; (*iii*) não há a Súmula sobre o tema. A partir dessa análise, entende-se que aplicação de dispositivos internacionais não parece ser alvo de preocupação central do TRT15. Parte-se, assim, para a análise dos acórdãos.

Como já abordado no item "considerações metodológicas", localizado no início desta pesquisa, realizou-se uma busca na base de jurisprudência do TRT15 a partir do critério de busca < convenção + 155 >, que localizou 1250 resultados, dos quais somente 640 diziam respeito à Convenção nº 155 da OIT. Assim, foram analisadas 640 decisões no TRT15.

Primeiro, a fim de identificar se há algum período em que a Convenção nº 155 foi mais utilizada, organizou-se os resultados pelo ano em que a decisão analisada foi proferida (ano de julgamento), conforme gráfico abaixo.

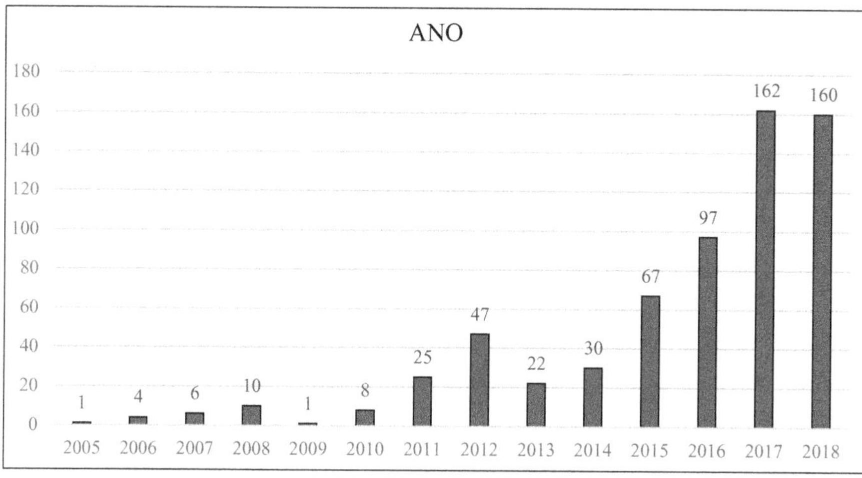

Gráfico 102 – Decisões por ano de julgamento – TRT15 (elaboração própria)

Observa-se que o os anos de 2012, 2015, 2016, 2017 e 2018, se comparado com os demais, houve intensa utilização da Convenção nº 155 da OIT, com destaque para o período de uso crescente da C155 entre 2016 e 2018. Isso se deve, especialmente, à discussão sobre a possibilidade de cumulação dos adicionais de insalubridade e periculosidade. Vale notar que o ano de 2018 (ano posterior à Reforma Trabalhista), embora não tenha sido aquele em que mais se utilizou a C155, foi o segundo ano em que mais se utilizou a convenção, o que será objeto de análise no capítulo seguinte.

Segundo, a fim de identificar em relação a qual(is) tema(s) a Convenção nº 155 da OIT é invocada, organizou-se, no gráfico abaixo, os resultados pela discussão jurídica travada ao longo da decisão analisada quando da menção à Convenção, isto é, por qual tema está sendo preponderantemente tratado quando se aplica a Convenção nº 155 da OIT.

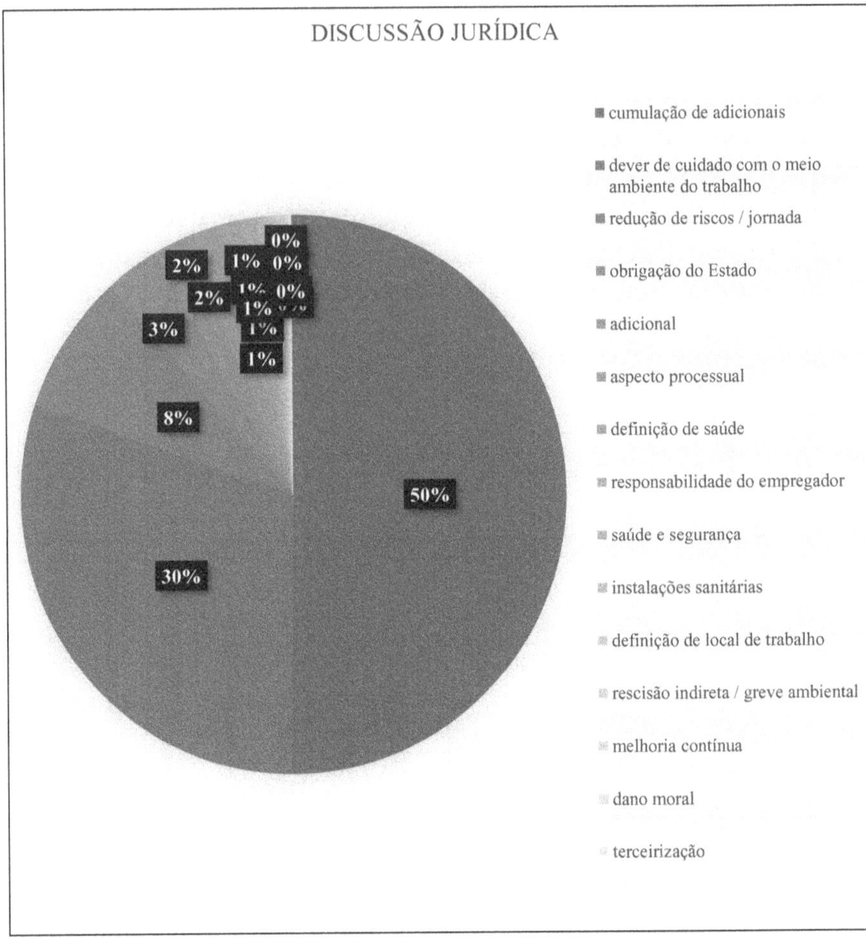

Gráfico 103 – Discussão jurídica envolvida – TRT15 (elaboração própria)

Observa-se que os temas que mais se destacam quando da aplicação da Convenção nº 155 pelo TRT15 são: a cumulação de adicionais, com 50% dos resultados; o dever de cuidado com o meio ambiente do trabalho, com 30% dos resultados; e a redução dos riscos/jornada, com 8% dos resultados.

Com menor destaque, variando entre 3% e 0%, estão os temas que envolvem: obrigação do Estado; adicional; aspecto processual; definição de saúde; responsabilidade do empregador; saúde e segurança; instalações sanitárias; definição de local de trabalho; rescisão indireta / greve ambiental; melhoria contínua; dano moral; terceirização.

Terceiro, buscou-se mapear se a Convenção nº 155 da OIT é utilizada em conjunto com outros dispositivos internacionais, conforme gráfico abaixo.

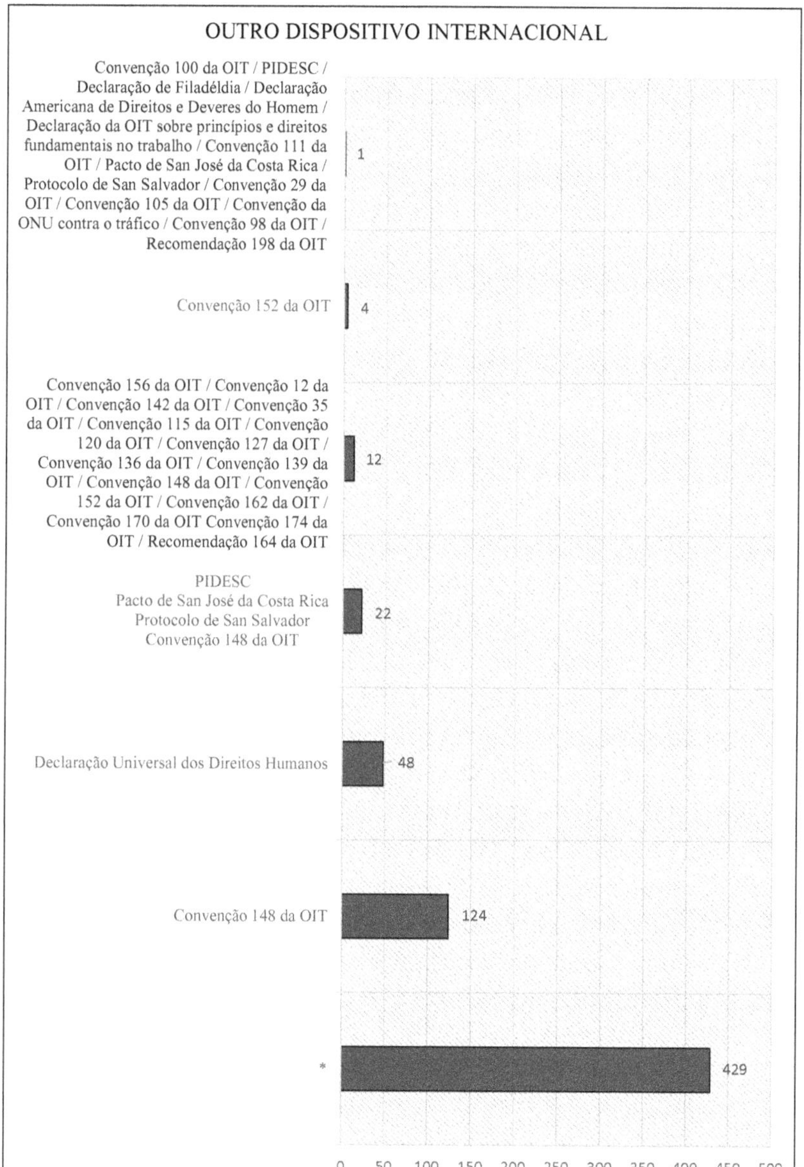

Gráfico 104 – Outro dispositivo internacional utilizado – TRT15 (elaboração própria)

Verificou-se que, na grande maioria dos casos (429 casos), a Convenção nº 155 da OIT é o único dispositivo internacional utilizado na decisão, isto é, não há outro dispositivo internacional aplicado em conjunto, o que está representado pelo asterisco (*). Para além da Convenção nº 155, com destaque (124 resultados), aparece a Convenção nº 148 da OIT, sobre a proteção dos trabalhadores contra os riscos profissionais devidos à contaminação do ar, ao ruído e às vibrações no local do trabalho, que foi especialmente utilizada ao longo das decisões sobre a (im)possibilidade da cumulação dos adicionais de periculosidade e insalubridade. Para além de tais dispositivos internacionais citados, também aparecem mencionados nas demais decisões: a Declaração Universal dos Direitos Humanos (48 resultados); PIDESC, Pacto de San José da Costa Rica, Protocolo de San Salvador e Convenção 148 da OIT citados em conjunto (22 resultados); Convenção nº 156 da OIT, Convenção nº 12 da OIT, Convenção nº 142 da OIT, Convenção nº 35 da OIT, Convenção nº 115 da OIT, Convenção nº 120 da OIT, Convenção nº 127 da OIT, Convenção nº 136 da OIT, Convenção nº 139 da OIT, Convenção nº 148 da OIT, Convenção nº 152 da OIT, Convenção nº 162 da OIT, Convenção nº 170 da OIT, Convenção nº 174 da OIT, Recomendação nº 164 da OIT citadas em conjunto (12 resultados); a Convenção nº 152 da OIT (4 resultados); e Convenção nº 100 da OIT, PIDESC, Declaração de Filadélfia, Declaração Americana de Direitos e Deveres do Homem, Declaração da OIT sobre princípios e direitos fundamentais no trabalho, Convenção nº 111 da OIT, Pacto de San José da Costa Rica, Protocolo de San Salvador, Convenção nº 29 da OIT, Convenção nº 105 da OIT, Convenção da ONU contra o tráfico, Convenção nº 98 da OIT e Recomendação nº 198 da OIT citados em conjunto.

Quarto, com a finalidade de compreender qual é a função da Convenção nº 155 da OIT quando mencionada nas decisões – o que está diretamente ligado à pergunta central desta pesquisa –, organizou-se o gráfico abaixo de acordo com o papel desempenhado pela Convenção na decisão analisada.

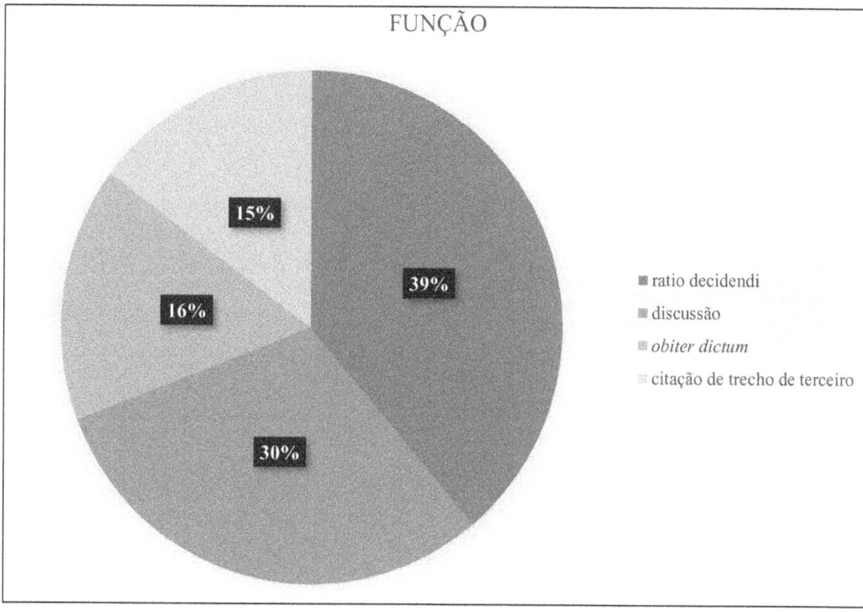

Gráfico 105 – Função da Convenção nº 155 na decisão analisada – TRT15 (elaboração própria)

No tocante à função desempenhada pela Convenção, observa-se que em 39% dos casos, a Convenção nº 155 da OIT tem a função de *ratio decidendi*; em 30% dos casos, a C155 corresponde à discussão; em 16% dos casos, a C155 é usada como *obiter dictum*; e em 15% dos casos, a C155 corresponde à citação de trecho de terceiro.

Em relação à função *ratio decidendi*, conforme gráfico abaixo, verificou-se que em 54% dos casos a Convenção nº 155 da OIT é utilizada como razão de decidir nas decisões que tratam do dever de cuidado com o meio ambiente do trabalho. Em 43% dos casos, a Convenção é utilizada como *ratio decidendi* em discussões jurídicas sobre a cumulação de adicionais. Em 2% dos casos, a C155 foi usada como *ratio decidendi* nas discussões jurídicas sobre a responsabilidade do empregador. Com menos de 1% dos casos, a C155 aparece como razão de decidir nas seguintes discussões jurídicas: melhoria contínua, definição de local de trabalho e rescisão indireta / greve ambiental.

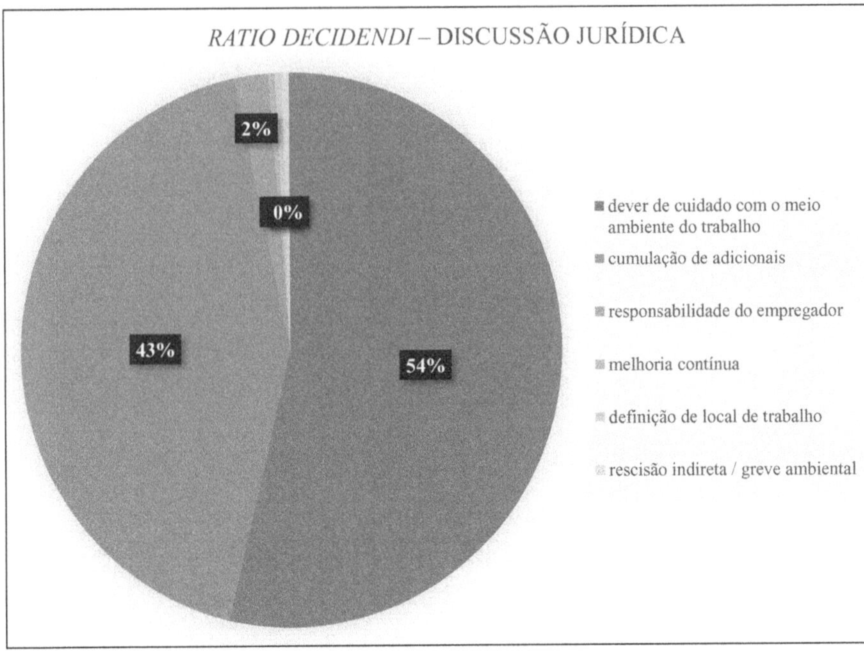

Gráfico 106 – Discussão jurídica envolvida nas decisões em que a Convenção nº 155 é *ratio decidendi* – TRT15 (elaboração própria)

Em relação à função *obiter dictum*, conforme gráfico a seguir, verificou-se que, embora não seja o fundamento central a decisão, o texto da Convenção nº 155 da OIT é explorado quando se trata de: redução de riscos/jornada (33% dos casos); dever de cuidado com o meio ambiente do trabalho (32% dos casos); obrigação do estado (20% dos casos); definição de saúde (7% dos casos); adicional (4% dos casos); cumulação de adicionais (3% dos casos); e dano moral (1% dos casos).

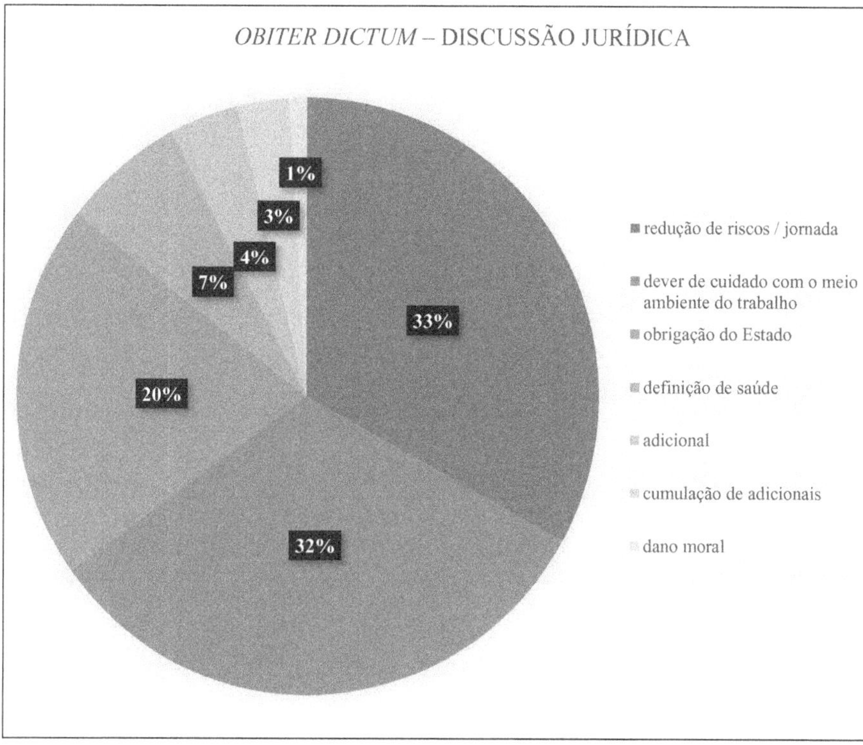

Gráfico 107 – Discussão jurídica envolvida nas decisões em que a Convenção nº 155 é *obiter dictum* – TRT15 (elaboração própria)

Em relação à função discussão, conforme gráfico abaixo, verificou-se que em 100% dos casos, a Convenção nº 155 da OIT é alvo de discussão quando se trata da (im)possibilidade de cumulação dos adicionais de periculosidade e insalubridade.

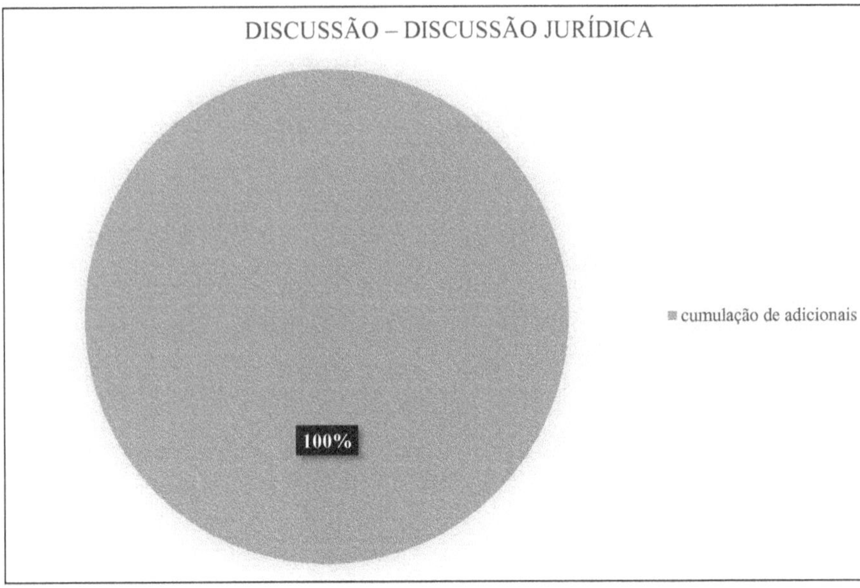

Gráfico 108 – Discussão jurídica envolvida nas decisões em que a Convenção nº 155 corresponde à "discussão" – TRT15 (elaboração própria).

Após o mapeamento acima, observou-se que alguns temas se destacaram qualitativa e quantitativamente em relação à aplicação da Convenção nº 155 da OIT. Tais destaques serão objeto de análise no capítulo seguinte.

3.3.16. Tribunal Regional do Trabalho da 16ª Região

No tocante à jurisprudência do Tribunal Regional do Trabalho da 16ª Região (TRT16), cuja jurisdição compreende o estado do Maranhão, antes de iniciar o mapeamento das decisões proferidas, investigou-se se havia algum tipo de jurisprudência consolidada a respeito da aplicação de dispositivos internacionais (com especial atenção para a Convenção nº 155 da OIT) pelo Tribunal.

Verificou-se que: (*i*) não há Precedente Normativo (PN) que trate da aplicação de textos normativos internacionais; (*ii*) não há tese jurídica prevalecente quanto a aplicação de normas internacional; (*iii*) não há súmula sobre o tema.

A partir dessa análise, entende-se que aplicação de dispositivos internacionais não parece ser alvo de preocupação central do TRT16. Parte-se, assim, para a análise dos acórdãos.

Como já abordado no item "considerações metodológicas", localizado no início desta pesquisa, realizou-se uma busca na base de jurisprudência do TRT16 a partir do critério de busca < convenção + 155 >, que localizou 18 resultados, todos relacionados à Convenção nº 155 da OIT. Assim, foram analisadas 18 decisões no TRT16.

Primeiro, a fim de identificar se há algum período em que a Convenção nº 155 foi mais utilizada, organizou-se os resultados pelo ano em que a decisão analisada foi proferida (ano de julgamento), conforme gráfico abaixo.

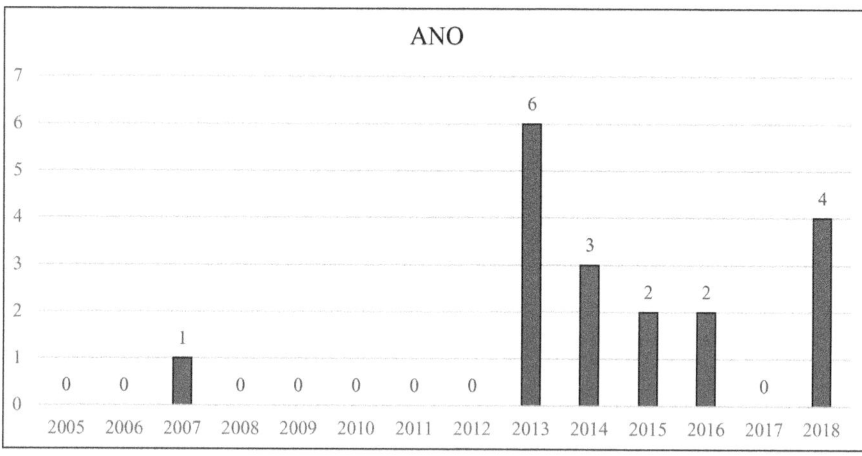

Gráfico 109 – Decisões por ano de julgamento – TRT16 (elaboração própria)

Observa-se que 2013 e 2018, se comparado com os demais, foram os anos em que mais se utilizou a C155. Neste tribunal, não foi possível identificar o motivo pelo qual as decisões se concentraram em tais períodos. Vale notar que o ano de 2018 (ano posterior à Reforma Trabalhista), apresentou uma retomada na utilização da C155, o que será objeto de análise no capítulo seguinte.

Segundo, a fim de identificar em relação a qual(is) tema(s) a Convenção nº 155 da OIT é invocada, organizou-se, no gráfico abaixo, os resultados pela discussão jurídica travada ao longo da decisão analisada quando da menção à Convenção, isto é, por qual tema está sendo preponderantemente tratado quando se aplica a Convenção nº 155 da OIT.

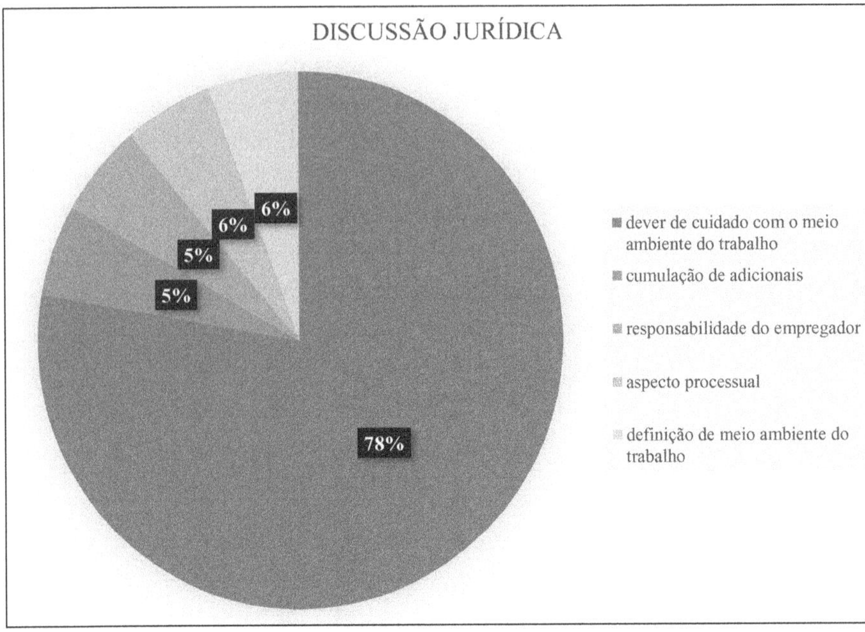

Gráfico 110 – Discussão jurídica envolvida – TRT16 (elaboração própria)

Observa-se que o temas que mais se destacou quando da aplicação da Convenção nº 155 pelo TST foi o dever de cuidado com o meio ambiente do trabalho, com 78% dos resultados. Os demais temas evidenciados, variando entre 5% e 6% dos casos, são: cumulação de adicionais, responsabilidade do empregador, aspecto processual e definição de meio ambiente do trabalho.

Terceiro, buscou-se mapear se a Convenção nº 155 da OIT é utilizada em conjunto com outros dispositivos internacionais, conforme gráfico abaixo.

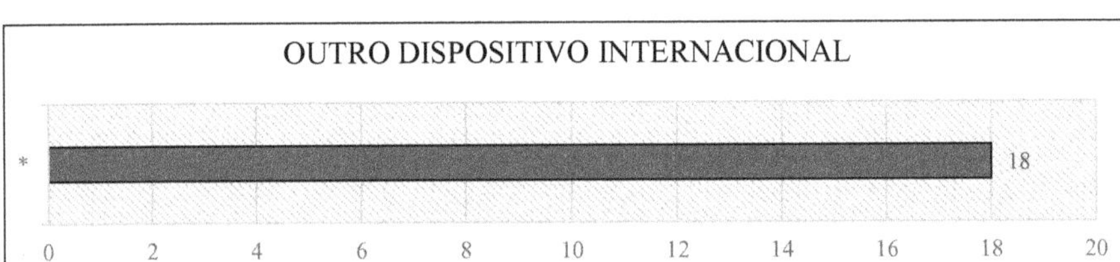

Gráfico 111 – Outro dispositivo internacional utilizado – TRT16 (elaboração própria)

Verificou-se que, em todos os casos (18 casos), a Convenção nº 155 da OIT é o único dispositivo internacional utilizado na decisão, isto é, não há outro dispositivo internacional aplicado em conjunto, o que está representado pelo asterisco (*).

Quarto, com a finalidade de compreender qual é a função da Convenção nº 155 da OIT quando mencionada nas decisões – o que está diretamente ligado à pergunta central desta pesquisa –, organizou-se o gráfico abaixo de acordo com o papel desempenhado pela Convenção na decisão analisada.

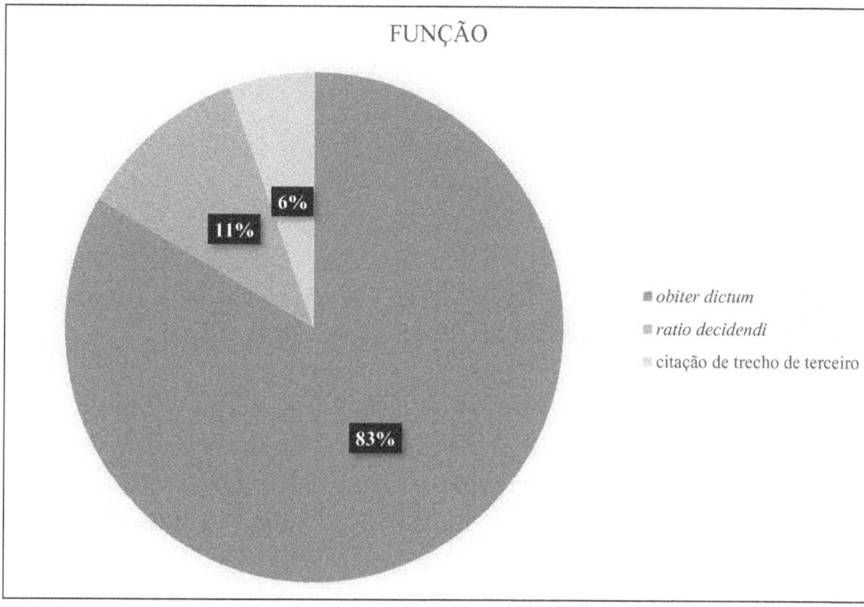

Gráfico 112 – Função da Convenção nº 155 na decisão analisada – TRT16 (elaboração própria)

No tocante à função desempenhada pela Convenção, observa-se que em 83% dos casos, a Convenção nº 155 da OIT tem a função de *obiter dictum*; em 11% dos casos, a C155 figura como *ratio decidendi*; e, em 6% dos casos, a C155 corresponde à citação de trecho de terceiro.

Em relação à função *ratio decidendi*, conforme gráfico abaixo, verificou-se que em 50% dos casos a Convenção nº 155 da OIT é utilizada como razão de decidir nas decisões que tratam da (im)possibilidade de cumulação de adicionais de periculosidade e insalubridade. E, nos outros 50% dos casos, a C155 é *ratio decidendi* nas decisões sobre responsabilidade do empregador.

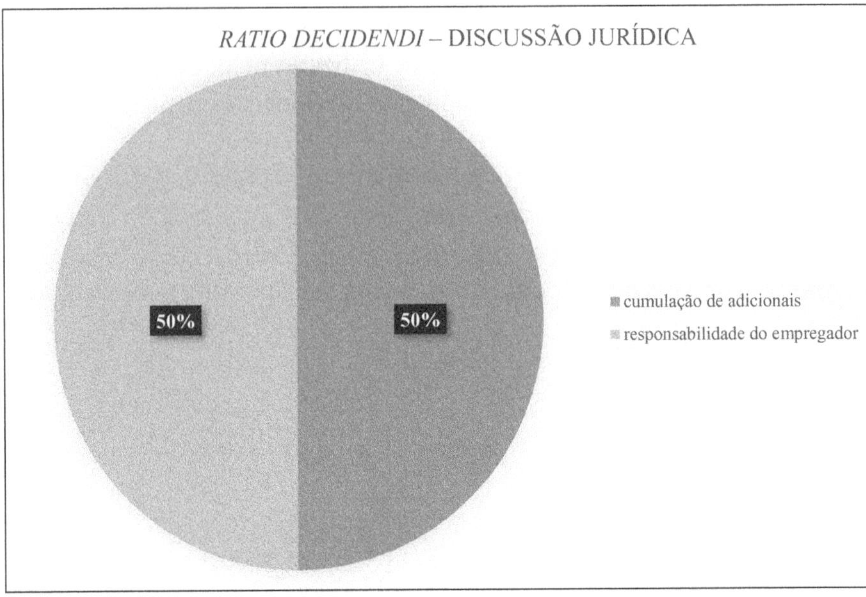

Gráfico 113 – Discussão jurídica envolvida nas decisões em que a Convenção nº 155 é *ratio decidendi* – TRT16 (elaboração própria)

Em relação à função *obiter dictum*, conforme gráfico a seguir, verificou-se que, embora não seja o fundamento central a decisão, o texto da Convenção nº 155 da OIT é explorado quando se trata de: dever de cuidado com o meio ambiente do trabalho (93% dos casos) e definição de meio ambiente do trabalho (7% dos casos).

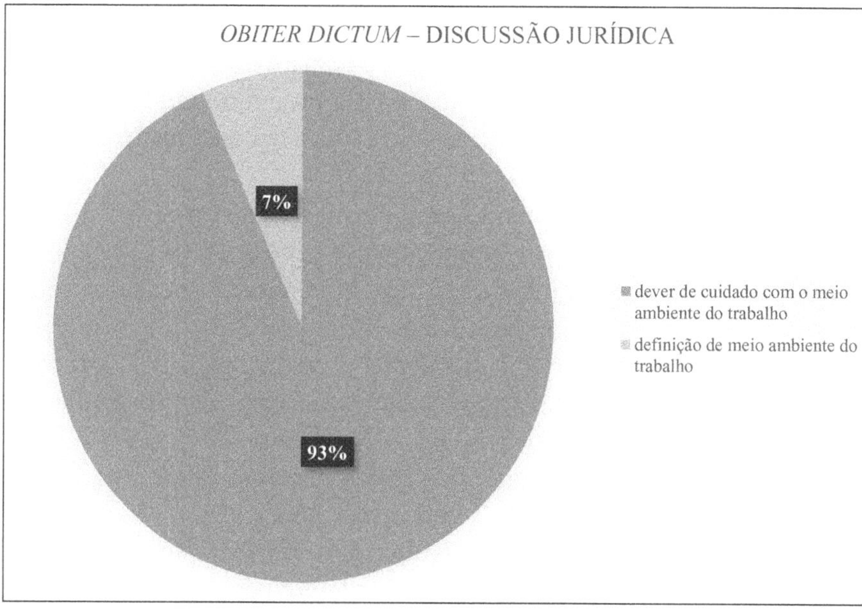

Gráfico 114 – Discussão jurídica envolvida nas decisões em que a Convenção nº 155 é *obiter dictum* – TRT16 (elaboração própria)

Salienta-se que não foram encontrados resultados correspondentes à função "discussão" neste tribunal.

Após o mapeamento acima, observou-se que alguns temas se destacaram qualitativa e quantitativamente em relação à aplicação da Convenção nº 155 da OIT. Tais destaques serão objeto de análise no capítulo seguinte.

3.3.17. Tribunal Regional do Trabalho da 17ª Região

No tocante à jurisprudência do Tribunal Regional do Trabalho da 17ª Região (TRT17), cuja jurisdição compreende o estado do Espírito Santo, antes de iniciar o mapeamento das decisões proferidas, investigou-se se havia algum tipo de jurisprudência consolidada a respeito da aplicação de dispositivos internacionais (com especial atenção para a Convenção nº 155 da OIT) pelo Tribunal.

Verificou-se que: (*i*) não há Precedente Normativo (PN) que trate da aplicação de textos normativos internacionais; (*ii*) não há tese jurídica prevalecente quanto a aplicação de normas internacional; (*iii*) não há Orientação Jurisprudencial sobre o tema (*iv*) há a Súmula nº 47[70], que não faz referência a normas internacionais, porém pacifica a discussão sobre a (im) possibilidade de cumulação dos adicionais de insalubridade e periculosidade, que foi aventada a partir de uma interpretação sistemática entre as Convenções nº 148 e 155 da OIT.

A partir dessa análise, entende-se que aplicação de dispositivos internacionais não parece ser alvo de preocupação central do TRT17, havendo apenas uma súmula que, embora não cite expressamente, afasta a aplicação da C155. Parte-se, assim, para a análise dos acórdãos.

Como já abordado no item "considerações metodológicas", localizado no início desta pesquisa, realizou-se uma busca na base de jurisprudência do TRT17 a partir do critério de busca < convenção + 155 >, que localizou 151 resultados, dos quais somente 135 diziam respeito à Convenção nº 155 da OIT. Assim, foram analisadas 135 decisões no TRT17.

Primeiro, a fim de identificar se há algum período em que a Convenção nº 155 foi mais utilizada, organizou-se os resultados pelo ano em que a decisão analisada foi proferida (ano de julgamento), conforme gráfico abaixo.

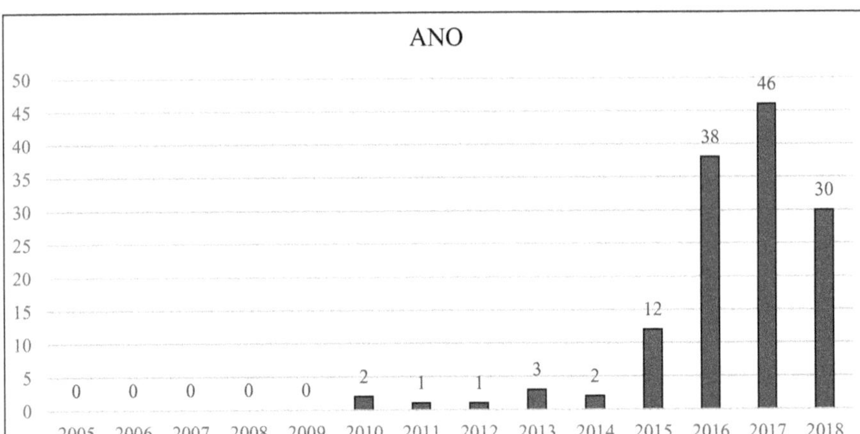

Gráfico 115 – Decisões por ano de julgamento – TRT17 (elaboração própria)

[70] Súmula nº 47: "ADICIONAIS DE INSALUBRIDADE E DE PERICULOSIDADE. PAGAMENTO CUMULATIVO. IMPOSSIBILIDADE. A teor do art. 193, § 2º, da CLT, é vedada a percepção cumulativa dos adicionais de insalubridade e de periculosidade, ainda que o pedido de cumulação se baseie na existência de fatos geradores distintos."

Observa-se que o período entre 2016 e 2018, se comparado com os demais, houve intensa utilização da Convenção nº 155 da OIT. Isso se deve, especialmente, a um movimento na jurisprudência do Tribunal, iniciado em 2015, sobre a possibilidade de cumulação dos adicionais de insalubridade e periculosidade, que resultou na edição na Súmula nº 47 sobre a impossibilidade de cumulação dos adicionais de periculosidade e insalubridade. Por fim, vale notar que o ano de 2018 (ano posterior à Reforma Trabalhista), não apresentou crescimento na utilização da C155, o que será objeto de análise no capítulo seguinte.

Segundo, a fim de identificar em relação a qual(is) tema(s) a Convenção nº 155 da OIT é invocada, organizou-se, no gráfico abaixo, os resultados pela discussão jurídica travada ao longo da decisão analisada quando da menção à Convenção, isto é, por qual tema está sendo preponderantemente tratado quando se aplica a Convenção nº 155 da OIT.

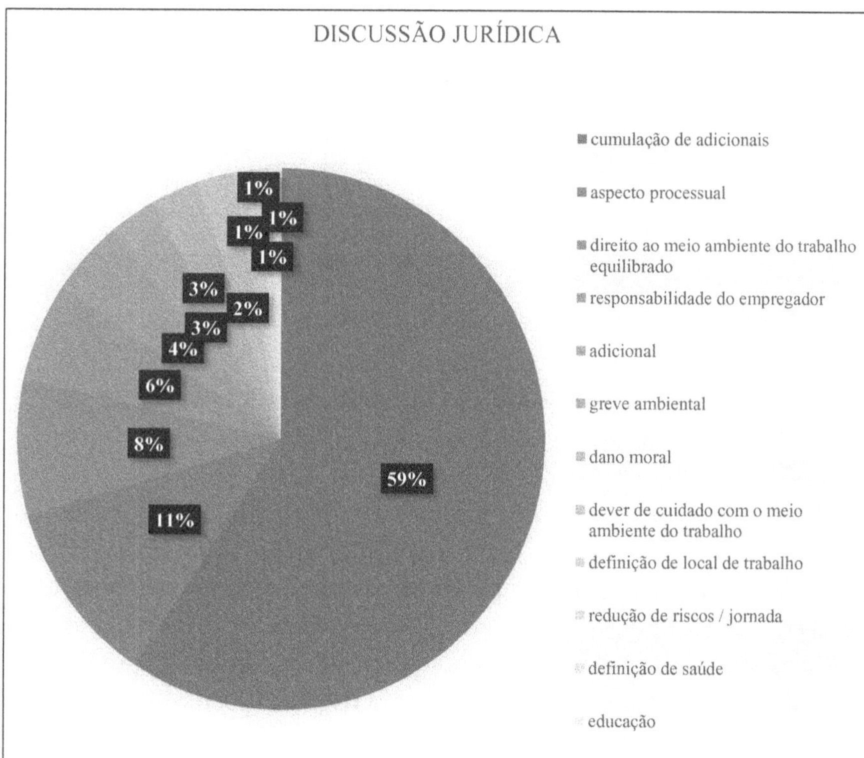

Gráfico 116 – Discussão jurídica envolvida – TRT17 (elaboração própria)

Observa-se que o tema que mais se destaca quando da aplicação da Convenção nº 155 pelo TRT17 é a cumulação de adicionais, com 59% dos resultados. Com menor destaque, aparecem: aspecto processual, com 11% dos resultados; direito ao meio ambiente do trabalho equilibrado, com 8% dos casos; responsabilidade do empregador, com 6% dos casos; adicional, com 4% dos casos; greve ambiental, com 3% dos casos; dano moral, com 3% dos casos; dever de cuidado com o meio ambiente do trabalho, com 2% dos casos; definição de local de trabalho, com 1% dos casos; redução de riscos / jornada, com 1% dos casos; definição de saúde, com 1% dos casos; educação, com 1% dos casos.

Terceiro, buscou-se mapear se a Convenção nº 155 da OIT é utilizada em conjunto com outros dispositivos internacionais, conforme gráfico abaixo.

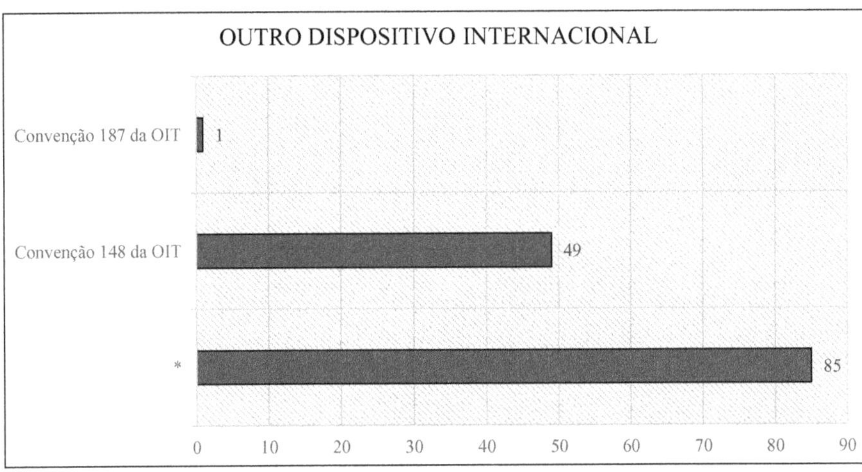

Gráfico 117 – Outro dispositivo internacional utilizado – TRT17 (elaboração própria)

Verificou-se que, na grande maioria dos casos (85 casos), a Convenção nº 155 da OIT é o único dispositivo internacional utilizado na decisão, isto é, não há outro dispositivo internacional aplicado em conjunto, o que está representado pelo asterisco (*). Para além da Convenção nº 155, com certo destaque (49 resultados), aparece a Convenção nº 148 da OIT, sobre a proteção dos trabalhadores contra os riscos profissionais devidos à contaminação do ar, ao ruído e às vibrações no local do trabalho, que 148 foi especialmente utilizada ao longo das decisões sobre a (im)possibilidade da cumulação dos adicionais de periculosidade e insalubridade.

Por fim, aparece mencionada a Convenção nº 187 da OIT (1 resultado), sobre o quadro promocional para a segurança e saúde no trabalho, ainda não ratificada pelo Brasil.

Quarto, com a finalidade de compreender qual é a função da Convenção nº 155 da OIT quando mencionada nas decisões – o que está diretamente ligado à pergunta central desta pesquisa –, organizou-se o gráfico abaixo de acordo com o papel desempenhado pela Convenção na decisão analisada.

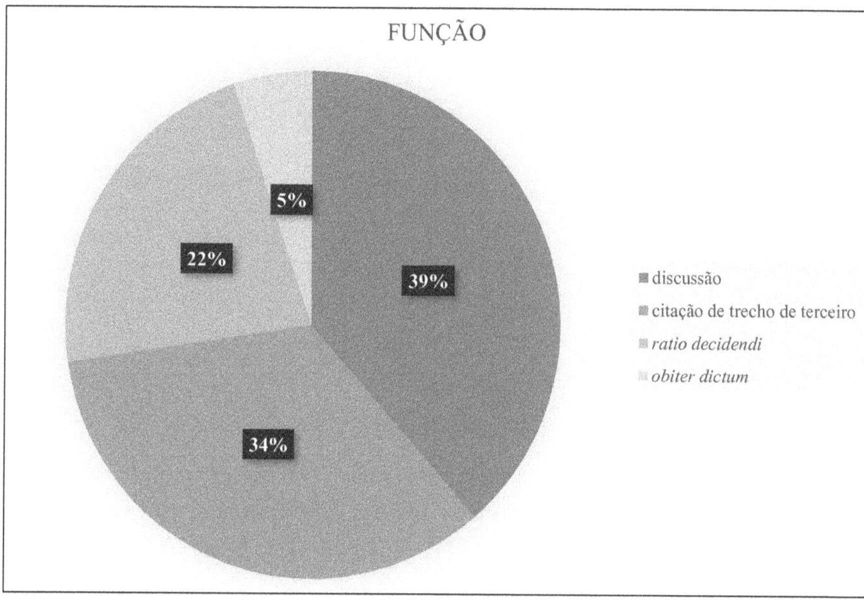

Gráfico 118 – Função da Convenção nº 155 na decisão analisada – TRT17 (elaboração própria)

No tocante à função desempenhada pela Convenção, observa-se que em 39% dos casos, a Convenção nº 155 da OIT correspondeu à discussão; em 34% dos casos, a C155 corresponde à citação de trecho de terceiro; em 22% dos casos, a C155 corresponde à *ratio decidendi*; e, em 5% dos casos, a C155 é usada como *obiter dictum*.

Em relação à função *ratio decidendi*, conforme gráfico abaixo, verificou-se que em 77% dos casos a Convenção nº 155 da OIT é utilizada como razão de decidir nas decisões que tratam do dever de cuidado com o meio ambiente do trabalho. Em 9% dos casos, a Convenção é utilizada como *ratio decidendi* em discussões jurídicas sobre o dever de cuidado do empregador com o meio ambiente do trabalho. Em 20% dos casos, a C155 foi usada como *ratio decidendi* nas discussões jurídicas sobre responsabilidade do empregador. Em 3% dos casos, a C155 figurou como *ratio decidendi* quando se tratou da definição de local de trabalho.

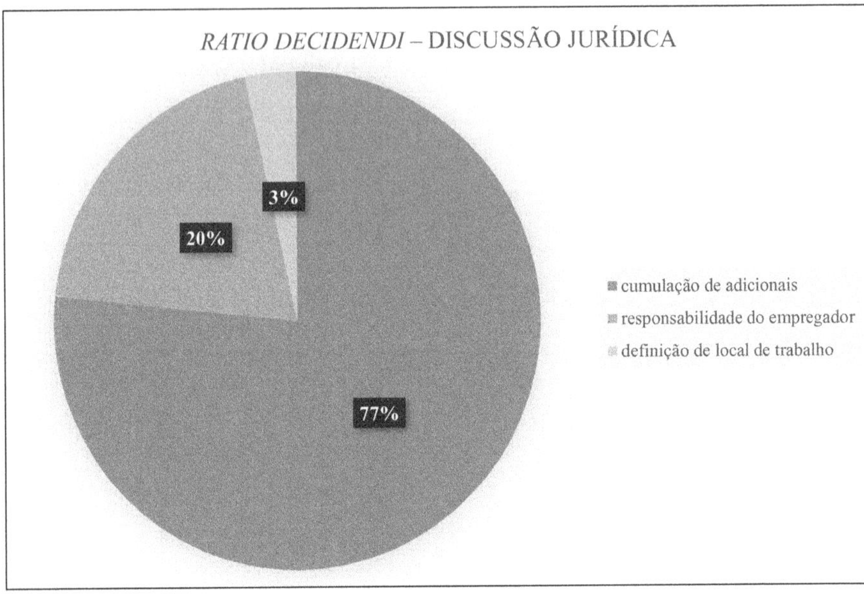

Gráfico 119 – Discussão jurídica envolvida nas decisões em que a Convenção nº 155 é *ratio decidendi* – TRT17 (elaboração própria)

Em relação à função *obiter dictum*, conforme gráfico a seguir, verificou-se que, embora não seja o fundamento central a decisão, o texto da Convenção nº 155 da OIT é explorado quando se trata de: adicional (43% dos casos); dever de cuidado com o meio ambiente do trabalho (29% dos casos); aspecto processual (14% dos casos); e definição de saúde (14% dos casos).

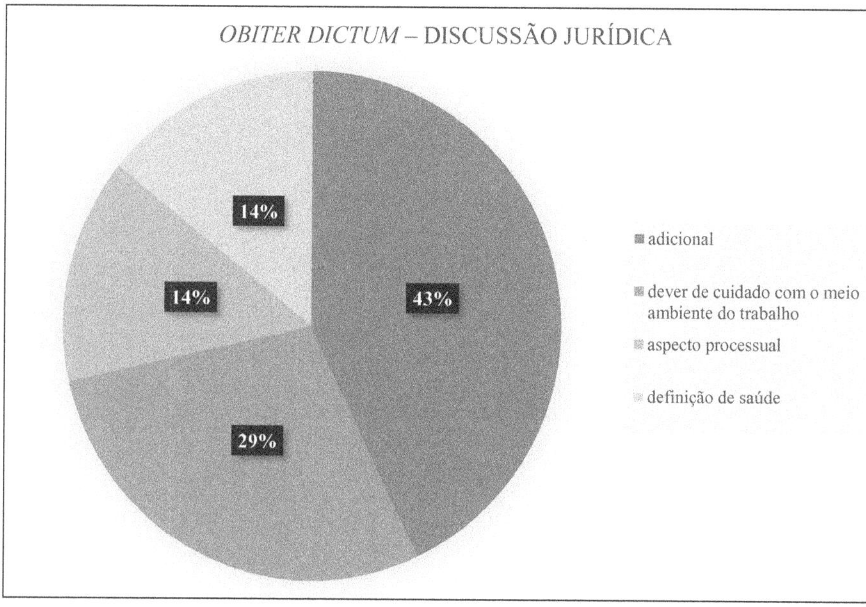

Gráfico 120 – Discussão jurídica envolvida nas decisões em que a Convenção nº 155 é *obiter dictum* – TRT17 (elaboração própria)

Em relação à função discussão, conforme gráfico abaixo, verificou-se que: em 96% dos casos, a Convenção nº 155 da OIT é alvo de discussão quando se trata da (im)possibilidade de cumulação dos adicionais de periculosidade e insalubridade; e em 4% dos casos, a Convenção nº 155 da OIT é alvo de discussão quando aborda a greve ambiental.

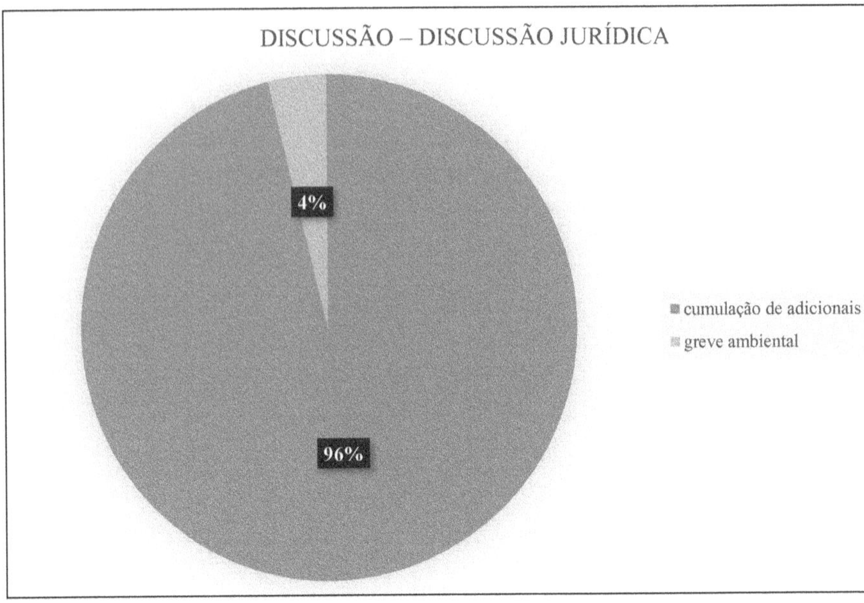

Gráfico 121 – Discussão jurídica envolvida nas decisões em que a Convenção nº 155 corresponde à "discussão" – TRT17 (elaboração própria)

Após o mapeamento acima, observou-se que alguns temas se destacaram qualitativa e quantitativamente em relação à aplicação da Convenção nº 155 da OIT. Tais destaques serão objeto de análise no capítulo seguinte.

3.3.18. Tribunal Regional do Trabalho da 18ª Região

No tocante à jurisprudência do Tribunal Regional do Trabalho da 18ª Região (TRT18), cuja jurisdição compreende o estado de Goiás, antes de iniciar o mapeamento das decisões proferidas, investigou-se se havia algum tipo de jurisprudência consolidada a respeito da aplicação de dispositivos internacionais (com especial atenção para a Convenção nº 155 da OIT) pelo Tribunal.

Verificou-se que: (*i*) não há Precedente Normativo (PN) que trate da aplicação de textos normativos internacionais; (*ii*) não há tese jurídica prevalecente quanto a aplicação de normas internacional; (*iii*) não há Orientação Jurisprudencial sobre o tema (*iv*) não há Súmula sobre o tema. A partir dessa análise, entende-se que aplicação de dispositivos internacionais não parece ser alvo de preocupação central do TRT2, havendo apenas a uma OJ sobre uma norma internacional específica e uma Súmula que, embora não cite expressamente, afasta a aplicação da C155. Parte-se, assim, para a análise dos acórdãos.

Como já abordado no item "considerações metodológicas", localizado no início desta pesquisa, realizou-se uma busca na base de jurisprudência do TRT18 a partir do critério de busca < convenção + 155 >, que localizou 120 resultados, dos quais somente 112 diziam respeito à Convenção nº 155 da OIT. Assim, foram analisadas 112 decisões no TRT18.

Primeiro, a fim de identificar se há algum período em que a Convenção nº 155 foi mais utilizada, organizou-se os resultados pelo ano em que a decisão analisada foi proferida (ano de julgamento), conforme gráfico abaixo.

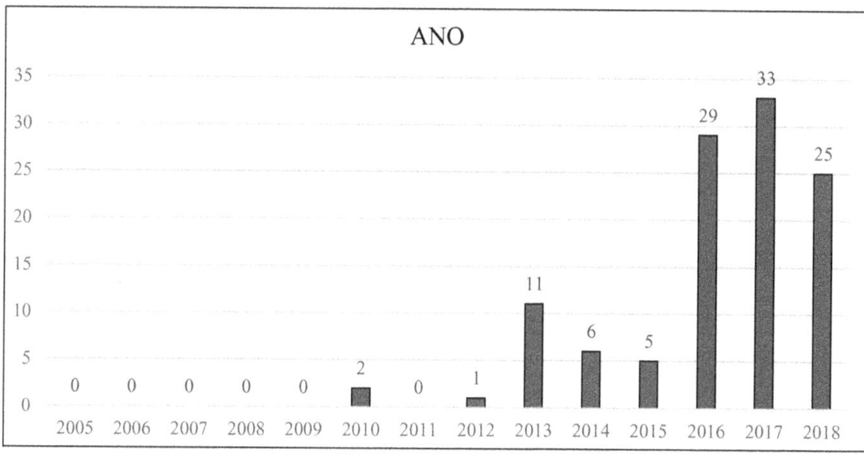

Gráfico 122 – Decisões por ano de julgamento – TRT18 (elaboração própria)

Observa-se que o período entre 2016 e 2018, se comparado com os demais, houve intensa utilização da Convenção nº 155 da OIT. Isso se deve, especialmente, a um movimento na jurisprudência do Tribunal, de discussão sobre a possibilidade de cumulação dos adicionais de insalubridade e periculosidade. Por fim, vale notar que o ano de 2018 (ano posterior à Reforma Trabalhista não apresentou crescimento na utilização da C155, o que será objeto de análise no capítulo seguinte.

Segundo, a fim de identificar em relação a qual(is) tema(s) a Convenção nº 155 da OIT é invocada, organizou-se, no gráfico abaixo, os resultados pela discussão jurídica travada ao longo da decisão analisada quando da menção à Convenção, isto é, por qual tema está sendo preponderantemente tratado quando se aplica a Convenção nº 155 da OIT.

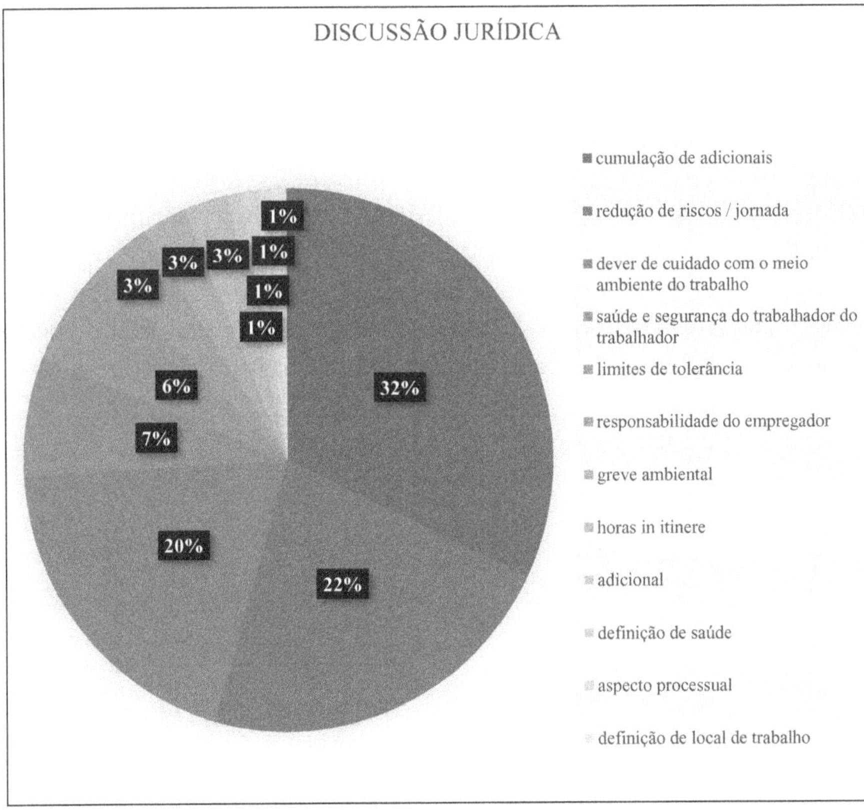

Gráfico 123 – Discussão jurídica envolvida – TRT18 (elaboração própria)

Observa-se que os temas que mais se destacam quando da aplicação da Convenção nº 155 pelo TRT18 são: cumulação de adicionais, com 32% dos resultados; redução de riscos/jornada, com 22% dos resultados; dever de cuidado com o meio ambiente do trabalho, com 20% dos resultados.

Com menor destaque, aparecem: saúde e segurança do trabalhador do trabalhador, com 7% dos resultados; limites de tolerância, com 6% dos resultados; responsabilidade do empregador, com 3% dos resultados; greve ambiental, com 3% dos resultados; horas *in itinere*, com 3% dos resultados; adicional, com 1% dos resultados; definição de saúde, com 1% dos resultados; aspecto processual, com 1% dos resultados; definição de local de trabalho, com 1% dos resultados.

Terceiro, buscou-se mapear se a Convenção nº 155 da OIT é utilizada em conjunto com outros dispositivos internacionais, conforme gráfico abaixo.

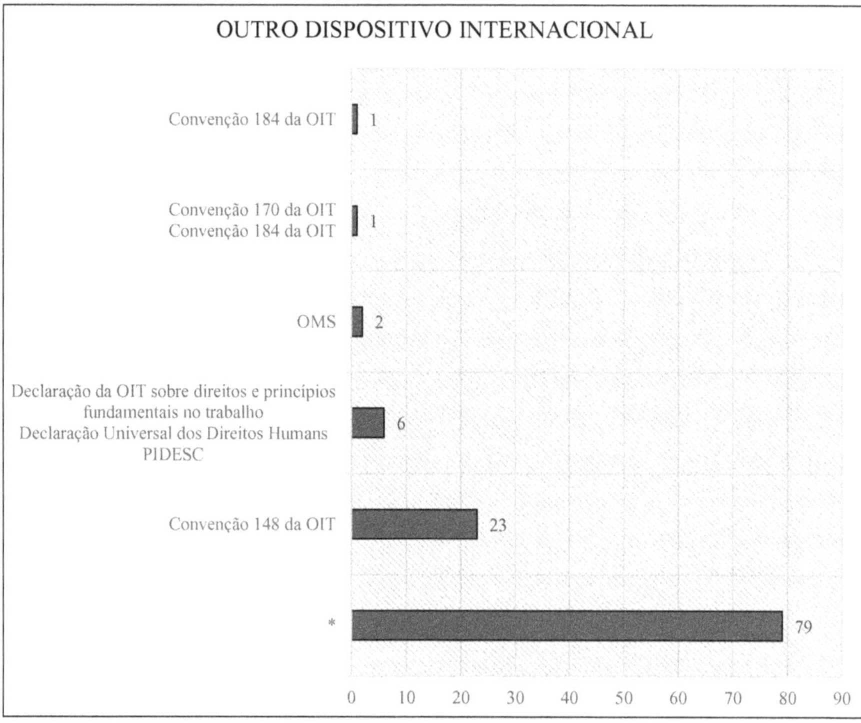

Gráfico 124 – Outro dispositivo internacional utilizado – TRT18 (elaboração própria)

Verificou-se que, na grande maioria dos casos (79 casos), a Convenção nº 155 da OIT é o único dispositivo internacional utilizado na decisão, isto é, não há outro dispositivo internacional aplicado em conjunto, o que está representado pelo asterisco (*). Para além da Convenção nº 155, com certo destaque (23 resultados), aparece a Convenção nº 148 da OIT, sobre a proteção dos trabalhadores contra os riscos profissionais devidos à contaminação do ar, ao ruído e às vibrações no local do trabalho, que foi especialmente utilizada ao longo das decisões sobre a (im)possibilidade da cumulação dos adicionais de periculosidade e insalubridade. Por fim, aparecem mencionados nas demais decisões os seguintes dispositivos (muitas vezes em conjunto): Declaração da OIT sobre direitos e princípios fundamentais no trabalho, Declaração Universal dos Direitos Humanos, PIDESC, normas da OMS, Convenção nº 170 da OIT e Convenção nº 184 da OIT".

Quarto, com a finalidade de compreender qual é a função da Convenção nº 155 da OIT quando mencionada nas decisões – o que está diretamente ligado à pergunta central desta pesquisa –, organizou-se o gráfico abaixo de acordo com o papel desempenhado pela Convenção na decisão analisada.

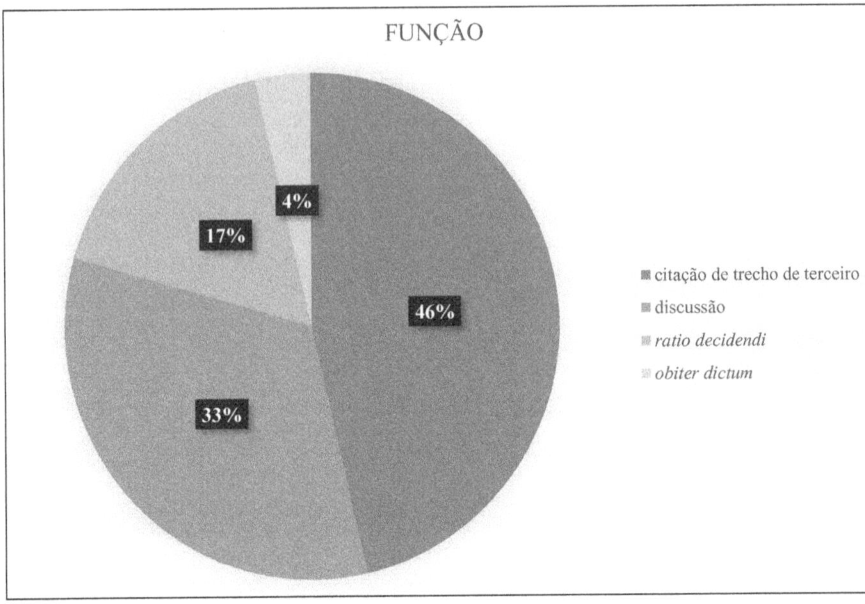

Gráfico 125 – Função da Convenção nº 155 na decisão analisada – TRT18 (elaboração própria)

No tocante à função desempenhada pela Convenção, observa-se que em 46% dos casos, a Convenção nº 155 da OIT corresponde à citação de trecho de terceiro; em 33% dos casos, a C155 corresponde à "discussão"; em 17% dos casos, a C155 é usada como *ratio decidendi*; e em 4% dos casos, a C155 figura como *obiter dictum.*

Em relação à função *ratio decidendi*, conforme gráfico abaixo, verificou-se que em 79% dos casos a Convenção nº 155 da OIT é utilizada como razão de decidir nas decisões que tratam do dever de cuidado com o meio ambiente do trabalho. Em 16% dos casos, a Convenção é utilizada como *ratio decidendi* em discussões jurídicas sobre a responsabilidade do empregador. Em 5% dos casos, a C155 foi usada como *ratio decidendi* nas discussões jurídicas sobre a definição de saúde.

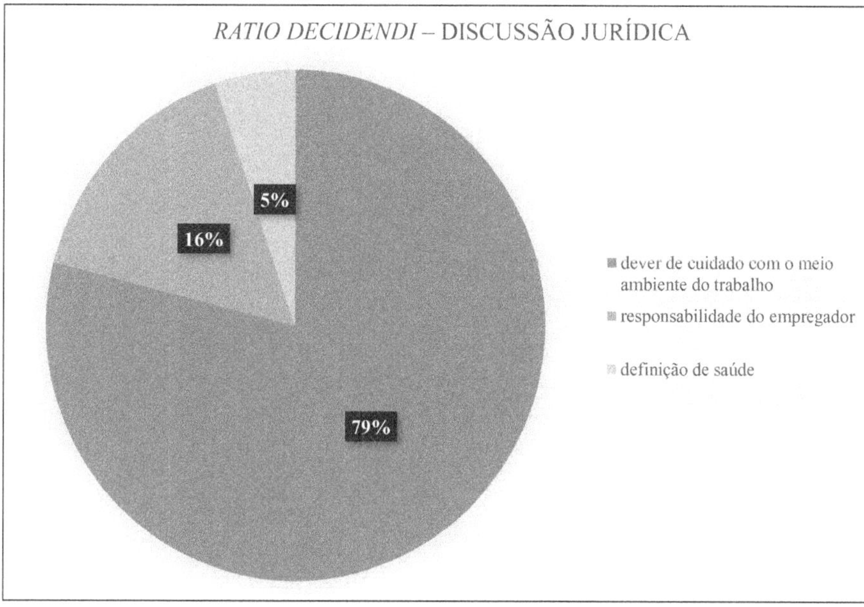

Gráfico 126 – Discussão jurídica envolvida nas decisões em que a Convenção nº 155 é *ratio decidendi* – TRT18 (elaboração própria)

Em relação à função *obiter dictum*, conforme gráfico a seguir, verificou-se que, embora não seja o fundamento central a decisão, o texto da Convenção nº 155 da OIT é explorado quando se trata de: dever de cuidado com o meio ambiente do trabalho (75% dos casos) e saúde e segurança do trabalhador (25% dos casos).

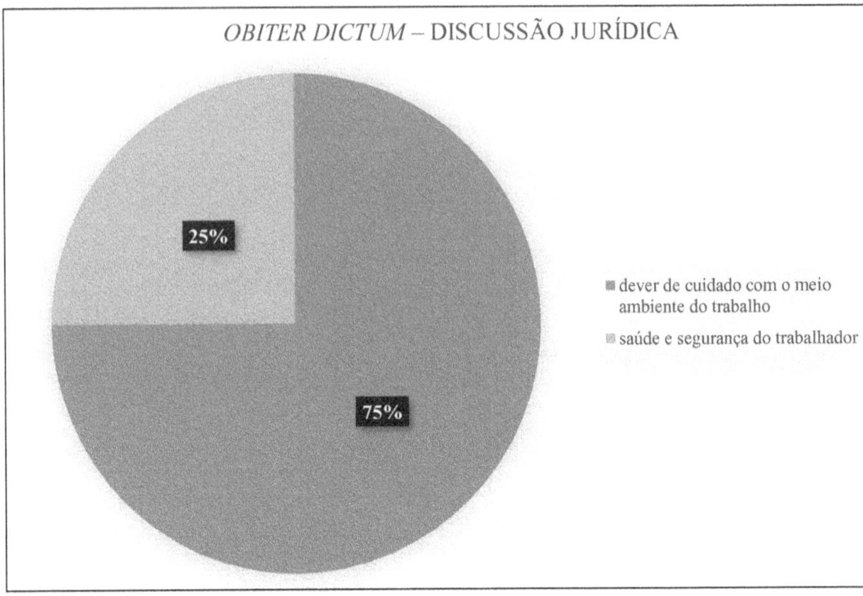

Gráfico 127 – Discussão jurídica envolvida nas decisões em que a Convenção nº 155 é *obiter dictum* – TRT18 (elaboração própria)

Em relação à função discussão, conforme gráfico abaixo, verificou-se que: em 92% dos casos, a Convenção nº 155 da OIT é alvo de discussão quando se trata da (im)possibilidade de cumulação dos adicionais de periculosidade e insalubridade; em 5% dos casos, a Convenção nº 155 da OIT é alvo de discussão quando trata de *horas in itinere*; em 3% dos casos, a Convenção nº 155 da OIT é alvo de discussão quando aborda a greve ambiental.

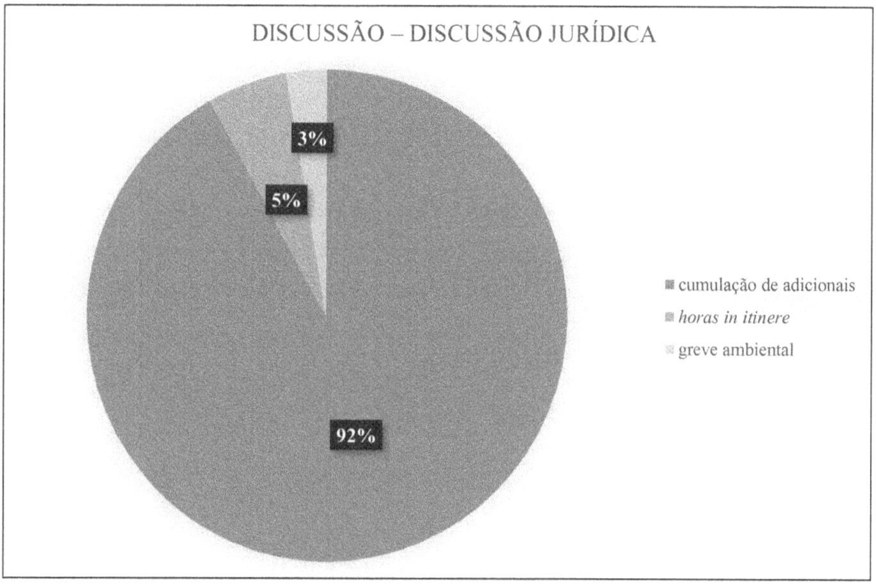

Gráfico 128 – Discussão jurídica envolvida nas decisões em que a Convenção nº 155 corresponde à "discussão" – TRT18 (elaboração própria).

Após o mapeamento acima, observou-se que alguns temas se destacaram qualitativa e quantitativamente em relação à aplicação da Convenção nº 155 da OIT. Tais destaques serão objeto de análise no capítulo seguinte.

3.3.19. Tribunal Regional do Trabalho da 19ª Região

No tocante à jurisprudência do Tribunal Regional do Trabalho da 19ª Região (TRT19), cuja jurisdição compreende o estado de Alagoas, antes de iniciar o mapeamento das decisões proferidas, investigou-se se havia algum tipo de jurisprudência consolidada a respeito da aplicação de dispositivos internacionais (com especial atenção para a Convenção nº 155 da OIT) pelo Tribunal.

Verificou-se que: (*i*) não há Precedente Normativo (PN) que trate da aplicação de textos normativos internacionais; (*ii*) não há tese jurídica prevalecente quanto a aplicação de normas internacional; (*iii*) não há Orientação Jurisprudencial sobre o tema; (*iv*) não há a súmula sobre o tema.

A partir dessa análise, entende-se que aplicação de dispositivos internacionais não parece ser alvo de preocupação central do TRT19. Parte-se, assim, para a análise dos acórdãos.

Como já abordado no item "considerações metodológicas", localizado no início desta pesquisa, realizou-se uma busca na base de jurisprudência do TRT19 a partir do critério de busca < convenção + 155 >, que localizou 31 resultados, todos relacionados à C155. Assim, foram analisadas 31 decisões no TRT18.

Primeiro, a fim de identificar se há algum período em que a Convenção nº 155 foi mais utilizada, organizou-se os resultados pelo ano em que a decisão analisada foi proferida (ano de julgamento), conforme gráfico abaixo.

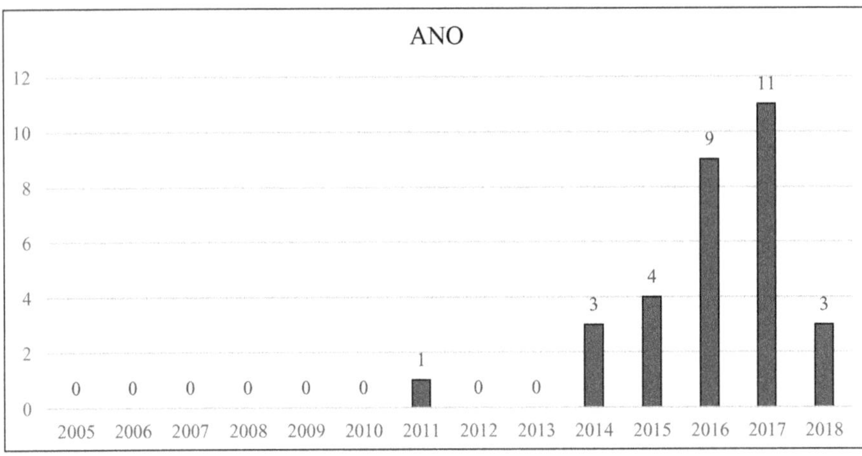

Gráfico 129 – Decisões por ano de julgamento – TRT19 (elaboração própria)

Observa-se que o período entre 2016 e 2017 foi aquele em que mais se utilizou a Convenção nº 155 da OIT. Isso se deve, especialmente, a um movimento na jurisprudência do Tribunal, iniciado em 2014, sobre a possibilidade de cumulação dos adicionais de insalubridade e periculosidade. Por fim, vale notar que o ano de 2018 (ano posterior à Reforma Trabalhista) não apresentou crescimento na utilização da C155, o que será objeto de análise no capítulo seguinte.

Segundo, a fim de identificar em relação a qual(is) tema(s) a Convenção nº 155 da OIT é invocada, organizou-se, no gráfico abaixo, os resultados pela discussão jurídica travada ao longo da decisão analisada quando da menção à Convenção, isto é, por qual tema está sendo preponderantemente tratado quando se aplica a Convenção nº 155 da OIT.

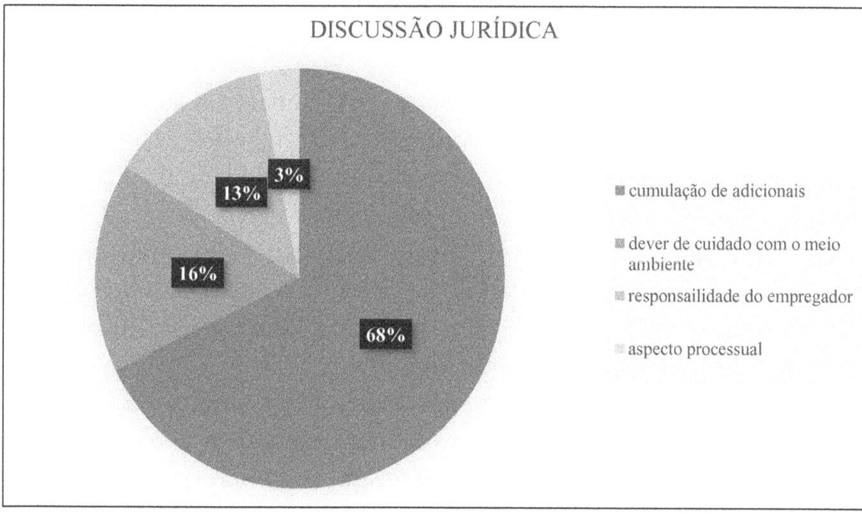

Gráfico 130 – Discussão jurídica envolvida – TRT19 (elaboração própria)

Observa-se que os temas que mais se destacam quando da aplicação da Convenção nº 155 pelo TST são: a cumulação de adicionais, com 68% dos resultados; o dever de cuidado com o meio ambiente do trabalho, com 16% dos resultados; a responsabilidade do empregador, com 13% dos resultados; e aspecto processual, com 3% dos resultados.

Terceiro, buscou-se mapear se a Convenção nº 155 da OIT é utilizada em conjunto com outros dispositivos internacionais, conforme gráfico abaixo.

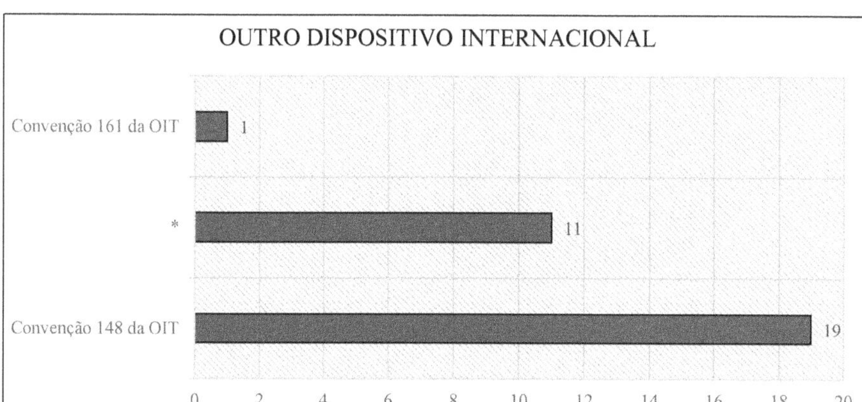

Gráfico 131 – Outro dispositivo internacional utilizado – TRT19 (elaboração própria)

Verificou-se que, na maioria dos casos (19 casos), a Convenção nº 155 da OIT é citada em conjunto com a Convenção nº 148 da OIT, sobre a proteção dos trabalhadores contra os riscos profissionais devidos à contaminação do ar, ao ruído e às vibrações no local do trabalho, especialmente utilizada ao longo das decisões sobre a (im)possibilidade da cumulação dos adicionais de periculosidade e insalubridade. Em 11 casos, a C155 é o único dispositivo internacional utilizado na decisão, isto é, não há outro dispositivo internacional aplicado em conjunto, o que está representado pelo asterisco (*). Por fim, em 1 caso, citou-se a Convenção nº 161 da OIT, sobre os serviços de saúde do trabalho.

Quarto, com a finalidade de compreender qual é a função da Convenção nº 155 da OIT quando mencionada nas decisões – o que está diretamente ligado à pergunta central desta pesquisa –, organizou-se o gráfico abaixo de acordo com o papel desempenhado pela Convenção na decisão analisada.

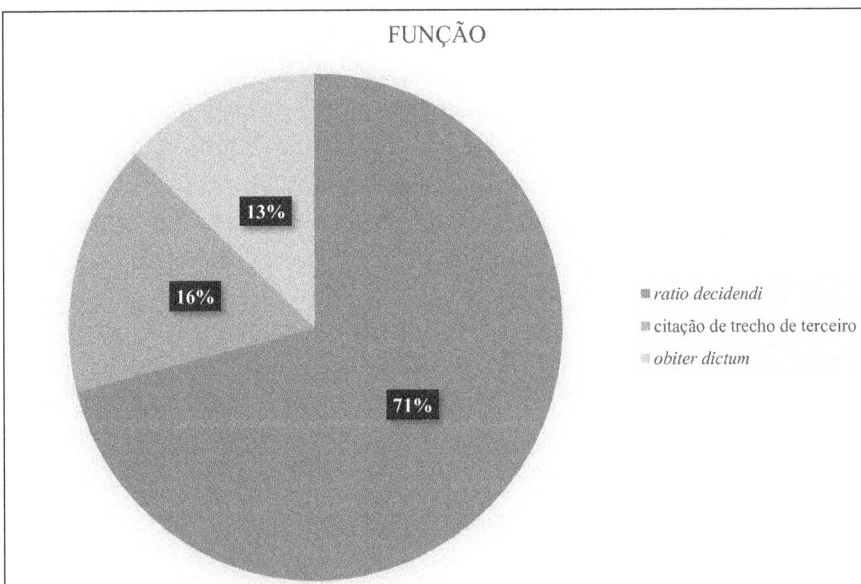

Gráfico 132 – Função da Convenção nº 155 na decisão analisada – TRT19 (elaboração própria)

No tocante à função desempenhada pela Convenção, observa-se que em 71% dos casos, a Convenção nº 155 da OIT tem a função de *ratio decidendi*;

em 16% dos casos, a C155 corresponde à citação de trecho de terceiro; e, em 13% dos casos, a C155 é usada como *obiter dictum.*

Em relação à função *ratio decidendi*, conforme gráfico abaixo, verificou-se que em 95% dos casos, a Convenção nº 155 da OIT é utilizada como razão de decidir nas decisões que tratam da (im)possibilidade de cumulação de adicionais de periculosidade e insalubridade. Em 5% dos casos, a C155 figurou como *ratio decidendi* em decisões sobre a responsabilidade do empregador.

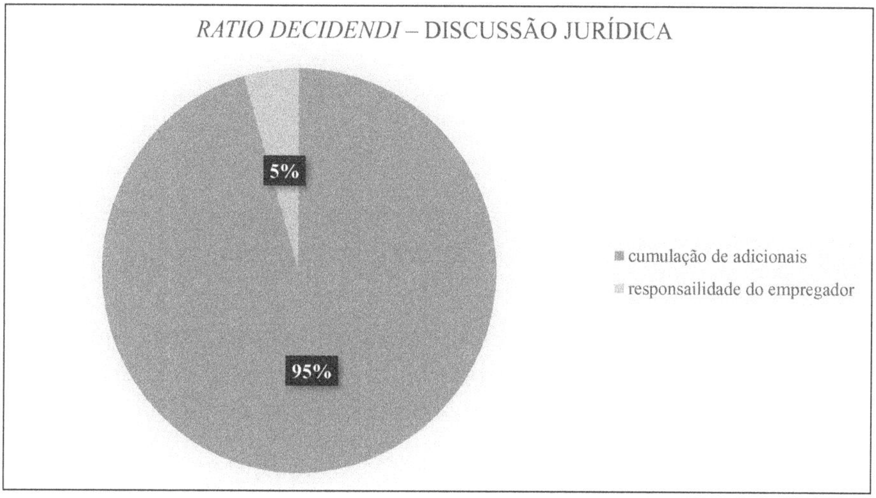

Gráfico 133 – Discussão jurídica envolvida nas decisões em que a Convenção nº 155 é *ratio decidendi* – TRT19 (elaboração própria)

Em relação à função *obiter dictum*, conforme gráfico a seguir, verificou-se que, embora não seja o fundamento central a decisão, o texto da Convenção nº 155 da OIT é explorado quando se trata de: dever de cuidado com o meio ambiente do trabalho (75% dos casos); e responsabilidade do empregador (25% dos casos).

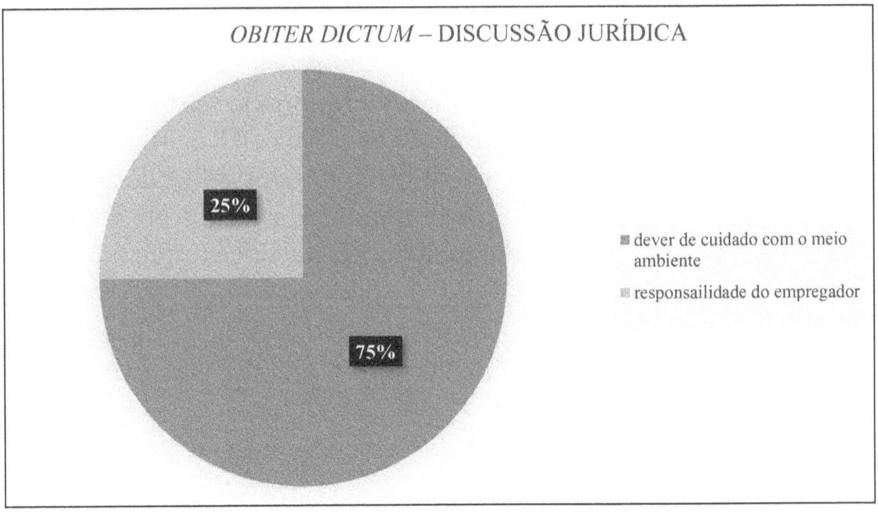

Gráfico 134 – Discussão jurídica envolvida nas decisões em que a Convenção nº 155 é *obiter dictum* – TRT19 (elaboração própria)

Após o mapeamento acima, observou-se que alguns temas se destacaram qualitativa e quantitativamente em relação à aplicação da Convenção nº 155 da OIT. Tais destaques serão objeto de análise no capítulo seguinte.

3.3.20. Tribunal Regional do Trabalho da 20ª Região

No tocante à jurisprudência do Tribunal Regional do Trabalho da 20ª Região (TRT20), cuja jurisdição compreende o estado de Sergipe, antes de iniciar o mapeamento das decisões proferidas, investigou-se se havia algum tipo de jurisprudência consolidada a respeito da aplicação de dispositivos internacionais (com especial atenção para a Convenção nº 155 da OIT) pelo Tribunal.

Verificou-se que: (*i*) não há Precedente Normativo (PN) que trate da aplicação de textos normativos internacionais; (*ii*) não há tese jurídica prevalecente quanto a aplicação de normas internacional; (*iii*) não há Orientação Jurisprudencial; (*iv*) não há a Súmula sobre o tema. A partir dessa análise, entende-se que aplicação de dispositivos internacionais não parece ser alvo de preocupação central do TRT20. Parte-se, assim, para a análise dos acórdãos.

Como já abordado no item "considerações metodológicas", localizado no início desta pesquisa, realizou-se uma busca na base de jurisprudência do TRT20 a partir do critério de busca < convenção + 155 >, que não localizou resultados. Com a finalidade de averiguar o motivo dessa discrepância em relação aos demais TRTs, foram testados outros termos de busca, tais como "da OIT", "Organização Internacional do Trabalho", "convenção nº 155", "convenção 155", "convenção n. 155". No entanto, não foram localizados mais resultados. Diferentemente dos demais, este tribunal somente permite a pesquisa textual em sua base jurisprudencial no campo "ementa", o que talvez explique (ao menos em parte) a inexistência de resultados.

3.3.21. Tribunal Regional do Trabalho da 21ª Região

No tocante à jurisprudência do Tribunal Regional do Trabalho da 21ª Região (TRT21), cuja jurisdição compreende o estado do Rio Grande do Norte, antes de iniciar o mapeamento das decisões proferidas, investigou-se se havia algum tipo de jurisprudência consolidada a respeito da aplicação de dispositivos internacionais (com especial atenção para a Convenção nº 155 da OIT) pelo Tribunal.

Verificou-se que: (*i*) não há Precedente Normativo (PN) que trate da aplicação de textos normativos internacionais; (*ii*) não há tese jurídica prevalecente quanto a aplicação de normas internacional; (*iii*) não há Orientação Jurisprudencial, tampouco; (*iii*) súmula sobre o tema.

A partir dessa análise, entende-se que aplicação de dispositivos internacionais não parece ser alvo de preocupação central do TRT21. Parte-se, assim, para a análise dos acórdãos.

Como já abordado no item "considerações metodológicas", localizado no início desta pesquisa, realizou-se uma busca na base de jurisprudência do TRT21 a partir do critério de busca < convenção + 155 >, que localizou 35 resultados, todas relacionadas à Convenção nº 155 da OIT. Assim, foram analisadas 35 decisões no TRT21.

Primeiro, a fim de identificar se há algum período em que a Convenção nº 155 foi mais utilizada, organizou-se os resultados pelo ano em que a decisão analisada foi proferida (ano de julgamento), conforme gráfico abaixo.

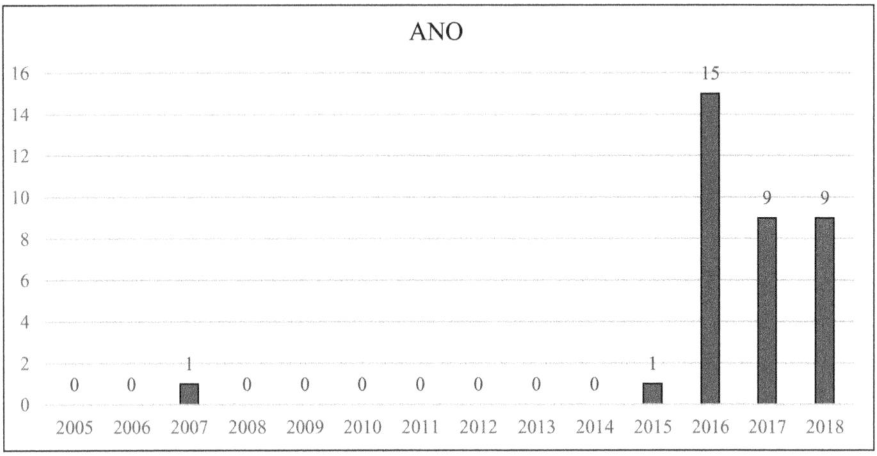

Gráfico 135 – Decisões por ano de julgamento – TRT20 (elaboração própria)

Observa-se que o período entre 2016 e 2018 – com destaque para o ano de 2016 – foi aquele em que mais se utilizou a C155. Não foi possível identificar a razão da concentração de resultados nesse período. Por fim, vale notar que o ano de 2018 (ano posterior à Reforma Trabalhista) não apresentou crescimento na utilização da C155, o que será objeto de análise no capítulo seguinte.

Segundo, a fim de identificar em relação a qual(is) tema(s) a Convenção nº 155 da OIT é invocada, organizou-se, no gráfico abaixo, os resultados pela discussão jurídica travada ao longo da decisão analisada quando da menção à Convenção, isto é, por qual tema está sendo preponderantemente tratado quando se aplica a Convenção nº 155 da OIT.

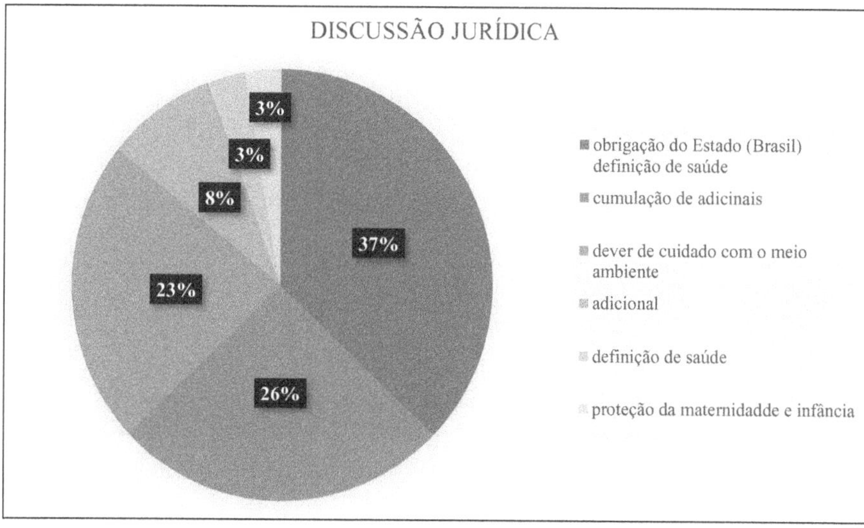

Gráfico 136 – Discussão jurídica envolvida – TRT20 (elaboração própria)

Observa-se que os temas que mais se destacam quando da aplicação da Convenção nº 155 pelo TRT21 são: obrigação do Estado (Brasil) e definição de saúde, com 37% dos resultados; a cumulação de adicionais, com 26% dos resultados; o dever de cuidado com o meio ambiente do trabalho, com 23% dos resultados; adicional, com 8% dos resultados; definição de saúde, com 1% dos resultados; proteção da maternidade e infância, com 1% dos resultados.

Terceiro, buscou-se mapear se a Convenção nº 155 da OIT é utilizada em conjunto com outros dispositivos internacionais, conforme gráfico abaixo.

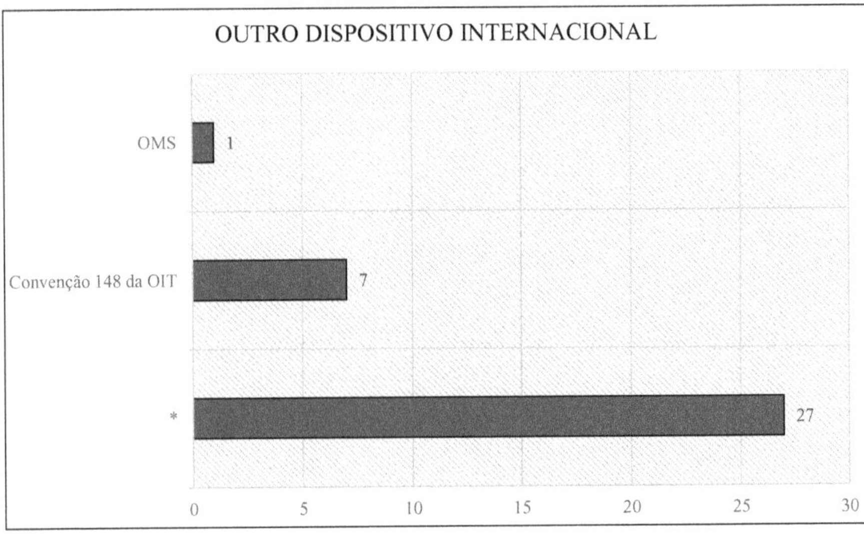

Gráfico 137 – Outro dispositivo internacional utilizado – TRT20 (elaboração própria)

Verificou-se que, na grande maioria dos casos (27 casos), a Convenção nº 155 da OIT é o único dispositivo internacional utilizado na decisão, isto é, não há outro dispositivo internacional aplicado em conjunto, o que está representado pelo asterisco (*). Para além da Convenção nº 155, com certo destaque (7 resultados), aparece a Convenção nº 148 da OIT, sobre a proteção dos trabalhadores contra os riscos profissionais devidos à contaminação do ar, ao ruído e às vibrações no local do trabalho, especialmente utilizada ao longo das decisões sobre a (im)possibilidade da cumulação dos adicionais de periculosidade e insalubridade. Por fim, em 1 resultado, aparecem mencionadas, de maneira genérica, as normas da Organização Mundial da Saúde (OMS).

Quarto, com a finalidade de compreender qual é a função da Convenção nº 155 da OIT quando mencionada nas decisões – o que está diretamente ligado à pergunta central desta pesquisa –, organizou-se o gráfico abaixo de acordo com o papel desempenhado pela Convenção na decisão analisada.

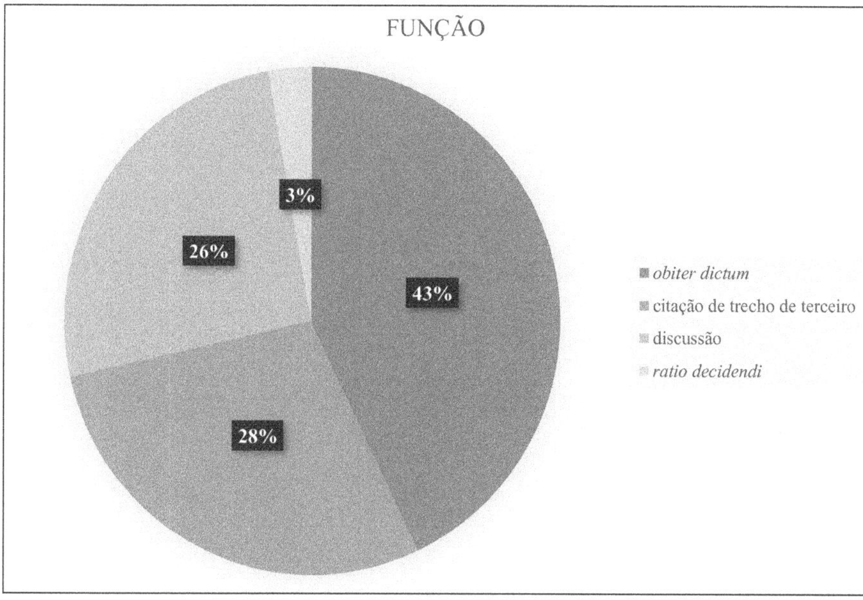

Gráfico 138 – Função da Convenção nº 155 na decisão analisada – TRT20 (elaboração própria)

No tocante à função desempenhada pela Convenção, observa-se que em 43% dos casos, a Convenção nº 155 da OIT tem a função de *obiter dictum*; em 28% dos casos, a C155 corresponde à citação de trecho de terceiro; em 26% dos casos, a C155 corresponde à discussão; e, em 3% dos casos, a C155 figura como *ratio decidendi.*

Em relação à função *ratio decidendi*, conforme gráfico abaixo, verificou-se que em 100% dos casos a Convenção nº 155 da OIT é utilizada como razão de decidir nas decisões que tratam do dever de cuidado com o meio ambiente do trabalho.

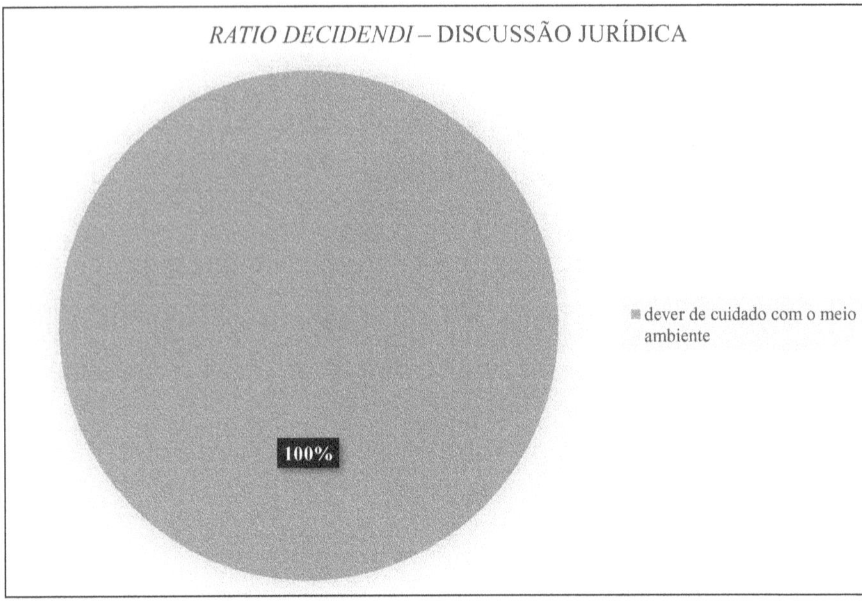

Gráfico 139 – Discussão jurídica envolvida nas decisões em que a Convenção nº 155 é *ratio decidendi* – TRT20 (elaboração própria)

Em relação à função *obiter dictum*, conforme gráfico a seguir, verificou-se que, embora não seja o fundamento central a decisão, o texto da Convenção nº 155 da OIT é explorado quando se trata de: obrigação do Estado (Brasil) e definição de saúde (87% dos casos); definição de saúde (6% dos casos); e dever de cuidado com o meio ambiente do trabalho (7% dos casos).

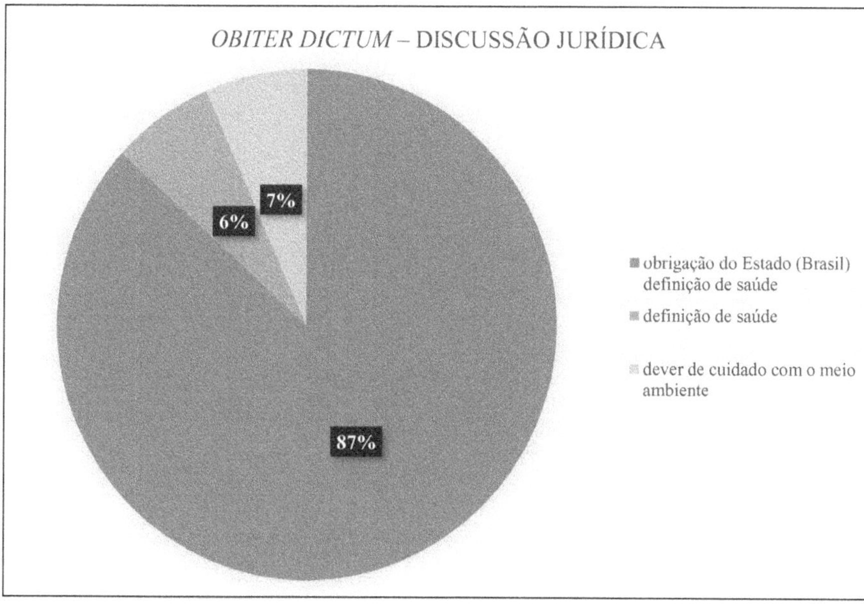

Gráfico 140 – Discussão jurídica envolvida nas decisões em que a Convenção nº 155 é *obiter dictum* – TRT20 (elaboração própria)

Em relação à função discussão, conforme gráfico abaixo, verificou-se que em 100% dos casos, a Convenção nº 155 da OIT é alvo de discussão quando se trata da (im)possibilidade de cumulação dos adicionais de periculosidade e insalubridade.

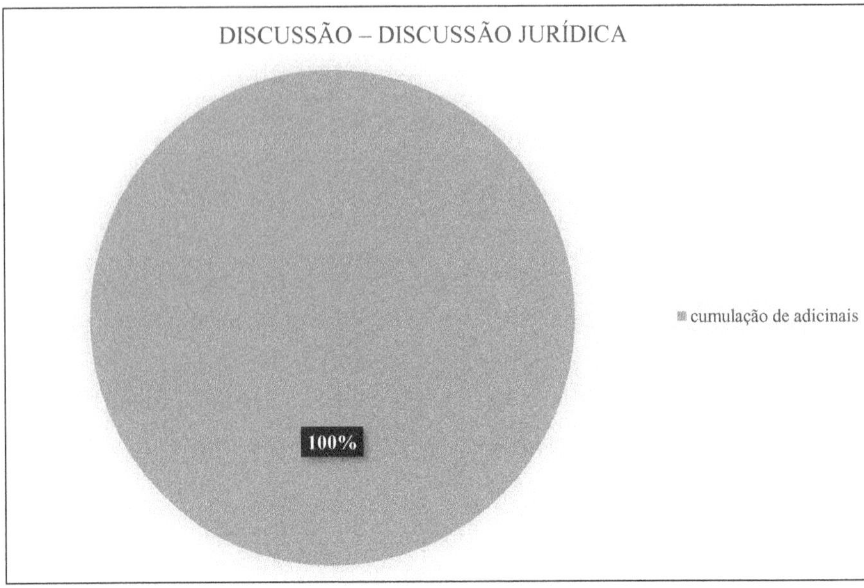

Gráfico 141 – Discussão jurídica envolvida nas decisões em que a Convenção nº 155 corresponde à "discussão" – TRT20 (elaboração própria)

Após o mapeamento acima, observou-se que alguns temas se destacaram qualitativa e quantitativamente em relação à aplicação da Convenção nº 155 da OIT. Tais destaques serão objeto de análise no capítulo seguinte.

3.3.22. Tribunal Regional do Trabalho da 22ª Região

No tocante à jurisprudência do Tribunal Regional do Trabalho da 22ª Região (TRT22), cuja jurisdição compreende o estado do Piauí, antes de iniciar o mapeamento das decisões proferidas, investigou-se se havia algum tipo de jurisprudência consolidada a respeito da aplicação de dispositivos internacionais (com especial atenção para a Convenção nº 155 da OIT) pelo Tribunal.

Verificou-se que: (*i*) não há Precedente Normativo (PN) que trate da aplicação de textos normativos internacionais; (*ii*) não há tese jurídica prevalecente quanto a aplicação de normas internacional; (*iii*) não há Orientação Jurisprudencial e, tampouco, (*iv*) súmula sobre o tema.

A partir dessa análise, entende-se que aplicação de dispositivos internacionais não parece ser alvo de preocupação central do TRT22. Parte-se, assim, para a análise dos acórdãos.

Como já abordado no item "considerações metodológicas", localizado no início desta pesquisa, realizou-se uma busca na base de jurisprudência do TRT22 a partir do critério de busca < convenção + 155 >, que localizou 37 resultados, todos relacionados à Convenção nº 155 da OIT. Assim, foram analisadas 37 decisões no TRT22.

Primeiro, a fim de identificar se há algum período em que a Convenção nº 155 foi mais utilizada, organizou-se os resultados pelo ano em que a decisão analisada foi proferida (ano de julgamento), conforme gráfico abaixo.

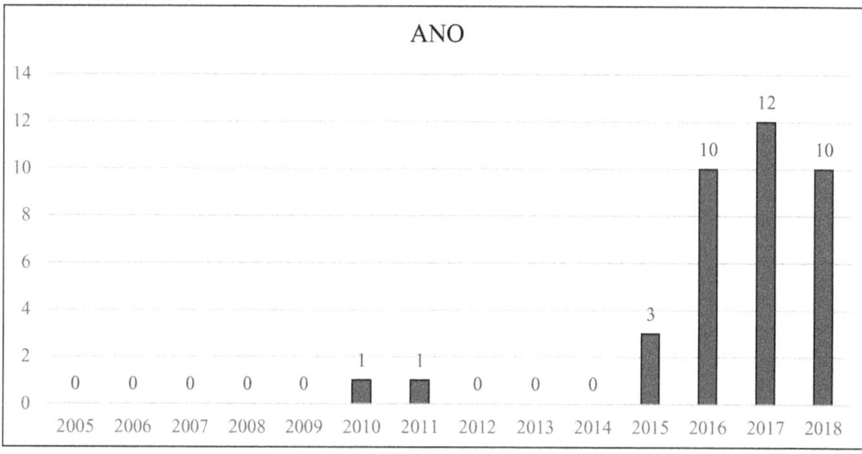

Gráfico 142 – Decisões por ano de julgamento – TRT22 (elaboração própria)

Observa-se que o período entre 2016 e 2018 foi aquele em que mais se utilizou a Convenção nº 155 da OIT. Não foi possível, porém, identificar o motivo pelo qual as decisões se concentraram em tal período. Por fim, vale notar que o ano de 2018 (ano posterior à Reforma Trabalhista) não apresentou crescimento na utilização da C155, o que será objeto de análise no capítulo seguinte.

Segundo, a fim de identificar em relação a qual(is) tema(s) a Convenção nº 155 da OIT é invocada, organizou-se, no gráfico abaixo, os resultados pela discussão jurídica travada ao longo da decisão analisada quando da menção à Convenção, isto é, por qual tema está sendo preponderantemente tratado quando se aplica a Convenção nº 155 da OIT.

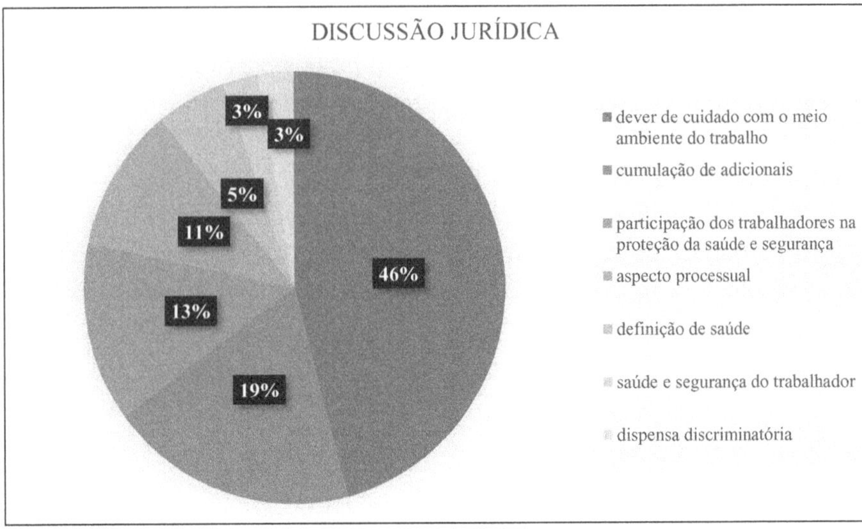

Gráfico 143 – Discussão jurídica envolvida – TRT22 (elaboração própria)

Observa-se que os temas que mais se destacam quando da aplicação da Convenção nº 155 pelo TRT22 são: dever de cuidado com o meio ambiente do trabalho, com 46% dos resultados; cumulação de adicionais, com 19% dos resultados; participação dos trabalhadores na proteção da saúde e segurança, com 13% dos resultados; aspecto processual, com 11% dos resultados; definição de saúde, com 5% dos resultados; saúde e segurança do trabalhador, com 3% dos resultados; e dispensa discriminatória, com 3% dos resultados.

Terceiro, buscou-se mapear se a Convenção nº 155 da OIT é utilizada em conjunto com outros dispositivos internacionais, conforme gráfico abaixo.

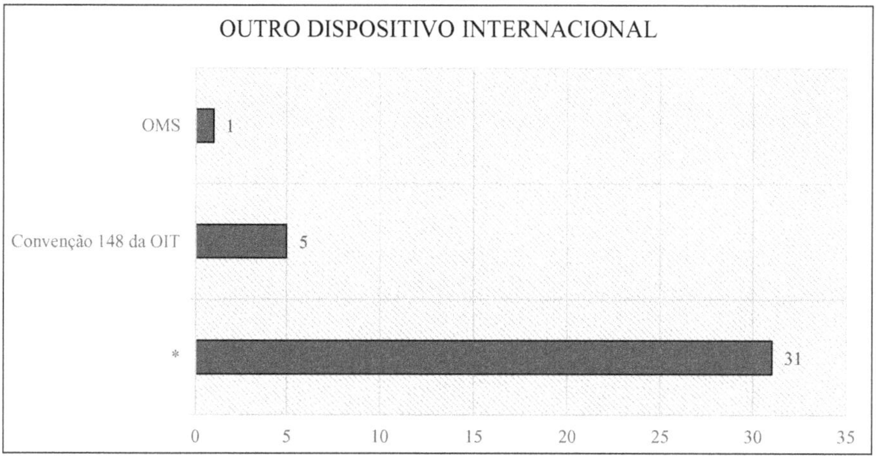

Gráfico 144 – Outro dispositivo internacional utilizado – TRT22 (elaboração própria)

Verificou-se que, na maioria dos casos (31 casos), a Convenção nº 155 da OIT é o único dispositivo internacional utilizado na decisão, isto é, não há outro dispositivo internacional aplicado em conjunto, o que está representado pelo asterisco (*). Para além da Convenção nº 155, são citadas: Convenção nº 148 da OIT (5 casos) e normas da OMS (1 caso).

Quarto, com a finalidade de compreender qual é a função da Convenção nº 155 da OIT quando mencionada nas decisões – o que está diretamente ligado à pergunta central desta pesquisa –, organizou-se o gráfico abaixo de acordo com o papel desempenhado pela Convenção na decisão analisada.

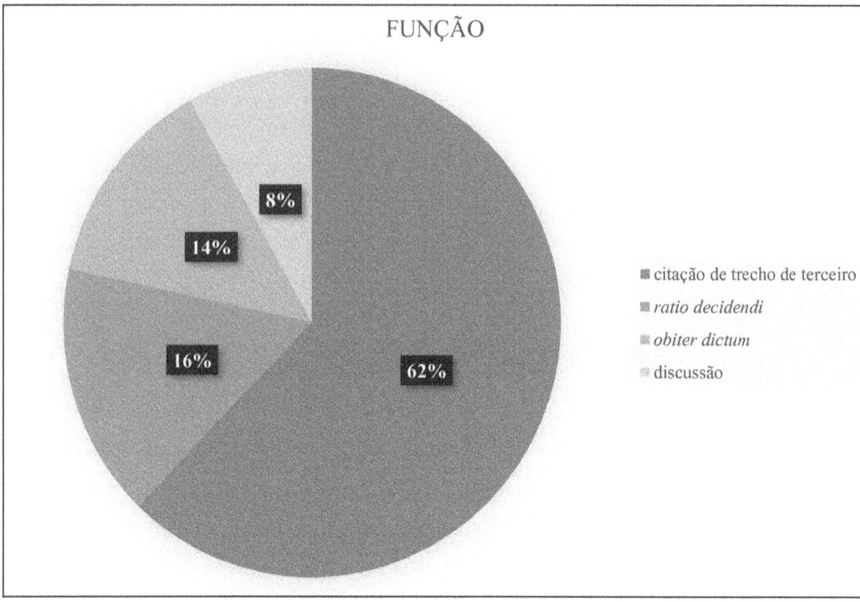

Gráfico 145 – Função da Convenção nº 155 na decisão analisada – TRT22 (elaboração própria)

No tocante à função desempenhada pela Convenção, observa-se que em 62% dos casos, a Convenção nº 155 da OIT corresponde à citação de trecho de terceiro; em 16% dos casos, a C155 é usada como *ratio decidendi*; em 14% dos casos, a C155 figura como *obiter dictum*; e, em 8% dos casos, a C155 corresponde à discussão.

Em relação à função *ratio decidendi*, conforme gráfico abaixo, verificou-se que em 67% dos casos a Convenção nº 155 da OIT é utilizada como razão de decidir nas decisões que tratam da cumulação de adicionais. Em 16% dos casos, a Convenção é utilizada como *ratio decidendi* em discussões jurídicas sobre dispensa discriminatória. Em 17% dos casos, a C155 foi usada como *ratio decidendi* nas discussões jurídicas sobre a participação dos trabalhadores na proteção da saúde e segurança.

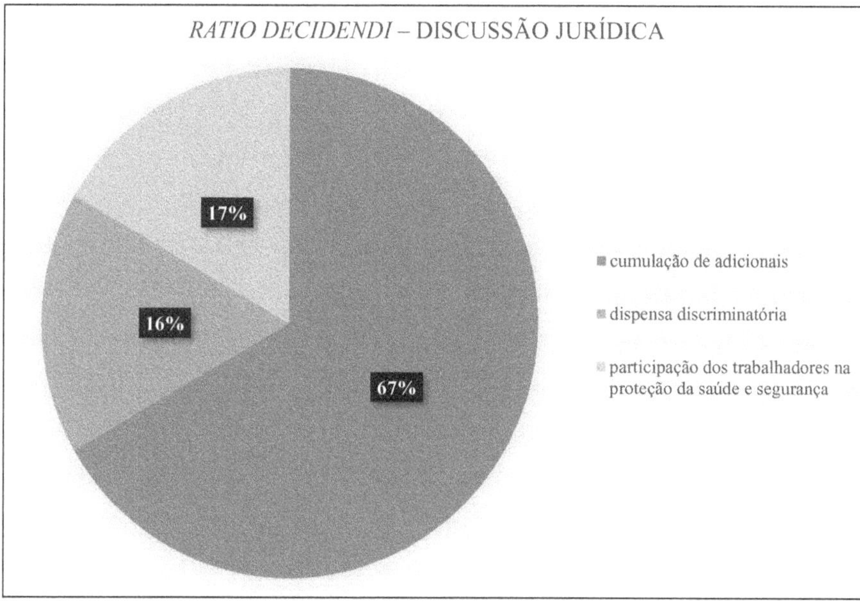

Gráfico 146 – Discussão jurídica envolvida nas decisões em que a Convenção nº 155 é *ratio decidendi* – TRT22 (elaboração própria)

Em relação à função *obiter dictum*, conforme gráfico a seguir, verificou-se que, embora não seja o fundamento central a decisão, o texto da Convenção nº 155 da OIT é explorado quando se trata de: dever de cuidado com o meio ambiente do trabalho (60% dos casos) e definição de saúde (40% dos casos).

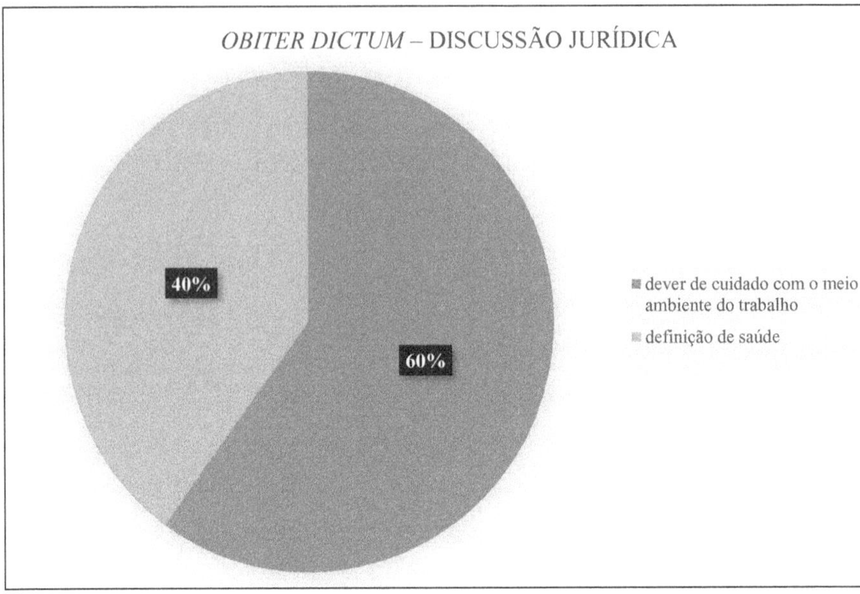

Gráfico 147 – Discussão jurídica envolvida nas decisões em que a Convenção nº 155 é *obiter dictum* – TRT22 (elaboração própria)

Em relação à função discussão, conforme gráfico abaixo, verificou-se que em 100% dos casos, a Convenção nº 155 da OIT é alvo de discussão quando se trata da (im)possibilidade de cumulação dos adicionais de periculosidade e insalubridade.

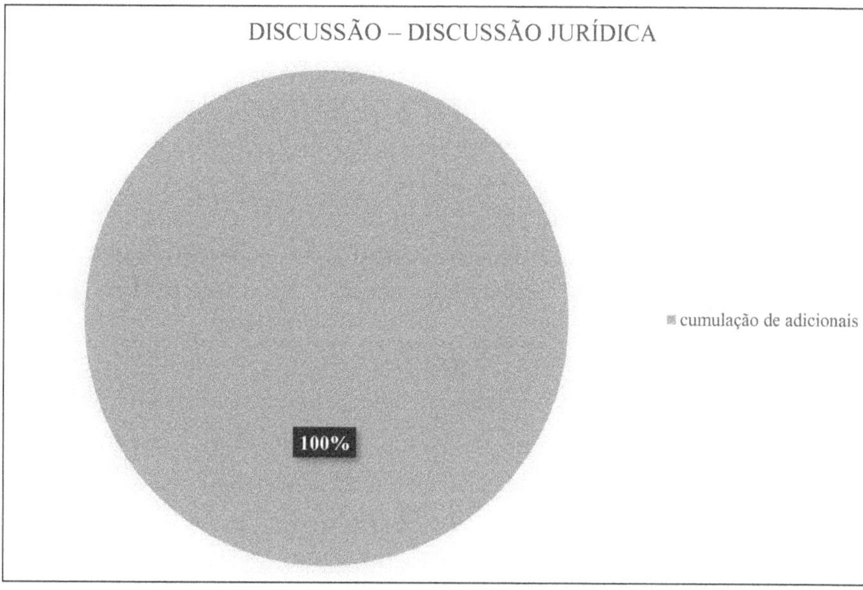

Gráfico 148 – Discussão jurídica envolvida nas decisões em que a Convenção nº 155 corresponde à "discussão" – TRT22 (elaboração própria).

Após o mapeamento acima, observou-se que alguns temas se destacaram qualitativa e quantitativamente em relação à aplicação da Convenção nº 155 da OIT. Tais destaques serão objeto de análise no capítulo seguinte.

3.3.23. Tribunal Regional do Trabalho da 23ª Região

No tocante à jurisprudência do Tribunal Regional do Trabalho da 23ª Região (TRT23), cuja jurisdição compreende o estado do Mato Grosso, antes de iniciar o mapeamento das decisões proferidas, investigou-se se havia algum tipo de jurisprudência consolidada a respeito da aplicação de dispositivos internacionais (com especial atenção para a Convenção nº 155 da OIT) pelo Tribunal.

Verificou-se que: (*i*) não há Precedente Normativo (PN) que trate da aplicação de textos normativos internacionais; (*ii*) não há tese jurídica prevalecente quanto a aplicação de normas internacional; (*iii*) não há Orientação Jurisprudencial, tampouco, (*iv*) súmula sobre o tema.

A partir dessa análise, entende-se que aplicação de dispositivos internacionais não parece ser alvo de preocupação central do TRT23. Parte-se, assim, para a análise dos acórdãos.

Como já abordado no item "considerações metodológicas", localizado no início desta pesquisa, realizou-se uma busca na base de jurisprudência do TRT23 a partir do critério de busca < convenção + 155 >, que localizou 287 resultados, todos relacionados à Convenção nº 155 da OIT. Assim, foram analisadas 287 decisões no TRT23.

Primeiro, a fim de identificar se há algum período em que a Convenção nº 155 foi mais utilizada, organizou-se os resultados pelo ano em que a decisão analisada foi proferida (ano de julgamento), conforme gráfico abaixo.

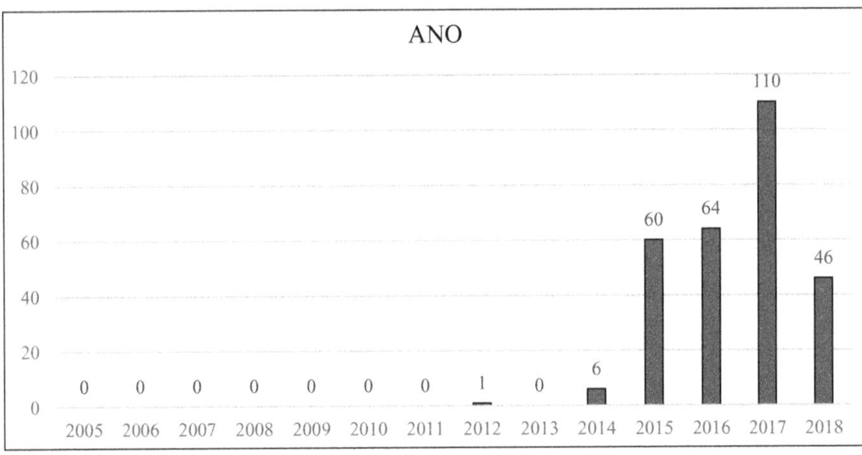

Gráfico 149 – Decisões por ano de julgamento – TRT23 (elaboração própria)

Observa-se que o período entre 2015 e 2018, se comparado com os demais, houve intensa utilização da Convenção nº 155 da OIT, com destaque para o ano de 2016. Não foi possível, contudo, identificar a razão da concentração de decisões nesse período. Por fim, vale notar que o ano de 2018 (ano posterior à Reforma Trabalhista) apresentou significativa redução na utilização da C155, o que será objeto de análise no capítulo seguinte.

Segundo, a fim de identificar em relação a qual(is) tema(s) a Convenção nº 155 da OIT é invocada, organizou-se, no gráfico abaixo, os resultados pela discussão jurídica travada ao longo da decisão analisada quando da menção à Convenção, isto é, por qual tema está sendo preponderantemente tratado quando se aplica a Convenção nº 155 da OIT.

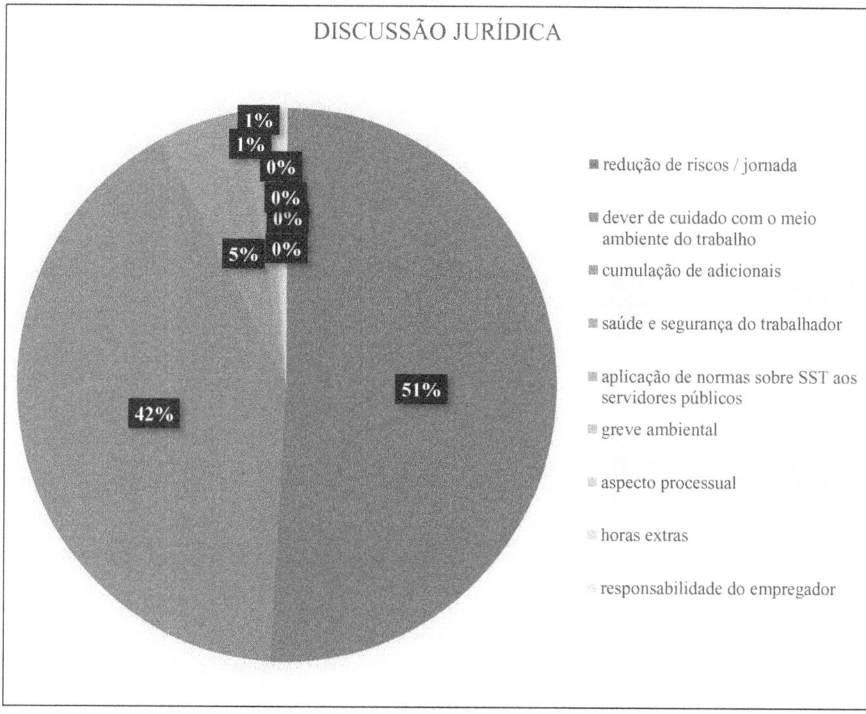

Gráfico 150 – Discussão jurídica envolvida – TRT23 (elaboração própria)

Observa-se que os temas que mais se destacam quando da aplicação da Convenção nº 155 pelo TRT23 são: redução de riscos/jornada, com 51% dos resultados; dever de cuidado com o meio ambiente do trabalho, com 42% dos resultados; cumulação de adicionais, com 5% dos resultados.

Com menor destaque, variando entre 1% e 0%, estão os temas que envolvem: saúde e segurança do trabalhador; aplicação de normas sobre SST aos servidores públicos; greve ambiental; aspecto processual; horas extras; e responsabilidade do empregador.

Terceiro, buscou-se mapear se a Convenção nº 155 da OIT é utilizada em conjunto com outros dispositivos internacionais, conforme gráfico abaixo.

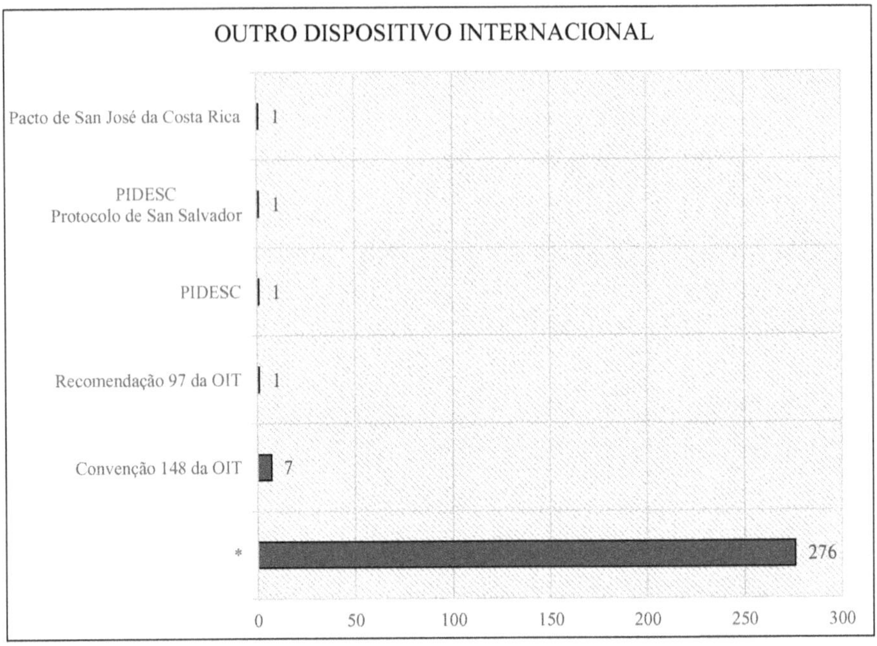

Gráfico 151 – Outro dispositivo internacional utilizado – TRT23 (elaboração própria)

Verificou-se que, na grande maioria dos casos (276 casos), a Convenção nº 155 da OIT é o único dispositivo internacional utilizado na decisão, isto é, não há outro dispositivo internacional aplicado em conjunto, o que está representado pelo asterisco (*). Para além da Convenção nº 155, aparecem: a Convenção nº 148 da OIT (7 resultados); Recomendação nº 97 da OIT (1 resultado); PIDESC (1 resultado); PIDESC e Protocolo de San Salvador, citados em conjunto (1 resultado); e Pacto de San José da Costa Rica (1 resultado).

Quarto, com a finalidade de compreender qual é a função da Convenção nº 155 da OIT quando mencionada nas decisões – o que está diretamente ligado à pergunta central desta pesquisa –, organizou-se o gráfico abaixo de acordo com o papel desempenhado pela Convenção na decisão analisada.

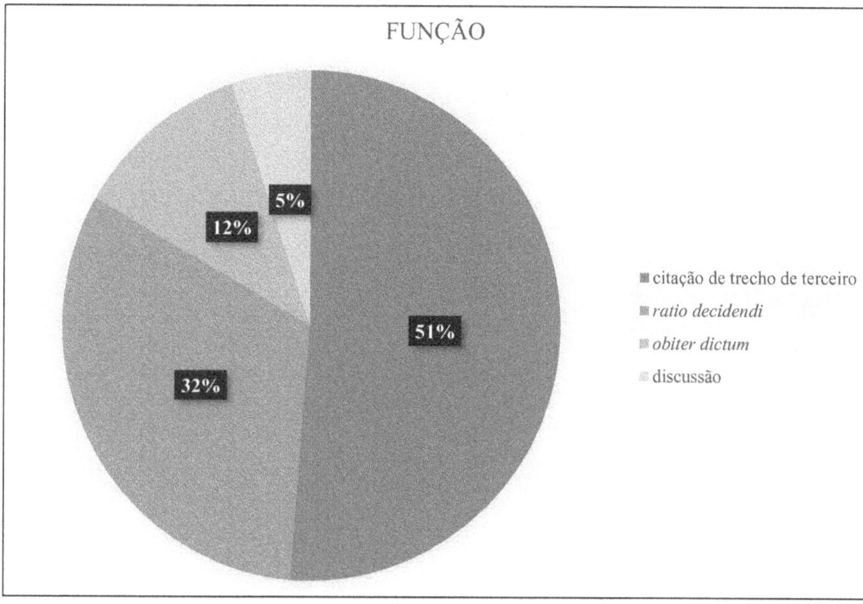

Gráfico 152 – Função da Convenção nº 155 na decisão analisada – TRT23 (elaboração própria)

No tocante à função desempenhada pela Convenção, observa-se que em 51% dos casos, a Convenção nº 155 da OIT corresponde à citação de trecho de terceiro; em 32% dos casos, a C155 é usada como *ratio decidendi*; em 12% dos casos, a C155 figura como *obiter dictum*; e, em 5% dos casos, a C155 corresponde à discussão.

Em relação à função *ratio decidendi*, conforme gráfico abaixo, verificou-se que em 98% dos casos a Convenção nº 155 da OIT é utilizada como razão de decidir nas decisões que tratam do dever de cuidado com o meio ambiente do trabalho. Em 1% dos casos, a Convenção é utilizada como *ratio decidendi* em discussões jurídicas sobre a aplicação de normas de saúde e segurança no trabalho aos servidores públicos. Em 1% dos casos, a C155 foi usada como *ratio decidendi* nas discussões jurídicas sobre a responsabilidade do empregador.

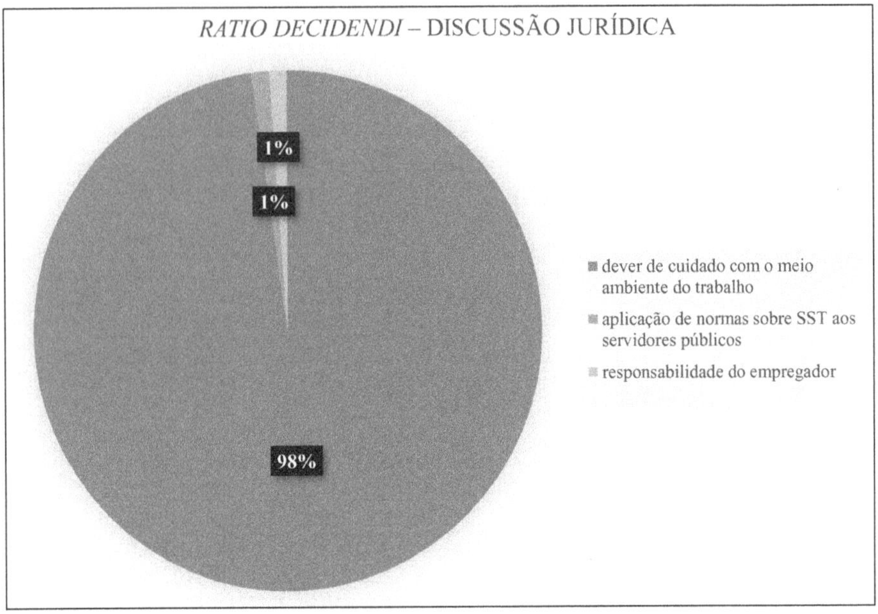

Gráfico 153 – Discussão jurídica envolvida nas decisões em que a Convenção nº 155 é *ratio decidendi* – TRT23 (elaboração própria)

Em relação à função *obiter dictum*, conforme gráfico a seguir, verificou-se que, embora não seja o fundamento central a decisão, o texto da Convenção nº 155 da OIT é explorado quando se trata de: dever de cuidado com o meio ambiente do trabalho (88% dos casos); saúde e segurança do trabalhador (9% dos casos); e horas extras (3% dos casos).

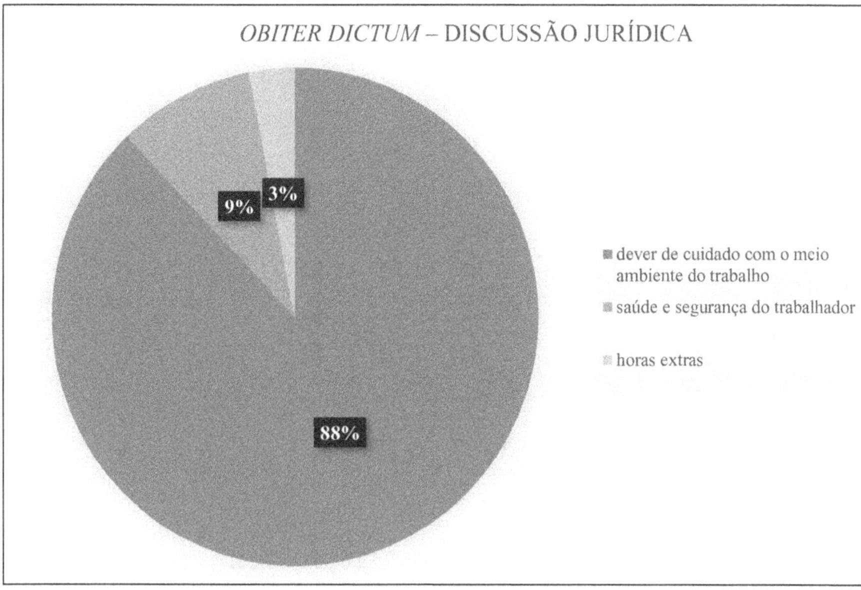

Gráfico 154 – Discussão jurídica envolvida nas decisões em que a Convenção nº 155 é *obiter dictum* – TRT23 (elaboração própria)

Em relação à função discussão, conforme gráfico abaixo, verificou-se que: em 93% dos casos, a Convenção nº 155 da OIT é alvo de discussão quando se trata da (im)possibilidade de cumulação dos adicionais de periculosidade e insalubridade; e em 7% dos casos, a Convenção nº 155 da OIT é alvo de discussão quando aborda a greve ambiental.

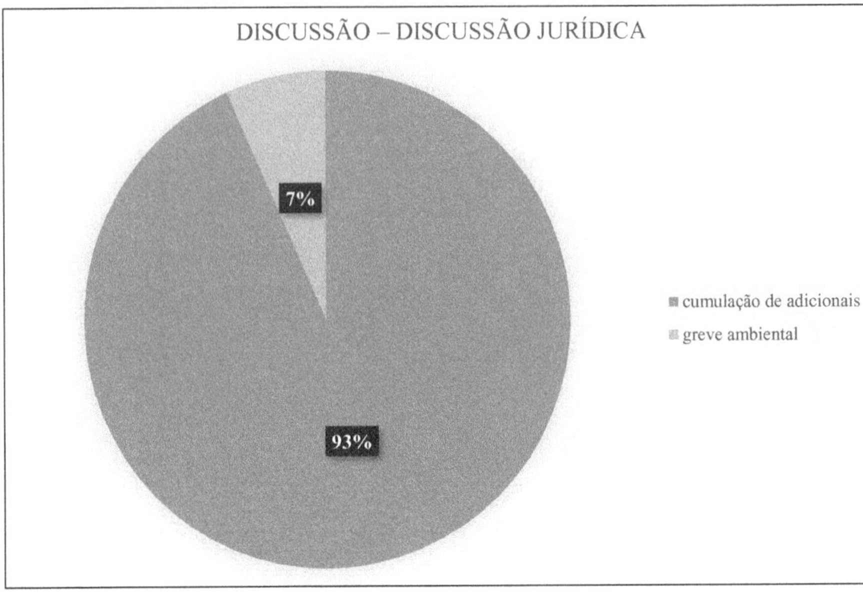

Gráfico 155 – Discussão jurídica envolvida nas decisões em que a Convenção nº 155 corresponde à "discussão" – TRT23 (elaboração própria).

Após o mapeamento acima, observou-se que alguns temas se destacaram qualitativa e quantitativamente em relação à aplicação da Convenção nº 155 da OIT. Tais destaques serão objeto de análise no capítulo seguinte.

3.3.24. Tribunal Regional do Trabalho da 24ª Região

No tocante à jurisprudência do Tribunal Regional do Trabalho da 24ª Região (TRT24), cuja jurisdição compreende o estado do Mato Grosso do Sul, antes de iniciar o mapeamento das decisões proferidas, investigou-se se havia algum tipo de jurisprudência consolidada a respeito da aplicação de dispositivos internacionais (com especial atenção para a Convenção nº 155 da OIT) pelo Tribunal.

Verificou-se que: (*i*) não há Precedente Normativo (PN) que trate da aplicação de textos normativos internacionais; (*ii*) não há tese jurídica prevalecente quanto a aplicação de normas internacional; (*iii*) não há uma Orientação Jurisprudencial, tampouco (*iii*) súmula sobre o tema.

A partir dessa análise, entende-se que aplicação de dispositivos internacionais não parece ser alvo de preocupação central do TRT24. Parte-se, assim, para a análise dos acórdãos.

Como já abordado no item "considerações metodológicas", localizado no início desta pesquisa, realizou-se uma busca na base de jurisprudência do TRT24 a partir do critério de busca < convenção + 155 >, que localizou 284 resultados, dos quais somente 248 diziam respeito à Convenção nº 155 da OIT. Assim, foram analisadas 248 decisões no TRT24.

Primeiro, a fim de identificar se há algum período em que a Convenção nº 155 foi mais utilizada, organizou-se os resultados pelo ano em que a decisão analisada foi proferida (ano de julgamento), conforme gráfico abaixo.

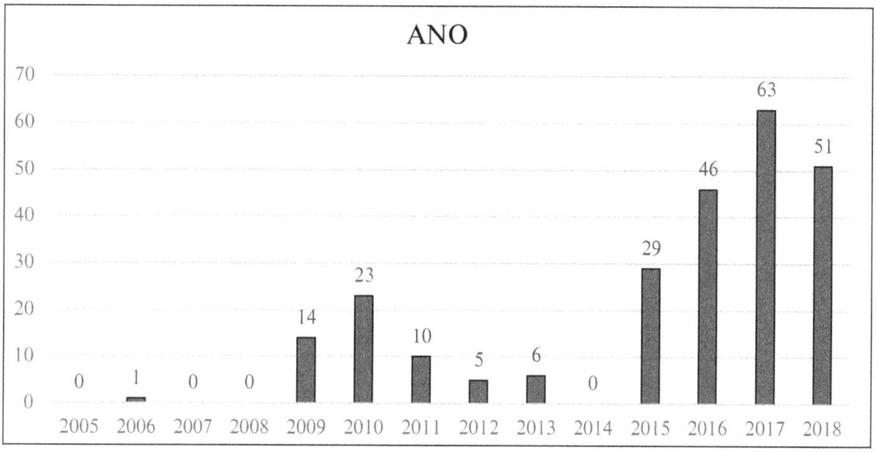

Gráfico 156 – Decisões por ano de julgamento – TRT24 (elaboração própria)

Observa-se que o período entre 2015 e 2018, se comparado com os demais, houve mais casos de utilização da Convenção nº 155 da OIT, com destaque para o ano de 2017. Não foi possível, contudo, identificar o motivo da concentração dos resultados nesse período. Por fim, vale notar que o ano de 2018 (ano posterior à Reforma Trabalhista) não apresentou crescimento na utilização da C155, o que será objeto de análise no capítulo seguinte.

Segundo, a fim de identificar em relação a qual(is) tema(s) a Convenção nº 155 da OIT é invocada, organizou-se, no gráfico abaixo, os resultados pela discussão jurídica travada ao longo da decisão analisada quando da menção à Convenção, isto é, por qual tema está sendo preponderantemente tratado quando se aplica a Convenção nº 155 da OIT.

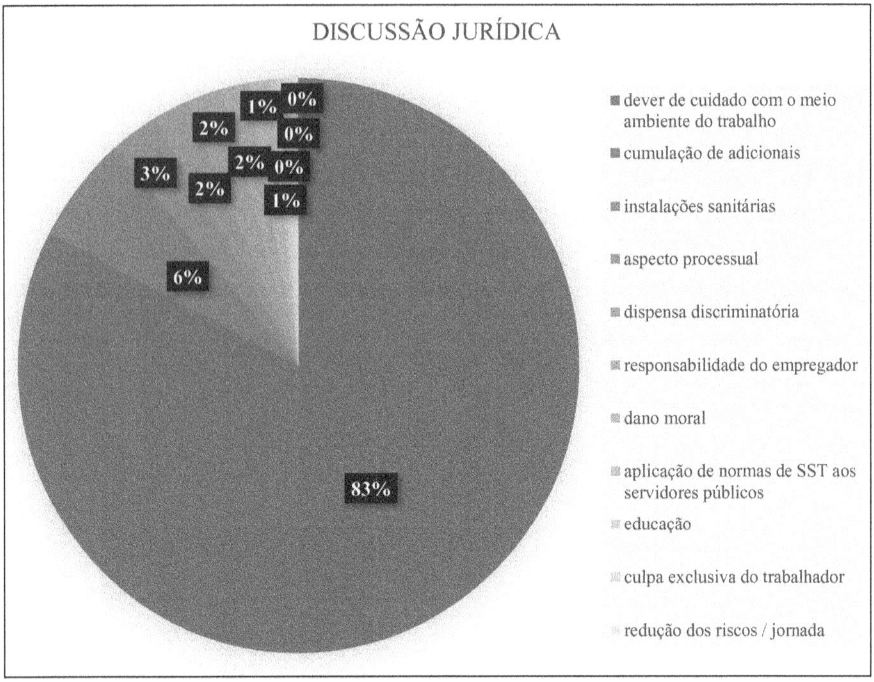

Gráfico 157 – Discussão jurídica envolvida – TRT24 (elaboração própria)

Observa-se que os temas que mais se destacam quando da aplicação da Convenção nº 155 pelo TRT24 são: dever de cuidado com o meio ambiente do trabalho, com 83% dos resultados; cumulação de adicionais, com 6% dos resultados; instalações sanitárias, com 3% dos resultados. Com menor destaque, variando entre 2% e 0%, estão os temas que envolvem: aspecto processual; dispensa discriminatória; responsabilidade do empregador; dano moral; aplicação de normas de SST aos servidores públicos; educação; culpa exclusiva do trabalhador; e redução dos riscos/jornada.

Terceiro, buscou-se mapear se a Convenção nº 155 da OIT é utilizada em conjunto com outros dispositivos internacionais, conforme gráfico abaixo.

Gráfico 158 – Outro dispositivo internacional utilizado – TRT24 (elaboração própria)

Verificou-se que, na grande maioria dos casos (236 casos), a Convenção nº 155 da OIT é o único dispositivo internacional utilizado na decisão, isto é, não há outro dispositivo internacional aplicado em conjunto, o que está representado pelo asterisco (*). Para além da Convenção nº 155, aparecem: Declaração Universal dos Direitos Humanos e Protocolo de San Salvador, citados em conjunto (4 casos); Convenção nº 148 da OIT (3 casos); Convenção nº 111 da OIT (3 casos); Convenção nº 152 da OIT (1 caso); e Convenção nº 161 da OIT (1 casos).

Quarto, com a finalidade de compreender qual é a função da Convenção nº 155 da OIT quando mencionada nas decisões – o que está diretamente ligado à pergunta central desta pesquisa –, organizou-se o gráfico abaixo de acordo com o papel desempenhado pela Convenção na decisão analisada.

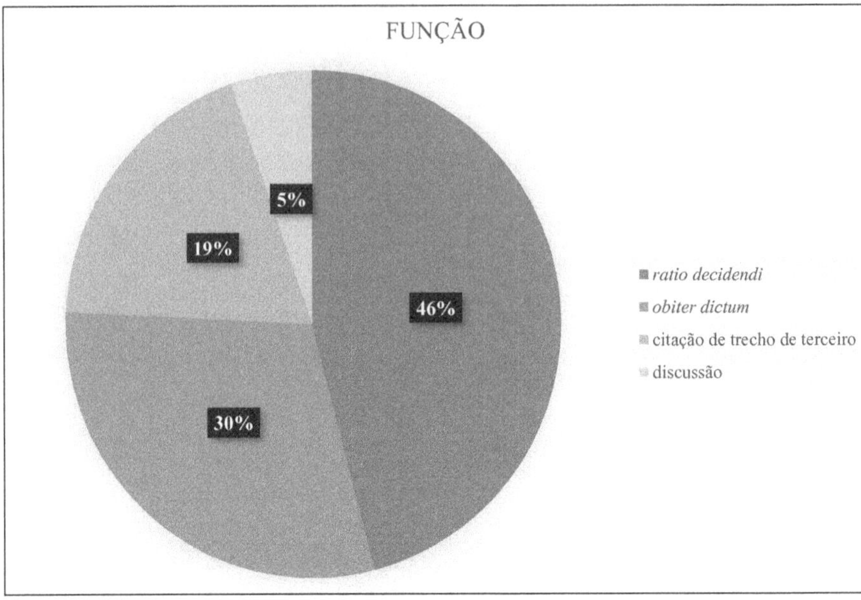

Gráfico 159 – Função da Convenção nº 155 na decisão analisada – TRT24
(elaboração própria)

No tocante à função desempenhada pela Convenção, observa-se que em 46% dos casos, a Convenção nº 155 da OIT tem a função de *ratio decidendi*; em 30% dos casos, a C155 corresponde é usada como *obiter dictum*; em 19% dos casos, a C155 corresponde à citação de trecho de terceiro; e, em 5% dos casos, a C155 corresponde à "discussão".

Em relação à função *ratio decidendi*, conforme gráfico abaixo, verificou-se que em 93% dos casos a Convenção nº 155 da OIT é utilizada como razão de decidir nas decisões que tratam do dever de cuidado com o meio ambiente do trabalho. Em 5% dos casos, a Convenção é utilizada como *ratio decidendi* em discussões jurídicas sobre instalações sanitárias. Em 1% dos casos, a C155 foi usada como *ratio decidendi* nas discussões jurídicas sobre a aplicação de normas de saúde e segurança do trabalhador aos servidores públicos. Em 1% dos casos, a C155 figurou como *ratio decidendi* em decisões sobre culpa exclusiva do trabalhador.

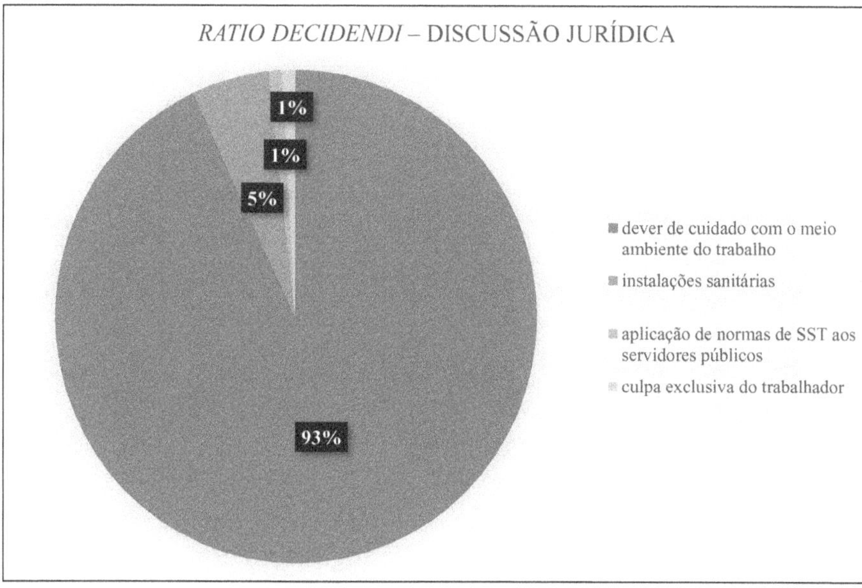

Gráfico 160 – Discussão jurídica envolvida nas decisões em que a Convenção nº 155 é *ratio decidendi* – TRT24 (elaboração própria)

Em relação à função *obiter dictum*, conforme gráfico a seguir, verificou-se que, embora não seja o fundamento central a decisão, o texto da Convenção nº 155 da OIT é explorado quando se trata de: dever de cuidado com o meio ambiente do trabalho (83% dos casos); dispensa discriminatória (7% dos casos); responsabilidade do empregador (5% dos casos); dano moral (4% dos casos); instalações sanitárias (1% dos casos).

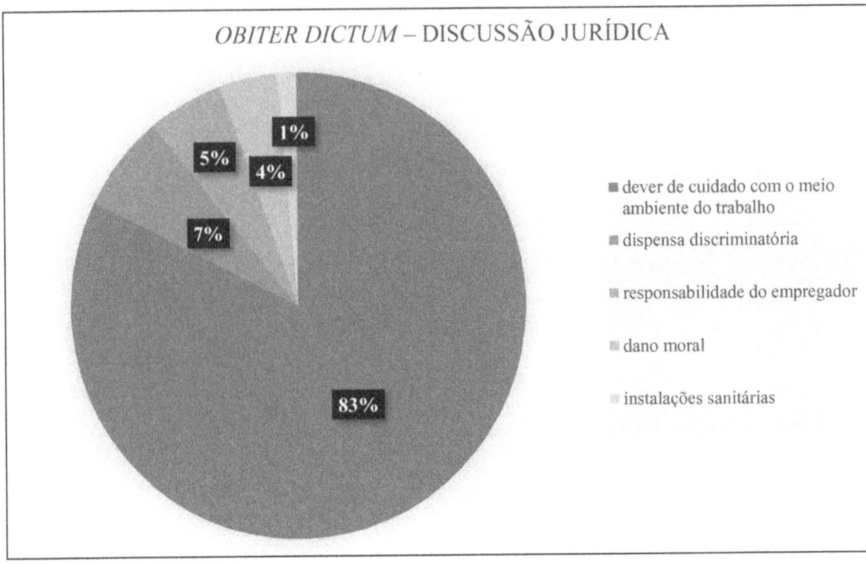

Gráfico 161 – Discussão jurídica envolvida nas decisões em que a Convenção nº 155 é *obiter dictum* – TRT24 (elaboração própria)

Em relação à função discussão, conforme gráfico abaixo, verificou-se que: em 85% dos casos, a Convenção nº 155 da OIT é alvo de discussão quando se trata da (im)possibilidade de cumulação dos adicionais de periculosidade e insalubridade; e em 15% dos casos, a Convenção nº 155 da OIT é alvo de discussão quando aborda o dever de cuidado com o meio ambiente do trabalho.

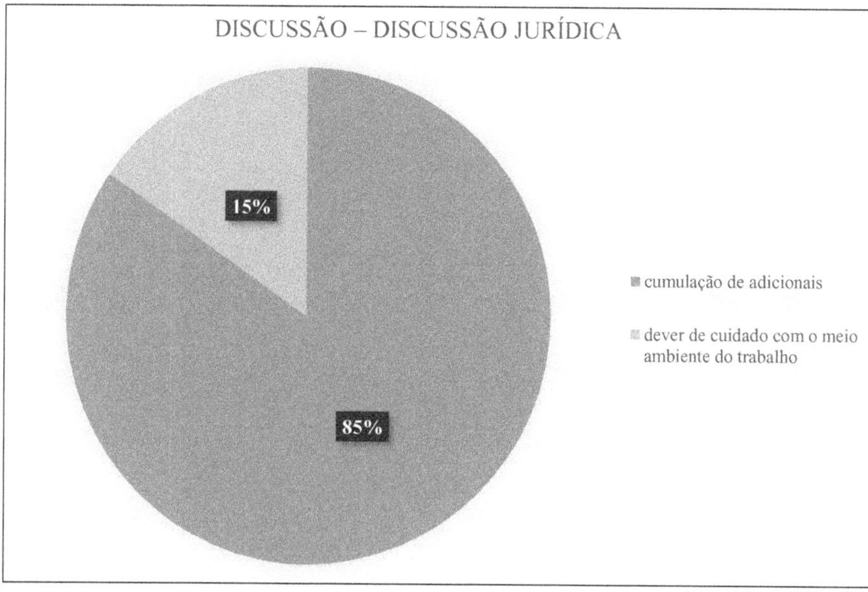

Gráfico 162 – Discussão jurídica envolvida nas decisões em que a Convenção nº 155 corresponde à "discussão" – TRT24 (elaboração própria).

Após o mapeamento acima, observou-se que alguns temas se destacaram qualitativa e quantitativamente em relação à aplicação da Convenção nº 155 da OIT. Tais destaques serão objeto de análise no capítulo seguinte.

4
A Aplicação da Convenção nº 155 da OIT pela Justiça do Trabalho no Brasil: Diagnósticos e Equacionamentos

O retrato jurisprudencial apresentado no capítulo 3 permitiu o delineamento de alguns diagnósticos a respeito da aplicação da Convenção nº 155 da OIT pelos tribunais trabalhistas no Brasil e, a partir dessas percepções, pensou-se em algumas estratégias que tenham potencial de estimular a aplicação da convenção. Neste capítulo, apresenta-se a sistematização desses diagnósticos e a proposição de possíveis equacionamentos.

4.1. Convenção nº 155 da OIT, saúde e segurança do trabalho e a Justiça do Trabalho no Brasil: diagnósticos e percepções a partir da pesquisa jurisprudencial

Partindo da análise do retrato jurisprudencial apresentado anteriormente, em cotejo com o referencial teórico analisado, é possível tecer considerações acerca da aplicação da Convenção nº 155 da OIT pelos tribunais trabalhistas brasileiros quanto: (*i*) à ocorrência e à dimensão da aplicação da Convenção nº 155 da OIT; (*ii*) ao caráter da Convenção nº 155 da OIT; (*iii*) à hierarquia normativa conferida à Convenção nº 155 da OIT; (*iv*) ao perfil julgador; (*v*) à distribuição da aplicação da Convenção nº 155 da OIT por ano; (*vi*) à função e à categoria de influência exercida pela Convenção nº 155 da OIT na proteção da saúde e segurança do trabalhador; (*vii*) à discussão jurídica abordada quando da aplicação da Convenção nº 155 da OIT; (*viii*) à referência a outros dispositivos internacionais.

Além de sistematizar o retrato jurisprudencial delineado anteriormente, os diagnósticos aqui apresentados objetivam dialogar com as hipóteses previamente aventadas no início da pesquisa – confirmando-as ou negando-as

–, bem como responder à pergunta-problema norteadora desta investigação, perpassando por seu objetivo geral e por seus objetivos específicos.

4.1.1. Quanto à ocorrência e à dimensão da aplicação da Convenção nº 155 da OIT

Em relação à aplicação da C155, faz-se, inicialmente, um diagnóstico a respeito da ocorrência e da dimensão da aplicação da convenção.

No tocante à ocorrência, com exceção do Tribunal Regional da 20ª Região, é possível afirmar que, de forma geral, os tribunais trabalhistas brasileiros (TST e TRTs) já mencionaram a Convenção nº 155 da Organização Internacional do Trabalho quando proferiram acórdãos ao longo do recorte temporal adotado nesta pesquisa (31 de dezembro de 2004 a 31 de dezembro de 2018).

Tal menção da C155 foi verificada em 5.554. Embora, em números absolutos, 5.554 decisões seja uma quantidade aparentemente expressiva, comparativamente ao número de processos julgados nesse período, percebe-se que se trata de uma porcentagem baixa. De acordo com dados fornecidos pela Coordenadoria de Pesquisa e Estatística do TST acerca do número de processos julgados pelo TST e pelos TRTs, entre 2005 e 2018, foram julgados 13.620.928 processos. Assim, o número de decisões encontradas em que a C155 foi, ao menos, citada corresponde à aproximadamente 0,04% do número de processos julgados ao longo do recorte temporal aqui adotado.

Note-se que, ainda que a porcentagem de aplicação da C155 seja baixa e represente o pouco uso da convenção (e, possivelmente, do direito internacional de maneira geral) pela Justiça do Trabalho no Brasil, entende-se que tais decisões são relevantes na medida em que se tornam referência acerca da aplicação da Convenção nº 155 da OIT e podem influenciar futuras decisões. Ademais, mesmo representando uma pequena parte do total de processos julgados, chamou a atenção o número de processos analisados pois, pela pesquisa bibliográfica realizada previamente, acreditava-se que seria encontrado um número ainda menor de resultados.

Salienta-se, por fim, que a própria Organização Internacional do Trabalho, quando apresenta dados e relatórios sobre a aplicação judicial de seus instrumentos normativos, o faz a partir de exemplos pontuais, citando julgados de diferentes países em que alguma norma internacional do trabalho foi aplicada. Os casos citados parecem ser paradigmáticos, mas não ocorrem em números expressivos. Nesse sentido, a partir da leitura das publicações da OIT e da consulta ao seu acervo bibliotecário digital e físico, nota-se que, comparativamente a outros países, a existência de 5.554 decisões judiciais que citam a C155 indica que tal convenção é aplicada de forma expressiva pela Justiça do Trabalho no Brasil (embora, comparativamente ao número de processos julgados pelos tribunais trabalhistas brasileiros, tal número corresponde à aproximadamente 0,04% do total de processos julgados pelo TST e pelos TRTs).

4.1.2. Quanto ao caráter da Convenção nº 155 da OIT

Conforme analisado no capítulo 2, as convenções da Organização Internacional do Trabalho podem ser classificadas como normas de caráter programático, autoexecutivo (*self-executing*) ou mistas. O objetivo dessa caracterização é indicar se há ou não possibilidade de aplicação direta da norma.

No tocante à C155, é possível identifica-la como uma convenção mista, já que parte de seu texto tem caráter programático e é direcionada ao Estado, a fim que se elabore uma política nacional em matéria de segurança e saúde dos trabalhadores e o meio-ambiente de trabalho, a exemplo do que se observa no artigo 4 da C155; e outra parte pode ser considerada autoexecutiva, pois contém disposições consideradas suficientemente claras e precisas para serem diretamente aplicadas, a exemplo do artigo 16 da C155 sobre os deveres do empregador em relação ao cuidado com o meio ambiente do trabalho.

Ao analisar as decisões, percebeu-se que, de maneira geral, essa caracterização não é traçada e, consequentemente, a discussão sobre o caráter (autoexecutivo, programático ou misto) da C155 não é desenvolvida.

Encontrou-se, no entanto, 11 decisões em que o magistrado relator afirma que a C155 tem caráter programático, dependente de atuação do Poder Legislativo. Nessas 11 decisões, discutia-se a possibilidade de cumulação dos adicionais de periculosidade e insalubridade e, em todas, foi negado o pedido de cumulação sob a justificativa da C155 ser programática, sem o condão de alterar a legislação interna vigente (artigo 193, § 2º da CLT).

Assim, observou-se que, exceto nesses 11 casos, a justificativa para a aplicação (ou não aplicação) da convenção, via de regra, não repousa em seu caráter – autoexecutivo, programático ou misto – e sim na pertinência em relação à discussão jurídica travada.

4.1.3. Quanto à hierarquia normativa conferida à Convenção nº 155 da OIT

Assim como a identificação do caráter da C155, a caracterização da hierarquia normativa da convenção, de forma geral, também não é feita. Na maioria das decisões analisadas (em 5.129 decisões), o magistrado cita a Convenção nº 155 (aplicando ou não), mas não discute o seu *status* no ordenamento jurídico brasileiro. Nesses casos, foi possível perceber que o magistrado aplica ou deixa de aplicar a convenção não porque há dúvidas em relação à hierarquia normativa, mas porque compreende que, em relação ao caso analisado, não há pertinência temática. Assim, nessa maioria de casos em que não há discussão sobre o *status* da C155, parece não haver dúvidas que tal norma internacional foi incorporada ao direito brasileiro e que ela poderia ser aplicada (como norma de caráter supralegal – considerando-a como um tratado internacional de direitos humanos, conforme jurisprudência majoritária do Supremo Tribunal Federal – ou legal – caso se considere que tal convenção não versa sobre direitos humanos).

Verificou-se, no entanto, 425 decisões em que o magistrado evidencia a hierarquia normativa conferida à C155. Nesses poucos casos em que a discussão sobre a hierarquia normativa foi feita, observou-se que foram conferidos diferentes *status* à C155.

Há julgados em que o magistrado classificou a convenção como norma de caráter materialmente constitucional, isto é, o magistrado considerou que a Convenção nº 155 da OIT deve ser aplicada como norma de equivalência constitucional, integrante do bloco de constitucionalidade. Nessas decisões, a C155 prevaleceu sobre as normas de caráter legal, inclusive a CLT.

Nesse mesmo sentido, foram encontradas decisões em que o magistrado classificou a C155 como norma materialmente constitucional – e, consequentemente, integrante do bloco de constitucionalidade – porém, entende que, alternativamente, caso os demais magistrados não entenderem dessa forma, que ao menos lhe seja conferido o *status* de norma supralegal (isto é, de hierarquia superior às leis, porém inferior à Constituição Federal).

Há julgados em que, consoante a jurisprudência majoritária do STF, o magistrado conferiu à C155 o *status* de norma supralegal (e infraconstitucional), já que corresponde a um tratado internacional que versa sobre direitos humanos não aprovado conforme o rito previsto no artigo 5º, §3º da Constituição Federal. Assim, nessas decisões, a convenção é considerada com *status* superior à lei comum, prevalecendo inclusive sobre a CLT.

Por outro lado, há julgados em que a Convenção nº 155 da OIT é considerada e aplicada com hierarquia de lei comum, isto é, com *status* legal, como se não correspondesse a um tratado internacional sobre direitos humanos.

Há decisões em que o magistrado apenas cita que a Convenção nº 155 da OIT tem hierarquia inferior à Constituição Federal, mas não especifica com qual *status* a norma internacional está sendo considerada na decisão. Nesses casos, a C155 é considerada uma norma de caráter infraconstitucional.

Foram encontrados julgados em que o magistrado indica que a C155 não prevalece sobre a lei nacional, mais especificamente, sobre a CLT. Porém, nesses casos, verificou-se que não há explicação sobre esse posicionamento e também não há aprofundamento na discussão a respeito da hierarquia normativa.

Também foram encontradas decisões em que o magistrado considerou a C155 como *soft law*, isto é, como uma norma não vinculante. Nesses casos, não houve a aplicação da convenção sob a justificativa de que a alínea "b" do artigo 11 da C115 – o qual dispõe que, ao elaborar a política nacional sobre saúde e segurança do trabalhador, a autoridade competente deverá garantir que sejam levados em consideração os riscos para a saúde decorrentes da exposição simultânea a diversas substâncias ou agentes – é uma *soft law*, não permitindo a cumulação dos adicionais de periculosidade e insalubridade porque tal dispositivo é dirigido ao Estado brasileiro e, portanto, não determina a cumulação, o que impediria a sua aplicação direta. Acredita-se que, nessas decisões, o magistrado, embora tenha classificado a C155 como *soft law*, fazia referência ao caráter programático deste item.

Por fim, também foram encontradas decisões em que o magistrado considera indiferente o *status* (supralegal ou legal) conferido à C155, já que a convenção deve ser aplicada por ser mais recente (que a legislação comum interna, notadamente a CLT) e mais favorável ao trabalhador.

Conforme se observa no gráfico abaixo, considerando tais decisões que discutem a hierarquia normativa da C155 (425 decisões, isto é, 7% do total de decisões analisadas), verificou-se que 53% delas classificam a C155 como norma de *status* supralegal; 15% compreendem-na como norma de caráter materialmente constitucional; 12% indicam que a C155 deve ser caracterizada como norma materialmente constitucional ou, caso assim não se entenda, que lhe seja conferido o *status* supralegal; 9% consideram a C155 com hierarquia legal; 8% afirmaram que a C155 não prevalece, mas não houve indicação de hierarquia normativa específica; 2% consideraram o *status* da C155 indiferente; 1% indicou que a C155 seria uma *soft law*; e 0% (1 decisão) classificou a C155 apenas como infraconstitucional, sem indicação de *status* específico.

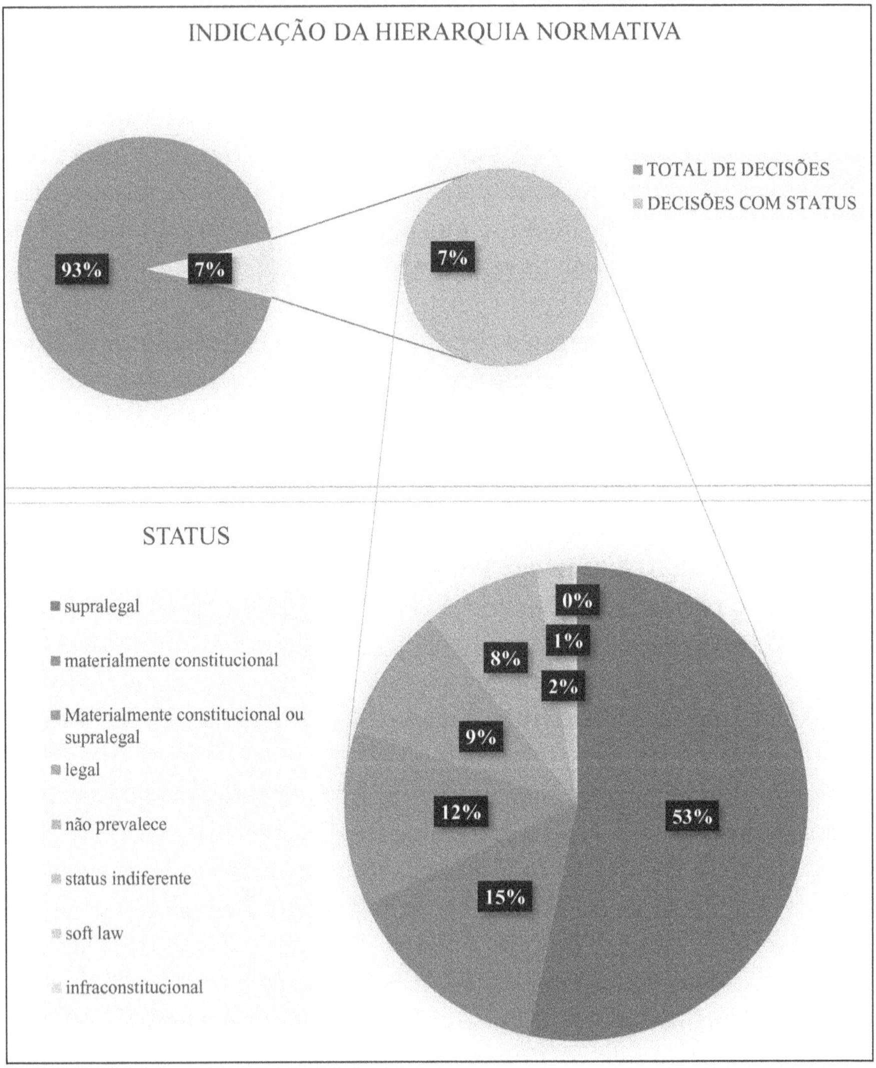

Gráfico 163 – Indicação da hierarquia normativa da C155 e *status* (elaboração própria)

Assim, conclui-se que em 93% do total de decisões analisadas, tal discussão não é feita. Em 7%, se discute sobre a hierarquia normativa, sendo prevalente o posicionamento de que a C155 tem *status* supralegal.

4.1.4. Quanto ao perfil julgador das decisões que mencionaram a Convenção nº 155 da OIT

Em relação ao perfil julgador, necessário tecer considerações em relação ao tribunal em que a decisão foi proferida também em relação ao magistrado que proferiu a decisão.

Quanto ao tribunal em que a decisão foi proferida, observou-se um perfil variado em relação a diversos aspectos: base de dados, critérios para a pesquisa jurisprudencial, número de decisões que citam a C155, período em que as decisões mais se concentram, discussão jurídica travada quando da aplicação da C155, função da convenção quando utilizada e referência a outros dispositivos internacionais.

Inicialmente, importante salientar que as páginas eletrônicas dos tribunais (TST e TRTs) são muito diferentes entre si, não havendo um único padrão. Consequentemente, cada tribunal tem uma forma própria de organização da jurisprudência e oferece mecanismos de pesquisa jurisprudencial distintos.

Considerando os Tribunais Regionais do Trabalho, verificou-se uma grande variação na quantidade de decisões que mencionam a C155. Há, por exemplo, TRTs que apresentaram nenhuma ou poucas decisões que citam a C155 (como é o caso do TRT20, TRT5 e TRT10) e há tribunais em que se contabilizou um número de julgados que citam a C155 correspondente a quase um quinto do total de decisões analisadas (como é o caso do TRT3). Ainda que se considere que os TRTs têm portes[71] diferentes, é possível perceber que alguns tribunais aplicam a C155 com mais frequência do que outros.

[71] De acordo com o relatório "Justiça em números", elaborado pelo Conselho Nacional de Justiça, publicado em 2019, referente ao ano-base 2018, "*para a classificação por porte, foram consideradas as variáveis: despesas totais; casos novos; processos pendentes; número de magistrados; número de servidores (efetivos, requisitados, cedidos e comissionados sem vínculo efetivo); e número de trabalhadores auxiliares (terceirizados, estagiários, juízes leigos e conciliadores). A consolidação dessas informações forma um escore único, por tribunal, a partir do qual se procede ao agrupamento em três categorias, segundo o respectivo porte: tribunais de grande, médio ou pequeno porte*" (CNJ, 2019, p. 27).

Na tabela abaixo, extraída do relatório "Justiça em números", elaborado pelo Conselho Nacional de Justiça (CNJ), publicado em 2019, referente ao ano-base de 2018, verifica-se que há tribunais de grande, médio e pequeno porte.

Grupo		Tribunal	*Escore**	Despesa Total da Justiça	Casos Novos	Casos Pendentes	Número de Magistrados	Força de Trabalho (servidores e auxiliares)
1º Grupo: Grande Porte	1	TRT 02ª Região - São Paulo	2,887	2.553.426.422	585.248	940.696	533	6.447
	2	TRT 15ª Região - Campinas	1,771	1.655.362.470	465.859	612.399	401	4.856
	3	TRT 01ª Região - Rio de Janeiro	1,597	2.120.438.447	353.630	547.946	320	5.080
	4	TRT 03ª Região - Minas Gerais	1,229	1.987.500.382	300.484	328.251	313	4.666
	5	TRT 04ª Região - Rio Grande do Sul	1,025	1.639.088.969	260.698	399.725	289	4.059
2º Grupo: Médio Porte	1	TRT 09ª Região - Paraná	0,447	1.040.447.295	193.635	326.308	208	3.072
	2	TRT 05ª Região - Bahia	0,401	1.098.010.592	164.154	297.448	213	3.040
	3	TRT 06ª Região - Pernambuco	-0,012	812.664.479	132.889	176.594	150	2.366
	4	TRT 12ª Região - Santa Catarina	-0,170	754.211.488	122.705	148.390	128	1.808
	5	TRT 18ª Região - Goiás	-0,310	561.387.961	116.460	97.676	107	1.828
	6	TRT 10ª Região - Distrito Federal e Tocantins	-0,337	611.741.666	78.456	127.135	101	1.783
	7	TRT 08ª Região - Pará e Amapá	-0,344	613.072.414	98.873	80.530	116	1.640
	8	TRT 07ª Região - Ceará	-0,449	426.371.797	84.154	118.232	82	1.550
3º Grupo: Pequeno Porte	1	TRT 11ª Região - Amazonas e Roraima	-0,606	471.694.900	62.610	51.545	61	1.145
	2	TRT 13ª Região - Paraíba	-0,609	479.408.759	46.926	44.656	70	1.218
	3	TRT 17ª Região - Espírito Santo	-0,637	336.508.663	55.814	70.287	65	1.100
	4	TRT 23ª Região - Mato Grosso	-0,640	313.292.560	48.195	65.474	81	1.049
	5	TRT 16ª Região - Maranhão	-0,682	227.250.560	60.826	99.571	57	825
	6	TRT 14ª Região - Rondônia e Acre	-0,711	340.503.031	31.675	31.545	61	1.089
	7	TRT 24ª Região - Mato Grosso do Sul	-0,721	269.098.388	41.202	62.599	63	821
	8	TRT 21ª Região - Rio Grande do Norte	-0,723	280.026.088	41.693	51.255	55	957
	9	TRT 19ª Região - Alagoas	-0,748	226.838.350	40.221	75.040	52	759
	10	TRT 20ª Região - Sergipe	-0,824	183.455.840	31.374	59.806	37	646
	11	TRT 22ª Região - Piauí	-0,832	167.053.197	43.094	48.244	36	586

Tabela 10 – Justiça em números 2019 (Fonte: CNJ, 2019, p. 31).

O TRT2, segundo o relatório supracitado, é de grande porte e possui o maior *escore*. Contudo, o TRT2 não é aquele que apresenta o maior número de decisões que citaram a C155. O TRT que, em números absolutos, mais mencionou a C155 foi o TRT3, que, segundo os dados apresentados pelo CNJ, não é o TRT de maior *escore*. Assim, a partir desse exemplo, é possível compreender que um TRT de maior porte não necessariamente aplica mais a C155, isto é, a justificativa para uma maior ou menor aplicação da convenção não repousa sobre o porte do TRT.

Conforme já analisado no capítulo 3, verificou-se que os tribunais também diferem entre si em relação ao período em que as decisões mais se concentram, à discussão jurídica travada quando da aplicação da C155, à função da convenção quando utilizada e referência a outros dispositivos internacionais. Nesse sentido, não foi possível observar um padrão entre os tribunais.

Além das diferentes caraterísticas encontradas em relação aos tribunais, observou-se que há tribunais em que a C155 é aplicada majoritariamente por um ou mais magistrados(as) específicos(as), isto é, não parece se tratar de um uso homogêneo da convenção pelo tribunal, a exemplo do se evidenciou especialmente nos seguintes tribunais: TRT24 (em que 75% das decisões que citam a C155 foram proferidas por um único magistrado), TRT16 (em que 72% das decisões que citam a C155 foram proferidas por uma única magistrada), TRT4 (em que 65% das decisões que citam a C155 foram proferidas por um único magistrado) e TRT13 (em que 61% das decisões que citam a C155 foram proferidas por um único magistrado). Assim, mais da metade das decisões proferidas por tais tribunais tiveram relatoria de um(a) magistrado(a) específico. Não foi possível, entretanto, identificar um padrão – de formação, forma de acesso ao tribunal, idade, etc. – que pudesse explicar a razão desse destaque. Pensa-se, em uma pesquisa futura, entrevistar tais magistrados(as) para compreender se há – e, em caso afirmativo – qual o motivo de aplicarem a C155.

4.1.5. Quanto à distribuição da aplicação da Convenção nº 155 da OIT por ano

Quanto à distribuição da aplicação da Convenção nº 155 da OIT por ano, traça-se duas considerações.

A primeira delas envolve o diagnóstico segundo o qual há um uso crescente da C155 até 2017. O ano de 2018 é o primeiro registro de diminuição do uso da convenção, embora haja muitas decisões proferidas em 2018 que se valeram da C155. Nota-se que a maioria das decisões que utilizaram a convenção concentraram-se no intervalo entre os anos de 2015 e 2018, período de pico no uso da convenção, conforme se observa no gráfico a seguir.

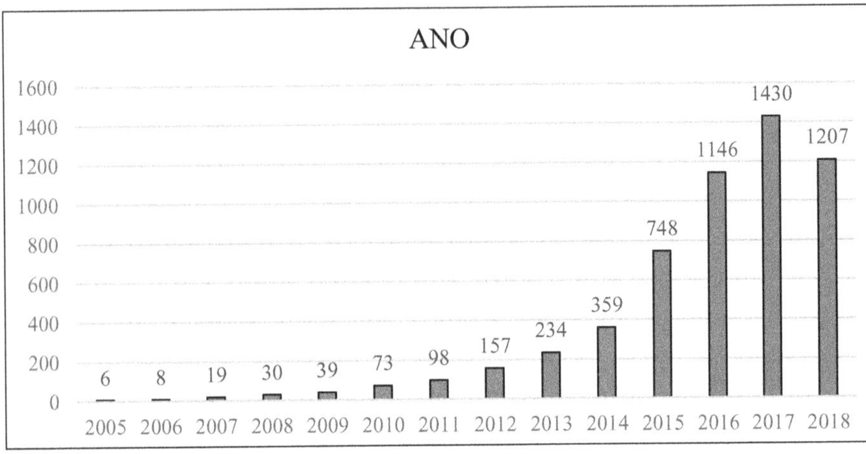

Gráfico 164 – Total de decisões por ano de julgamento (elaboração própria)

A concentração da aplicação da C155 nesse período é notória, porém não foi possível identificar com clareza a razão do pico ter ocorrido nesse momento. Uma possível explicação para o fenômeno diz respeito aos reflexos da decisão do Supremo Tribunal Federal no RE 466.343/SP, em 2009, acerca da supralegalidade dos tratados de direitos humanos não aprovados na forma do artigo 5º, §3º da Constituição Federal. Isto porque as primeiras decisões identificadas que permitiram a cumulação utilizando a C155 como *ratio decidendi* se deram a partir de 2010, nos TRTs 8 e 17. Contudo, não foi possível identificar uma razão específica pela qual as decisões sobre cumulação se multiplicaram nesse período.

A segunda consideração a ser feita neste tocante, diz respeito à diminuição dos resultados em 2018, ano posterior à entrada em vigor da Reforma Trabalhista (Lei 13.467/2017), aspecto ligado a uma das hipóteses deste estudo. Inicialmente, cogitou-se que, em razão das alterações legislativas implementadas pela Reforma Trabalhista, os magistrados passariam a utilizar mais a C155 com a finalidade de dirimir dúvidas advindas da nova lei, evitar eventual rebaixamento de direitos, etc. No entanto, esse aumento previsto não se mostrou verdadeiro em todos os tribunais e, de forma geral, conforme visto no gráfico 163, houve diminuição da utilização da convenção no ano de 2018.

Conforme se verifica no retrato gráfico acerca da distribuição anual dos resultados de acordo com cada tribunal apresentado no capítulo anterior, notou-se aumento na aplicação da C155 apenas nos seguintes tribunais: TRT1, TRT4, TRT5, TRT10, TRT13, TRT14 e TRT16. Dentre eles, importante ressaltar que o TRT5, o TRT10 e o TRT16 são tribunais que apresentaram poucos[72] casos de utilização da C155 e, em razão disso, não é possível afirmar com solidez que há uma tendência de crescimento na aplicação da convenção. Nos demais tribunais, contrariamente ao que se especulou no início da pesquisa, houve diminuição do número de casos em que a C155 foi aplicada. Note-se que, no mesmo sentido da observação acima, o TRT9 é um tribunal que apresentou poucos[73] casos de utilização da C155 e, em razão disso, não é possível afirmar com solidez que há uma tendência de diminuição na aplicação da convenção.

No entanto, embora a hipótese sobre o aumento da aplicação da C155 no ano posterior à Reforma Trabalhista não tenha se confirmado em todos os tribunais, foi possível perceber que, em 2018, a C155 foi utilizada (em alguns casos) para lidar dificuldade advindas da nova lei, o que se observou nas discussões sobre "aplicação da Reforma Trabalhista", "controle de convencionalidade da Reforma Trabalhista" e "horas *in itinere*".

Assim, confirma-se uma segunda hipótese da pesquisa: a aplicação da convenção (e, possivelmente, de outros dispositivos internacionais) em momentos de mudanças legislativas pode esclarecer imprecisões, frear eventuais retrocessos e firmar um padrão trabalhista mínimo (o que corresponde a um dos objetivos da OIT com os *labour standards*). Embora a C155 não tenha sido amplamente aplicada com tal finalidade, percebeu-se que nos casos em que a C155 foi aplicada, o(a) magistrado(a) conseguiu superar entraves oriundos da Reforma Trabalhista.

4.1.6 Quanto à função e à categoria de influência exercida pela Convenção nº 155 da OIT na proteção da saúde e segurança do trabalhador

Após a leitura das decisões, percebeu-se que a convenção tem uma função na fundamentação da decisão e que a convenção pode influenciar, em diferentes aspectos, a decisão independentemente da função ocupada.

Quanto à função exercida pela C155 no total de decisões analisadas, percebeu-se que, conforme gráfico abaixo, 36% das decisões correspondem à citação de trecho de terceiro. Nesses casos, a C155 sequer figurou como fonte do direito, não tendo qualquer função normativa. Em 17% das decisões, embora a C155 tenha sido citada e alvo de debates, ela não foi aplicada.

[72] Foram encontrados 4 resultados no TRT5, 18 resultados no TRT16 e 4 resultados no TRT10.

[73] Foram encontrados 18 resultados no TRT9.

Contudo, em 29%, a C155 assumiu a função de *ratio decidendi* e, portanto, foi a fonte formal do direito utilizada como fundamento jurídico central da decisão (ainda que não tenha sido o único). Em 18% das decisões, figurou como *obiter dictum*, isto é, como um fundamento jurídico acessório. Tomando em conjunto as funções *ratio decidendi* e *obiter dictum*, observa-se que em 47% dos casos, a C155 foi aplicada e influenciou a fundamentação das decisões (ainda que seja como fundamento acessório).

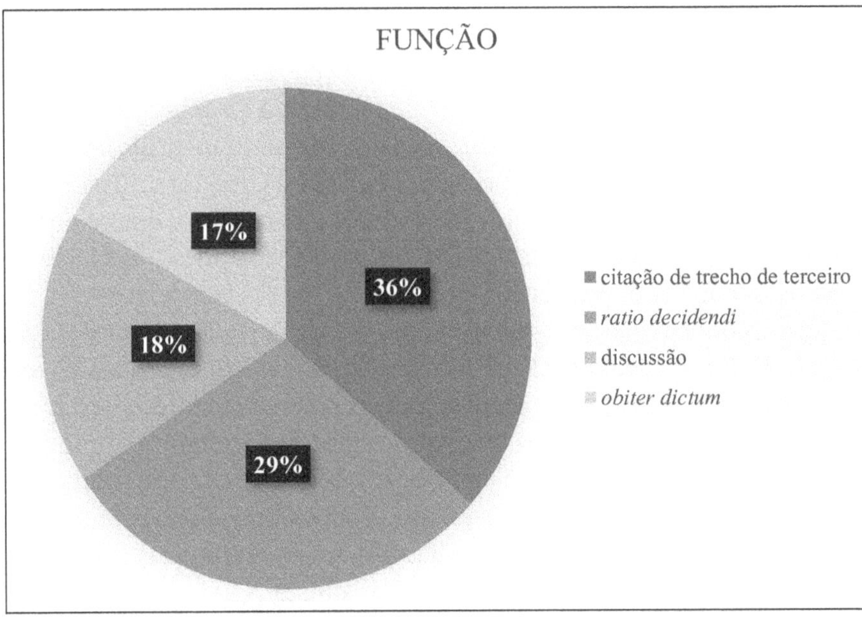

Gráfico 165 – Função exercida pela Convenção nº 155 da OIT – total (elaboração própria)

Nesse sentido, ainda que tenham sido registrados tribunais em que a C155 não exerceu, de forma prevalecente, as funções de *ratio decidendi* e *obiter dictum*, conforme já analisado no capítulo anterior, em uma análise macroscópica, é possível afirmar que a C155, quando aplicada, colaborou para a fundamentação da decisão, servindo de fonte do direito interno.

Para além dessa função em relação à fundamentação jurídica adotada, percebeu-se que, quando a C155 assume as funções de *ratio decidendi* e *obter dictum*, a convenção atende a diferentes objetivos na decisão, exercendo, como fonte formal do direito, diferentes categorias de influência na proteção da saúde e segurança do trabalhador (e, até mesmo, para além deste tema).

A partir da leitura das decisões e do diagnóstico feito no capítulo anterior, foram identificadas dez categorias de influência, aqui denominadas como: (*i*) colmatadora de lacunas conceituais, (*ii*) conectiva, (*iii*) estandardizadora, (*iv*) ampliativa, (*v*) modelar, (*vi*) fortalecedora, (*vii*) pacificadora, (*viii*) principiológica, (*ix*) complementadora e (*x*) saneadora, analisadas abaixo. Nota-se que uma categoria de influência não exclui a outra, isto é, a convenção pode exercer mais de uma categoria de influência simultaneamente; e que algumas categorias de influência foram registradas em poucas decisões, o que, no entanto, não retira a sua relevância.

(*i*) Observou-se que a Convenção nº 155 da OIT influencia a proteção da saúde e segurança do trabalhador ao ser utilizada com a finalidade indicar o conceito de determinadas expressões, preenchendo, assim, lacunas conceituais no ordenamento jurídico brasileiro. Tal categoria de influência identificada foi nomeada nesta obra como "colmatadora de lacunas conceituais". Essa influência foi verificada nas decisões codificadas com os códigos "definição de saúde", "definição de meio ambiente do trabalho" e "definição de local de trabalho", exemplificada nos seguintes trechos extraídos das decisões analisadas.

Quanto às decisões codificadas como "definição de saúde", o artigo 3, alínea "e" da C155 foi utilizado para a adoção, por parte dos magistrados, de um conceito amplo de saúde, o qual deve "*abranger não só a ausência de afecções ou de doenças, mas também os elementos físicos e mentais que afetam a saúde e estão diretamente relacionados com a segurança e a higiene no trabalho*". Nesse sentido, decisão proferida no âmbito do TRT18 (Processo nº 0012009-13.2015.5.18.0011), em que o magistrado determinou que o empregador proporcionasse um meio ambiente do trabalho saudável, em sentido amplo, inclusive no tocante à esfera mental da saúde, devendo

> assegurar não apenas que o ambiente seja salubre, higiênico e organizado, mas também livre de assédios e discriminações, na medida em que saúde é "um estado completo de bem-estar físico, mental e social e não somente a ausência de afecções e enfermidades", conforme OMS e art. 3º, "e", da Convenção 155 da OIT.

Quanto às decisões codificadas como "definição de meio ambiente do trabalho", a C155 foi utilizada adoção, por parte do magistrado, de um conceito amplo de meio ambiente do trabalho, não permitindo que ele seja compreendido de maneira restritiva como sinônimo das instalações físicas do empregador. É o que se depreende da decisão proferida no TRT16 (Processo nº 01495-2004-004-16-00-4-RO), segundo a qual:

> Frise-se que o meio ambiente do trabalho não se restringe às instalações físicas do empreendimento, mas engloba também todo o complexo de relações existentes, consoante se denota da convenção 155 da OIT, ratificada pelo Brasil em 18-5-1992, promulgada através do Decreto 1.254/94 e com vigência a partir de 18-5-1993.

Quanto às decisões codificadas como "local de trabalho", o artigo 3, alínea "c" da C155 serviu de fundamento para o(a) magistrado(a) adotasse um conceito amplo de "local de trabalho". Na decisão, foi compreendido que o empregador, responsável pelo local de trabalho, deve promover o seu equilíbrio, salubridade e segurança para todos (empregados diretos, trabalhadores terceirizados, etc.), independentemente do vínculo jurídico estabelecido. Nesse sentido, segue trecho de decisão proferida no âmbito do TRT4 (Processo nº 0021338-04.2017.5.04.0000):

> Conforme dispõe, ainda, a convenção 155 da OIT, também ratificada pelo Brasil, o "local de trabalho " abrange todos os lugares onde os trabalhadores devem permanecer – sendo, portanto, indivisível. Não se pode estabelecer divisão pela a espécie de vínculo com a empresa.

Entende-se que, baseando-se na Convenção nº 155 da OIT, o(a) magistrado(a) definiu conceitos que são ausentes ou imprecisos na legislação trabalhista brasileira, o que permitiu um maior espetro de proteção, já que a saúde foi considerada, inclusive, no seu aspecto psicossocial, e que a promoção do meio ambiente do trabalho equilibrado não fosse restrita somente aos empregados diretos (e sim a todos que naquele ambiente laboram, independentemente do vínculo jurídico estabelecido) e envolvesse qualquer local em que o trabalhador deva permanecer.

Salienta-se, neste particular, a possibilidade de a norma internacional influenciar o direito interno com a finalidade de preencher lacunas em geral, não apenas lacunas conceituais, como aponta Beaudonnet (2006, p.11). Contudo, tal finalidade não foi observada a partir do mapeamento jurisprudencial feito neste estudo.

(*ii*) Observou-se que a Convenção nº 155 da OIT influencia a proteção da saúde e segurança do trabalhador ao ser utilizada com a finalidade de conectar ideias e fundamentos nas decisões, categoria aqui denominada como conectiva. Esta categoria de influência se evidenciou nas decisões codificadas como "redução dos riscos / jornada", em que o(a) magistrado(a) analisa a possibilidade de flexibilização da jornada de trabalho (seja por meio do banco de horas, prestação de serviço extraordinário, prorrogação de jornada em ambientes insalubres, etc.), considerando que o excesso de horas trabalhadas em determinado dia (e a ausência ou diminuição dos períodos de descanso) aumenta os riscos labor-ambientais, construindo o fundamento de que as normas relacionadas à jornada de trabalho têm relação direta com a saúde e segurança no trabalho.

Nessas decisões, a C155 foi utilizada para evidenciar que a limitação da jornada de trabalho é uma das maneiras de reduzir os riscos aos trabalhadores, o que se ilustra no trecho abaixo, extraído de decisão proferida no âmbito do TRT3 (Processo nº TRT3 – 0000455-93.2014.5.03.0024):

> EMENTA: ART. 62 DA CLT. EXCLUSÃO DOS EMPREGADOS INSERIDOS NAS EXCEÇÕES DOS INCISOS I E II DO CAPÍTULO DA DURAÇÃO DO TRABALHO. INCLUSÃO DESSES TRABALHADORES NA PROTEÇÃO DO ART. 7º, XIII DA CONSTITUIÇÃO FEDERAL. DIREITO FUNDAMENTAL DE TODO TRABALHADOR BRASILEIRO. INCLUÍDOS OS GERENTES E OS EXTERNOS. À DURAÇÃO DO TRABALHO NORMAL NÃO SUPERIOR A OITO HORAS DIÁRIAS E QUARENTA E QUATRO SEMANAIS, FACULTADA A COMPENSAÇÃO DE HORÁRIOS E A REDUÇÃO DA JORNADA, MEDIANTE ACORDO OU CONVENÇÃO COLETIVA DE TRABALHO. AUSPÍCIOS DO ART. 7º, XXII DA CONSTITUIÇÃO DA REPÚBLICA: XXII. REDUÇÃO DOS RISCOS INERENTES AO TRABALHO, POR MEIO DE NORMAS DE SAÚDE, HIGIENE E SEGURANÇA E DA CONVENÇÃO 155 DA OIT. DURAÇÃO DO TRABALHO COMO POLÍTICA DE PREVENÇÃO DE DANOS À SAÚDE DO TRABALHADOR, EM PREFERÊNCIA À MERA REPARAÇÃO DO PREJUÍZO CAUSADO. EFICÁCIA HORIZONTAL OU PRIVADA E MÁXIMA EFETIVIDADE POSSÍVEL DE DIREITOS FUNDAMENTAIS. É bem verdade que o art. 62 da CLT exclui do capítulo da duração do trabalho os empregados inseridos nas exceções dos incisos I (exercentes de atividade externa incompatível com a fixação de horário de trabalho) e II (gerentes, assim considerados os exercentes de cargos de gestão, inclusive diretores e chefes de departamento ou filial). Todavia, o art. 7º, XIII, da Constituição Federal institui o direito fundamental do trabalhador brasileiro – aí incluídos os gerentes e os externos

– a duração do trabalho normal não superior a oito horas diárias e quarenta e quatro semanais, facultada a compensação de horários e a redução da jornada, mediante acordo ou convenção coletiva de trabalho. Se os gerentes e os externos estão excluídos da proteção da duração do trabalho, instituída pela CLT, estão incluídos na proteção da duração do trabalho mais abrangente e hierarquicamente superior, introduzida pela Constituição Federal, constituindo imperativo que se impõe atualmente a todos os trabalhadores. No contexto contemporâneo de intensificação de trabalho e de concentração de tarefas e onde explode o absenteísmo ao trabalho por motivos ligados à saúde, inclusive os transtornos de ordem mental, a limitação da jornada é um importante instrumento de que dispõe o Direito do Trabalho, inclusive em suas esferas Constitucional e Internacional, para prevenir danos á saúde do trabalhador, concedendo-lhe tempo de repor as energias gastas durante toda a jornada, de modo a executar suas tarefas com segurança e bem-estar. A extensão da duração do trabalho a todos os trabalhadores parece ser, portanto, a solução que melhor atende aos valores positivados no Direito Internacional do Trabalho e nas normas-princípio da Constituição ligadas à duração do trabalho normal não superior a oito horas diárias e quarenta e quatro semanais (art. 7º, XIII), à vedação do retrocesso social (art. 7º, caput), à proteção à saúde do trabalhador (art. 7º, XXII) e à dignidade da pessoa humana (art. 1º, III).

[....]

A prevenção dos riscos à saúde, como medida preferível à reparação dos prejuízos a ela causados, está em consonância com os postulados do Direito Internacional do Trabalho na matéria. A propósito, a Convenção 155 da OIT sobre saúde e segurança dos trabalhadores, ratificada pelo Brasil, estabelece a obrigação dos países membros de implementar política nacional coerente em matéria de segurança e saúde dos trabalhadores e o meio-ambiente de trabalho. Tem ela como objetivo prevenir os acidentes e os danos à saúde que forem consequência do trabalho, tenham relação com a atividade de trabalho, ou se apresentarem durante o trabalho, reduzindo ao mínimo, na medida que for razoável e possível, as causas dos riscos inerentes ao meio-ambiente de trabalho.

Tal teor conectivo ganhou ainda mais importância com o advento da Reforma Trabalhista, já que a Lei nº 13.467/2017 inseriu o artigo 611-B[74]

[74] Os artigos 611-A e 611-B foram inseridos na CLT pela Reforma Trabalhista e dispõem sobre a negociação coletiva, indicando que a convenção coletiva e o acordo coletivo de trabalho

na CLT, cujo parágrafo único dispõe que "*regras sobre duração do trabalho e intervalos não são consideradas como normas de saúde, higiene e segurança do trabalho para os fins do disposto neste artigo*". Como se demonstrou ao longo do capítulo 1 deste estudo, a história demonstra justamente o inverso: desde a 1ª Revolução Industrial, as regras sobre limitação da jornada de trabalho e garantia de períodos de descanso são pleitos centrais dos trabalhadores e foram (e são) determinantes para a promoção da saúde e segurança, bem como a melhoria das condições de vida dos trabalhadores. Nesse sentido, em função do princípio da irretroatividade da lei, acredita-se que tal influência conectiva terá ainda mais relevância para os futuros casos que serão analisados pelo Poder Judiciário envolvendo (novas) relações de trabalho regidas pela Lei nº 13.467/2017.

Nesse cenário, conforme será analisado abaixo, a C155 também pode exercer a influência estandardizadora, figurando como padrão mínimo a ser preservado.

(*iii*) Observou-se que a Convenção nº 155 da OIT influencia a proteção da saúde e segurança do trabalhador ao ser utilizada com a finalidade de estabelecer um patamar mínimo de direitos, funcionando como um *labor standard*, isto é, um padrão mínimo que não deve ser diminuído. Assim, identificou-se a categoria de influência estandardizadora, em que a C155 auxilia na manutenção de um padrão de direitos, abaixo do qual não se deve permitir negociação ou flexibilização, constituindo uma "*garantia contra a supressão de direitos humanos*" (BORGES, 2017, p. 183). O excerto transcrito abaixo, extraído de decisão proferida no âmbito do TRT3 (Processo nº 0000235-24.2014.5.03.0080), evidencia a utilização da C155, na função *obiter dictum*, como fundamento complementar para não permitir a prestação frequente de horas extraordinárias e determinar que o empregador se abstenha de exigir a prorrogação habitual e permanente da jornada de trabalho, sob pena de multa:

> JORNADA DE TRABALHO. PRORROGAÇÃO HABITUAL E PERMANENTE. ARTIGO 59 DA CLT. A prorrogação de jornada aludida no artigo 59, caput, consolidado não pode ser habitual e permanente, sob pena de ofensa ao artigo 7º da Constituição, cujo inciso XIII, resguarda o direito fundamen-

têm prevalência sobre a lei (611-A) e que constituem objeto ilícito de convenção coletiva ou de acordo coletivo de trabalho, exclusivamente, a supressão ou a redução dos direitos enumerados no artigo 611-B.

tal do trabalhador à duração do trabalho normal não superior a oito horas diárias e quarenta e quatro semanais, facultada a compensação de horários e a redução da jornada, mediante acordo ou convenção coletiva de trabalho. A limitação imposta pelo legislador constituinte constitui instrumento que resguarda a saúde mental e física do trabalhador, concedendo-lhe o tempo necessário para repor a energia gasta no curso da jornada, providência que garante a execução das tarefas de forma segura, além de também assegurar o bem-estar do empregado. As restrições ao prolongamento da jornada refletem, inclusive, a incidência de outro direito fundamental que também é protegido pelo referido artigo 7º, no inciso XXII, alusivo à redução dos riscos inerentes ao trabalho, por meio de normas de saúde, higiene e segurança. Não se admite, portanto, que a empresa exija dos empregados a prorrogação do horário de trabalho de forma permanente, mesmo quando respeitado o limite de duas horas diárias aludido no já referido artigo 59 da CLT. A saúde não pode ser objeto de transação. Logo, o pagamento de valores pela prorrogação constante da jornada de trabalho além de não se mostrar razoável, não compensa o desgaste físico e mental provocado no trabalhador. Vista sob este prisma, a limitação da jornada configura medida mais efetiva para prevenção de doenças e acidentes do trabalho, preservando a dignidade da pessoa humana além de contribuir para o avanço e aprimoramento das relações de trabalho. Prevenir os riscos à saúde traduz conduta muito mais eficaz que a reparação dos danos causados pelo excesso de trabalho.

[...]

O entendimento aqui adotado está em consonância com a Convenção 155 da OIT sobre saúde e segurança dos trabalhadores, a qual atribui aos países membros a obrigação de implementar política nacional coerente em matéria de segurança e saúde dos trabalhadores, bem como meio-ambiente de trabalho. O fim visado por essa norma é reduzir os riscos advindos do trabalho, dentro do que for razoável e possível. Nesse contexto, a prorrogação permanente aliada ao risco advindo da própria natureza da atividade potencializa os perigos de acidente e doença ocupacional.

Para além do excerto acima, entende-se adequado ilustrar esta função a partir de outro trecho extraído de decisão proferida no âmbito do TRT3 (Processo nº 0010711-81.2017.5.03.0027) após a entrada em vigor da Reforma Trabalhista, porém ainda sem aplicá-la (em função do princípio da irretroatividade da lei, que não permite a sua aplicação aos contratos preexistentes e extintos antes mesmo da sua entrada em vigor). Em seu voto, fundado em enunciado aprovado na 2ª Jornada de Direito Material e Processual do Trabalho, o magistrado menciona que – embora a Reforma Trabalhista não se aplique aos contratos preexistentes – o parágrafo único do artigo 611-B (segundo o qual as normas de jornada não são consideradas como normas de saúde e segurança no trabalho) viola a Constituição Federal, a Convenção nº 155 da OIT, o PIDESC e o Protocolo de San Salvador.

> As alterações desfavoráveis advindas com a chamada "reforma trabalhista", não se aplicam às ações anteriormente propostas e, principalmente, aos contratos preexistentes. Proposta a presente ação antes da entrada em vigor da Lei n. 13.467/17, verificada em 11/11/2017, e, notadamente, considerando que a relação havida entre as partes teve início e término sob a égide da legislação anterior, não se cogita em aplicação das alterações advindas, quiçá quando em debate a mitigação de direito inerente à própria saúde e segurança do trabalhador.
>
> A propósito, por amor ao debate registro que na 2ª Jornada de Direito Material e Processual do Trabalho, a Anamatra aprovou os seguintes Enunciados, quanto à reforma trabalhista, em discussão as controvérsias acerca da prevalência do negociado sobre o legislado, aspectos formais da negociação coletiva e questões afetas à saúde e duração do trabalho: Enunciado 37 (Saúde e Duração do Trabalho): "É INCONSTITUCIONAL O PARÁGRAFO ÚNICO DO ART. 611-B DA CLT, POIS AS NORMAS E INSTITUTOS QUE REGULAM A DURAÇÃO DO TRABALHO, BEM COMO SEUS INTERVALOS, SÃO DIRETAMENTE LIGADOS ÀS TUTELAS DA SAÚDE, HIGIENE E SEGURANÇA DO TRABALHO COMO ESTABELECIDAS PELOS ARTS. 7º, XIII, XIV E XXII, 196 E 225 DA CONSTITUIÇÃO FEDERAL, PELOS ARTS. 3º, B E E, E 5º DA CONVENÇÃO 155 DA OIT, PELO ART. 7º, II, B E D, DO PIDESC (ONU), PELO ART. 7º, E, G E H, DO PROTOCOLO DE SAN SALVADOR (OEA), E PELO PRÓPRIO ART. 58 DA CLT, QUE LIMITA A JORNADA A OITO HORAS DIÁRIAS, SENDO, ASSIM, INSUSCETÍVEIS DE FLEXIBILIZAÇÃO POR CONVENÇÃO OU ACORDO COLETIVOS".

Como comentado acima, acredita-se que esta influência estandardizadora, em função do princípio da irretroatividade da lei, terá ainda mais relevância para os futuros casos que serão analisados pelo Poder Judiciário envolvendo (novas) relações de trabalho regidas pela Lei nº 13.467/2017.

(*iv*) Observou-se que a Convenção nº 155 da OIT influencia a proteção da saúde e segurança do trabalhador ao ser utilizada com a finalidade de ampliar direitos, ainda que contrariando as disposições existentes no direito nacional. Essa categoria de influência foi denominada ampliativa, evidenciando os tratados internacionais como fonte de expansão de direitos fundamentais sociais, conforme Borges (2017, p. 79). No caso brasileiro, como a legislação doméstica está, de maneira geral, alinhada com a C155, esta categoria foi verificada apenas nas decisões em que o(a) magistrado(a) permitiu que o trabalhador recebesse de forma cumulativa os adicionais de insalubridade e periculosidade.

A transcrição abaixo, extraída de decisão proferida no âmbito do TST (Processo nº 1072-72.2011.5.02.0384), em 2014, que ganhou notoriedade por ser uma das primeiras a permitir tal cumulação, fundamenta-se no artigo 11, alínea "b" da C155, segundo o qual devem ser levados em consideração os "*riscos para a saúde decorrentes da exposição simultânea a diversas substâncias ou agentes*", o que, para o magistrado, permitiria a percepção dos dois adicionais.

> RECURSO DE REVISTA. CUMULAÇÃO DOS ADICIONAIS DE INSALUBRIDADE E PERICULOSIDADE. POSSIBILIDADE. PREVALÊNCIA DAS NORMAS CONSTITUCIONAIS E SUPRALEGAIS SOBRE A CLT. JURISPRUDÊNCIA CONSOLIDADA DO STF QUANTO AO EFEITO PARALISANTE DAS NORMAS INTERNAS EM DESCOMPASSO COM OS TRATADOS INTERNACIONAIS DE DIREITOS HUMANOS. INCOMPATIBILIDADE MATERIAL. CONVENÇÕES NOS 148 E 155 DA OIT. NORMAS DE DIREITO SOCIAL. CONTROLE DE CONVENCIONALIDADE. NOVA FORMA DE VERIFICAÇÃO DE COMPATIBILIDADE DAS NORMAS INTEGRANTES DO ORDENAMENTO JURÍDICO. A previsão contida no artigo 193, § 2º, da CLT não foi recepcionada pela Constituição Federal de 1988, que, em seu artigo 7º, XXIII, garantiu de forma plena o direito ao recebimento dos adicionais de penosidade, insalubridade e periculosidade, sem qualquer ressalva no que tange à cumulação, ainda que tenha remetido sua regulação à lei ordinária. A possibilidade da aludida cumulação se justifica em virtude de os fatos geradores dos direitos serem diversos. Não se há de falar em bis in idem. No caso da insalubridade, o bem tutelado é a saúde do obreiro, haja vista as condições nocivas presentes no meio ambiente de trabalho; já a periculosidade traduz situação de perigo iminente que, uma vez ocorrida, pode ceifar a vida do trabalhador, sendo este o bem a que se visa

> proteger. A regulamentação complementar prevista no citado preceito da Lei Maior deve se pautar pelos princípios e valores insculpidos no texto constitucional, como forma de alcançar, efetivamente, a finalidade da norma. Outro fator que sustenta a inaplicabilidade do preceito celetista é a introdução no sistema jurídico interno das Convenções Internacionais nos 148 e 155, com status de norma materialmente constitucional ou, pelo menos, supralegal, como decidido pelo STF. A primeira consagra a necessidade de atualização constante da legislação sobre as condições nocivas de trabalho e a segunda determina que sejam levados em conta os "riscos para a saúde decorrentes da exposição simultânea a diversas substâncias ou agentes". Nesse contexto, não há mais espaço para a aplicação do artigo 193, § 2º, da CLT. Recurso de revista de que se conhece e a que se nega provimento.

Quanto a esta discussão jurídica, necessário tecer duas considerações.

A primeira consideração refere-se à monetização da saúde do trabalhador. Quando se categoriza tal cenário como "ampliativo" de direitos, faz-se referência tão somente à vantagem financeira atribuída ao trabalhador por receber dois adicionais distintos. Entende-se que a verdadeira proteção de sua saúde se dá com a eliminação e/ou atenuação dos riscos (advindos da existência de agentes insalubres e perigosos) e não com a sua compensação financeira. Este teor preventivo, inclusive, é o cerne da C155. Contudo, acredita-se que tal possibilidade de cumulação, de um lado, compensaria (ainda que de forma meramente financeira) a exposição do trabalhador a dois tipos de riscos distintos, além de – possivelmente – desestimular o empregador em manter o meio ambiente de trabalho insalubre e perigoso, em função do encarecimento da remuneração que seria devida ao trabalhador.

A segunda consideração, já mencionada no capítulo anterior, diz respeito ao mais recente posicionamento do TST, segundo o qual, em julgamento de incidente de recurso repetitivo (Processo nº IRR-239-55.2011.5.02.0319), ficou vedada a cumulação dos adicionais de insalubridade e de periculosidade, ainda que decorrentes de fatos geradores distintos e autônomos, visto que o artigo 193 da CLT foi recepcionado pela Constituição Federal e a C155 não enseja a cumulação dos adicionais.

(*v*) Observou-se que o controle de convencionalidade feito a partir da Convenção nº 155 da OIT foi utilizado para indicar a necessidade de realização do controle de convencionalidade da Reforma Trabalhista a partir de outras convenções da OIT. Essa categoria de influência foi nomeada como modelar, pois o controle de convencionalidade feito a partir da C155 serviu de modelo para outro controle de convencionalidade.

O trecho abaixo, extraído de decisão proferida no âmbito do TRT13 (Processo nº 0000433-33.2017.5.13.0030), evidencia tal influência:

> Destaque-se, por conseguinte, não haver que se falar em aplicação, ao caso, do quanto previsto no artigo 790-B, caput e parágrafo § 4º, da CLT, alterados pela Lei nº 13.467 /2017, em face da sua flagrante inconvencionalidade, ou seja, em razão da sua evidente incompatibilidade com as normas internacionais, posto que os Estados têm por obrigação adequar a sua legislação interna ao compromisso internacionalmente assumido.
>
> O controle de convencionalidade em matéria trabalhista, diante da natureza supralegal das Convenções da OIT, já foi reconhecido pelo C. TST conforme julgados abaixo: "RECURSO DE REVISTA DO RECLAMANTE. ADICIONAIS DE INSALUBRIDADE E PERICULOSIDADE. POSSIBILIDADE DE CUMULAÇÃO. NÃO RECEPÇÃO DO ART. 193, § 2º, DA CLT PELO ART. 7º, XXIII, DA CONSTITUIÇÃO DA REPÚBLICA. ARTIGO 8.3 DA CONVENÇÃO 148 DA OIT E ART. 11-B DA CONVENÇÃO 155 DA OIT. "STATUS" DE NORMA SUPRALEGAL.
>
> [....]
>
> CUMULAÇÃO DOS ADICIONAIS DE INSALUBRIDADE E PERICULOSIDADE. POSSIBILIDADE. PREVALÊNCIA DAS NORMAS CONSTITUCIONAIS E SUPRALEGAIS SOBRE A CLT. JURISPRUDÊNCIA CONSOLIDADA DO STF QUANTO AO EFEITO PARALISANTE DAS NORMAS INTERNAS EM DESCOMPASSO COM OS TRATADOS INTERNACIONAIS DE DIREITOS HUMANOS. INCOMPATIBILIDADE MATERIAL.CONVENÇÕES NOS 148 E 155 DA OIT. NORMAS DE DIREITO SOCIAL. CONTROLE DE CONVENCIONALIDADE. NOVA FORMA DE VERIFICAÇÃO DE COMPATIBILIDADE DAS NORMAS INTEGRANTES DO ORDENAMENTO JURÍDICO.

(*vi*) Observou-se que a Convenção nº 155 da OIT foi invocada para reforçar as disposições já existentes no direito brasileiro, exercendo a categoria de influência denominada fortalecedora. Nesses casos, observou-se que a C155 figura como um argumento de autoridade, corroborando como a legislação doméstica. Destaca-se, conforme pode ser observado na tabela 11, abaixo, que esta foi a categoria de influência prevalecente e abrangeu diversas discussões jurídicas. A seguir, transcreveu-se um exemplo de como tal categoria se manifestou, ressaltando-se que há inúmeros outros exemplos nas decisões analisadas. Trata-se de decisão proferida no âmbito do TRT24 (Processo nº 0024141-18.2016.5.24.0006):

> [...] Com efeito, nos termos dos artigos 1º a 3º da Convenção 155 da OIT, as normas relativas ao meio ambiente do trabalho são aplicáveis a todos os trabalhadores, independentemente do regime jurídico que os vincula ao tomador de serviços.
>
> O direito social de redução dos riscos inerentes ao trabalho, por meio de normas de saúde, higiene e segurança, previsto no inciso XXII do artigo 7º da Constituição Federal, também deve ser assegurado aos servidores públicos, em conformidade com o disposto no §3º do artigo 39 do próprio texto constitucional. Trata-se de garantia constitucional que alcança todos os trabalhadores.
>
> E mais, a Portaria Normativa n. 3, de 7 de maio de 2010, do Ministério do Planejamento, Orçamento e Gestão, ao estabelecer orientações básicas sobre a Norma Operacional de Saúde do Servidor (NOSS) aos órgãos e entidades do Sistema de Pessoal Civil da Administração Pública Federal, estabeleceu que "Na ausência de regulamentação legal destinada aos servidores públicos, deve-se buscar referências em normas nacionais, internacionais e informações científicas atualizadas" (artigo 12).
>
> Fica evidente, portanto, que as entidades públicas submetem-se à observância das Normas Regulamentadoras do Ministério do Trabalho e Emprego e demais legislações referentes à segurança e saúde do trabalho.

Observa-se, assim, que a C155 foi utilizada como um fundamento adicional à Constituição Federal e à portaria normativa mencionada na transcrição acima.

(*vii*) Observou-se que a Convenção nº 155 da OIT foi mencionada com o objetivo de resolver ou reforçar a solução de um debate jurídico existente no direito interno, exercendo a categoria de influência aqui denominada como pacificadora, pois auxilia na pacificação de uma dúvida a respeito do direito a ser aplicado no caso concreto. Essa influência foi evidenciada de duas maneiras nas decisões em que o(a) magistrado(a) julgou a responsabilidade civil do empregador: (a) quando se discutiu a responsabilidade solidária entre tomador e prestador de serviço no tocante à garantia de higidez do meio ambiente do trabalho; (b) quando se discutiu se a responsabilidade civil é objetiva ou subjetiva quando se trata de saúde e segurança do trabalhador. Tanto (a), quanto (b), não são temas cuja disciplina é extremamente clara na legislação brasileira e sobre os quais há discussões jurisprudenciais e doutrinárias.

(a) O artigo 17 da C155 – que dispõe que "*sempre que duas ou mais empresas desenvolverem simultaneamente atividades num mesmo local de trabalho, as mesmas terão o dever de colaborar na aplicação das medidas previstas na presente Convenção*" – foi utilizado para fundamentar a responsabilidade solidária entre tomador e prestador de serviços no tocante à garantia de higidez do meio ambiente do trabalho, nos casos de terceirização, como se ilustra no trecho abaixo, extraído de julgado proferido no âmbito do TRT3 (Processo nº 0000527-93.2014.5.03.0052):

> A responsabilidade solidária entre tomador e prestador de serviços pela garantia de higidez do meio ambiente laboral foi consagrada no artigo 17 da Convenção 155 da OIT, ratificada pela República Federativa do Brasil em 1992. Referida convenção traz disposições que denotam o dever empresarial de aprimoramento contínuo da segurança no trabalho, a fim de implementar novas técnicas que evitem a ocorrência de infortúnios, garantindo a preservação da saúde e integridade física dos trabalhadores, empregados ou terceirizados. Respondem solidariamente, portanto, a tomadora e a prestadora do trabalho pelos danos sofridos pelo trabalhador em decorrência de acidente do meio ambiente de trabalho, com observância do princípio da restituição integral para o arbitramento das indenizações (artigos 1º, III e 3º, I da Constituição da República e artigos 944 e 949 do Código Civil). Na mesma linha, menciono o enunciado 44 da 1ª Jornada de Direito Material e Processual do Trabalho, promovida pela Anamatra e pelo TST: "RESPONSABILIDADE CIVIL. ACIDENTE DO TRABALHO. TERCEIRIZAÇÃO. SOLIDARIEDADE. Em caso de terceirização de serviços, o tomador e o prestador respondem solidariamente pelos danos causados à saúde dos trabalhadores. Inteligência dos artigos 932, III, 933 e 942, parágrafo único, do Código Civil e da Norma Regulamentadora 4 (Portaria 3.214/78 do Ministério do Trabalho e Emprego)".

Há, neste particular, discussão se a responsabilidade subsidiária da tomara (prevista no artigo 5º-A da Lei nº 6.019/1974 e na Súmula nº 331 do TST, bem como a previsão da OJ nº 191 do TST a respeito da responsabilidade do dono da obra), diz respeito apenas às verbas trabalhistas em sentido estrito (salário, férias, décimo terceiro salário, etc.) ou se estende aos deveres de cuidado com o meio ambiente do trabalho. Na decisão acima, a C155 serviu como fundamento pacificador para a responsabilização solidária.

(b) O artigo 17 da C155 também foi utilizado como fundamento para a responsabilização objetiva do empregador nos casos de degradação labor-ambiental. Também há, neste tocante, discussão sobre a responsabilidade do empregador ser subjetiva (por força do artigo 7º, XXVIII da CF) ou objetiva (por força de interpretação sistêmica dos artigos 200, VIII e 225 da CF e do artigo 14, § 1º da Lei nº 6.938/1981, ao se considerar o meio ambiente do trabalho como parte do meio ambiente e, portanto, abrangido pela mencionada, que instituiu a Política Nacional do Meio Ambiente). Nesse cenário, a C155 foi utilizada para determinar a responsabilidade objetiva do empregador, conforme se observa na ementa transcrita abaixo, extraída de decisão proferida no âmbito do TRT 3 (Processo nº 0011171-26.2016.5.03.0020):

> EMENTA: INDENIZAÇÃO POR DANOS MORAIS. DEGRADAÇÃO LABOROAMBIENTAL. O empregado não está obrigado a suportar tratamento ofensivo à sua dignidade. Constitui obrigação de todo empregador zelar pela higidez do meio ambiente de trabalho e da integridade da personalidade moral do empregado, que coloca o seu esforço pessoal em prol do sucesso do empreendimento econômico. Assim, é absolutamente inaceitável o tratamento hostil dispensado ao autor pelo seu superior hierárquico, sendo responsabilidade objetiva da empresa zelar pelo meio ambiente laboral, nos termos dos artigos 225 c/c 200, VIII da CRFB/88 e item 17 da Convenção 155 da OIT. Ressalta-se que o assédio moral praticado pelo superior hierárquico, contamina e degrada o meio ambiente laboral como um todo, podendo, inclusive, configurar assédio moral ambiental ou organizacional, com repercussão social.

Ressalta-se que o fundamento na C155, além de ter pacificado a discussão no caso *sub judice*, também fortaleceu a fundamentação de que o meio ambiente do trabalho é parte do meio ambiente e, portanto, a sua degradação enseja a responsabilização objetiva.

(*viii*) Observou-se que a Convenção nº 155 da OIT foi citada com o objetivo de trazer luzes a princípios aplicáveis ao direito ambiental do trabalho, tendo sido mencionados o princípio da melhoria contínua e o princípio da falha segura. Essa categoria de influência foi denominada principiológica.

Quanto ao princípio da melhoria contínua, a C155 foi citada com a finalidade de frisar que o empregador tem o dever de promover, de forma constante, o aprimoramento das condições labor-ambientais, conforme ilustrado pela ementa seguinte, extraída de decisão proferida no âmbito do TRT3 (Processo nº 0012013-32.2015.5.03.0152):

> DOENÇA OCUPACIONAL. INDENIZAÇÃO POR DANOS MORAIS. Tratando-se de doença ocupacional, a responsabilidade do empregador decorre do dever de proporcionar meio ambiente seguro de trabalho para os seus funcionários, nos termos do comando constitucional previsto no artigos 7º, inciso XXII, em virtude do contrato mantido entre as partes (artigo 157 da CLT) e, ainda, ao princípio do aprimoramento contínuo, previsto na Convenção 155 da OIT, ratificada pelo Brasil (Decreto 1254 de 29 de setembro de 1994).

Quanto ao princípio da falha segura, a C155 foi citada a fim de ressaltar que toda máquina deve ter dispositivo de segurança apto a evitar o acidente do trabalho, conforme ilustrado pela transcrição abaixo, extraída de decisão proferida no âmbito do TRT3 (Processo nº 0010118-67.2016.5.03.0098):

> O principio da falha segura, seguindo a linha de raciocínio delineada na Convenção 155 da OIT, determina que toda máquina teria que ter dispositivo de segurança apto a evitar o acidente, pois a saúde (e a vida) humana não podem ser colocadas em risco, de forma que incumbe ao empregador tomar todas as medidas de cautela aptas a evitar o infortúnio, incluindo-se nestas, por óbvio, a aquisição e manutenção de máquinas com dispositivo de segurança. A legislação pátria também é neste sentido, pois é direito fundamental do trabalhador a "redução dos riscos inerentes ao trabalho, por meio de normas de saúde, higiene e segurança", norma que foi concretizada pela NR 12 do MTE. Ademais, aplica-se à hipótese o princípio da internalização das externalidades negativas, também inspirado na referida Convenção 155 e na ECO/92. Em se tratando de acidente ocorrido por inadequação do meio ambiente laboral, aplica-se, ainda, responsabilidade objetiva da Lei 6938/81 aliada às disposições constitucionais plasmadas nos artigos 225 c/c 200, VIII, que positivaram a responsabilidade do poluidor ambiental.

Assim, a C155 influenciou a proteção da saúde e segurança do trabalhador por meio de princípios e valores presentes em seu texto.

(*ix*) Observou-se que a Convenção nº 155 da OIT foi citada com a finalidade de complementar uma disposição já existente no direito interno, categoria de influência denominada complementadora. Neste caso, não se trata propriamente do preenchimento de uma lacuna, pois há disciplina direito brasileiro, no entanto, tal complemento se faz necessário para especificar a previsão legal doméstica. Tal influência foi evidenciada especialmente nas decisões sobre a rescisão indireta do contrato de trabalho nos casos de não cumprimento de norma saúde segurança, colocando o trabalhador em risco. O trecho abaixo, extraído de decisão proferida no âmbito do TRT15 (Processo nº 0000512-25.2013.5.15.0150), ilustra esse teor complementador:

> E, ao contrário do que alega o recorrente, houve ofensa à alínea "d", do art. 483, da CLT, haja vista que o art. 13 da Convenção nº 155 da OIT permite a rescisão indireta do contrato de trabalho, quando há a inobservância de norma de segurança e medicina laboral, o que é o caso dos autos. Observa-se que a resistência da empresa em reconhecer como faltosa sua conduta para com o empregado faz antever toda uma filosofia de trabalho, segundo a qual a mão-de-obra é tratada como subproduto, um "mal necessário" para a obtenção de um bem maior, a prestação do trabalho, que por sua vez enseja o adimplemento financeiro do contrato com a tomadora de serviços.

Como se observa, o artigo 483, "d" da CLT autoriza a rescisão do contrato de trabalho pelo empregado nas situações em que o empregador não cumprir com as obrigações do contrato. Trata-se de uma disposição genérica, que poderia diversos inadimplementos do empregador, a exemplo do pagamento da remuneração, não concessão de intervalor para descanso, a não observância das normas de saúde e segurança, etc. Neste caso, o artigo 13 da C155 foi utilizado para tornar a legislação doméstica mais específica, indicando que o trabalhador que julgar necessário interromper uma situação de trabalho (por considerar que ela envolve um perigo iminente e grave para sua vida ou sua saúde) deverá ser protegido, o que, na percepção do magistrado, autoriza a rescisão indireta.

(*x*) Por fim, observou-se que a Convenção nº 155 da OIT foi mencionada com a finalidade de esclarecer as disposições do direito interno, organizando fundamentos existentes no ordenamento jurídico brasileiro, mas que se encontram em diferentes normas. Assim, a C155 exerceu a categoria de influência denominada como saneadora, pois promove certa organização de disposições esparsas, consistindo em uma norma mais direta e clara.

Tal influência foi verificada nas discussões a respeito do dever de cuidado do empregador com o meio ambiente do trabalho, em que o(a) magistrado(a) utiliza a C155, sobretudo o seu artigo 16, para declarar que o empregador tinha o dever de zelar pelo meio labor-ambiental, a exemplo do que se dá no trecho a seguir, extraído de decisão proferida no âmbito do TRT4 (Processo nº 0021288-89.2015.5.04.0406):

> Hodiernamente, a higidez do meio ambiente de trabalho é questão de saúde pública consagrada no plano constitucional, na forma do art. 200, VIII, c/c art. 225, caput, da Constituição da República. Também possui característica de direito social, nos termos do art. 7º, XXII, da CF, pois constitui direito dos trabalhadores urbanos e rurais, além de outros que visem à melhoria de sua condição social, a redução dos riscos inerentes ao trabalho por meio de normas de saúde, segurança, medicina e higiene do trabalho.
>
> Conforme o art. 16 da Convenção 155 da Organização Internacional do Trabalho, ratificada pelo Brasil através do Decreto 1254/94, sobre segurança e saúde dos trabalhadores e o meio ambiente de trabalho, ao disciplinar a ação em nível de empresa, prevê que: "1. Deverá ser exigido dos empregadores que, na medida que for razoável e possível, garantam que os locais de trabalho, o maquinário, os equipamentos e as operações e processos que estiverem sob seu controle são seguros e não envolvem risco algum para a segurança e a saúde dos trabalhadores".
>
> Neste norte, destaco que incumbia à ré a apresentação da documentação obrigatória, consubstanciada no PPP (Perfil Profissiográfico Previdenciário), PPRA (Programa de Prevenção de Riscos Ambientais), PCMSO (Programa de Controle Médico e Saúde Ocupacional) e LTCAT (Laudo Técnico das Condições Ambientais de Trabalho), cuja guarda, fornecimento ao empregado e/ou disponibilização às autoridades competentes são obrigatórios, nos termos dos itens 9.3.8.1 a 9.3.8.3 da NR-9, bem como dos arts. 157, I, da CLT, arts. 19, §1º e 58, §1º, da Lei 8213/91.

Nesse sentido, a C155 traz mais objetividade no tocante à identificação dos deveres do empregador.

4.1.7. Quanto à discussão jurídica abordada quando da aplicação da Convenção nº 155 da OIT

Em relação à discussão jurídica travada na decisão quando houve a menção à C155 (independentemente de ter figurado como *ratio decidendi*, *obiter dictum*, discussão ou citação de trecho de terceiro), notou-se, conforme se observa na tabela abaixo, uma variedade de temas abordados.

DISCUSSÃO JURÍDICA	QUANTIDADE DE DECISÕES
dever de cuidado com o meio ambiente do trabalho	1941
cumulação de adicionais	1715
redução dos riscos / jornada	842
responsabilidade do empregador	224
aspecto processual	151
melhoria contínua	120
adicional	113
saúde e segurança do trabalhador	95
dano moral	75
obrigação do Estado (Brasil)	50
definição de saúde	37
adaptação do trabalho ao ser humano	31
greve ambiental	17
direito ao meio ambiente do trabalho equilibrado	16
definição de local de trabalho	14
instalações sanitárias	13
obrigação do Estado (Brasil)definição de saúde	13
educação	12
controle de convencionalidade Reforma Trabalhista	11
dispensa discriminatória	8
limites de tolerância	7
horas *in itinere*	5
participação dos trabalhadores na proteção da saúde e segurança	5
dever de cuidado com a esfera psíquica do meio ambiente do trabalho	4
definição de meio ambiente do trabalho	3
assistência médica	3
assédio moral	3

horas extras	3
aplicação da Reforma Trabalhista	3
adicional de penosidade	2
princípio da falha segura	2
risco mínimo regressivo	2
rescisão indireta / greve ambiental	2
aplicação de normas sobre SST aos servidores públicos	2
aplicação das normas sobre SST	1
adaptação do trabalho aos trabalhadores	1
aplicação das normas de SST aos trabalhadores rurais	1
publicação de informações sobre SST	1
direito dos trabalhadores à informação	1
proteção integral da criança e adolescente	1
alimentação	1
terceirização	1
proteção da maternidade e infância	1
culpa exclusiva do trabalhador	1
	5554

Tabela 11 – Discussões jurídicas identificadas no total de decisões (elaboração própria)

Considerando o recorte temporal analisado, duas discussões jurídicas se destacaram quantitativamente: dever de cuidado com o meio ambiente do trabalho e cumulação de adicionais. Importante notar, contudo, que, embora o "dever de cuidado com o meio ambiente do trabalho" seja a discussão jurídica mais abordada em números absolutos, a maior parte dos tribunais (11 tribunais: TRT2, TRT3, TRT5, TRT8, TRT10, TRT11, TRT12, TRT15, TRT17, TRT18 e TRT19) têm como discussão jurídica mais frequente a "cumulação de adicionais". O dever de cuidado com o meio ambiente do trabalho é a discussão mais abordada em 8 tribunais (TRT1, TRT4, TRT7, TRT9, TRT13, TRT16, TRT22 e TRT24). No TST, TRT14 e TRT23, prevaleceu a discussão sobre redução dos riscos por meio de normas atinentes à jornada de trabalho (terceira discussão jurídica que mais se destacou quantitativamente). No TRT6, prevaleceu a discussão jurídica "adicional" e no TRT21 predominou a discussão jurídica "obrigação do Estado/Brasil".

Ressalta-se que tais resultados não eram previsíveis, já que pela leitura do referencial teórico, acreditava-se que a C155 estava sendo utilizada pela jurisprudência brasileira para tratar predominantemente da discussão sobre cumulação de adicionais. Nesse sentido, a predominância da discussão sobre o dever de cuidado com o meio ambiente do trabalho surpreendeu (e negou) percepções iniciais e se adequa ao teor preventivo da convenção. Isto porque, como analisado acima, embora a utilização da C155 (muitas vezes em conjunto com a C148) para permitir a cumulação dos adicionais de periculosidade e insalubridade seja vantajosa financeiramente para o trabalhador – e, potencialmente, iniba o empregador de manter ambientes insalubres e perigosos – não é condizente com o objetivo maior da OIT (e da C155), que é a prevenção.

Para além dessa análise quantitativa, entende-se necessário apontar que nem todos os temas listados acima foram abordados quando a convenção assumiu a função *ratio decidendi* ou *obiter dictum*, isto é, nas situações em que a C155 foi efetivamente aplicada. Ademais, houve temas que não prevaleceram em quantidade, mas evidenciaram discussões em que a aplicação da C155 pode conferir maior proteção à saúde e segurança do trabalhador e, caso fosse aplicada com mais frequência, poderia oferecer tal proteção em mais casos.

Na tabela abaixo, estão listadas as discussões jurídicas que foram travadas quando a C155 exerceu a função de *ratio decidendi* ou *obiter dictum*, acompanhadas das suas respectivas categorias de influência. Observe-se, como já foi salientado, que a convenção pode exercer mais de uma categoria de influência no caso *sub judice*.

DISCUSSÃO JURÍDICA	CATEGORIA DE INFLUÊNCIA
adaptação do trabalho ao ser humano	fortalecedora
adaptação do trabalho aos trabalhadores	fortalecedora
adicional	fortalecedora
aplicação da Reforma Trabalhista	fortalecedora
aplicação das normas de SST aos trabalhadores rurais	fortalecedora
aplicação de normas sobre SST aos servidores públicos	fortalecedora
aspecto processual	fortalecedora
assédio moral	fortalecedora

controle de convencionalidade Reforma Trabalhista	modelar
culpa exclusiva do trabalhador	fortalecedora
cumulação de adicionais	ampliativa
dano moral	fortalecedora
definição de local de trabalho	colmatadora de lacuna conceitual
definição de meio ambiente do trabalho	colmatadora de lacuna conceitual
definição de saúde	colmatadora de lacuna conceitual
dever de cuidado com a esfera psíquica do meio ambiente do trabalho	complementadora saneadora fortalecedora
dever de cuidado com o meio ambiente do trabalho	fortalecedora saneadora
direito ao meio ambiente do trabalho equilibrado	fortalecedora
direito dos trabalhadores à informação	fortalecedora
dispensa discriminatória	fortalecedora
educação	fortalecedora
horas extras	fortalecedora
instalações sanitárias	fortalecedora
melhoria contínua	principiológica
obrigação do Estado (Brasil)	fortalecedora
participação dos trabalhadores na proteção da saúde e segurança	complementadora
princípio da falha segura	principiológica
proteção integral da criança e adolescente	fortalecedora
publicação de informações sobre SST	fortalecedora
redução dos riscos / jornada	conectiva estandardizadora
rescisão indireta / greve ambiental	complementadora
responsabilidade do empregador	fortalecedora pacificadora
saúde e segurança do trabalhador	fortalecedora

Tabela 12– Discussões jurídicas nas decisões em que a C155 figura como *ratio decidendi* ou *obiter dictum* e suas respectivas categorias de influência (elaboração própria)

Verificou-se, no entanto, uma única decisão em que a C155 foi utilizada para fortalecer um dispositivo do direito interno (qual seja, o artigo 158 da CLT, que dispõe sobre o dever do empregado de colaborar para o cumprimento das normas de saúde e segurança no trabalho, dentre elas, a utilização de equipamentos de proteção) a fim de fundamentar a "culpa exclusiva do trabalhador" em relação ao acidente de trabalho. No caso analisado (Processo nº 0024032-44.2015.5.24.0101), o magistrado aponta que, de acordo com a C155, incumbe não apenas ao empregador, mas também ao trabalhador, o dever de adotar comportamentos que evitem acidentes de trabalho. E, na situação concreta, como o reclamante optou por não utilizar equipamentos de proteção individual (EPI), não seria possível responsabilizar a empregadora, pois o trabalhador teria sido o único responsável e causador do acidente.

Embora a opção do trabalhador por não utilizar o equipamento de proteção tenha contribuído para o acidente e os danos dele decorrentes, entende-se que a ocorrência do evento indesejado (ALMEIDA et al., 2014) é precedida de diversos fatores e não pode ser elucidada por um único motivo. A explicação de um acidente do trabalho "*ultrapassa os aspectos proximais habitualmente contemplados nas análises feitas no âmbito das empresas*" (ALMEIDA et al., 2014, p. 4682), tais como, a mera não utilização de um EPI. Esse não uso pode se dar pela ausência de instrução a respeito de como utiliza-lo, a inadequação do EPI, etc. Ademais, por força do artigo 16 da C155, do artigo 157 da CLT e, mais especificamente, do item 6.6.1 da Norma Regulamentadora nº 6, o empregador deve fiscalizar e exigir o uso do equipamento de proteção. Saliente-se, ainda, que a convenção e a própria legislação brasileira dispõem sobre a cooperação e atuação conjunta de trabalhadores e empregadores para prevenir acidentes. Nesse sentido, a exclusiva culpabilização do trabalhador pelo acidente do trabalho parece se afastar dos objetivos da convenção.

Por fim, identificou-se que a C155 foi referenciada em outras discussões jurídicas que não somente aquelas ligadas à saúde e segurança do trabalhador em sentido estrito. São eles: aplicação da Reforma Trabalhista, dispensa discriminatória e controle de convencionalidade.

4.1.8. Quanto à referência a outros dispositivos internacionais

Em relação à referência a outros dispositivos internacionais, verificou-se que 80,93% (4.495 decisões) das decisões analisadas mencionam exclusivamente a Convenção nº 155 da OIT, sem fazer referência a outros dispositivos provenientes do direito internacional.

Nos 19,07% restantes (1.059 decisões), houve menção a distintos dispositivos internacionais. Foram citados, ao lado da C155, (*i*) as seguintes convenções da Organização Internacional do Trabalho: Convenção nº 12 da OIT (sobre a indenização por acidentes de trabalho na agricultura); Convenção nº 16 da OIT (sobre o exame médico dos trabalhadores menores de 18 anos no trabalho marítimo); Convenção nº 29 da OIT (sobre o trabalho forçado); Convenção nº 35 da OIT (sobre o seguro na indústria em razão da idade); Convenção nº 42 da OIT (sobre as doenças profissionais); Convenção nº 87 da OIT (sobre liberdade sindical e proteção do direito de sindicalização); Convenção nº 98 da OIT (sobre o direito de sindicalização e negociação coletiva); Convenção nº 100 da OIT (sobre igualdade de remuneração); Convenção nº 105 da OIT (sobre a abolição do trabalho forçado); Convenção nº 111 da OIT (sobre discriminação em matéria de emprego e ocupação); Convenção nº 115 (sobre a proteção contra radiações); Convenção nº 120 da OIT (sobre higiene no comércio e oficinas); Convenção nº 127 da OIT (sobre o trabalho com peso); Convenção nº 136 da OIT (sobre o trabalho com benzeno); Convenção nº 139 da OIT (sobre o câncer profissional); Convenção nº 142 da OIT (sobre o desenvolvimento de recursos humanos); Convenção nº 148 da OIT (sobre a contaminação do meio ambiente do trabalho – ar, ruído e vibrações); Convenção nº 152 da OIT (sobre saúde e segurança do trabalhador portuário); Convenção nº 156 da OIT (sobre os trabalhadores com responsabilidades familiares); Convenção nº 161 da OIT (sobre os serviços de saúde no trabalho); Convenção nº 162 da OIT (sobre o trabalho com o asbesto); Convenção nº 170 da OIT (sobre produtos químicos); Convenção nº 174 da OIT (sobre a prevenção de acidentes industriais maiores); Convenção nº 182 da OIT (sobre as agências de emprego privadas); Convenção nº 184 da OIT (sobre a saúde e segurança na agricultura); Convenção nº 187 da OIT (sobre o marco promocional para a saúde e segurança no trabalho); (*ii*) as seguintes recomendações da Organização Internacional do Trabalho: Recomendação nº 97 da OIT (sobre a proteção da saúde dos trabalhadores); Recomendação nº 164 da OIT (sobre saúde e segurança dos trabalhadores); Recomendação nº 198 da OIT (sobre a relação de trabalho); (*iii*) as seguintes declarações da OIT: Declaração da OIT sobre os princípios e direitos fundamentais no trabalho e a Declaração de Filadélfia; (*iv*) os seguintes dispositivos internacionais que estão fora no âmbito da OIT: Convenção das Nações Unidas contra o crime organizado transnacional relativo à prevenção, repressão e punição do tráfico de pessoas, em especial mulheres e crianças; Convenção de Viena sobre o Direito dos Tratados; Convenção suplementar das nações unidas sobre a abolição da escravidão, tráfico de escravos e instituições e práticas semelhantes à escravidão; Declaração Americana dos Direitos e Deveres do Homem; Declaração de Wingspread sobre o princípio da precaução; Declaração do Rio sobre Meio Ambiente e Desenvolvimento (Declaração do Rio de 1992); Declaração Sociolaboral do Mercosul; Declaração Universal dos Direitos Humanos; Convenção Americana de Direitos Humanos (Pacto de San José da Costa Rica); Protocolo Adicional à Convenção Americana sobre Direitos; Humanos em Matéria de Direitos Econômicos, Sociais e Culturais (Protocolo de San Salvador); Pacto Internacional de Direitos Civis e Políticos (PIDCP); Pacto Internacional de Direitos Econômicos Sociais e Culturais (PIDESC); normas (em sentido amplo) da Organização Mundial de Saúde.

Inicialmente, observa-se que foram citados dispositivos internacionais celebrados no âmbito da OIT, com destaque para a Convenção nº 148 da OIT (encontrada em 693 decisões), frequentemente utilizada para fundamentar a (im)possibilidade de cumulação dos adicionais de periculosidade e insalubridade; e dispositivos internacionais que estão além do âmbito da Organização Internacional do Trabalho, envolvendo dispositivos internacionais firmados no âmbito da Assembleia Geral da ONU, da OMS (ainda que se tenha encontrado decisões que mencionam normas internacionais da OMS de forma genérica), do sistema interamericano de direitos humanos (e, portanto, da Organização dos Estados Americanos (OEA) e do Mercosul.

Ademais, frisa-se que parte dos dispositivos citados corresponde a mecanismos *hard law*, compreendendo os tratados internacionais, e parte corresponde a mecanismos de *soft law*, envolvendo as declarações e recomendações.

Ressalta-se, ainda, que foram encontradas menções a tratados internacionais não ratificados pelo Brasil, com destaque para a Convenção nº 35 da OIT, a Convenção nº 87 da OIT, a Convenção nº 156 da OIT, a Convenção nº 184 da OIT e a Convenção nº 187 da OIT. Tais convenções não ratificadas não serviram de *ratio decidendi* para a decisão, mas contribuíram para parte de fundamentação jurídica adotada, servindo de fonte material do direito, conforme disciplinou Sussekind (1994, p. 29). Neste tocante, entende-se necessário fazer um contraponto com o estudo realizado por Gomes e Gomes (2019) acerca da aplicação das convenções da OIT pelo TST: para as autoras, com base nos dados coletados, "*convenções não ratificadas não exercem o papel de fonte material ou mesmo parâmetro para a interpretação*" (Gomes; Gomes, 2019, p. 56). Na pesquisa feita neste livro, contudo, a conclusão foi inversa: em conjunto com a C155, as convenções não ratificadas mencionadas corroboraram com a fundamentação do magistrado.

Por fim, salienta-se que não foram encontradas, nas decisões analisadas, menções a comentários ou relatórios dos órgãos de controle da OIT e nem referências a publicações da Organização ou de outros organismos internacionais[75].

4.2. Ampliando a efetividade da Convenção nº 155 da OIT: equacionamentos possíveis

A pesquisa realizada permitiu perceber que a Convenção nº 155 da OIT é aplicada pelos tribunais trabalhistas brasileiros em muitos casos, envolvendo variadas discussões jurídicas. Como dito acima, a quantidade de decisões encontradas em que há menção da C155 corresponde a um número expressivo, sobretudo ao se comparar com os relatos sobre a aplicação judicial da convenção existentes no referencial teórico lido e nas próprias publicações da OIT. Contudo, proporcionalmente ao número de processos julgados pelos Tribunais Regionais do Trabalho e pelo Tribunal Superior do Trabalho, entende-se que o índice de aplicação da convenção é baixo e, acredita-se que poderia ser aumentado gradativamente.

[75] Chamou atenção, no entanto, ao lado da citação da C155, as menções encontradas a estudos feitos pelos seguintes autores nas decisões analisadas: Amauri Mascaro Nascimento, Ana Paula de Barcellos, Antônio Rorigues de Freitas Junior, Candy Thomé, Carlos Alberto Bittar, Fábio Konder Comparato, Flávia Piovesan, Georgenor de Sousa Franco Filho, Guilherme Guimarães Feliciano, Guilherme Purvin Figueiredo, Ingo Wolfgang Sarlet, Jorge Luiz Souto Maior, José Afonse Dellagrave Neto, José Afonso da Silva, José Joaquim Gomes Canotilho, Lênio Streck, Luís Roberto Barroso, Luiz Salvador, Maria Garcia Mauro Schiavi, Norma Sueli Padilha, Raimundo Simão de Melo, Rodrigo Schwathz, Sebastião Geraldo de Oliveira, Sérgio Cavalieri Filho, Valério e Oliveira Mazzuolli. Embora não seja objeto desta obra, a pesquisa realizada permitiu perceber que a academia (ou, a doutrina) exerce influência nas decisões judiciais (relacionadas à saúde e segurança do trabalhador). Esta descoberta servirá de ponto de partida para pesquisa futura a esse respeito.

Assim, pretende-se, neste item, apresentar algumas reflexões e possíveis equacionamentos para viabilizar uma potencial ampliação da aplicação e, consequentemente, conferir maior efetividade à Convenção nº 155 da OIT (e, de forma reflexa, a outras normas internacionais).

Para tanto, inicialmente, buscou-se compreender qual(is) o(s) motivo(s) do baixo índice de aplicação da C155. Vários são os fatores que contribuem para esse distanciamento entre a atividade judicial e a aplicação da convenção no Brasil: pouca proximidade entre os operadores do direito e o direito internacional de forma geral; ausência do direito internacional do trabalho enquanto disciplina regular (obrigatória ou optativa) nos cursos de graduação em Direito(Giannattasio;Bannwart, 2019, p. 170), o que tende a implicar o "*desconhecimento da regulação jurídica internacional das relações capital-trabalho*" (Giannattasio;Bannwart, 2019, p. 170); falta de clareza a respeito de como a convenção poderia ser útil para os casos concretos; certo descrédito em relação ao direito internacional, em que, via de regra, caracteriza-se pela inexistência de sanção concreta em casos de não aplicação; a suficiência do direito interno e desnecessidade de aplicação do direito internacional; eventual influência prévia já exercida pela convenção na legislação doméstica e, portanto, desnecessidade de aplicação direta e expressa do direito internacional, etc.

Acredita-se que, a partir deste estudo, é possível dialogar com os dois fatores mencionados inicialmente e que envolvem a atividade jurisdicional dos magistrados integrantes dos tribunais analisados, quais sejam: pouca proximidade entre os operadores do direito (inclusive, os magistrados, cuja atividade foi estudada nesta pesquisa) e o direito internacional de forma geral e certa falta de clareza a respeito de como a convenção poderia ser útil para decidir nos casos concretos.

Tal diálogo é desenvolvido a partir de duas constatações: é necessário aproximar os magistrados do direito internacional, especialmente, da Organização Internacional do Trabalho e de suas normas; e é preciso evidenciar a utilidade do direito internacional para o direito interno e, sobretudo, para a atividade jurisdicional. Para atingir tais metas, propõe-se seguintes estratégias:

(a) consolidação de um canal de cooperação entre a Justiça do Trabalho brasileira e a Organização Internacional do Trabalho, especialmente o seu escritório no Brasil, fortalecendo a comunicação entre esses dois atores e permitindo que a Justiça do Trabalho se

aproxime da OIT e também que a OIT se aproxime da Justiça do Trabalho, estabelecendo, assim, estratégias recíprocas em via de mão dupla.
Acredita-se que o estreitamento desses laços poderia se dar, especialmente, por meio da capacitação dos(as) magistrados(as) acerca das normas internacionais do trabalho; realização seminários sobre questões atinentes ao direito do trabalho brasileiro; maior disseminação dos comentários proferidos pelos órgãos de monitoramento da OIT, tais como, Comissão de Peritos para a Aplicação das Convenções e das Recomendações, Comitê de Aplicação das Normas da Conferência, o Comitê de Liberdade Sindical.

(b) estabelecimento de convênio entre a Escola Nacional de Formação e Aperfeiçoamento de Magistrados do Trabalho (ENAMAT) e o International Training Centre (ITC) da OIT, a fim de proporcionar treinamento específico para os(as) magistrados(as) sobre a aplicação das normas internacionais do trabalho, com destaque para o seguinte curso "*International labour standards* para juízes, advogados e educadores", que tem como objetivo qualificar os participantes para aplicação das normas internacionais do trabalho no direito interno (ITCILO, 2019). De acordo com a Resolução ENAMAT nº 17/2014, tal convênio também poderia ser celebrado por meio das Escolas Judiciais (EJUD) dos TRTs para os magistrados do TRT conveniado.

(c) inserção permanente de um módulo sobre a aplicação das normas internacionais do trabalho (NIT) no Curso de Formação Inicial (CFI), ofertado pela ENAMAT aos magistrados recém-empossados. Analisou-se a programação do CFI disponibilizada na página eletrônica da ENAMAT desde 2006 e verificou-se que, embora a aplicação das NIT tenha sido objeto de alguns cursos, nem todos os CFIs abordaram o assunto. Acredita-se que a inserção do tema de forma permanente seria uma maneira de sensibilizar os magistrados para a importância do direito internacional e, especialmente das NIT, desde o início da carreira.

(d) criação de Curso de Formação Continuada (CFC) sobre a aplicação das NIT e sua utilidade, ofertado (de forma presencial ou à distância) aos magistrados trabalhistas em exercício com o objetivo de aperfeiçoamento, qualificação, atualização. Observou-se na página eletrônica da ENAMAT a existência de um CFC sobre controle de convencionalidade, o que tem estreita relação com as normas internacionais. No entanto, acredita-se que, além do controle de convencionalidade, seria adequado um curso anterior sobre OIT, normas internacionais do trabalho e a utilidade de sua aplicação.

(e) veiculação, entre os magistrados, de material prático para consulta sobre a aplicação das normas internacionais do trabalho, que também poderia ser base para os CFI e CFC.

Sugere-se, abaixo, um esboço desse material, organizado em quatro partes.

A primeira parte envolve uma apresentação introdutória sobre a Organização Internacional do Trabalho e sobre os diferentes tipos de normas internacionais do trabalho, com destaque para as Convenções e Recomendações da OIT, bem como dos meios de consulta de tal normativa.

A segunda parte é dedicada à relação entre as normas internacionais do trabalho e sua relação com o direito brasileiro, indicando a hierarquia normativa das convenções da OIT a partir da posição jurisprudencial majoritária do Supremo Tribunal Federal, sem deixar de apontar a discussão a respeito do *status* assumido pelas normas internacionais no direito interno.

A terceira parte indica como as normas internacionais do trabalho podem influenciar o julgamento de determinado caso concreto. Essa indicação será feita a partir do mapeamento jurisprudencial feito neste estudo que analisou a aplicação da C155 da OIT e que, acredita-se, configura a maior contribuição dada por este estudo.

Por fim, a quarta parte do material envolverá uma compilação de referências bibliográficas sobre o tema, a título de leituras sugeridas, a fim de munir os magistrados com os estudos centrais a respeito da aplicação judicial das normas internacionais do trabalho.

Acredita-se que tal material possa servir de guia para a abordagem do tema com operadores do direito, especialmente, os magistrados trabalhistas.

Guia Prático para Aplicação das Normas Internacionais do Trabalho

A Organização Internacional do Trabalho (OIT) tem como um de seus objetivos centrais o estabelecimento de padrões trabalhistas mínimos (*labour standards*) por meio de normas internacionais do trabalho (NIT), as quais versam sobre os mais variados temas: liberdade sindical, saúde e segurança no trabalho, discriminação, erradicação do trabalho infantil, etc.

A criação desses *standards* tem uma tripla justificativa, segundo Nicolas Valticos (1970, p. 51): política (a fim de assegurar bases para a paz universal), humanitária (com vistas a promover melhores condições de trabalho e afastar a miséria) e econômica (prevendo mecanismos para evitar a concorrência internacional – e desleal – em função do rebaixamento das condições de trabalho, atualmente denominado *dumping social*).

Considerando o cenário mundial (e brasileiro) atual em que há intensificação do processo de globalização, transnacionalização do capital, instabilidade político-econômica, flexibilização jurídica, rompimento das barreiras (geográficas, tecnológicas, políticas, etc.), migração, refúgio, etc., se aproximar do direito internacional (do trabalho) é fundamental, inclusive, para julgar casos existentes no direito interno.

Assim, esta cartilha tem como objetivo difundir o conhecimento sobre os *labor standards* entre os magistrados da Justiça do Trabalho, servindo como um guia prático para a aplicação das normas internacionais do trabalho.

1. A Organização Internacional do Trabalho (OIT) e as normas internacionais do trabalho

A Organização Internacional do Trabalho (OIT) foi criada em 1919, ao final da Primeira Guerra Mundial, na Conferência de Paz que aprovou o Tratado de Versalhes. Desde o seu nascimento, a partir do diálogo social de caráter tripartite[76], a OIT tem estabelecido *labour standards*, com a finalidade de combater violações a direitos humanos ligados ao trabalho, promover melhores condições laborais, evitar a concorrência desleal e promover um mundo baseado na paz e justiça social.

Fonte: acervo pessoal (autoria própria).

"Considerando que a paz para ser universal e duradoura deve assentar sobre a justiça social;

Considerando que existem condições de trabalho que implicam, para grande número de indivíduos, miséria e privações, e que o descontentamento que daí decorre põe em perigo a paz e a harmonia universais, e considerando que é urgente melhorar essas condições no que se refere, por exemplo, à regulamentação das horas de trabalho, à fixação de uma duração máxima do dia e da semana de trabalho, ao recrutamento da mão-de-obra, à luta contra o desemprego, à garantia de um salário que assegure condições de existência convenientes, à proteção dos trabalhadores contra as moléstias graves ou profissionais e os acidentes do trabalho, à proteção das crianças, dos adolescentes e das mulheres, às pensões de velhice e de invalidez, à defesa dos interesses dos trabalhadores empregados no estrangeiro, à afirmação do princípio "para igual trabalho, mesmo salário", à afirmação do princípio de liberdade sindical, à organização do ensino profissional e técnico, e outras medidas análogas; Considerando que a não adoção por qualquer nação de um regime de trabalho realmente humano cria obstáculos aos esforços das outras nações desejosas de melhorar a sorte dos trabalhadores nos seus próprios territórios."

Preâmbulo da Constituição da OIT

[76] O caráter tripartite da OIT deve-se a sua configuração, composta de representantes de seus Estados-membros e de organizações de empregadores e de trabalhadores. Trata-se dos três principais atores do mundo do trabalho. Note-se que o caráter tripartite é uma marca distintiva da OIT desde sua criação até os dias atuais, sendo a única agência do sistema das Nações Unidas estruturada nesses moldes, o que permite que os três atores participem em situação de igualdade das diversas atividades da Organização.

A normativa produzida no âmbito da OIT protagoniza a proteção jurídica conferida ao trabalhador pelo direito internacional, com destaque para as convenções, recomendações e declarações da OIT:

Convenção	Recomendação	Declaração
São tratados internacionais e, portanto, são instrumentos vinculantes criam que obrigações internacionais aos Estados que as ratificaram (*hard law*).	Não criam obrigações internacionais e não estão sujeitas à ratificação. As recomendações, como o nome sugere, fornecem diretrizes não vinculantes para os Estado e para as ações governamentais, além de serem frequentemente utilizadas para esclarecer disposição existente nas convenções (soft law).	Documentos de cunho preponderantemente declaratório e não vinculantes.

Para consultar o conteúdo dessas normas, a OIT disponibiliza uma base de dados gratuita: o *Information System on International Labour Standards*, conhecido como NORMLEX, que pode ser acessado no seguinte endereço: < https://www.ilo.org/dyn/normlex/en/f?p=NORMLEXPUB:1: >. Neste link, há o texto da norma (em diferentes línguas, inclusive, português), informações sobre ratificação por país, dentre outras informações sobre as NIT.

2. Normas internacionais do trabalho e o direito interno

Considerando os diferentes tipos de normas internacionais do trabalho indicados acima, merecem destaque as convenções da OIT, dado o seu caráter vinculante.

O Brasil ratificou 97 convenções da OIT, das quais somente 79 estão em vigor, conforme aponta o NORMLEX. Logo, o Brasil se obrigou a observar o conteúdo desses tratados internacionais. Por adotar um sistema dualista (ou dualista moderado) – isto é, não monista e, portanto, sem incorporação automática após a ratificação –, para que um tratado internacional ratificado seja incorporado ao direito brasileiro, é necessário que haja a promulgação de um Decreto Executivo.

A partir desse momento, o tratado é formalmente internalizado ao direito brasileiro, de onde nasce a discussão a respeito da hierarquia normativa dos tratados internacionais: *status* infralegal, *status* legal, *status* supralegal, *status* constitucional, *status* materialmente constitucional. Tal discussão envolve diferentes posicionamentos doutrinários, além de conturbar a jurisprudência.

Em que pese tais debates, atualmente há um entendimento majoritário, adotado pelo Supremo Tribunal Federal no julgamento do RE 466.343, segundo o qual tratados que versam sobre direitos humanos e tratados que não versam sobre direitos humanos possuem tratamento jurídico diferente, por força do artigo 5º, §1º, §2º e §3º da Constituição Federal.

Assim, conforme sistematiza Ramos (2010),

- Os tratados internacionais que não versam sobre direitos humanos possuem hierarquia legal.
- Os tratados internacionais que versam sobre direitos humanos e tiverem sido aprovados conforme o procedimento previsto no artigo 5º, §3º da Constituição Federal terão hierarquia de emenda constitucional.
- Os tratados internacionais que versam sobre direitos humanos, mas não tiverem sido aprovados conforme o procedimento previsto no artigo 5º, §3º da Constituição Federal terão hierarquia supralegal, porém, infraconstitucional.

O esquema abaixo ilustra tal entendimento.

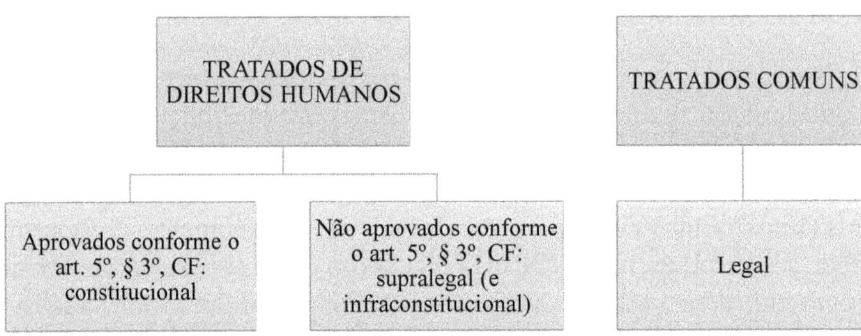

Analisando o quadro acima, é possível identificar que (i) há convenções da OIT que versam sobre direitos humanos (especialmente aqueles ligados ao trabalho, tais como, saúde e segurança no trabalho, liberdade de associação, erradicação do trabalho infantil, erradicação do trabalho forçado, erradicação de todas as formas de discriminação, dentre outros)

e que, portanto, serão consideradas tratados de direitos humanos e podem assumir *status* supralegal ou constitucional, a depender de como foram aprovadas. Saliente-se que, até o momento, nenhuma convenção da OIT foi aprovada conforme o artigo 5º, § 3º, da Constituição Federal. Assim, as convenções que versam sobre direitos humanos possuem hierarquia supralegal (e infraconstitucional); (ii) há convenções da OIT que não versam diretamente sobre direitos humanos e que possuem *status* legal.

A identificação da hierarquia assumida pelos tratados internacionais é útil para solucionar eventuais conflitos entre direito interno e o tratado.

3. A influência das normas internacionais do trabalho no caso *sub judice*

A partir da constatação de que as convenções da OIT ratificadas pelo Brasil foram incorporadas ao direito interno e, portanto, têm hierarquia supralegal (e infraconstitucional) ou legal, a depender do tema abordado, evidencia-se qual é a utilidade de recorrer a tais instrumentos internacionais. Em outras palavras, como a convenção da OIT pode influenciar a decisão judicial em um caso concreto?

Esta pergunta pode ser respondida a partir do um mapeamento jurisprudencial feito nesta pesquisa, em que foram analisadas 5.554 decisões judiciais proferidas no âmbito do Tribunal Superior do Trabalho (TST) e dos Tribunais Regionais do Trabalho (TRT), em que se identificou diferentes contribuições conferidas pela Convenção nº 155 da OIT (C155).

Abaixo, estão listadas essas diferentes formas de influência do direito internacional (a partir do estudo feito sobre a aplicação da C155 pela Justiça do Trabalho), acompanhadas de trechos de decisões judiciais que exemplificam a sua utilidade.

A) Colmatadora de lacunas conceituais	Utilizada com a finalidade indicar o conceito de determinadas expressões, preenchendo, assim, lacunas conceituais no ordenamento jurídico brasileiro.

O artigo 3, alínea "e" da C155 foi utilizado para a adoção, por parte do(a) magistrado(a), de um conceito amplo de saúde, o qual deve "*abranger não só a ausência de afecções ou de doenças, mas também os elementos físicos e mentais que afetam a saúde e estão diretamente relacionados com a segurança e a higiene no trabalho*". Nesse sentido, decisão proferida no âmbito do TRT18 (Processo nº 0012009-13.2015.5.18.0011), em que o(a) magistrado(a) determinou que o empregador proporcionasse um meio ambiente do trabalho saudável, em sentido amplo, inclusive no tocante à esfera mental da saúde, devendo

> assegurar não apenas que o ambiente seja salubre, higiênico e organizado, mas também livre de assédios e discriminações, na medida em que saúde é "um estado completo de bem-estar físico, mental e social e não somente a ausência de afecções e enfermidades", conforme OMS e art. 3º, "e", da Convenção 155 da OIT.

Salienta-se, neste particular, a possibilidade de a norma internacional influenciar o direito interno com a finalidade de preencher lacunas em geral, não apenas lacunas conceituais, como aponta Beaudonnet (2006, p.11). Contudo, tal finalidade não foi observada a partir do mapeamento jurisprudencial feito neste estudo.

B) Conectiva	Utilizada com a finalidade de conectar ideias e fundamentos nas decisões.

Esta categoria de influência se evidenciou nas decisões em que o(a) magistrado(a) analisa a possibilidade de flexibilização da jornada de trabalho (seja por meio do banco de horas, prestação de serviço extraordinário, prorrogação de jornada em ambientes insalubres, etc.), considerando que o excesso de horas trabalhadas em determinado dia (e a ausência ou diminuição dos períodos de descanso) aumenta os riscos labor-ambientais, construindo o fundamento de que as normas relacionadas à jornada de trabalho têm relação direta com a saúde e segurança no trabalho.

Nessas decisões, a C155 foi utilizada para evidenciar que a limitação da jornada de trabalho é uma das maneiras de reduzir os riscos aos trabalhadores, o que se ilustra no trecho abaixo, extraído de decisão proferida no âmbito do TRT3 (Processo nº TRT3 – 0000455-93.2014.5.03.0024):

> EMENTA: ART. 62 DA CLT. EXCLUSÃO DOS EMPREGADOS INSERIDOS NAS EXCEÇÕES DOS INCISOS I E II DO CAPÍTULO DA DURAÇÃO DO TRABALHO. INCLUSÃO DESSES TRABALHADORES NA PROTEÇÃO DO ART. 7º, XIII DA CONSTITUIÇÃO FEDERAL. DIREITO FUNDAMENTAL DE TODO TRABALHADOR BRASILEIRO. INCLUÍDOS OS GERENTES E OS EXTERNOS. À DURAÇÃO DO TRABALHO NORMAL NÃO SUPERIOR A OITO HORAS DIÁRIAS E QUARENTA E QUATRO SEMANAIS, FACULTADA A COMPENSAÇÃO DE HORÁRIOS E A REDUÇÃO DA JORNADA, MEDIANTE ACORDO OU CONVENÇÃO COLETIVA DE TRABALHO. AUSPÍCIOS DO ART. 7º, XXII DA CONSTITUIÇÃO DA REPÚBLICA: XXII. REDUÇÃO DOS RISCOS INERENTES AO TRABALHO, POR MEIO DE NORMAS DE SAÚDE,

HIGIENE E SEGURANÇA E DA CONVENÇÃO 155 DA OIT. DURAÇÃO DO TRABALHO COMO POLÍTICA DE PREVENÇÃO DE DANOS À SAÚDE DO TRABALHADOR, EM PREFERÊNCIA À MERA REPARAÇÃO DO PREJUÍZO CAUSADO. EFICÁCIA HORIZONTAL OU PRIVADA E MÁXIMA EFETIVIDADE POSSÍVEL DE DIREITOS FUNDAMENTAIS. É bem verdade que o art. 62 da CLT exclui do capítulo da duração do trabalho os empregados inseridos nas exceções dos incisos I (exercentes de atividade externa incompatível com a fixação de horário de trabalho) e II (gerentes, assim considerados os exercentes de cargos de gestão, inclusive diretores e chefes de departamento ou filial). Todavia, o art. 7º, XIII, da Constituição Federal institui o direito fundamental do trabalhador brasileiro – aí incluídos os gerentes e os externos – a duração do trabalho normal não superior a oito horas diárias e quarenta e quatro semanais, facultada a compensação de horários e a redução da jornada, mediante acordo ou convenção coletiva de trabalho. Se os gerentes e os externos estão excluídos da proteção da duração do trabalho, instituída pela CLT, estão incluídos na proteção da duração do trabalho mais abrangente e hierarquicamente superior, introduzida pela Constituição Federal, constituindo imperativo que se impõe atualmente a todos os trabalhadores. No contexto contemporâneo de intensificação de trabalho e de concentração de tarefas e onde explode o absenteísmo ao trabalho por motivos ligados à saúde, inclusive os transtornos de ordem mental, a limitação da jornada é um importante instrumento de que dispõe o Direito do Trabalho, inclusive em suas esferas Constitucional e Internacional, para prevenir danos á saúde do trabalhador, concedendo-lhe tempo de repor as energias gastas durante toda a jornada, de modo a executar suas tarefas com segurança e bem-estar. A extensão da duração do trabalho a todos os trabalhadores parece ser, portanto, a solução que melhor atende aos valores positivados no Direito Internacional do Trabalho e nas normas-princípio da Constituição ligadas à duração do trabalho normal não superior a oito horas diárias e quarenta e quatro semanais (art. 7º, XIII), à vedação do retrocesso social (art. 7º, caput), à proteção à saúde do trabalhador (art. 7º, XXII) e à dignidade da pessoa humana (art. 1º, III).

[....]

A prevenção dos riscos à saúde, como medida preferível à reparação dos prejuízos a ela causados, está em consonância com os postulados do Direito Internacional do Trabalho na matéria. A propósito, a Convenção 155 da OIT sobre saúde e segurança dos trabalhadores, ratificada pelo Brasil, estabelece a obrigação dos países membros de implementar política nacional coerente em matéria de segurança e saúde dos trabalhadores e o meio-ambiente de trabalho. Tem ela como objetivo prevenir os acidentes e os danos à saúde que forem consequência do trabalho, tenham relação com a atividade de trabalho, ou se apresentarem durante o trabalho, reduzindo ao mínimo, na medida que for razoável e possível, as causas dos riscos inerentes ao meio-ambiente de trabalho.

Tal teor conectivo ganhou ainda mais importância com o advento da Reforma Trabalhista, já que a Lei nº 13.467/2017 inseriu o artigo 611-B na CLT, cujo parágrafo único dispõe que *"regras sobre duração do trabalho e intervalos não são consideradas como normas de saúde, higiene e segurança do trabalho para os fins do disposto neste artigo"*.

C) Estandardizadora	Utilizada com a finalidade de estabelecer um patamar mínimo de direitos, funcionando como um *labor standard*, isto é, um padrão mínimo que não deve ser diminuído.

Identificou-se esta contribuição em que a C155 auxilia na manutenção de um padrão de direitos, abaixo do qual não se deve permitir negociação ou flexibilização. O excerto transcrito abaixo, extraído de decisão proferida no âmbito do TRT3 (Processo nº 0000235-24.2014.5.03.0080), evidencia a utilização da C155, na função *obiter dictum*, como fundamento complementar para não permitir a prestação frequente de horas extraordinárias e determinar que o empregador se abstenha de exigir a prorrogação habitual e permanente da jornada de trabalho, sob pena de multa:

> JORNADA DE TRABALHO. PRORROGAÇÃO HABITUAL E PERMANENTE. ARTIGO 59 DA CLT. A prorrogação de jornada aludida no artigo 59, caput, consolidado não pode ser habitual e permanente, sob pena de ofensa ao artigo 7º da Constituição, cujo inciso XIII, resguarda o direito fundamental do trabalhador à duração do trabalho normal não superior a oito horas diárias e quarenta e quatro semanais, facultada a compensação de horários e a redução da jornada, mediante acordo ou convenção coletiva de trabalho. A limitação imposta pelo legislador constituinte constitui instrumento que resguarda a saúde mental e física do trabalhador, concedendo-lhe o tempo necessário para repor a energia gasta no curso da jornada, providência que garante a execução das tarefas de forma segura, além de também assegurar o bem-estar do empregado. As restrições ao prolongamento da jornada refletem, inclusive, a incidência de outro direito fundamental que também é protegido pelo referido artigo 7º, no inciso XXII, alusivo à redução dos riscos inerentes ao trabalho, por meio de normas de saúde, higiene e segurança. Não se admite, portanto, que a empresa exija dos empregados a prorrogação do horário de trabalho de forma permanente, mesmo quando respeitado o limite de duas horas diárias aludido no já referido artigo 59 da CLT. A saúde não pode ser objeto de transação. Logo, o pagamento de valores pela prorrogação constante da jornada de trabalho além de não se mostrar razoável, não compensa o desgaste físico e mental provocado no trabalhador. Vista sob este prisma, a limitação da jornada configura medida mais efetiva para prevenção de doenças e acidentes do trabalho, preservando a dignidade da pessoa humana além de contribuir para o avanço e aprimoramento das relações de trabalho. Prevenir os riscos à saúde traduz conduta muito mais eficaz que a reparação dos danos causados pelo excesso de trabalho.
>
> [...]
>
> O entendimento aqui adotado está em consonância com a Convenção 155 da OIT sobre saúde e segurança dos trabalhadores, a qual atribui aos países membros a obrigação de implementar política nacional coerente em matéria de segurança e saúde dos trabalhadores, bem como meio-ambiente de trabalho. O fim visado por essa norma é reduzir os riscos advindos do trabalho, dentro do que for razoável e possível. Nesse contexto, a prorrogação permanente aliada ao risco advindo da própria natureza da atividade potencializa os perigos de acidente e doença ocupacional.

D) Ampliativa	Utilizada com a finalidade de ampliar direitos, ainda que contrariando as disposições existentes no direito nacional.

Essa categoria de influência foi denominada ampliativa e, no caso brasileiro, como a legislação doméstica está, de maneira geral, alinhada com a C155, foi verificada apenas nas decisões em que o(a) magistrado(a) permitiu que o trabalhador recebesse de forma cumulativa os adicionais de insalubridade e periculosidade.

A transcrição abaixo, extraída de decisão proferida no âmbito do TST (Processo nº 1072-72.2011.5.02.0384), em 2014, que ganhou notoriedade por ser uma das primeiras a permitir tal cumulação, fundamenta-se no artigo 11, alínea "b" da C155, segundo o qual devem ser levados em consideração os "*riscos para a saúde decorrentes da exposição simultânea a diversas substâncias ou agentes*", o que, para o magistrado, permitiria a percepção dos dois adicionais.

> RECURSO DE REVISTA. CUMULAÇÃO DOS ADICIONAIS DE INSALUBRIDADE E PERICULOSIDADE. POSSIBILIDADE. PREVALÊNCIA DAS NORMAS CONSTITUCIONAIS E SUPRALEGAIS SOBRE A CLT. JURISPRUDÊNCIA CONSOLIDADA DO STF QUANTO AO EFEITO PARALISANTE DAS NORMAS INTERNAS EM DESCOMPASSO COM OS TRATADOS INTERNACIONAIS DE DIREITOS HUMANOS. INCOMPATIBILIDADE MATERIAL. CONVENÇÕES NOS 148 E 155 DA OIT. NORMAS DE DIREITO SOCIAL. CONTROLE DE CONVENCIONALIDADE. NOVA FORMA DE VERIFICAÇÃO DE COMPATIBILIDADE DAS NORMAS INTEGRANTES DO ORDENAMENTO JURÍDICO. A previsão contida no artigo 193, § 2º, da CLT não foi recepcionada pela Constituição Federal de 1988, que, em seu artigo 7º, XXIII, garantiu de forma plena o direito ao recebimento dos adicionais de penosidade, insalubridade e periculosidade, sem qualquer ressalva no que tange à cumulação, ainda que tenha remetido sua regulação à lei ordinária. A possibilidade da aludida cumulação se justifica em virtude de os fatos geradores dos direitos serem diversos. Não se há de falar em bis in idem. No caso da insalubridade, o bem tutelado é a saúde do obreiro, haja vista as condições nocivas presentes no meio ambiente de trabalho; já a periculosidade traduz situação de perigo iminente que, uma vez ocorrida, pode ceifar a vida do trabalhador, sendo este o bem a que se visa proteger. A regulamentação complementar prevista no citado preceito da Lei Maior deve se pautar pelos princípios e valores insculpidos no texto constitucional, como forma de alcançar, efetivamente, a finalidade da norma. Outro fator que sustenta a inaplicabilidade do preceito celetista é a introdução no sistema jurídico interno das Convenções Internacionais nos 148 e 155, com status de norma materialmente constitucional ou, pelo menos, supralegal, como decidido pelo STF. A primeira consagra a necessidade de atualização constante da legislação sobre as condições nocivas de trabalho e a segunda determina que sejam levados em conta os "riscos para a saúde decorrentes da exposição simultânea a diversas substâncias ou agentes". Nesse contexto, não há mais espaço para a aplicação do artigo 193, § 2º, da CLT. Recurso de revista de que se conhece e a que se nega provimento.

Quanto a esta influência, necessário tecer duas considerações.

A primeira consideração refere-se à monetização da saúde do trabalhador. Quando se categoriza tal cenário como "ampliativo" de direitos, faz-se referência tão somente à vantagem financeira atribuída ao trabalhador por receber dois adicionais distintos. Entende-se que a verdadeira proteção de sua saúde se dá com a eliminação e/ou atenuação dos riscos (advindos da existência de agentes insalubres e perigosos) e não com a sua compensação financeira. Este teor preventivo, inclusive, é o cerne da C155. Contudo, acredita-se que tal possibilidade

de cumulação, de um lado, compensaria (ainda que de forma meramente financeira) a exposição do trabalhador a dois tipos de riscos distintos, além de – possivelmente – desestimular o empregador em manter o meio ambiente de trabalho insalubre e perigoso, em função do encarecimento da remuneração que seria devida ao trabalhador.
A segunda consideração, já mencionada no capítulo anterior, diz respeito ao mais recente posicionamento do TST, segundo o qual, em julgamento de incidente de recurso repetitivo (Processo nº IRR-239-55.2011.5.02.0319), ficou vedada a cumulação dos adicionais de insalubridade e de periculosidade, ainda que decorrentes de fatos geradores distintos e autônomos, visto que o artigo 193 da CLT foi recepcionado pela Constituição Federal e a C155 não enseja a cumulação dos adicionais.

E) Modelar	Utilizada como modelo para a realização de controle de convencionalidade.

O controle de convencionalidade feito a partir da Convenção nº 155 da OIT foi utilizado para indicar a necessidade de realização do controle de convencionalidade da Reforma Trabalhista a partir de outras convenções da OIT. O trecho abaixo, extraído de decisão proferida no âmbito do TRT13 (Processo nº 0000433-33.2017.5.13.0030), evidencia tal influência:

> Destaque-se, por conseguinte, não haver que se falar em aplicação, ao caso, do quanto previsto no artigo 790-B, caput e parágrafo § 4º, da CLT, alterados pela Lei nº 13.467 /2017, em face da sua flagrante inconvencionalidade, ou seja, em razão da sua evidente incompatibilidade com as normas internacionais, posto que os Estados têm por obrigação adequar a sua legislação interna ao compromisso internacionalmente assumido.
> O controle de convencionalidade em matéria trabalhista, diante da natureza supralegal das Convenções da OIT, já foi reconhecido pelo C. TST conforme julgados abaixo: "RECURSO DE REVISTA DO RECLAMANTE. ADICIONAIS DE INSALUBRIDADE E PERICULOSIDADE. POSSIBILIDADE DE CUMULAÇÃO. NÃO RECEPÇÃO DO ART. 193, § 2º, DA CLT PELO ART. 7º, XXIII, DA CONSTITUIÇÃO DA REPÚBLICA. ARTIGO 8.3 DA CONVENÇÃO 148 DA OIT E ART. 11-B DA CONVENÇÃO 155 DA OIT. "STATUS" DE NORMA SUPRALEGAL.
> [....]
> CUMULAÇÃO DOS ADICIONAIS DE INSALUBRIDADE E PERICULOSIDADE. POSSIBILIDADE. PREVALÊNCIA DAS NORMAS CONSTITUCIONAIS E SUPRALEGAIS SOBRE A CLT. JURISPRUDÊNCIA CONSOLIDADA DO STF QUANTO AO EFEITO PARALISANTE DAS NORMAS INTERNAS EM DESCOMPASSO COM OS TRATADOS INTERNACIONAIS DE DIREITOS HUMANOS. INCOMPATIBILIDADE MATERIAL.CONVENÇÕES NOS 148 E 155 DA OIT. NORMAS DE DIREITO SOCIAL. CONTROLE DE CONVENCIONALIDADE. NOVA FORMA DE VERIFICAÇÃO DE COMPATIBILIDADE DAS NORMAS INTEGRANTES DO ORDENAMENTO JURÍDICO.

E) Fortalecedora	Utilizada para reforçar as disposições já existentes no direito brasileiro.

Observou-se que a C155 figurou como um argumento de autoridade, corroborando como a legislação doméstica. Abaixo, segue exemplo de como tal categoria se manifestou, ressaltando-se que há inúmeros outros exemplos nas decisões analisadas. Trata-se de decisão proferida no âmbito do TRT24 (Processo nº 0024141-18.2016.5.24.0006):

> [...] Com efeito, nos termos dos artigos 1º a 3º da Convenção 155 da OIT, as normas relativas ao meio ambiente do trabalho são aplicáveis a todos os trabalhadores, independentemente do regime jurídico que os vincula ao tomador de serviços.
> O direito social de redução dos riscos inerentes ao trabalho, por meio de normas de saúde, higiene e segurança, previsto no inciso XXII do artigo 7º da Constituição Federal, também deve ser assegurado aos servidores públicos, em conformidade com o disposto no §3º do artigo 39 do próprio texto constitucional. Trata-se de garantia constitucional que alcança todos os trabalhadores.
> E mais, a Portaria Normativa n. 3, de 7 de maio de 2010, do Ministério do Planejamento, Orçamento e Gestão, ao estabelecer orientações básicas sobre a Norma Operacional de Saúde do Servidor (NOSS) aos órgãos e entidades do Sistema de Pessoal Civil da Administração Pública Federal, estabeleceu que "Na ausência de regulamentação legal destinada aos servidores públicos, deve-se buscar referências em normas nacionais, internacionais e informações científicas atualizadas" (artigo 12).
> Fica evidente, portanto, que as entidades públicas submetem-se à observância das Normas Regulamentadoras do Ministério do Trabalho e Emprego e demais legislações referentes à segurança e saúde do trabalho.

Observa-se, assim, que a C155 foi utilizada como um fundamento adicional à Constituição Federal e à portaria normativa mencionada na transcrição acima.

F) Pacificadora	Utilizada para resolver ou reforçar a solução de um debate jurídico existente no direito interno, exercendo a categoria de influência aqui denominada como pacificadora, pois auxilia na pacificação de uma dúvida a respeito do direito a ser aplicado no caso concreto.

Essa influência foi evidenciada de duas maneiras nas decisões em que o(a) magistrado(a) julgou a responsabilidade civil do empregador: (a) quando se discutiu a responsabilidade solidária entre tomador e prestador de serviço no tocante à garantia de higidez do meio ambiente do trabalho; (b) quando se discutiu se a responsabilidade civil é objetiva ou subjetiva quando se trata de saúde e segurança do trabalhador. Tanto (a), quanto (b), não são temas cuja disciplina é extremamente clara na legislação brasileira e sobre os quais há discussões jurisprudenciais e doutrinárias.

(a) O artigo 17 da C155 – que dispõe que "*sempre que duas ou mais empresas desenvolverem simultaneamente atividades num mesmo local de trabalho, as mesmas terão o dever de colaborar na aplicação das medidas previstas na presente Convenção*" – foi utilizado para fundamentar a responsabilidade solidária entre tomador e prestador de serviços no tocante à garantia de higidez do meio ambiente do trabalho, nos casos de terceirização, como se ilustra no trecho abaixo, extraído de julgado proferido no âmbito do TRT3 (Processo nº 0000527-93.2014.5.03.0052):

> A responsabilidade solidária entre tomador e prestador de serviços pela garantia de higidez do meio ambiente laboral foi consagrada no artigo 17 da Convenção 155 da OIT, ratificada pela República Federativa do Brasil em 1992. Referida convenção traz disposições que denotam o dever empresarial de aprimoramento contínuo da segurança no trabalho, a fim de implementar novas técnicas que evitem a ocorrência de infortúnios, garantindo a preservação da saúde e integridade física dos trabalhadores, empregados ou terceirizados. Respondem solidariamente, portanto, a tomadora e a prestadora do trabalho pelos danos sofridos pelo trabalhador em decorrência de acidente do meio ambiente de trabalho, com observância do princípio da restituição integral para o arbitramento das indenizações (artigos 1º, III e 3º, I da Constituição da República e artigos 944 e 949 do Código Civil). Na mesma linha, menciono o enunciado 44 da 1ª Jornada de Direito Material e Processual do Trabalho, promovida pela Anamatra e pelo TST: "RESPONSABILIDADE CIVIL. ACIDENTE DO TRABALHO. TERCEIRIZAÇÃO. SOLIDARIEDADE. Em caso de terceirização de serviços, o tomador e o prestador respondem solidariamente pelos danos causados à saúde dos trabalhadores. Inteligência dos artigos 932, III, 933 e 942, parágrafo único, do Código Civil e da Norma Regulamentadora 4 (Portaria 3.214/78 do Ministério do Trabalho e Emprego)".

Há, neste particular, discussão se a responsabilidade subsidiária da tomara (prevista no artigo 5º-A da Lei nº 6.019/1974 e na Súmula nº 331 do TST, bem como a previsão da OJ nº 191 do TST a respeito da responsabilidade do dono da obra), diz respeito apenas às verbas trabalhistas em sentido estrito (salário, férias, décimo terceiro salário, etc.) ou se estende aos deveres de cuidado com o meio ambiente do trabalho. Na decisão acima, a C155 serviu como fundamento pacificador para a responsabilização solidária.

(b) O artigo 17 da C155 também foi utilizado como fundamento para a responsabilização objetiva do empregador nos casos de degradação labor-ambiental. Também há, neste tocante, discussão sobre a responsabilidade do empregador ser subjetiva (por força do artigo 7º, XXVIII da CF) ou objetiva (por força de interpretação sistêmica dos artigos 200, VIII e 225 da CF e do artigo 14, § 1º da Lei nº 6.938/1981, ao se considerar o meio ambiente do trabalho como parte do meio ambiente e, portanto, abrangido pela mencionada, que instituiu a Política Nacional do Meio Ambiente). Nesse cenário, a C155 foi utilizada para determinar a responsabilidade objetiva do empregador, conforme se observa na ementa transcrita abaixo, extraída de decisão proferida no âmbito do TRT 3 (Processo nº 0011171-26.2016.5.03.0020):

> EMENTA: INDENIZAÇÃO POR DANOS MORAIS. DEGRADAÇÃO LABOROAMBIENTAL. O empregado não está obrigado a suportar tratamento ofensivo à sua dignidade. Constitui obrigação de todo empregador zelar pela higidez do meio ambiente de trabalho e da integridade da personalidade moral do empregado, que coloca o seu esforço pessoal em prol do sucesso do empreendimento econômico. Assim, é absolutamente inaceitável o tratamento hostil dispensado ao autor pelo seu superior hierárquico, sendo responsabilidade objetiva da empresa zelar pelo meio ambiente laboral, nos termos dos artigos 225 c/c 200, VIII da CRFB/88 e item 17 da Convenção 155 da OIT. Ressalta-se que o assédio moral praticado pelo superior hierárquico, contamina e degrada o meio ambiente laboral como um todo, podendo, inclusive, configurar assédio moral ambiental ou organizacional, com repercussão social.

Ressalta-se que o fundamento na C155, além de ter pacificado a discussão no caso *sub judice*, também fortaleceu a fundamentação de que o meio ambiente do trabalho é parte do meio ambiente e, portanto, a sua degradação enseja a responsabilização objetiva.

G) Principiológica	Utilizada para trazer luzes a princípios aplicáveis ao direito do trabalho.

A C155 foi citada com a finalidade de invocar o princípio da melhoria contínua, frisando que o empregador tem o dever de promover, de forma constante, o aprimoramento das condições labor-ambientais, conforme ilustrado pela ementa seguinte, extraída de decisão proferida no âmbito do TRT3 (Processo nº 0012013-32.2015.5.03.0152):

> DOENÇA OCUPACIONAL. INDENIZAÇÃO POR DANOS MORAIS. Tratando-se de doença ocupacional, a responsabilidade do empregador decorre do dever de proporcionar meio ambiente seguro de trabalho para os seus funcionários, nos termos do comando constitucional previsto no artigos 7º, inciso XXII, em virtude do contrato mantido entre as partes (artigo 157 da CLT) e, ainda, ao princípio do aprimoramento contínuo, previsto na Convenção 155 da OIT, ratificada pelo Brasil (Decreto 1254 de 29 de setembro de 1994).

H) Complementadora	Utilizada para complementar uma disposição já existente no direito interno.

Neste caso, não se trata propriamente do preenchimento de uma lacuna, pois há disciplina direito brasileiro, no entanto, tal complemento se faz necessário para especificar a previsão legal doméstica. Tal influência foi evidenciada especialmente nas decisões sobre a rescisão indireta do contrato de trabalho nos casos de não cumprimento de norma saúde segurança, colocando o trabalhador em risco. O trecho abaixo, extraído de decisão proferida no âmbito do TRT15 (Processo nº 0000512-25.2013.5.15.0150):

> E, ao contrário do que alega o recorrente, houve ofensa à alínea "d", do art. 483, da CLT, haja vista que o art. 13 da Convenção nº 155 da OIT permite a rescisão indireta do contrato de trabalho, quando há a inobservância de norma de segurança e medicina laboral, o que é o caso dos autos. Observa-se que a resistência da empresa em reconhecer como faltosa sua conduta para com o empregado faz antever toda uma filosofia de trabalho, segundo a qual a mão-de-obra é tratada como subproduto, um "mal necessário" para a obtenção de um bem maior, a prestação do trabalho, que por sua vez enseja o adimplemento financeiro do contrato com a tomadora de serviços.

Como se observa, o artigo 483, "d" da CLT autoriza a rescisão do contrato de trabalho pelo empregado nas situações em que o empregador não cumprir com as obrigações do contrato. Trata-se de uma disposição genérica, que poderia diversos inadimplementos do empregador, a exemplo do pagamento da remuneração, não concessão de intervalor para descanso, a não observância das normas de saúde e segurança, etc. Neste caso, o artigo 13 da C155 foi utilizado para tornar a legislação doméstica mais específica, indicando que o trabalhador que julgar necessário interromper uma situação de trabalho (por considerar que ela envolve um perigo iminente e grave para sua vida ou sua saúde) deverá ser protegido, o que, na percepção do magistrado, autoriza a rescisão indireta.

I) Saneadora	Utilizada para esclarecer as disposições do direito interno, organizando fundamentos existentes no ordenamento jurídico brasileiro, mas que se encontram em diferentes normas.

a C155 exerceu a categoria de influência denominada como saneadora, pois promove certa organização de disposições esparsas, consistindo em uma norma mais direta e clara.
Tal influência foi verificada nas discussões a respeito do dever de cuidado do empregador com o meio ambiente do trabalho, em que o(a) magistrado(a) utiliza a C155, sobretudo o seu artigo 16, para declarar que o empregador tinha o dever de zelar pelo meio labor-ambiental, a exemplo do que se dá no trecho a seguir, extraído de decisão proferida no âmbito do TRT4 (Processo nº 0021288-89.2015.5.04.0406):

> Hodiernamente, a higidez do meio ambiente de trabalho é questão de saúde pública consagrada no plano constitucional, na forma do art. 200, VIII, c/c art. 225, caput, da Constituição da República. Também possui característica de direito social, nos termos do art. 7º, XXII, da CF, pois constitui direito dos trabalhadores urbanos e rurais, além de outros que visem à melhoria de sua condição social, a redução dos riscos inerentes ao trabalho por meio de normas de saúde, segurança, medicina e higiene do trabalho.
> Conforme o art. 16 da Convenção 155 da Organização Internacional do Trabalho, ratificada pelo Brasil através do Decreto 1254/94, sobre segurança e saúde dos trabalhadores e o meio ambiente de trabalho, ao disciplinar a ação em nível de empresa, prevê que: "1. Deverá ser exigido dos empregadores que, na medida que for razoável e possível, garantam que os locais de trabalho, o maquinário, os equipamentos e as operações e processos que estiverem sob seu controle são seguros e não envolvem risco algum para a segurança e a saúde dos trabalhadores".
> Neste norte, destaco que incumbia à ré a apresentação da documentação obrigatória, consubstanciada no PPP (Perfil Profissiográfico Previdenciário), PPRA (Programa de Prevenção de Riscos Ambientais), PCMSO (Programa de Controle Médico e Saúde Ocupacional) e LTCAT (Laudo Técnico das Condições Ambientais de Trabalho), cuja guarda, fornecimento ao empregado e/ou disponibilização às autoridades competentes são obrigatórios, nos termos dos itens 9.3.8.1 a 9.3.8.3 da NR-9, bem como dos arts. 157, I, da CLT, arts. 19, §1º e 58, §1º, da Lei 8213/91.

Nesse sentido, a C155 traz mais objetividade no tocante à identificação dos deveres do empregador.

Certamente, nem todos os casos concretos encontrarão guarida nas normas internacionais e, certamente, nem sempre haverá utilidade em mencioná-las. Contudo, buscou-se neste material, evidenciar que o direito internacional (do trabalho) pode ser uma ferramenta útil para o direito do trabalho brasileiro, sobretudo em momentos de frequentes e profundas alterações legislativas, em que há necessidade de se relembrar qual é a função e razão de existir do direito do trabalho, valendo-se, para isso, dos *labour standards*.

4. Indicação de leitura

Por fim, indica-se, abaixo, referências bibliográficas sobre o tema deste material, a fim de munir os magistrados com os estudos centrais a respeito da aplicação judicial das normas internacionais do trabalho:

ALCOCK, Antony Evelyn. *History of the International Labour Organization.* Londres: Palgrave Macmillan, 1971.

BEAUDONNET, Xavier. How domestic jurisdictions use universal sources of international law. In: **Globalization and the Sectors, Labor Education**, 2006, p. 9-19.

COMPA, Lance A. Labor's new opening to international human rights standards. In: **WorkingUSA**, v. 11, n. 1, 2008, p. 99-123.

ITCILO (INTERNATIONAL TRAINING CENTRE OF THE INTERNATIONAL LABOUR ORGANIZATION). **International labour standards for judges, lawyers and legal educators.** 2019. Disponível em < https://www.itcilo.org/courses/international-labour-standards-judges-lawyers-and-legal-educators >. Acesso em 24 nov. 2019.

LEARY, Virginia. **International labour convention and national law** – the effectiveness of the automatic incorporation of treaties in national legal systems. Dordrecht: Springer, 1982.

MAZZUOLI, Valério de Oliveira. A incorporação dos tratados internacionais de proteção dos direitos humanos no ordenamento brasileiro. **Revista de Informação Legislativa**, Brasília, DF, n. 181, p. 113-140, jan./mar. 2009. Disponível em: < https://www2.senado.leg.br/bdsf/bitstream/handle/id/496913/RIL181.pdf?sequence=1#page=114>. Acesso em: 04 jul. 2019.

______. Teoria geral do controle de convencionalidade no direito brasileiro. **Revista de Informação Legislativa**, Brasília, DF, v. 37, n. 147, p. 179-200, jul./set. 2000. Disponível em: <https://www2.senado.leg.br/bdsf/bitstream/handle/id/496913/RIL181.pdf?sequence=1#page=114>. Acesso em: 04 jul. 2019.

POTOBSKY, G. Von. Eficacia jurídica de los convenios de la OIT en el plano nacional. In: JAVILLIER, Jean-claude; GERNIGON, Bernard; POLITAKIS, Georges P.. **Les normes internationales du travail**: un patrimoine pour l'avenir – mélanges en l'honneur de Nicolas Valticos. Genève: Bureau International Du Travail, 2004, p. 287-305.

RAMOS, André de Carvalho. **Teoria geral dos direitos humanos na ordem internacional.** São Paulo: Saraiva, 2010.

______. Supremo Tribunal Federal brasileiro e o controle de convencionalidade: levando a sério os tratados de direitos humanos. **Revista da Faculdade de Direito, Universidade de São Paulo**, v. 104, p. 241-286, 2009. Disponível em: < http://www.periodicos.usp.br/rfdusp/article/view/67857 >. Acesso em: 16 jul. 2019.

SUSSEKIND, Arnaldo. *Direito internacional do trabalho.* 2º ed. São Paulo: LTr, 1987.

VALTICOS, Nicolas. Conventions internationales du travail et droit interne. **Revue critique de droit internationale privé.** v.2, 251-288, 1955.

Referências bibliográficas

BEAUDONNET, Xavier. How domestic jurisdictions use universal sources of international law. In: **Globalization and the Sectors, Labor Education**, 2006, p. 9-19.

OIT. NORMLEX. **Ratifications for Brazil**. Disponível em: < https://www.ilo.org/dyn/normlex/en/f?p=1000:11200:15306565227058::::P11200_INSTRUMENT_SORT:3 >. Acesso em 26 nov. 2019.

RAMOS, André de Carvalho. **Teoria geral dos direitos humanos na ordem internacional**. São Paulo: Saraiva, 2010.

VALTICOS, Nicolas. **Traité de Droit du Travail** – droit international du travail. Paris: Librarie Dalloz, 1970.

* * *

Para além das ações acima, considerando uma ação mediata, acredita-se que seria possível ampliar a proximidade dos operadores do direito com as normas internacionais do trabalho (e com o direito internacional de forma geral) a partir de uma avaliação mais específica a respeito desse conteúdo em provas de concursos públicos para ingresso na Justiça do Trabalho, Ministério Público do Trabalho, Auditor Fiscal do Trabalho, dentre outras carreiras que estão ligadas ao direito do trabalho; em provas da Ordem dos Advogados do Brasil; sensibilização para a utilidade do direito internacional (do trabalho) desde a graduação em direito (passando por cursos de pós-graduação *lato* e *stricto sensu*), dentre outras estratégias que possam colaborar para o fortalecimento de uma cultura jurídica que valorize o direito internacional. Acredita-se que as possibilidades aventadas neste parágrafo são possíveis, porém, mais custosas e de longo prazo, já que conteúdos programáticos (de cursos e de provas de âmbito nacional) teriam que ser revisados, o que envolveria mais pessoas, autorizações, etc.

Nesse sentido, sem prejuízo dos equacionamentos de longo prazo, acredita-se que, as estratégias propostas em (a), (b), (c), (d) e (e) teriam um efeito mais imediato, seriam mais facilmente implantadas e trariam resultados mais práticos.

CONCLUSÕES

Esta pesquisa teve como objetivo central compreender, a partir das atividades jurisdicionais da Justiça do Trabalho, se e, em caso afirmativo, como a proteção da saúde e segurança do trabalhador no Brasil é influenciada pelo direito internacional, mais especialmente, pela Convenção nº 155 da OIT. Para responder tal pergunta de pesquisa, foi necessário percorrer questões que lhe são complementares, identificados ao longo das considerações metodológicas deste estudo como objetivos específicos (a), (b), (c), (d) e (e).

(a) Inicialmente, procurou-se identificar se o dispositivo internacional analisado, qual seja, a Convenção nº 155 da OIT, serviu de fundamentação principal para a decisão judicial (*ratio decidendi*) ou se foi mencionado de forma acessória (*obiter dictum*). Verificou-se que, conforme evidenciado ao longo do capítulo 3, a resposta a este objetivo específico varia de acordo com o tribunal, encontrando-se tribunais em que a C155 é mais utilizada como *ratio decidendi* e tribunais em que a C155 é mais utilizada como *obiter dictum*. No entanto, considerando o conjunto de decisões analisadas (5.554 decisões proferidas entre 31/12/2004 e 31/12/2018) e considerando todos os tribunais em conjunto, foi constatado que em 29% das decisões, a C155 assumiu a função de *ratio decidendi* e, em 18% das decisões, figurou como *obiter dictum*, totalizando 47% dos casos em que a C155 foi aplicada, influenciando a fundamentação das decisões (ainda que nem sempre como fundamento principal). As demais decisões envolveram 36% de citação de trecho de terceiro e 17% de debates sem aplicação da convenção. Contudo, a pesquisa evidenciou que ainda que a C155 figure como *obiter dictum*, tal característica não retira o seu potencial de exercer algum tipo de influência na decisão, conforme descrito ao longo do capítulo 4.

(b) Embora a pesquisa tenha se debruçado sobre a C155, buscou-se identificar se havia outro dispositivo internacional mencionado nas decisões analisadas, a fim de verificar se os magistrados recorrem ao sistema normativo existente no direito internacional. Assim como alertado em (a), a resposta a este objetivo específico também varia de acordo com o tribunal, tendo sido encontrado tribunais que frequentemente fazem referência a outros dispositivos internacionais e tribunais que mencionam exclusivamente a C155. Considerando o conjunto de decisões analisadas, verificou-se que em 80,93% das decisões analisadas mencionou-se somente a Convenção nº 155 da OIT, sem fazer referência a outros dispositivos provenientes do direito internacional. Nos 19,07% restantes, houve sim menção a distintos dispositivos internacionais, sendo eles: convenções, recomendações e declarações da OIT; declarações e tratados internacionais celebrados fora do âmbito da OIT, com destaque para aqueles firmados no âmbito da Assembleia Geral da Organização das Nações Unidas, Organização Mundial da Saúde e Mercosul. Neste tocante, destacam-se as seguintes descobertas: (i) a frequente menção à Convenção nº 148 da OIT, especialmente citadas nas decisões sobre a (im)possibilidade de cumulação dos adicionais de periculosidade e insalubridade, sendo o dispositivo internacional mais citado para além da C155; (ii) a menção a convenções da OIT não ratificadas pelo Brasil, que, embora não tenham sido aplicadas diretamente, colaboraram para fundamentação; (iii) a menção a dispositivos caracterizados como *soft law* a fim de fortalecer ou complementar a fundamentação; (iv) a menção a dispositivos internacionais que estão além do âmbito da Organização Internacional do Trabalho, evidenciando que as questões ligadas à saúde e segurança do trabalho encontram tutela não apenas no âmbito da OIT.

(c) Buscou-se identificar qual discussão jurídica foi abordada no trecho da decisão judicial em que a Convenção nº 155 da OIT foi referenciada. A resposta a este objetivo específico também varia de acordo com o tribunal estudado, encontrando-se tribunais em que há grande diversidade de discussões jurídicas e tribunais que mencionam a C155 quando abordam uma discussão jurídica específica, conforme evidenciado no capítulo 3. Em relação ao conjunto de decisões, foram identificadas 45 discussões jurídicas, sendo os temas "dever de cuidado com o meio ambiente do trabalho" e "cumulação de adicionais" aqueles que mais se destacaram quantitativamente, conforme apresentado no capítulo 4. Assim, contrariamente ao que se imaginava quando se iniciou a pesquisa, a C155 não é utilizada pelos tribunais trabalhistas brasileiros apenas para discutir a cumulação de adicionais, mas também para tratar de outros aspectos – ainda mais relevantes – para a proteção da saúde e segurança do trabalhador, a exemplo da discussão jurídica "dever de cuidado com o meio ambiente do trabalho", evidenciando a necessidade de prevenção dos riscos labor-ambientais. Verificou-se, no entanto, uma única decisão em que a C155 não traz proteção à saúde e segurança do trabalhador, utilizada para fortalecer um dispositivo do direito interno com a finalidade de apontar a "culpa exclusiva do trabalhador" em relação ao acidente de trabalho. Acredita-se que tal utilidade se afasta dos objetivos da convenção e de todo o sistema normativo internacional e nacional, de acordo com o que foi exposto ao longo do capítulo 4. Por fim, ainda em relação a este objetivo específico, chamou a atenção a utilização da C155 em outras discussões jurídicas que não somente aquelas ligadas à saúde e segurança do trabalhador em sentido estrito, a exemplo das discussões sobre a aplicação da Reforma Trabalhista e o seu controle de convencionalidade.

(d) Buscou-se identificar com qual *status* normativo a Convenção nº 155 da OIT é considerada nas decisões analisadas e, portanto, com que *status* é incorporado ao ordenamento jurídico brasileiro. Verificou-se que, na maioria das decisões analisadas, não há preocupação em definir a hierarquia normativa da convenção. Contudo, foram encontradas 425 decisões (7% do total) em que o magistrado, ao longo de sua fundamentação, menciona a hierarquia normativa da C155 e, embora tenham sido identificados diferentes *status* (supralegal, materialmente constitucional, materialmente constitucional ou supralegal, infraconstitucional, legal, não prevalência, indiferença e *soft law*), verificou-se a prevalência do entendimento segundo o qual a C155 é norma de caráter supralegal e infraconstitucional, nos moldes da jurisprudência majoritária do Supremo Tribunal Federal, conforme analisado no capítulo 4.

(e) Como último objetivo específico, buscou-se identificar se, ao se valer da Convenção nº 155 da OIT, a decisão traz alguma inovação em relação às normas presentes no ordenamento jurídico brasileiro, buscando compreender se tal inovação representa um avanço para a proteção da saúde e segurança do trabalhador. À exceção da decisão supramencionada em que a C155 é utilizada para fundamentar a culpa exclusiva da vítima (uma única decisão dentre as 5.554 analisadas), verificou-se que quando a convenção é aplicada – seja como *ratio decidendi* ou como *obiter dictum* – há influência na proteção da saúde e segurança do trabalho, verificando-se casos em que a C155 traz inovação (ampliando direitos dos trabalhadores), preenche lacunas ou complementa o ordenamento jurídico brasileiro, representando um avanço à tutela labor-ambiental. Nos casos em que a C155 não foi aplicada – denominados "discussão – verificou-se que o magistrado não a aplicou porque entende que o seu conteúdo não permite determinada interpretação (a exemplo da cumulação de adicionais) e não porque discorda ou despreza a convenção como fonte do direito interno.

Considerando as constatações apresentadas acima em relação aos objetivos específicos traçados, é possível afirmar que o direito internacional, mais especialmente, a Convenção nº 155 da OIT influenciou a proteção da saúde e segurança do trabalhador na maioria das decisões judiciais analisadas, respondendo-se, assim, a pergunta de pesquisa norteadora deste estudo. Saliente-se que, embora tenha-se constatado que a C155 é mencionada em apenas 0,04% do número de processos julgados ao longo do recorte temporal adotado no estudo, as decisões encontradas são relevantes na medida em que se tornam referência acerca da aplicação da Convenção nº 155 da OIT e podem influenciar futuras decisões, além de constituir uma quantidade (em números absolutos) expressiva, pois a leitura do referencial teórico sugeriu que seria encontrado um número ainda menor de resultados. Nesse sentido, defende-se a tese segundo a qual a C155 exerceu influência na proteção da saúde e segurança do trabalhador pela Justiça do Trabalho no Brasil (e, se fosse mais utilizada, poderia contribuir ainda mais para a proteção da saúde e segurança do trabalhador).

Tal influência se deu de diferentes maneiras, denominadas neste estudo como categorias de influência: colmatadora de lacunas conceituais (em que a C155 foi utilizada com a finalidade indicar o conceito de determinadas expressões, preenchendo, assim, lacunas conceituais no ordenamento jurídico brasileiro), conectiva (em que a C155 foi utilizada com a finalidade de conectar ideias e fundamentos nas decisões), estandardizadora (em que a C155 foi utilizada com a finalidade de estabelecer um patamar mínimo de direitos, funcionando como um *labor standard*, isto é, um padrão mínimo que não deve ser diminuído), ampliativa (em que a C155 foi utilizada com a finalidade de ampliar direitos, ainda que contrariando as disposições existentes no direito nacional), modelar (em que a C155 foi utilizada como modelo para a realização de controle de convencionalidade), fortalecedora (em que a C155 foi utilizada para reforçar as disposições já existentes no direito brasileiro), pacificadora (em que a C155 foi utilizada para resolver ou reforçar a solução de um debate jurídico existente no direito interno), principiológica (em que a C155 foi utilizada para trazer luzes a princípios aplicáveis ao direito do trabalho), complementadora (em que a C155 foi utilizada para complementar uma disposição já existente no direito interno) e saneadora (em que a C155 foi utilizada para esclarecer as disposições do direito interno, organizando fundamentos existentes no ordenamento jurídico brasileiro, mas que se encontram em diferentes normas).

A partir da análise das decisões e da influência exercida pela Convenção nº 155 da OIT, acredita-se que a aplicação de tal convenção – e, possivelmente, de outros dispositivos internacionais – seria um elemento fortalecedor da atuação da Justiça do Trabalho, proporcionando condições para que os juízes do trabalho sejam atores sociais (mais) influentes na manutenção (e, se possível, na ampliação) dos *labour standards*. Respeitando o princípio do livre convencimento do juiz, com base nos aqui dados apresentados, defende-se esta ideia pois acredita-se que a utilização da Convenção nº 155 da OIT, bem como de outras normas internacionais, pode proporcionar uma melhor decisão e esclarecimento em relação a determinado caso concreto, além de impedir – ou, ao menos, mitigar – a flexibilização acentuada de direitos trabalhistas decorrente de alterações legislativas suscitadas por contingências locais (como crises econômicas e políticas, por exemplo) ou até mesmo internacionais, como a crise sanitária causada pela Covid-19, por exemplo.

A história já mostrou que a conquista de direitos trabalhistas não evolui linearmente, havendo ciclos de garantia de direitos e ciclos de flexibilização. Sobretudo em momentos de crise econômica, há uma tendência em diminuir direitos (por meio de contratos de trabalho mais flexíveis, propostas de aumento de jornada, redução salarial, etc.) em prol de uma suposta superação dos problemas. Assim, especialmente nesses momentos de tensão, a aplicação das normas internacionais e, na situação analisada, da Convenção nº 155, formaria o alicerce jurídico para frear eventuais retrocessos e, ao menos, manter (quanto melhor, superar) os padrões preconizados internacionalmente. Ademais, há situações normativas em que as normas internacionais proporcionam maior proteção do que a legislação interna; e, ao aplicá-las, o Poder Judiciário estaria proporcionando à sociedade uma melhor forma de reparação.

Não se espera que todos os magistrados em todas as decisões façam referência a normas internacionais, mesmo porque, muitas vezes, o próprio direito interno já é suficiente para solucionar determinado litígio, além de, em muitos casos, o direito internacional já ter influenciado o direito interno previamente, a exemplo do desenvolvimento de uma norma interna em função de uma obrigação internacional assumida.

Contudo, entende-se necessário ressaltar que o direito internacional pode ser um instrumento estratégico para a melhor solução dos litígios. Espera-se, com este estudo, ter evidenciado as diferentes influências que a Convenção nº 155 da OIT (e outros dispositivos internacionais) pode exercer na proteção da saúde e segurança do trabalhador em uma decisão judicial. Assim, pretende-se divulgar o guia prático proposto no capítulo 4 e, se necessário, aprofundá-la ou adequá-la para que cumpra o seu propósito e sirva como um guia para amparar a atuação dos magistrados, bem como para destacar como o direito internacional pode ser útil.

Ademais, pretende-se disponibilizar a base de dados aqui construída para os interessados, pois se acredita que tal retrato da atividade jurisdicional poderá ser útil: como ponto de partida para futuras pesquisas sobre o tema; como subsídio para o Poder Judiciário avaliar a sua atuação; como material baseado em dados reais relativos ao Brasil para a OIT pensar o seu papel e as suas estratégias regulatórias, especialmente no tocante à saúde e segurança do trabalhador; como subsídio para se compreender como o direito internacional pode influenciar a aplicação do direito interno e a proteção da saúde e segurança do trabalhador, etc.

Pretende-se, também, que este trabalho sirva de base para futuros estudos sobre a Convenção nº 155 da OIT (seu respectivo protocolo e recomendação), já que, ao longo desta pesquisa, notou-se certa escassez de material neste tocante.

Por fim, espera-se que este trabalho sirva como um elemento para reflexões mais amplas sobre a efetivação das normas internacionais do trabalho, sua colaboração para a proteção do trabalhador e promoção de melhores condições laborais. Especialmente no momento histórico em que a Organização Internacional do Trabalho completou 100 anos, entende-se pertinente e necessário analisar as suas contribuições e (re)pensar estratégias para conferir maior efetividade às normas internacionais do trabalho, principal componente jurídico da atuação da OIT, a fim de que tal organização centenária continue percorrendo seus objetivos de promoção da justiça social firmados desde 1919 e seja capaz de lidar com as transformações e com os novos desafios do mundo do trabalho.

REFERÊNCIAS

ACCIOLY, Hildebrando. **Tratado de direito internacional público**. 3 ed. São Paulo: Quartier Latin, 2009.

ACCIOLY, Hildebrando; SILVA, G.E. do Nascimento; CASELLA, Paulo Borba. **Manual do direito internacional público**. 20 ed. São Paulo: Saraiva, 2012.

ALCOCK, Antony Evelyn. **History of the International Labour Organization**. Londres: Palgrave Macmillan, 1971.

ALMEIDA, Ildeberto Muniz de et al. Modelo de Análise e Prevenção de Acidentes – MAPA: ferramenta para a vigilância em Saúde do trabalhador. **Ciência & saúde coletiva**. Rio de Janeiro, v. 19, n. 12, p. 4679-4688, Dec. 2014. Disponível em < <http://www.scielo.br/scielo.php?script=sci_arttext&pid=S1413-81232014001204679 &lng=en&nrm=iso>. Acesso em 17 nov. 2019.

ALSTON, Philip. 'Core labour standards' and the transformation of the international labour rights regime. **European Journal of International Law**, v. 15, n. 3, p. 457-521, 2004.

ALSTON, Philip. Facing up to the complexities of the ILO's core labour standards agenda. In: **European Journal of International Law**, v. 16, n. 3, p. 467-480, 2005.

ALSTON, Philip; HEENAN, James. Shrinking the international labor code: an unintended consequence of the 1998 ILO declaration on fundamental principles and rights at work. In: **New York University Journal of International Law and Politics**, v. 36, 2003, p. 221-264.

ALVARENGA, Rúbia Zanotelli de. Princípios fundamentais de direito ambiental do trabalho. In: FELICIANO, Guilherme Guimarães; URIAS, João; MARANHÃO, Ney. **Direito ambiental do trabalho** – apontamentos para uma teoria geral. v. 3. São Paulo: LTr, 2017.

ANZILOTTI, Dionisio. **Cours de droit international**. Paris: Recueil Sirey, 1929.

BASU, Kaushik et al. **International labor standards** – history, theory, and policy options. Malden: Blackwell Publishing, 2003.

BEAUDONNET, Xavier. How domestic jurisdictions use universal sources of international law. In: **Labour law**: its role, trends and potential, Labor Education, 2006, p. 9-19. Disponível em < https://www.ilo.org/wcmsp5/groups/public/@ed_dialogue/@actrav/documents/publication/wcms_111442.pdf>. Acesso em 19 set. 2019.

BEAUDONNET, Xavier. La utilización del derecho internacional del trabajo por los tribunales nacionales: noticias de una evolución en marcha. **Derecho Laboral**, n. 238, abr-jun, p. 245-269, 2010. Disponível em: < http://white.lim.ilo.org/spanish/260ameri/oitreg/activid/proyectos/actrav/actividadesregionales/2013/documentos/obj01_act03_2013_fabog_utilizacion_dit_derlaboral_2010.pdf >. Acesso em 6 jul. 2018.

Beaudonnet, Xavier; Teklè, Tzehainesh. **Derecho internacional del trabajo y derecho interno** – manual de formación para jueces, juristas y docentes en derecho. Turin: Centro Internacional de Formación de la Organización Internacional del Trabajo, 2015.

Benjamim, Antonio Herman. Princípio da proibição de retrocesso ambiental. BRASIL. Comissão de Meio Ambiente, Defesa do Consumidor e Fiscalização e Controle (CMA). In: **Compilação dos trabalhos apresentados no colóquio internacional sobre o princípio da proibição de retrocesso ambiental**. Brasília: Senado Federal, 2011. Disponível em: < https://www2.senado.leg.br/bdsf/handle/id/242559 >. Acesso em 2 jul. 2019.

Binenbojm, Gustavo. Monismo e dualismo no Brasil: uma dicotomia afinal irrelevante. **Revista da EMERJ**, v. 3, n. 9, p. 180-195, 2000. Disponível em: < http://www.emerj.tjrj.jus.br/revistaemerj_online/edicoes/revista09/Revista09_180.pdf >. Acesso em 5 jul. 2019.

Blanqui, Auguste. **Critique sociale** – capital et travail. Paris: Ancienne Libraire Germer Baillière et Cie, 1885. Disponível em: < https://gallica.bnf.fr/ark:/12148/bpt6k853 278q /f16.image.r=Auguste%20Blanqui >. Acesso em 11 jul. 2018.

Borges, Daniel Damásio. **A aplicação e a interpretação das convenções internacionais em matéria de saúde e de trabalho na ordem jurídica brasileira**: contribuição ao estudo do impacto do direito internacional sobre as políticas sociais brasileiras. 2017. 275 f. Tese (Livre Docência) – Faculdade de Direito, Universidade de São Paulo, São Paulo, 2017.

Brandão, Cláudio. Meio ambiente do trabalho saudável: direito fundamental do trabalhador. **Revista do Tribunal Regional do Trabalho da 1ª Região**, v. 21, n. 49. jan./jun. 2011.

BRASIL. Congresso Nacional. **Constituição da República Federativa do Brasil**, de 5 de outubro de 1988. Brasília, DF, 1988. Disponível em: <http://www.planalto.gov.br/ccivil_03/Constituicao/Constitui%C3%A7ao.htm.>. Acesso em: 12 jul. 2018.

BRASIL. Decreto-lei nº 5.452, de 1 de maio de 1943. **Consolidação das Leis do Trabalho**. Disponível em: <http://www.planalto.gov.br/ccivil_03/decreto-lei/del5452.htm>. Acesso em: 1 jul. 2019.

BRASIL. Supremo Tribunal Federal. **ADI 1480 DF**. Relator: Celso de Mello. Brasília, 2001.

BRASIL. Supremo Tribunal Federal. **Carta Rogatória nº 8279 AT**. Relator: Celso de Mello. Brasília, 1998.

BRASIL. Supremo Tribunal Federal. **RE 466.343**. Relator: Cezar Peluso. Brasília, 2008.

BRASIL *et al.* A (Non-)Applicability of Conventions 148 and 155 of the International Labour Organization in the Brazilian Domestic Law. **Pravni Letopis**, n. 217. Disponível em: < https://heinonline.org/HOL/LandingPage?handle=hein.journals/ pravleto2017&div=18&id=&page=> Acesso em 5 mai. 2018.

BURET, Eugène. **De la misère des classes laborieuses en Angleterre et en France**. Paris: Chez Pauline Librarie, 1840. Disponível em: < https://gallica.bnf.fr/ark:/12148/btv1b86221499/f8.image >. Acesso em 11 jul. 2018.

CAMBRIDGE DICTIONARY. **Provide**. Cambridge University Press, 2019. Disponível em: < https://dictionary.cambridge.org >. Acesso em 4 jul. 2019.

CANARIS, Claus-Wilhem. **Direitos fundamentais e direito privado**. Tradução de Ingo Wolfgang Sarlet e Paulo Mota Pinto. Coimbra: Almedina, 2003.

CANGUILHEM, Georges. **La santé** – concept vulgaire & question philosophique. Paris: Sables, 1990.

CAPONI, Sandra. **A proposito del concepto de salud**. Florianópolis: UFSC, 1997.

CASELLA, Paulo Borba. **Fundamentos do direito internacional pós-moderno**. São Paulo: Quartier Latin, 2008.

CASTEL, Robert. **From manual workers to wage laborers** – transformation of the social question. Tradução e edição de Richard Boyd. New Brunswick: Transaction Publishers, 2003.

CLERC, J. M. Training as an instrument of a strategy for the improvement of working conditions and environment. **International Labour Review**, v. 121, p. 565, 1982. Disponível em: < https://heinonline.org/hol-cgi-bin/get_pdf.cgi?handle=hein.journals/intlr121&section=62&casa_token=m_JgpHI4cmYAAAAA:9Xjg7IGFADD-T_0PYZWMy3s6e998LuS-MRti32X3Vmdewk4KhciPEXPjeODN1V5V81AYw72X8g>. Acesso em 12 jul. 2018.

COMPA, Lance A. Labor's new opening to international human rights standards. In: **WorkingUSA**, v. 11, n. 1, 2008, p. 99-123.

CONFERÊNCIA DE PAZ. **Tratado de Versalhes** – parte XIII. 1919. Disponível em: < https://www.dipublico.org/1729/tratado-de-paz-de-versalles-1919-en-espanol/ >. Acesso em 12 jul. 2018.

CNJ (CONSELHO NACIONAL DE JUSTIÇA). **Justiça em números 2019** – relatório analítico. 2019. Disponível em < https://www.cnj.jus.br/pesquisas-judiciarias/justica-em-numeros/ >. Acesso em 16 nov. 2019.

COORDENADORIA DE ESTATÍSTICA E PESQUISA DO TST. **Recebidos e julgados** – série histórica. Disponível em < http://www.tst.jus.br/web/estatistica/jt/recebidos-e-julgados >. Acesso em 10 set. 2019.

COUTINHO, Aldacy Rachid. Efetividade do direito do trabalho – uma mirada no "homem sem gravidade". **Revista do Tribunal Regional do Trabalho da 3ª Região**, Belo Horizonte, v.45, n.75, p.93-105, jan./jun.2007. Disponível em: < https://juslaboris.tst.jus.br/bitstream/handle/20.500.12178/73933/2007_coutinho_aldacy_efetividade_direito.pdf?sequence=1 >. Acesso em 6 jul. 2019.

CRIVELLI, Ericson. **Direito internacional do trabalho contemporâneo**. 1 ed. São Paulo: LTr, 2010.

DAVIDOV, Guy; LANGILLE, Brian. **The idea of labour law**. New York: Oxford University Press, 2011.

DEAKIN, Simon; LELE, Priya; SIEMS, Mathias. Evolución del derecho laboral – análisis comparado de algunos regímenes. **Revista internacional del trabajo**, v. 126, n. 3-4, 2007, p. 149-184.

DEANE, Phyllis. **The first industrial revolution**. 2 ed. Cambridge: Cambridge Univerity Press, 1979.

DEJOURS, Cristophe. Por um novo conceito de saúde. **Revista Brasileira de Saúde**

Ocupacional. São Paulo, v.14, n.54, p.7-11, abr./ jun., 1986.

DELGADO, Maurício Godinho; DELGADO, Gabriela Neves. **A reforma trabalhista no Brasil**: comentários à Lei n. 13.447/2017. São Paulo: LTr, 2017.

DI PIETRO, Maria Sylvia Zanella. Servidores públicos. In: DI PIETRO, Maria Sylvia Zanella; MOTTA, Fabrício; FERRAZ, Luciano de Araújo. **Servidores públicos na Constituição de 1988**. 2. ed. São Paulo: Atlas, 2014.

DIMITRIJEVIC, Paul. **L'Organisation internationale du travail** – historie de la représentation patronale. Genève: Livrairie de L'Université Gerorg et Cie S.A., 1972.

EBERHARD, Cristoph. Dégager um horizon pluraliste. In: FOBLETS, Marie-Claire; SCHREIBER, Jean-Philippe. **Les assies de l'interculturalité**. Bruexelles: Larcier, 2013, p. 131-145.

ENGELS, Friedrich. **La situation de la classe laborieuse en Angleterre**. Tradução de Gilbert Badia et Jean Frédéric. Paris: Éditions sociales, 1960. Disponível em: < http:// classiques.uqac.ca/classiques/Engels_friedrich/situation/situation_classe_ouvriere.pdf > . Acesso em 11 jul. 2018.

ENGERMAN, Stanley L. The history and political economy of international labor standards. In: BASU, Kaushik et al. **International labor standards** – history, theory, and policy options. Malden: Blackwell Publishing, 2003, p. 9-83.

EPSTEIN, Lee; KING, Gary. **Pesquisa empírica em direito**: as regras de inferência. Tradução de Fabio Morosini. São Paulo: DIREITO GV, 2013.

FELICIANO, Guilherme Guimarães. A prisão civil do depositário judicial infiel economicamente capaz: um outro olhar. In: **Revista do Tribunal Regional do Trabalho da 3ª Região**. Campinas, n. 20, 2002. Disponível em: <http:// trt15.gov.br/escola_da_magistratura/ Rev20Art12.pdf>. Acesso em: 29 jun. 2018.

FELICIANO, Guilherme Guimarães. Meio ambiente do trabalho: aspectos gerais e propedêuticos. In: **Revista do Tribunal Regional do Trabalho da 15ª Região**. Belo Horizonte, v.49, n.79, jan--jun, 2009, p. 55-79. Disponível em: < https://www.trt3.jus.br/escola/download/revista/rev_79/guilherme_guimaraes_feliciano.pdf>. Acesso em: 14 jan. 2020.

FIELDS, Gary S. **Trade and Labour Standards**: a review of the issues. 1995. Disponível em: < https://digitalcommons.ilr.cornell.edu/reports/37/ >. Acesso em 15 jul. 2018.

FIORILLO, Celso Antonio Pacheco. **Princípios do direito processual ambiental**. 3. ed. São Paulo: Saraiva, 2009.

FIX, M. Théodore. **Situation des classes ouvrières**. Paris: Chez Guillaumin Libraire-Éditeur, 1844. Disponível em: < https://gallica.bnf.fr/ark:/12148/bpt6k75262q.r=De%20la%20Misère%20des%20classes%20laborieuses%20en%20Angleterre%20et%20en%20France?rk=107296;4 >. Acesso em 11 jul 2018.

FONSECA, Maria Hemília. **Qualificação profissional**: instrumento de promoção do trabalho decente – diálogo OIT-Brasil. 2016. 190 f. Tese (Livre Docência) – Faculdade de Direito de Ribeirão Preto, Universidade de São Paulo, Ribeirão Preto, 2016.

FRADER, Laura L. **The industrial revolution** – a history in documents. New York: Oxford Univerity Press, 2006.

FREITAS JÚNIOR, Antonio Rodrigues de. Direitos sociais e direitos fundamentais na perspectiva da Declaração da OIT de 1998: um caso de soft law no rumo de sua efetividade. In: FREITAS JÚNIOR, Antonio Rodrigues de; GOMES, Ana Virgínia Moreira. **A Declaração de 1988 da OIT sobre Princípios e Direitos Fundamentais no Trabalho** – análise do seu significado e efeitos. São Paulo: LTr, 2014, p. 19-38.

FUDGE, Judy. The new discourse of labor rights: From social to fundamental rights. **Comparative Labor Law & Policy Journal**, v. 29, 2007, p. 29-66.

FRANCO FILHO, Georgenor de Sousa. Greve ambiental trabalhista. **Nova Hileia – Revista Eletrônica de Direito Ambiental da Amazônia**, v. 2, n. 2, 2018. Disponível em: <http://periodicos.uea.edu.br/index.php/novahileia/article/view/1239>. Acesso em 3 jul. 2019.

FRANCO FILHO, Georgenor de Sousa; MAZZUOLI, Valério de Oliveira. Incorporação e aplicação das convenções da OIT no Brasil. In: FRANCO FILHO, Georgenor de Sousa; MAZZUOLI, Valério de Oliveira. **Direito internacional do trabalho**: o estado da arte sobre a aplicação das convenções internacionais da OIT no Brasil. São Paulo: Ltr, 2016. p. 15-23.

GALINDO, George Rodrigo Bandeira. **Tratados internacionais de direitos humanos e constituição brasileira**. Belo Horizonte: Del Rey, 2002.

GIANNATTASIO, Arthur Roberto Capella; BANNWART, Elisabeth Marques. Uma coluna ausente? O ensino do direito internacional do trabalho nos cursos de graduação em Direito no Brasil. In: GOMES, Ana Virgínia Moreira; FREITAS JÚNIOR, Antônio Rodrigues de; SIQUEIRA NETO, José Francisco. **O centenário da Organização Internacional do Trabalho no Brasil.** Belo Horizonte: Virtualis, 2019. p. 33-58.

GIL, Antônio Carlos. **Métodos e técnicas de pesquisa social**. 6. ed. São Paulo: Atlas, 2008.

GLAZER, Rubens. Ratio decidendi. In: **Enciclopédia Jurídica da PUCSP**, Tomo Teoria Geral e Filosofia do Direito. 1 ed., 2017. Disponível em: < https://enciclopediajuridica.pucsp.br/verbete/94/edicao-1/ratio-decidendi >. Acesso em 20 jul. 2018.

GOMES, Ana Virgínia Moreira. A Declaração da OIT de 1988: história, mudanças e desafios. In: GOMES, Ana Virgínia Moreira; FREITAS JÚNIOR, Antonio Rodrigues de. **A Declaração de 1988 da OIT sobre Princípios e Direitos Fundamentais no Trabalho** – análise do seu significado e efeitos. São Paulo: LTr, 2014, p. 19-38.

GOMES, Ana Virgínia Moreira; FREITAS JÚNIOR, Antonio Rodrigues de. **A Declaração de 1988 da OIT sobre Princípios e Direitos Fundamentais no Trabalho** – análise do seu significado e efeitos. São Paulo: LTr, 2014, p. 19-38.

GOMES, Ana Virgínia Moreira; GOMES, Sarah Linhares Ferreira. A influência da ação normativa da Organização Internacional do Trabalho no Brasil: uma análise da aplicação de convenções internacionais do trabalho pelo TST. In: GOMES, Ana Virgínia Moreira; FREITAS JÚNIOR, Antônio Rodrigues de; SIQUEIRA NETO, José Francisco. **O centenário da Organização Internacional do Trabalho no Brasil.** Belo Horizonte: Virtualis, 2019. p. 33-58.

HILGERT, Jeffrey. **Hazard or hardship**: crafting global norms on the right to ressfuse unsafe work. Ithaca: Cornell University Press, 2013b.

HILGERT, Jeffrey. The future of labor rights in the working environment. In: HILGERT, Jeffrey. In: **Hazard or har-**

dship: crafting global norms on the right to refuse unsafe work. Ithaca: Cornell University Press, 2013a. p. 149-172. Disponível em: <https://www.jstor.org/stable/10.7591/j.ctt32b64g.12>. Acesso em: 13 out. 2017.

HILGERT, Jeffrey. The future of workplace health and safety as a fundamental human right. In: **Comparative Labor Law & Policy Journal**, v. 34, p. 715, 2012.

HOBSBAWN, Eric J. **A era das revoluções**: 1789 – 1848. Tradução de Maria L. Teixeira e Marcos Penchel. São Paulo: Paz e Terra, 2012.

ITCILO (INTERNATIONAL TRAINING CENTRE OF THE INTERNATIONAL LABOUR ORGANIZATION). **International labour law and domestic law** – a training manual for judges, lawyers and legal educators: occupational safety and health. Turin: Training Centre of the ILO, 2018.

ITCILO (INTERNATIONAL TRAINING CENTRE OF THE INTERNATIONAL LABOUR ORGANIZATION). **International labour standards for judges, lawyers and legal educators**. 2019. Disponível em < https://www.itcilo.org/courses/international-labour-standards--judges-lawyers-and-legal-educators >. Acesso em 24 nov. 2019.

KELSEN, Hans. **Teoria pura do direito**. 7 ed. Tradução de João Baptista Machado. São Paulo: Martins Fontes, 2006.

KISS, Alexandre Charles. Les traités--cadre: une technique juridique caractéristique du droit international de l'environnement. **Annuaire français de droit international**, v. 39, 1993. pp. 792-797. Disponível em <https://www.persee.fr/doc/afdi_0066-3085_1993_num_39_1_3157>. Acesso em 14 jan. 2020.

MARCONI, Marina de Andrade; LAKATOS, Eva Maria. 5 ed. **Metodologia científica**. São Paulo: Atlas, 2003.

LANGILLE, Brian A. Core labour rights– The true story (reply to Alston). **European Journal of International Law**, v. 16, n. 3, 2005, p. 409-437.

LEÃO XIII, Papa. **Carta encíclica Rerum Novarum**. 1981. Disponível em: < http://w2.vatican.va/content/leo-xiii/pt/encyclicals/documents/hf_l-xiii_enc_15051891_re rum-novarum.pdf > . Acesso em 11 jul 2018.

LEARY, Virginia. **International labour convention and national law** – the effectiveness of the automatic incorporation of treaties in national legal systems. Dordrecht: Springer, 1982.

LEARY, Virginia. **The paradox of workers' rights as human rights**. In: COMPA, Lance A.; DIAMOND, Stephen F. (Orgs.) Human rights, labor rights and international trade. The University of Pennsylvania Press: Pennsylvania, 1996, p. 22-47.

LOPES, José Reinaldo de Lima. Os tribunais e os direitos sociais no Brasil – saúde e educação. In: LOPES, José Reinaldo de Lima. **Direitos sociais**: teoria e prática. São Paulo: Método, 2006.

MACHADO, Paulo Affonso Leme. O princípio da precaução e a avaliação de riscos. **Revista dos Tribunais**, v. 856, p. 35-50, 2007.

MANTOUVALOU, Virginia. Are labour rights human rights? **European Labour Law Journal**, v. 3, 2012, p. 151-172.

MARANHÃO, Ney Stany Morais. Meio ambiente do trabalho: descrição jurídico--conceitual. **Revista Direitos, trabalho e política social**. v. 2, n. 3, 2016, p. 80-117.

MARX, Ive. **A new social question?** On minimum income protection in the postindustrial era. Amsterdam: Amsterdam University Press, 2007.

MARX, Karl. **O capital** – livro I. Tradução de Rubens Enderle. São Paulo: Boitempo Editorial, 2013.

MATTEI, Ugo; NADER, Laura. **Pilhagem**: quando o estado de direito é ilegal. Tradução de Jefferson Luiz Camargo. São Paulo: WMF Martins Fontes, 2013.

MAUPAIN, Francis. Revitalization Not Retreat: The Real Potential of the 1998 ILO Declaration for the Universal Protection of Workers' Rights. **European Journal of International Law**, v. 16, n. 3, 2005, p. 439–465.

MAUPAIN, Francis. New foundation or new façade? The ILO and the 2008 Declaration on Social Justice for a Fair Globalization. **European Journal of International Law**, v. 20, n. 3, 2009, p. 823-852.

MAZZUOLI, Valério de Oliveira. A incorporação dos tratados internacionais de proteção dos direitos humanos no ordenamento brasileiro. **Revista de Informação Legislativa**, Brasília, DF, n. 181, p. 113-140, jan./mar. 2009. Disponível em: < https://www2.senado.leg.br/bdsf/bitstream/handle/id/496913/RIL181.pdf?sequence=1#page=114>. Acesso em: 04 jul. 2019.

MAZZUOLI, Valério de Oliveira. Teoria geral do controle de convencionalidade no direito brasileiro. **Revista de Informação Legislativa**, Brasília, DF, v. 37, n. 147, p. 179-200, jul./set. 2000. Disponível em: <https://www2.senado.leg.br/bdsf/bitstream/handle/id/496913/RIL181.pdf?sequence=1#page=114>. Acesso em: 04 jul. 2019.

MELO, Raimundo Simão. **Direito ambiental do trabalho e a saúde do trabalhador**. São Paulo: LTr, 2008.

MELO, Raimundo Simão de. Aplicabilidade e eficácia das convenções ns. 148 e 155 da OIT na ordem jurídica brasileira. In: MARANHÃO, Ney; TUPINAMBÁ, Pedro Tourinho. **Direito internacional do trabalho:** estudos em homenagem ao Centenário da OIT. São Paulo: Ltr, 2019. p. 255-269.

MELLO, Celso Duvivier de Albuquerque. **Curso de direito internacional público**. 12. ed. São Paulo: Renovar, 2000.

MERCADO COMUM DO SUL (MERCOSUL). **Declaração Sociolaboral do MERCOSUL**. 1998. Disponível em: <http://www.dhnet.org.br/direitos/deconu/a_pdf/dec_ sociolaboral_mercosul.pdf>. Acesso em: 10 jan. 2018.

MILARÉ, Edis. Princípios fundamentais do direito do meio ambiente. **Justitia**, n. 59, p. 134-151, São Paulo, jan/dez, 1998.

OBSERVATÓRIO DE SEGURANÇA E SAÚDE NO TRABALHO. Acidentômetros. 2019. Disponível em: < https://smartlabbr.org/sst >. Acesso em: 10 jan. 2019.

OJEDA AVILES, Antonio. La «externalización» del derecho del trabajo. **Revista Internacional del Trabajo**, v. 128, n. 1-2, 2009, p. 51-72.

OLEA, Alonso. **Introdução ao direito do trabalho**. Tradução de Carlos Alberto Barata Silva. São Paulo: LTr, 1984.

ORGANIZAÇÃO DAS NAÇÕES UNIDAS. **Copenhagen Declaration on Social Development**. Copenhague, 1996. Disponível em: < http://www.un.org/en/development/desa/population/migration/generalassembly/docs/globalcompact/A_CONF.166_9_Declaration.pdf >. Acesso em 14 jul. 2018.

ORGANIZAÇÃO DAS NAÇÕES UNIDAS. **Declaração da Conferência das Nações Unidas sobre o meio ambiente humano**. Estocolmo, 1972. Disponível em: < http://www.direitoshumanos.usp.br/index.php/Meio-Ambiente/declaracao-de-estocolmo-sobre-o-ambiente-humano.html>. Acesso em 30 jun. 2019.

ORGANIZAÇÃO DAS NAÇÕES UNIDAS. **Declaração do Rio sobre meio ambiente e desenvolvimento**. Rio de Janeiro, 1992. Disponível em: < http://www.meioambiente.pr.gov.br/arquivos/File/agenda21/Declaracao_Rio_Meio_Ambiente_Desenvolvimento.pdf >. Acesso em 30 jun. 2019.

ORGANIZAÇÃO DAS NAÇÕES UNIDAS. **Declaração Universal dos Direitos Humanos**. 1948. Disponível em: < https://www.ohchr.org/EN/UDHR/Documents/UDHR_Translations/por.pdf >. Acesso em 15 jul. 2018.

ORGANIZAÇÃO DAS NAÇÕES UNIDAS. **Pacto Internacional sobre Direitos Econômicos, Sociais e Culturais**. 1966. Disponível em: < http://www.planalto.gov.br/ccivil_03/decreto/1990-1994/d0591.htm >. Acesso em 6 jul. 2018.

ORGANIZAÇÃO INTERNACIONAL DO TRABALHO. **Decent work indicators**: concepts and definitions: ILO guide. Geneva: International Labour Office, 2012a.

ORGANIZAÇÃO INTERNACIONAL DO TRABALHO. **Declaração da OIT sobre a Justiça social para uma Globalização Eqüitativa**. 2008. Disponível em: < http://www.ilo.org/wcmsp5/groups/public/---americas/---ro-lima/---ilo-brasilia/documents/ genericdocument/wcms_336918.pdf > Acesso em 15 jul. 2018.

ORGANIZAÇÃO INTERNACIONAL DO TRABALHO. **Declaração da OIT sobre Princípios e Direitos Fundamentais no Trabalho**. 1998. Disponível em: < https://www.ilo.org/public/english/standards/declaration/declaration_portuguese.pdf >. Acesso em 14 jul. 2018.

ORGANIZAÇÃO INTERNACIONAL DO TRABALHO. **Safety and health at work**. 2019f. Disponível em: < https://www.ilo.org/global/topics/safety-and-health-at-work/lang--en/index.htm >. Acesso em 14 dez. 2019.

ORGANIZAÇÃO INTERNACIONAL DO TRABALHO. **ILO centenary declaration for the future of work**. Conferência Internacional do Trabalho: Genebra, 2019e. Disponível em: https://www.ilo.org/wcmsp5/groups/public/---ed_norm/---relconf/documents/ meeting document/wcms_711674.pdf >. Acesso em 15 jul. 2019.

ORGANIZAÇÃO INTERNACIONAL DO TRABALHO. **C 155 – segurança e saúde dos trabalhadores**. 1981. Disponível em: < http://www.ilo.org/brasilia/convencoes/WCMS_236163/lang--pt/index.htm >. Acesso em 09 jul. 2018.

ORGANIZAÇÃO INTERNACIONAL DO TRABALHO. Committee of Experts on the Application of Conventions and Recommendations (CEACR). **Reports on the Application of Conventions and Recommendations**. Geneva: International Labour Conference, 1963. Disponível em: https://www.ilo.org/public/libdoc/ilo/P/09661/09661(1963-47).pdf >. Acesso em 16 jul. 2019.

ORGANIZAÇÃO INTERNACIONAL DO TRABALHO. Committee of Experts on the Application of Conventions and Recommendations (CEACR). **Reports on the Application of Conventions and Recommendations**. Geneva: International Labour Conference, 1970. Disponível em: <https://www.ilo.org/public/libdoc/ilo/P/09661/09661(1971-56).pdf>. Acesso em 16 jul. 2019.

ORGANIZAÇÃO INTERNACIONAL DO TRABALHO. **Normas internacionais de trabalho**. Disponível em: <https://www.ilo.org/brasilia/temas/normas/lang--pt/index.htm>. Acesso em 4 jul. 2019.

ORGANIZAÇÃO INTERNACIONAL DO TRABALHO. **NORMLEX user guide**. Disponível em: <http://www.ilo.org/dyn/normlex/en/f?p=NORMLEXPUB:71:0 >. Acesso em 12 jul. 2018.

ORGANIZAÇÃO INTERNACIONAL DO TRABALHO. **P155 – Protocol of 2002 to the occupational safety and health convention**. 2002. Disponível em: <https://www.ilo.org/dyn/normlex/en/f?p=NORMLEXPUB:12100:0::NO:12100:P12100_INSTRUMENT_ID:312338:NO>. Acesso em 4 jul. 2019.

ORGANIZAÇÃO INTERNACIONAL DO TRABALHO. **Provisional record 5A**. Third item on the agenda: Information and reports on the application of Conventions and Recommendations. Report of the Committee on the Application of Standards. Geneva, 2019c. Disponível em: https://www.ilo.org/ilc/ILCSessions/108/reports/provisional-records/lang--en/index.htm >. Acesso em 15 jul. 2019.

ORGANIZAÇÃO INTERNACIONAL DO TRABALHO. **Provisional record 6B**. Fourth item on the agenda: ILO Centenary outcome document. Report of the Committee of the Whole: Summary of proceedings. Geneva, 2019d. Disponível em: <https://www.ilo.org/ilc/ILCSessions/108/reports/provisional-records/lang--en/index.htm>. Acesso em 15 jul. 2019.

ORGANIZAÇÃO INTERNACIONAL DO TRABALHO. **Perfil do trabalho decente no Brasil** – um olhar sobre as unidades da federação. Brasília: OIT, 2012b.

ORGANIZAÇÃO INTERNACIONAL DO TRABALHO. **R164 – Occupational Safety and Health Recommendation**. 1981. Disponível em: <https://www.ilo.org/dyn/normlex/en/f?p=NORMLEXPUB:12100:0::NO:12100:P12100_INSTRUMENT_ID:312502:NO>. Acesso em 04 jul. 2019.

ORGANIZAÇÃO INTERNACIONAL DO TRABALHO. **Resolution concerning statistics of child labour**. 2008. Disponível em: <https://www.ilo.org/wcmsp5/groups/public/---dgreports/---stat/documents/ normative instrument/wcms_112458.pdf >. Acesso em 4 jul. 2019.

ORGANIZAÇÃO INTERNACIONAL DO TRABALHO. **Rules of the game**: a brief introduction to international labour standards. 3 ed. Genebra: International Labour Office, 2014.

ORGANIZAÇÃO INTERNACIONAL DO TRABALHO. **Las reglas del juego**: una introducción a la actividad normativa de la Organización Internacional del Trabajo. Edición del Centenario. Genebra: International Labour Office, 2019.

ORGANIZAÇÃO INTERNACIONAL DO TRABALHO. **The ILO, standards setting and globalization**. Report of the Director-General. International Labour Conference, 85th session. 1997. Disponível em: <http://www.ilo.org/ilc/ILCSessions/85thSession/lang--en/index.htm>. Acesso em 14 jul. 2018.

ORGANIZAÇÃO INTERNACIONAL DO TRABALHO. **Report of the Director-General**. Work for a brighter future. Conferência Internacional do Trabalho. 108ª Sessão. 2019b. Disponível em: <https://www.ilo.org/ilc/ILCSessions/108/reports/reports-to-the-conference/WCMS_662410 /lang--en/index.htm>. Acesso em: 15 jul. 2019.

ORGANIZAÇÃO MUNDIAL DA SAÚDE. **Constituição da Organização Mundial da Saúde**. 1946. Disponível em: < http://www.direitoshumanos.usp.br/index.php/OMS-Organização-Mundial-da-

-Saúde/constituicao-da-organizacao--mundial-da-saude-oms who. html> Acesso em 09 jul. 2018.

ORGANIZAÇÃO MUNDIAL DO COMÉRCIO. **Ministerial declaration**. Cingapura, 1996. Disponível em: <https://www.wto.org/english/thewto_e/minist_e/min96_e/min96_e.htm>. Acesso em 15 jul. 2018.

ORGANIZAÇÃO PARA A COOPERAÇÃO E DESENVOLVIMENTO ECONÔMICO. **Trade, employment and labour standards** – a study of core workers' rights and international trade. Paris: Head of Publications Service, 1996. Disponível em: < https://www.oecd-ilibrary.org/trade/trade-employment--and-labour-standards_9789264104884-en >. Acesso em 30 jun. 2018.

PADILHA, Norma Sueli. **Do meio ambiente do trabalho equilibrado**. São Paulo: LTr, 2002.

PADILHA, Norma Sueli; DI PIETRO, Josilene Hernandes Ortolan. A contribuição da OIT na construção da tutela internacional do direito ao meio ambiente do trabalho equilibrado. **Revista da Faculdade de Direito da UFMG**, n. 70, p. 529-560, 2017. Disponível em: <https://www.direito.ufmg.br/revista/index.php/revista/article/view/1862>. Acesso em 01 jul. 2019.

PIOVESAN, Flávia. **Direitos humanos e o direito constitucional internacional**. 12 ed. São Paulo: Saraiva, 2011.

PIOVESAN, Flávia. **Temas de direitos humanos**. 4 ed. São Paulo: Saraiva, 2010.

PLÁ RODRIGUEZ, Américo. *Los convênios internacionales del trabajo*. Montevideu: Universidade da República, 1965.

PLÁ RODRIGUEZ, Américo. **Princípios de direito do trabalho**. 3 ed. Tradução e revisão de Wagner D. Giglio São Paulo: LTr, 2000.

POTOBSKY, G. Von. Eficacia jurídica de los convenios de la OIT en el plano nacional. In: JAVILLIER, Jean-claude; GERNIGON, Bernard; POLITAKIS, Georges P.. **Les normes internationales du travail**: un patrimoine pour l'avenir – mélanges en l'honneur de Nicolas Valticos. Genève: Bureau International Du Travail, 2004, p. 287-305.

PRIEUR, Michel. O princípio da proibição de retrocesso ambiental. BRASIL. Comissão de Meio Ambiente, Defesa do Consumidor e Fiscalização e Controle (CMA). **Compilação dos trabalhos apresentados no colóquio internacional sobre o princípio da proibição de retrocesso ambiental**. Brasília: Senado Federal, 2011. Disponível em: <https://www2.senado.leg.br/bdsf/handle/id/242559>. Acesso em 2 jul. 2019.

PROGARAM DAS NAÇÕES UNIDAS PARA O DESENVOLVIMENTO. **Human development report**. 1994. Disponível em: <http://hdr.undp.org/sites/default/files/reports/255/hdr_1994_en_complete_nostats.pdf>. Acesso em 09 jul. 2018.

RAIMONDI, Guido. Réserves et conventions internationales du travail. In: JAVILLIER, Jean-claude; GERNIGON, Bernard; POLITAKIS, Georges P.. **Les normes internationales du travail**: un patrimoine pour l'avenir – mélanges en l'honneur de Nicolas Valticos. Genève: Bureau International Du Travail, 2004. p. 527-540.

RAMOS, André de Carvalho. **Teoria geral dos direitos humanos na ordem internacional**. São Paulo: Saraiva, 2010.

RAMOS, André de Carvalho. Supremo Tribunal Federal brasileiro e o controle de convencionalidade: levando a sério os tratados de direitos humanos. **Revista da Faculdade de Direito, Universidade**

de São Paulo, v. 104, p. 241-286, 2009. Disponível em: < http://www.periodicos.usp.br/rfdusp/article/view/67857 >. Acesso em: 16 jul. 2019.

RANGEL, Vicente Marotta. Os conflitos entre o direito interno e os tratados internacionais. **Revista da Faculdade de Direito, Universidade de São Paulo**, v. 62, n. 2, p. 81-134, 1967. Disponível em: <https://www.revistas.usp.br/rfdusp/article/download/66517/69127>. Acesso em 4 jul. 2019.

REUTER, Paul. Introducción al derecho de los tratados. 2 ed. Tradução de Eduardo Suárez. México: Fondo de Cultura Económica, 2001.

ROBENS, Lord. **Safety and health at work** – report of the committee. London, 1972. Disponível em: <http://www.mineaccidents.com.au/uploads/robens-report-original.pdf> Acesso em 30 jun. 2019.

ROCHA, Júlio Cesar de Sá da. **Direito ambiental e meio ambiente do trabalho**: dano, prevenção e proteção jurídica. São Paulo: LTr, 1997.

ROCHA, Raquel Maria de Almeida. **Segurança humana**: histórico, conceito e utilização. 2017. 99 f. Tese (Doutorado) – Curso de Relações Internacionais, Instituto de Relações Internacionais, Universidade de São Paulo, São Paulo, 2017. Disponível em: <http://www.teses.usp.br/teses/disponiveis/101/101131/tde-08092017-155459/pt-br.php>. Acesso em: 09 jul. 2018.

RODGERS, Gerry. **El trabajo decente como una meta para la economía global**. Montevidéo: OIT/CINTERFOR, 2002.

RODGERS, Gerry et al. **The International Labour Organization and the quest for social justice:** 1919 – 2009. Geneva: International Labour Office, 2009.

ROSANVALLON, Pierre. **The new social question**: rethinking the welfare state. Princeton University Press, 2000.

ROSHCHIN, A. V. Protection of the working environment. **International Labour Review**, v. 110, 1974, p. 235-249.

ROUSSEAU, Charles. **Droit international public**. Paris: Recueil Sirey, 1970.

RUBIO, Ignacio A. Donoso. Economic Limits on International Regulation: A Case Study of ILO Standard-Setting. **Queen's Law Journal**, v. 24, 1998, p. 189-219.

SANTOS, Boaventura de Sousa. Por uma concepção multicultural de direitos humanos. **Revista Crítica de Ciências Sociais**, n. 48, jun., 1997, p. 11-32.

SARLET, Ingo Wolfgang. **A eficácia dos direitos fundamentais**: uma teoria geral dos direitos fundamentais na perspectiva constitucional. 10 ed. Porto Alegre: Livraria do Advogado, 2010.

SEGRE, Marco; FERRAZ, Flávio Carvalho. O conceito de saúde. **Revista de Saúde Pública**. v. 31 n. 5. São Paulo, 1997, p. 538-542. Disponível em: <http://www.scielo.br/pdf/rsp/v31n5/2334.pdf>. Acesso em 09 jul. 2018.

SIRRS, Christopher. Accidents and apathy: the construction of the "Robens philosophy" of occupational safety and health regulation in Britain, 1961–1974. In: **Social history of medicine**, v. 29, n. 1, p. 66-88, 2015.

SOMAVÍA, Juan. Preface. In: JAVILLIER, Jean-claude; GERNIGON, Bernard; POLITAKIS, Georges P. **Les normes internationales du travail – un patrimoine pour l'avenir**: mélanges en l'honneur de Nicolas Valticos. Geneva: Bureau International Du Travail, 2004. p. 249-286. Disponível em: <https://www.ilo.org/wcmsp5/groups/public/---ed_norm/---normes/documents/publi-

cation/wcms_087423.pdf>. Acesso em: 4 jul. 2019.

SUPIOT, Alain. **Crítica do direito do trabalho**. Tradução de António Monteiro Fernandes. Lisboa: Fundação Calouste Gulbenkian, 2016.

SUPIOT, Alain. **O espírito de Filadélfia** – a justiça social diante do mercado total. Porto Alegre: Sulina, 2014.

SUSSEKIND, Arnaldo. **Direito internacional do trabalho**. 2º ed. São Paulo: LTr, 1987.

SUSSEKIND, Arnaldo. **Convenções da OIT**. 3 ed. São Paulo: LTr, 1994.

THOMAS, Constance; OELZ, Martin; BEAUDONNET, Xavier. The use of international labour law in domestic courts: theory, recent jurisprudence, and practical implications. In: JAVILLIER, Jean-claude; GERNIGON, Bernard; POLITAKIS, Georges P. **Les normes internationales du travail – un patrimoine pour l'avenir**: mélanges en l'honneur de Nicolas Valticos. Geneva: Bureau International Du Travail, 2004. p. 249-286. Disponível em: <https://www.ilo.org/wcmsp5/groups/public/---ed_norm/---normes/documents/publication/wcms_087423.pdf>. Acesso em: 4 jul. 2019.

TÖNNIES, Ferdinand. **Desarrollo de la cuestión social**. 2 ed. Tradução de Manuel Reventós. Barcelona-Buenos Aires: Editorial Labor S.A., 1933.

TRIBUNAL SUPERIOR DO TRABALHO. **Estatística** – acervo por assunto. 2016. Disponível em: < http://www.tst.jus.br/documents/10157/bf98013f-9c3a-4134-863d-d4ef59114ca1 >. Acesso em 24 ago. 2016.

TRINDADE, Antônio Augusto Cançado. **Tratado de direito internacional dos direitos humanos**. 2 ed. Porto Alegre: Fabris, 2003.

TRIEPEL, Karl Heinrich. As relações entre o direito interno e o direito internacional. **Revista da Faculdade de Direito da Universidade Federal Minas Gerais**, v. 6, p. 7-64, 1966. Disponível em: <https://heinonline.org/HOL/LandingPage?handle=hein.journals/rvufmg6&div=4&id=&page=>. Acesso em 4 jul. 2019.

UK PARLIAMENT. **Reforming society in the 19th century and early factory legislation**. Disponível em: < https://www.parliament.uk/about/living-heritage/transformingsociety/livinglearning/ 19 thcentury/overview/earlyfactorylegislation/ > Acesso em 09 jul. 2018.

UTZ, Arthur Fridolin. **Ética social**. 1961.

VACHON, Robert. L'etude du pluralism juridique: une approche diatopique et dialogale. **Journal of legal pluralism**, n. 29, 1990.

VALTICOS, Nicolas. Conventions internationales du travail et droit interne. **Revue critique de droit internationale privé**. v.2, 251-288, 1955.

VALTICOS, Nicolas. **Droit international du travail et droit interne français**. Travaux du comité français de droit international privé, v. 34, n. 1973, p. 11-37, 1977. Disponível em: < https://www.persee.fr/doc/tcfdi_1158-3428_1977_num_34_1973_1764 >. Acesso em 4 jul. 2019.

VALTICOS, Nicolas. **Traité de Droit du Travail** – droit international du travail. Paris: Librarie Dalloz, 1970.

VAN DAELE, Jasmien. The International Labour Organization (ILO) in past and present research. **International Review of Social History**, v. 53, n. 3, 2008, p. 485-511.

VANDERLINDEN, Jacques. Return to legal pluralismo: twenty yars later. **The journal of legal pluralism**, n. 28, 1989, p. 149-157.

VILLAS BÔAS FILHO, Orlando. A questão da universalidade das categorias jurídicas a partir da abordagem antropológica: nota sobre a discussão entre Max Gluckman e Paul Bohannan. **Revista da Faculdade de Direito da Universidade de São Paulo**, v. 110, 2015, p. 277-318.

VILLERMÉ, Louis-René. **Tableau de l'état physique et moral des ouvriers employés dans les manufactures de coton, de laine et de soie**. Paris: Jules Renouard et Cie Libraries, 1840. Disponível em: < https://gallica.bnf.fr/ark:/12148/bpt6k6503b.pdf >. Acesso em 11 jul. 2018.

WOOLF, Anthony D. Robens Report – the wrong approach. In: **Indusrial Labour Journal,** v. 2, p. 88, 1973.

YEUNG, Luciana. Jurimetria ou análise quantitativa de decisões judiciais. In: MACHADO, Maíra Rocha. **Pesquisar empiricamente o direito.** São Paulo: Rede de Estudos Empíricos em Direito, 2017. p. 249-274. Disponível em: <http://reedpesquisa.org/wp-content/uploads/2017/12/MACHADO-Ma%C3%ADra-org.-Pesquisar-empiricamente-o-direito.pdf>. Acesso em: 5 jul. 2018.

ZAPATA, Sandor Ramiro Darn. **As convenções da OIT no ordenamento jurídico brasileiro à luz do tripartismo**. 2014. 330 f. Dissertação (Mestrado) – Curso de Direito, Universidade Estadual Paulista, Franca, 2014.